DATEN DER WELTGESCHICHTE

Sabine Fleischmann

DATEN DER WELT GESCHICHTE

BASSERMANN

In gleicher Ausstattung sind erschienen:
„Deutsches Wörterbuch“ (0056)
„Fremdwörterbuch“ (0057)
„Medizinisches Wörterbuch“ (0058)
„Lebensweisheiten“ (0060)
„Kreuzworträtsellexikon“ (0061)

Die Deutsche Bibliothek - CIP-Einheitsaufnahme

Fleischmann, Sabine:
Daten der Weltgeschichte / Sabine Fleischmann. –
Niedernhausen/Ts. : Bassermann, 1992
(Bassermann Ratgeber)
ISBN 3-8094-0059-9
NE: HST

ISBN 3-8094-0059-9

Titelillustration: Hartmut Dietrich, Wiesbaden
Karten: Melanie Waigand, Freiburg i. Br.
Koordination u. Redaktion: Autoren- und Medienservice, Reute

Satz: DIGITYPE Bernd Uhlmann, Freiburg i. Br.
Druck: Freiburger Graphische Betriebe, Freiburg i. Br.

817 2635 4453 6271

Inhalt

Inhalt

Danton: „Die Revolution nennt meinen Namen. Meine Wohnung ist bald im Nichts und mein Name im Pantheon der Geschichte."

Georg Büchner: Dantons Tod

Vorwort

Ziel dieses Nachschlagewerks ist die komprimierte Zusammenfassung der wesentlichen weltgeschichtlichen Daten. Der historisch interessierte Leser erhält nähere Auskunft über die wichtigsten Entwicklungen der Universalgeschichte.
Für einen schnellen Zugriff und umfassenden Überblick ist das Werk in erster Linie staatengeschichtlich aufgebaut. Der Benutzer kann somit die Geschichte von Nationen und Völkern, eingebunden in die einzelnen Epochen, nachvollziehen und ihre jeweilige Bedeutung für die weltgeschichtliche Entwicklung verstehen. Einen Schwerpunkt nimmt darüber hinaus die europäische Geschichte ein.
Einzelne Kurzdarstellungen vermitteln gleichzeitig mit der politischen Geschichte die wesentlichen wirtschaftlichen, sozialen und kulturellen Entwicklungslinien, so daß dem Leser dieses Bandes neben Daten und Fakten auch der Blick auf größere Zusammenhänge eröffnet wird.
Breiter Raum ist der Gegenwartsgeschichte bis hin zu den jüngsten politischen Ereignissen gewidmet. Ein umfangreiches Register sowie Übersichtskarten ermöglichen dem Benutzer schnellen Zugang zu der gewünschten Auskunft und erhöhen zusätzlich den Informatioswert dieses Nachschlagewerks.

Ur- und Frühgeschichte

Unter Ur- und Frühgeschichte versteht man die Frühzeit des Menschen, die Zeit, die der durch schriftliche Quellen belegbaren Vergangenheit, der Geschichte, vorangeht. Sie wird daher auch als Vorgeschichte bezeichnet.
Die Frühgeschichte setzt zu der Zeit ein, in der der Mensch – genauer der Urmensch als Vorläufer des heutigen Menschen – beginnt, Werkzeuge, vor allem Steine, zu verwenden.
Mit der Forschung nach den Ursprüngen des Menschen befaßt sich die Paläoanthropologie. Sie unterliegt ständig neuen Erkenntnissen, aus denen sich Folgerungen über den Entwicklungsprozeß des Menschen ziehen lassen.
Die Entwicklung des Menschen verläuft in den verschiedenen Regionen der Erde auch zeitlich unterschiedlich. Deshalb gibt es keine einheitliche Chronologie und entsprechend unterschiedliche Datierungen dieser Entwicklung.
Die vorgeschichtliche Forschung benennt die einzelnen Perioden nach dem charakteristischen Material der Bodenfunde als Steinzeit, Bronzezeit und Eisenzeit. Die Steinzeit als wesentlicher Zeitraum der Ur- und Frühgeschichte wird oft untergliedert in: Altsteinzeit (Paläolithikum), Mittelsteinzeit (Mesolithikum) und Jungsteinzeit (Neolithikum).
Die Altsteinzeit wiederum wird aufgeteilt in: Ältere Altsteinzeit (ca. 600 000 – ca. 100 000), Mittlere Altsteinzeit (ca. 100 000 – ca. 50 000) und Jüngere Altsteinzeit (ca. 50 000 – 10 000). Eindeutige zeitliche Datierungen sind schwierig, da die Übergänge fließend sind und wie gesagt jeweils neue archäologische Funde auch neue Schlüsse über den vermutlichen Entwicklungsprozeß des Urmenschen zulassen.
Die Völkerkunde untergliedert diesen Entwicklungsprozeß nach den einzelnen Wirtschaftsweisen des Menschen und unterscheidet: die Ur- und Grundkultur der Wildbeuter, die höhere Jäger-, Pflanzer- und Hirtenkultur und die Kultur des Bauerntums sowie die Hochkulturen, über die schon durch schriftliche Quellen Aussagen getroffen werden können.
Nach Funden muß es schon vor der Älteren Altsteinzeit Urmenschen gegeben haben, aus denen sich wiederum der Mensch der Altsteinzeit entwickelt hat. Zu den sog. Frühmenschen zählen u.a. der auf der Insel Java gefundene „Javamensch“, der bei Peking gefundene „Pekingmensch“, der schon das Feuer gebraucht und der bei Heidelberg gefundene „Heidelbergmensch“ (um 500 000).
Alle diese Funde weisen miteinander Ähnlichkeiten auf und werden anthropologisch als sog. Anthropusgruppe (griech. anthropos = Mensch) bezeichnet. Ähnlichkeit mit diesem Typ zeigt auch der Neandertaler, nach seinem Fundort Neandertal in der Nähe Düssel-

dorfs benannt, der wahrscheinlich zwischen 200 000 und 100 000 gelebt hat und zu den sog. Altmenschen zählt. Kennzeichen ist u.a. die flach zurückliegende Stirn und die fehlende Kinnspitze. Ebenso gibt es Funde des Vorläufers des Homo sapiens wie den sog. Steinheimmenschen. Der erste Homo sapiens sapiens (Jetztmensch) schließlich tritt vor rd. 40 000 Jahren auf. Dazu zählt u.a. der Crô-Magnon-Mensch, der seinen Namen nach Funden bei Crô-Magnon in Frankreich erhält.

Die Altsteinzeit

Um 600 000 – um 50 000
Ältere und Mittlere Altsteinzeit

Die Menschen bearbeiten vor allem den Stein und fertigen daraus Werkzeuge an. Aus Gesteinsstükken werden Faustkeile hergestellt (sog. Faustkeilkultur). Ebenso entstehen Werkzeuge aus Abschlägen (sog. Abschlagkultur). Die Menschen leben als Jäger und Sammler. Die bevorzugte Ernährungsweise ist das Wildbeutertum, vor allem die Jagd auf Großwild. Gleichzeitig werden Früchte, Knollen usw. gesammelt, jedoch noch keine Vorräte angelegt. Am Ende der älteren Altsteinzeit werden Höhlen zu Wohnstätten des Menschen, der auch das Feuer kennt und es verwendet. Im Zuge der jahrtausendelangen Entwicklung verbessern sich die Bearbeitungsformen des Steins.

Um 50 000 – um 10 000
Jüngere Altsteinzeit

Die Verbesserung der Steingeräte führt zur sog. Schmalklingentechnik, d.h., daß Steingeräte zum Schneiden benützt werden und dadurch wiederum weitere Werkzeuge angefertigt werden können. Der amerikanische und australische Kontinent werden besiedelt. Der Mensch lebt immer noch als Jäger und Sammler. Aufgrund der Verfeinerung der Geräteformen können auch die Jagdmethoden verbessert werden. Die Jagdwerkzeuge sind verschiedenartig, z.B. Speer- und Pfeilspitzen, schmale Klingen, Harpunen usw. Das höhere Jägertum breitet sich aus. Der Ackerbau und die Haustierzucht sind noch unbekannt. Die Jagd ist auch ein häufiges Motiv künstlerischer Darstellungen (Höhlenmalereien), die einen neuen Bewußtseinsstand des Menschen kennzeichnen.

Von der Mittelsteinzeit zur Eisenzeit

Um 10 000/8000 – um 1800
Mittelsteinzeit/Jungsteinzeit

Eine exakt datierbare Abgrenzung zwischen Mittelsteinzeit und Jungsteinzeit ist aus den genannten Gründen problematisch. Auf-

grund des Übergangscharakters wird die Mittelsteinzeit oft der Jungsteinzeit zugerechnet. Eine Abgrenzung ist fast nur im Nordwesten Europas, in anderen Regionen der Erde kaum möglich und problematisch.
Aufgrund veränderter klimatischer Verhältnisse und demzufolge der Veränderungen in der Pflanzen- und Tierwelt ändert sich die Wirtschaftsform des Menschen. Die Bedeutung der Jagd nimmtällmählich ab, Fischfang und Sammelwirtschaft gewinnen zunehmend an Bedeutung. Ackerbau (Kultivierung von Pflanzen, Getreideanbau) und Viehzucht werden zur bestimmenden Wirtschaftsform: Haltung von Haustieren, von Schafen und Ziegen; auch die Haltung von Rindern kommt hinzu.
Bedeutsam ist die Erfindung der Keramik, die in ihrer Gestaltung die unterschiedlichsten lokalen Ausprägungen erfährt (z.B. Bandkeramik, Schnurkeramik). Neuerungen finden sich auch in der Technik der Steinbearbeitung, verschiedene Beil- und Axtformen werden so geschaffen, anhand derer wiederum einzelne Kulturkreise unterschieden werden (z. B. Streitaxtkulturen). Gleichzeitig entstehen verschiedene Haus- und Siedlungsformen (z.B. Pfahlbauten) und Grabformen (z.B. Großsteingräber = Megalithgräber). Zwischen den einzelnen Kulturen bestehen oft Handelsbeziehungen. Während z.B. in Ägypten und im Zweistromland die ersten Hochkulturen entstehen (vgl. Kapitel Hochkulturen), bleibt der Entwicklungsstand des Menschen in Europa noch zurück.

Um 1800 – 800 *Bronzezeit*

Eine ausgeprägte Bronzezeit gibt es nur im größten Teil Europas, in Teilen Nordafrikas und in großen Teilen Asiens. Kennzeichnend ist die Herstellung von Waffen sowie von Werkzeugen und Schmuck aus Metall. Aus der Mischung des weichen Kupfers mit Zinn entsteht die Bronze. Beginn des Bergbaus und des Handels mit Rohstoffen sowie Anfänge des Handwerks des Bronzegusses. Vorwiegend bäuerliche Wirtschaftsform. Bei der Bestattung geht man von frühen Hockergräbern bis zur Urnenbestattung in Flachgräbern über, woraus sich auch eine entsprechende Kulturentwicklung ableiten läßt (z.B. Urnenfelderkultur). Aufgrund des beginnenden Handels findet auch wichtiger Kulturaustausch statt.

Ab 800 *Eisenzeit in Europa*

Werkzeuge und Waffen (kaum Schmuck) werden zum großen Teil aus dem Rohmaterial Eisen hergestellt. Der Ausgangspunkt der Eisengewinnung liegt in Kleinasien. Die Kenntnisse über die Eisengewinnung breiten sich nach 1000 v. Chr. über den ägäischen Raum bis nach Mittel- und Westeuropa aus. In Mitteleuropa ist die sog. Hallstattkultur von großer Bedeutung, die nach einem Gräberfeld in der Nähe von Hallstatt (Oberösterreich) benannt ist und von den Mittelmeerkulturen beeinflußt wird. In der Mitte des 5. Jhs. geht die Hallstattzeit in die sog. La-Tène-Zeit über. Die Kulturträger dieser Zeit sind in erster Linie die Kelten.

Die Kulturen der Altsteinzeit

Die Altsteinzeit ist im wesentlichen durch den wichtigsten Rohstoff dieses Zeitabschnitts gekennzeichnet, den Stein, den die Urmenschen auf unterschiedlichste Art und Weise bearbeiten. In allen Gebieten der Erde entstehen Grundkulturen, die sich durch die Art der Steinbearbeitung unterscheiden.
Die kennzeichnende Wirtschaftsform in der Frühgeschichte des Menschen ist das Wildbeutertum. Die Menschen leben als Jäger und Sammler, sie kennen das Feuer und schließen sich zunächst in Kleinfamilien zusammen. Sie leben in Höhlen, unter Felsdächern und auch – in späterer Entwicklung – in Hütten und Zelten. Sie kennen bereits den Glauben an höhere Wesen. Auch die Bestattung der Toten gewinnt im Lauf der Zeit an Bedeutung, und es entstehen Natur- und Ahnenkulte. Erste Anfänge von künstlerischen Darstellungen, wie z.B. Höhlenmalereien und die Anfertigung von Kunstgegenständen, die außer aus Stein auch aus Knochen und Elfenbein hergestellt werden, sind ebenfalls nachweisbar. Es bilden sich Stämme und Stammesverbände heraus. Der Entwicklungsprozeß vom Urmenschen zum Menschen spiegelt sich auch in der Entwicklung der Wirtschaftsformen: So erfolgt sehr langsam der Übergang zur erzeugenden Wirtschaft, die sich spezialisiert in ein höheres Jägertum, in das Pflanzer- und Hirtentum. Das Zauber- und Dämonenwesen gewinnt mit dem zunehmenden Glauben an höhere Wesen größere Bedeutung, die auch ihren Ausdruck in der altsteinzeitlichen Kunst findet.
In der Mittelsteinzeit werden die alten Wirtschaftsformen übernommen, die Lebensbedingungen verbessern sich jedoch aufgrund der günstigeren klimatischen Verhältnisse. Fischfang und Jagd bilden die Ernährungsgrundlagen. In Europa werden die Küsten besiedelt, als Lagerplätze dienen jedoch auch Regionen um die zahlreichen Flüsse und Seen. Die Menschen leben in Kleingruppen und bearbeiten den Feuerstein. In manchen Gebieten entstehen erste Formen des Handels. Diese mittelsteinzeitlichen Kulturen breiten sich vor allem in Europa aus, in Nordafrika und in Palästina.
Der Übergang zur Jungsteinzeit ist sehr komplex und erfolgt in den einzelnen Regionen auch unterschiedlich. Gemeinsames Kennzeichen ist die zunehmende Seßhaftigkeit und die daraus entstehenden Bauernkulturen, deren Beginn in Vorderasien liegt. Es bilden sich erste Sippen, die meist in Dörfern zusammenzuleben. Neue Formen der Siedlungsweise ent-

stehen und auch schon Anfänge der Stadtkultur. Getreide- und Obstanbau, aber auch Viehzucht bieten die Nahrungsgrundlage. Neue Formen der Steinbearbeitung tauchen auf, und das Beil wird zu einer wichtigen Geräteform. In den künstlerischen Schöpfungen haben kriegerische Darstellungen Vorrang. Die Töpferei ist ein wesentliches Merkmal der Kulturen der Jungsteinzeit, nach deren unterschiedlicher Formung dann wiederum verschiedene Kulturkreise unterschieden werden. Fruchtbarkeitskulte sind verbreitet, vor allem der Erdmutter-Kult, der Ausdruck in zahlreichen kleinen weiblichen Plastiken findet.

Die Bauernkulturen Alteuropas

Nach 3000 sind für die Randgebiete des Mittelmeerraums die „Megalithkultur“ und das Seefahrertum besonders kennzeichnend. Seefahrer dehnen ihre Fahrten bis zu den Küsten des Atlantischen Ozeans, den Kanarischen Inseln und nach Skandinavien und Nordeuropa aus. Zur Megalithkultur, für die die Errichtung von Gräbern und Kultanlagen aus großen Steinen kennzeichnend ist, zählen auch die zeitlich etwas späteren Grabbauten Ägyptens und Mykenes. In Europa entstehen verschiedene Kulturkreise wie der sog. Westeuropäische Kreis sowie die donauländische Bauernkultur als die verbreiteste Bauernkultur in Mitteleuropa und der Nordische Kreis. Zwischen den verschiedenen Kulturen bestehen intensive Handelsbeziehungen. Um 1800 endet die Jungsteinzeit in Europa. Es beginnt eine kriegerische Wanderzeit. Von der Iberischen Halbinsel ausgehend, entfaltet sich die sog. „Glockenbecherkultur“. Von Osteuropa aus dringen halbnomadische Weidebauern vor, die Streitaxt und Pferd zum Kampf benützen und becherförmige Gefäße verwenden. In dem Gebiet um Sachsen-Thüringen entfaltet sich die sog. „Schnurkeramik“. Aus Kämpfen mit den schon ansässigen Bauernkulturen entwickeln sich die indoeuropäischen Einzelvölker Europas, u.a. auch die Germanen und die Kelten.

Das Ägypten der Pharaonen

Um 3200 Herausbildung zweier Reiche im Niltal, der Reiche Oberägypten und Unterägypten.

Um 2900 – 2620 Frühzeit. Nach der mythischen Vorstellung entsteht aus der Vereinigung der beiden Reiche unter dem Pharao Menes das ägyptische Einheitsreich (wahrscheinlich geht dieser Einigung ein längerer Prozeß voraus). Beginn der ersten zwei von insgesamt 31 Dynastien des ägyptischen Altertums. Zentren Abydos und Memphis.

Um 2620 – 2100 „Altes Reich" von Memphis. 3. bis 8. Dynastie. Seit der 5. Dynastie ist der Pharao als Gottkönig (Sohn des Sonnengottes) Herrscher mit unumschränkter Gewalt. Pyramiden mit angrenzenden Tempeln und Gräbern des Adels spiegeln die irdische Residenz des Pharao. Zentralistischer Staatsaufbau; Verwaltung durch Beamte. Zahlenmäßig geringe Oberschicht, unter der ein Volk von Bauern und Handwerkern lebt. Naturalwirtschaft. Hieroglyphenschrift (seit ca. 2950) dient der Verwaltung des Landes; Niederschrift religiöser und wissenschaftlicher Texte und Aufzeichnung von Herrschertaten.

Um 2600 Beginn des Baus der Pyramiden. Pyramidenzeit, z.B. Entstehung der Pyramiden bei Giseh; höchste Pyramide ist die des Königs Cheops. Grabkammer in der Mitte des Bauwerks; Bestattung des verstorbenen Pharao im Sarkophag; Bestattungsritual verknüpft mit dem Glauben an das Eingehen des Pharao als Gott in das ewige Reich der Götter. Vielgestaltige Götterwelt: Über allen Göttern stehend, Sonnengott Re. Priester sind Träger der Schriftkultur; ägyptische Kunst der Religion und dem Staat verpflichtet; Monumentalität sowohl in der Baukunst als auch in der Plastik.

Um 2150 9. und 10. Dynastie. Erste Zwischenzeit. Die Auflösung des Alten Reiches beginnt. Dezentralisation; Entstehung von einzelnen Gaufürstentümern, unter denen sich die Gaufürsten Thebens durchsetzen.

Um 2040 – 1650 Entstehung des „Mittleren Reiches" nach der Einigung der Einzelreiche durch Theben; 11. Dynastie (Hauptstadt Theben): Aufhebung der Dezentralisation und Stärkung der Königsmacht. Verlegung der Residenz nach Memphis; 12. Dynastie: Besetzung Unternubiens.

Um 1650 Einbruch der Hyksos (semitische Stämme), während das Mittlere Reich aufgrund innenpolitischer Zwistigkeiten schon im Zerfall begriffen ist.

Um 1650 – 1552 Zweite Zwischenzeit.

Um 1552 – 1070 Errichtung des „Neuen Reiches" nach Vertreibung der Hyksos. Machtentfaltung und Ausdehnung des Herrschaftsbereichs unter Thutmosis I. (1506 – 1494), vor allem unter

Königin Hatschepsut (1490 – 1468). Unter Thutmosis III. (1490 – 1436) größte Ausdehnung des ägyptischen Reiches. Erhaltung des Territorialbesitzes durch deren Nachfolger.

1402 – 1364 Amenophis III: Erhaltung der Macht und des Friedens.

1364 – 1347 Amenophis IV. (auch Echnaton genannt, Gatte der Nofretete). Versuch der Einführung eines monotheistischen Sonnenkultes (Sonnengott Aton). Gründung einer neuen Hauptstadt Amarna in Mittelägypten. Nach seinem Tod Rücknahme der religiösen Erneuerungen und Wiederherstellung der alten Verhältnisse durch Schwiegersohn Tutanchamun.

1290 – 1224 Unter Ramses II. erneuter Machtzuwachs. Kriege mit den Hethitern, die aus Syrien vertrieben werden sollen.

Um 1275 Einigung mit den Hethitern; Friedensvertrag und darauf folgende Friedenszeit, die auch zum Bauen genutzt wird: Tempel von Karnak, Luxor, Abu Simbel. Es folgt sein Sohn Merenptah (1224 – 1214), der den Angriff libyscher Stämme auf das Nildelta abwehrt.

Um 1184 – 1153 Ramses III. Abwehr der Angriffe der illyrischen „Seevölker" (u.a. Philister). Unter seinen Nachfolgern Machtverfall; innenpolitische Auseinandersetzungen.

1070 – 715 Dritte Zwischenzeit. Aufspaltung des Landes in kleinere Herrschaftsbereiche.

715 – 332 Spätzeit. Zunächst Herrschaft der Äthiopier (bis 664), darauf folgend Herrschaft der Assyrer, bis die Perser Ägypten 525 ihrem Großreich als Satrapie (Provinz) eingliedern. Die Perserherrschaft wird nur kurzzeitig unterbrochen und durch Alexander den Großen (336 – 323) 332 beendet. Ägypten ist Teil des Weltreichs Alexander des Großen (siehe dazu auch S. 37 ff.).

Das alte China

Um 2000 Nach den steinzeitlichen Kulturen entsteht in den Lößgebieten am mittleren und unteren Huangho-Fluß (Nordchina) der erste größere Staat auf der Grundlage lockerer Agrarkulturen, der seit 1800 von der sagenhaften Hsia-Dynastie beherrscht wird.

Um 1500 – 1100 Shang-Dynastie; Beschränkung des Herrschaftsgebiets auf Mittelchina. Keine ständige Hauptstadt, sondern Verlegung der Residenzen. Hochkultur. Erste schriftliche Zeugnisse sind Orakeltexte. Höchste Gottheit Shang-ti. Hochentwickelte Webtechnik. Bronzeerzeugnisse von höchster künstlerischer Vollendung. Verwendung des Streitwagens.

Herausbildung von zwei wesentlichen Merkmalen der chinesischen Gesellschaft: im Gegensatz zu anderen Hochkulturen keine Arbeitssklaven, Priester- und Gelehrtenschicht erhalten zentrale Bedeutung. Ackerbau als wesentlicher Wirtschaftsfaktor.

Um 1100 – 256 Chou-Dynastie. Entwicklung zum Feudalstaat. Im Kampf gegen Steppenvölker aus Innerasien gewinnen die Bauern an Bedeutung. Hochblüte des Geisteslebens.

Im 6. Jh. Laotse, Begründer des Taoismus.

551 – 479 Konfuzius.

5. – 3. Jh. Zeit der „kämpfenden Reiche".

221 Nach der Periode der „kämpfenden Reiche", in der das Chinesische Reich noch in einzelne Teile zerfallen ist, einigt der erste Kaiser (221 – 210) von Ch'in (China) die Reiche zu einem Gesamtstaat. Ende des Feudalismus.

221 – 206 Ch'in-Dynastie; zentralistischer Einheitsstaat. Vereinheitlichung der Maße, des Geldes und der Schrift. Aufgrund der Hunneneinfälle wird die „Große Mauer" gebaut.

206 v. Chr. – 220 n. Chr. Han-Dynastie. Beamtenstaat. Territoriale Ausweitung des Chinesischen Reiches. Blütezeit der Kunst und Literatur.

140 – 87 v. Chr. Kaiser Wu-ti. Größte Ausdehnung des chinesischen Reiches. Siegreiche Kämpfe gegen die Hunnen.

Im 1. Jh. n. Chr. Beginn der Verbreitung des Buddhismus.

220 n. Chr. – 264 Spaltung in „Drei Reiche": im Norden in den Wei-Staat, im Südwesten in den Shu-Staat, im Süden in den Wu-Staat.

Um 264 – 316 Kurzzeitige Einigung der Reiche unter der Dynastie der Chin.

420 – 589 Trennung von Nord- und Südchina.

Um 589 – 618 Einigung des chinesischen Reiches unter der Sui-Dynastie.

618 – 906 Politische und kulturelle Blütezeit unter der Tang-Dynastie.

Seit 906 Zerfall in Einzelreiche, die von der Sung-Dynastie 960 geeint werden (bis 1280).

Die Hochkulturen des Zweistromlands

Die Fruchtbarkeit des Landes um Euphrat und Tigris bildet eine wesentliche Grundlage für Siedlungen und für die wirtschaftliche Nutzung dieses Gebietes.

Die Sumerer

Ende 4. Jt. Einwanderung der Sumerer von Osten in das Mündungsgebiet des Euphrat und Tigris (Herkunft der Sumerer ist unbekannt).

3200 – 2350 Entstehung der Stadtstaaten der Sumerer (Eridu, Uruk, Ur, Lagasch) im südlichen und mittleren Babylonien. Weitgehend selbständige Stadtstaaten, an deren Spitze Stadtfürsten stehen, die sich als Vertreter des Stadtgottes betrachten. Mittelpunkt der Städte ist der Tempel (sumerische Tempelstädte). Erfindung der Keilschrift. Ursprünglich der ägyptischen Schrift ähnlich, ist sie eine Bilderschrift, die sich zur Silbenschrift weiterentwickelt. Komplexe Verwaltung des Staates durch Beamte. Große Bedeutung der Priester. Einteilung des Kalenders in 12 Monate, in Tage und in Stunden. Zahlensystem auf der Zahl 12 aufbauend.

Um 2500 Fürstengräber von Ur.

Das Reich von Sumer und Akkad

Um 2350 Unterwerfung der sumerischen Tempelstädte durch Sargon I. (um 2350 – 2295), König der Akkader (semitische Hirtenstämme). Sargons Reich von Akkad (Gründung der Hauptstadt Akkad im Norden Babyloniens) als erstes „Weltreich“, das vom Mittelmeer bis zum Persischen Golf reicht („Beherrscher der vier Weltteile“).

Um 2180 – 2070 Fremdherrschaft der Könige von Gutäa, die jedoch nach kurzer Herrschaftszeit von den Sumerern vertrieben werden.

Um 2070 Reich von Sumer und Akkad mit dem Mittelpunkt Ur (3. Dynastie von Ur). Blütezeit der sumerischen Literatur. Beamtenstaat.

Um 2000 Einwanderung und Ausbreitung semitischer Nomadenstämme ins Zweistromland. Einzelne Stadtstaaten rivalisieren um die Führungsrolle, wobei das bisher unbedeutende Babylon die Führung gewinnt.

Das Babylonische Reich

1729 – 1686 Hammurabi von Babylon, bedeutendster König der Amoriter-Dynastie: Errichtung des ersten Babylonischen Reiches (einheitliches Reich von Babylonien und Assyrien). Übernahme der sumerisch-akkadischen Kultur. Entstehung des Kodex Hammurabi, einer der frühesten Rechtssammlungen der Welt. Reichsgott Marduk. Ausgedehnter Handel der Babylonier bis zum Mittelmeer, Kleinasien und Armenien. Ablösung des reinen Tauschhandels durch „Geldwirtschaft“.

Um 1530 Eroberung und Plünderung Babylons durch die Hethiter. Nach ihrem Abzug Eroberung Babylons durch die aus dem Iran stammenden Kassiten und Ausbau ihrer Herrschaft in Babylonien.

Um 1160 Ende der Kassitenherrschaft.

Seit 1350 Nach der Befreiung der Assyrer von der Churriterherrschaft (Reich Mitanni), Ausbau des assyrischen Machtbereichs.

Um 1225 Tukulti-Ninurta I. von Assyrien (1244 – 1207) erobert und zerstört Babylonien.

1123 – 1105 Nebukadnezar I.;

in der Folgezeit verliert Babylonien an Bedeutung.

Das Neuassyrische Weltreich

Um 900 – um 627 Assyrerherrschaft in Babylonien. Hauptstadt Ninive wird zum kulturellen Zentrum. Grausames Vorgehen gegen unterworfene Völker; Verschleppen der Bevölkerung und Zerstörung der Städte (um 670 Eroberung Ägyptens durch die Assyrer).

Das Neubabylonische Reich

605 – 562 Unter Nebukadnezar II. Ausdehnung des Neubabylonischen Reiches bis Südpalästina; Blütezeit, Entfaltung der Landwirtschaft, des Handels, rege Bautätigkeit („Turm zu Babel", „Hängende Gärten").
597 – 586 Eroberung und Zerstörung Jerusalems. Verschleppung der Juden nach Babylon (sog. „Babylonische Gefangenschaft").
539 Einnahme Babylons durch den Perserkönig Kyros. Ende des Neubabylonischen Reiches. Babylonien unter persischer Oberhoheit (persische Provinz).
331 Eroberung Babyloniens durch Alexander den Großen.

Die Juden in Palästina

Um 1500 Israelitische Stämme wandern in Palästina ein (Name „Palästina" erst in späterer Zeit durch die Philister entstanden).
Um 1250 Auszug der in ägyptischer Fronherrschaft stehenden Stämme (um 1650 nach Ägypten ausgewandert) unter der Führung von Moses nach Kanaan (Palästina). In der Folge Seßhaftigkeit und Verbindung mit den vorher schon dort angesiedelten Stämmen.
Seit 1200 Besiedlung der Küste Palästinas durch die Philister (Seevölker).
Um 1000 Saul einigt die zuvor losen israelitischen Stammesverbände unter seinem Königtum. Niederlage gegen die Philister.
Um 1006 – 966 Unter König David Vereinigung der Stämme zu einem Staat. Sieg über die Philister. Hauptstadt Jerusalem, das zum religiösen und politischen Mittelpunkt wird.
966 – 926 Unter König Salomo, dem Sohn Davids, Blütezeit des Reiches. Einteilung des Reiches in 12 Provinzen. Errichtung des Jahwetempels.
Nach Salomos Tod Zerfall des Reiches; im Süden Juda (Hauptstadt Jerusalem) mit zwei Stämmen und im Norden Israel (Hauptstadt zunächst Sichem, später Samaria) mit zehn Stämmen. Wirken der Propheten. Auseinandersetzungen zwischen beiden Reichen.
721 Israel unter der Herrschaft der Assyrer (Sargon II.), während Juda einen Teil seiner Selbständigkeit noch erhalten kann.
597 Eroberung von Jerusalem

durch die Babylonier unter Nebukadnezar II. (605 – 562); nach Aufständen gegen die babylonische Herrschaft
586 Zerstörung Jerusalems und Gefangennahme eines Teiles der Bevölkerung ("Babylonische Gefangenschaft").
539 Nach der Eroberung des Neubabylonischen Reiches durch den Perserkönig Kyros II. (559 – 529) Rückkehr der Juden.

Das Handelsvolk der Phönizier

Seit 1200 Gründung von wichtigen Handelsniederlassungen an den Mittelmeerküsten, in Südspanien Gades (Cádiz), auf Sizilien Palermo, in Nordafrika Karthago (814). Seefahrten auch über die Straße von Gibraltar hinausgehend.
Um 1000 Entstehung der phönizischen Schrift (reine Konsonantenschrift).
8. Jh. Unterwerfung der Phönizier durch die Assyrer. Tributpflichtigkeit der meisten phönizischen Städte. Karthago übernimmt in der Folgezeit die Führung der phönizischen Handelsniederlassungen im westlichen Mittelmeer.
6. Jh. Nach dem Ende der Assyrerherrschaft Eroberung von Tyros durch Nebukadnezar II.; Phönizien wird Teil des Neubabylonischen Reiches.
332 Eroberung von Tyros durch Alexander den Großen.

Das Persische Großreich

Die zur Stammesgruppe der Iranier zählenden Perser stehen unter der Vorherrschaft der Meder (ebenfalls Iranier).
Seit 700 Fürstengeschlecht der Achämeniden.
559 – 529 König Kyros II. setzt 550 der Herrschaft der Meder ein Ende und zwingt den König Kroisos von Lydien zur Unterwerfung (546).
539 Eroberung Babylons durch die Perser bedeutet das Ende des Neubabylonischen Reiches.
529 – 522 Unter Kambyses II. Eroberung von Ägypten (525).
521 – 486 König Dareios I. Einteilung des Reiches in 20 Satrapien, d.h. in Bezirke, die von einem Statthalter (Satrap) verwaltet werden. Das Perserreich als flächenmäßig größtes Reich seiner Zeit. 518 Zug Dareios' I. nach Ägypten, Unterwerfung des Indusgebietes (um 513) und Unterwerfung von Thrakien und Makedonien. Hauptstädte Ekbatana, Susa, Babylon und Persepolis. In der Folgezeit gerät das Perserreich in Interessenkonflikte mit den Griechen aufgrund der gleichzeitigen Machtansprüche auf die an der im Westen der kleinasiatischen Küste liegenden Griechenstädte. Alexander der Große verleibt das Perserreich seinem Weltreich ein.

Schon seit 3000 v. Chr. entstehen erste Hochkulturen. Die ersten Städte entwickeln sich in Niedermesopotamien und in Ägypten. Dort lassen sich, wie zahlreiche Nachweise zeigen, auch komplexere soziale Organisationen feststellen. In der Zeit, als Euphrat und Tigris noch getrennt in den Persischen Golf münden, bauen die Sumerer in diesem Gebiet ihre ersten Tempelstädte, und etwa gleichzeitig beginnt die große Geschichte Ägyptens. Bedeutsam wird die Entstehung der Schriftkultur:

Die Erfindung der Schrift

Bei den Sumerern werden zum Schreiben Tontafeln genutzt, die uns zum Teil erhalten sind. Diese Schrift, ursprünglich nur eine verkürzte Form der Aufzeichnung in Bildern, wird im Lauf der Zeit den Dingen, die sie darstellen soll, immer unähnlicher. Die Holzgriffel, die die Sumerer verwenden, vermitteln keilförmige Eindrücke. Deshalb wird diese Schrift auch als „Keilschrift" bezeichnet. In Ägypten bleibt die Ähnlichkeit mit den dargestellten Dingen bestehen. Hier wird nicht auf Ton, sondern in erster Linie auf Papyrus geschrieben. Alle späteren Alphabete lassen sich aus einer Vermengung der sumerischen Keilschrift und der ägyptischen Hieroglyphen ableiten. Auch China entwickelt etwas später eine Bilderschrift, erreicht aber noch kein Alphabet. Die Erfindung der Schrift ist für die Entwicklung der menschlichen Gesellschaft von größter Bedeutung.

Erste Staats- und Wirtschaftsformen

Der Alltag in Ägypten und in den frühen Städten der Sumerer muß sich geähnelt haben. Aufgrund der vermehrten Seßhaftigkeit liegen die wichtigsten Aufgaben im Bau von Bewässerungsanlagen und im Ackerbau. Bedeutende Erfindungen dieser Bauernkulturen der Stromländer sind Drehscheibe, Wagen und Pflug. Durch die Drehscheibe gewinnt die Töpferei an Bedeutung, durch den Wagen wird der Gütertransport erleichtert.Bestimmend für das religiöse Leben werden Tempel, bei den Sumerern große turmartige Gebäude, in Ägypten massive einstöckige Bauten. Bei den Sumerern ist der Priester gleichzeitig Herrscher, bei den Ägyptern ist der Pharao die lebendige Verkörperung des obersten Gottes im Lande, ein Gott-König. Die Sumerer und Ägypter kennen Kupfer und Bronze schon sehr früh. Die ältesten Bronzekulturen entstehen in Mesopotamien, aber auch in Europa wird die kulturelle Entwicklung davon bestimmt.

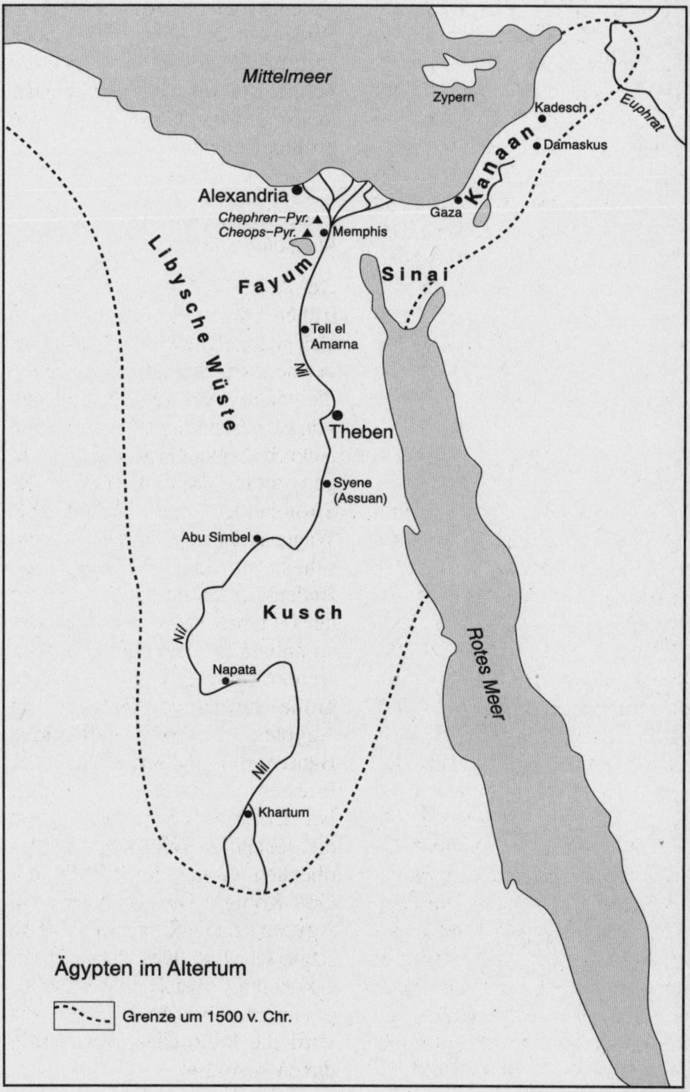
Mittelmeer
Zypern
Kadesch
Euphrat
Damaskus
Kanaan
Alexandria
Gaza
Chephren-Pyr.
Cheops-Pyr.
Memphis
Libysche Wüste
Fayum
Sinai
Tell el Amarna
Nil
Theben
Syene (Assuan)
Abu Simbel
Kusch
Rotes Meer
Nil
Napata
Nil
Khartum
Ägypten im Altertum
Grenze um 1500 v. Chr.

Die griechische Frühzeit

Um 1900 – 1600 wandern aus dem Norden (Donauraum) indogermanische Stämme (Frühgriechen = Achäer) auf die Balkanhalbinsel ein, dringen bis zum südlichsten Teil des Festlandes, zur Peloponnes, vor und treffen bei ihren Wanderungen auf eine Urbevölkerung, die mit Kleinasien und den Inseln des ägäischen Meeres in enger Verbindung steht. Verschmelzung der Einwanderer mit der vorindogermanischen Urbevölkerung.

Die minoische Kultur auf der Insel Kreta

Während das griechische Festland durch Berührungen aus dem Osten und Zuwanderungen aus dem Norden stark beeinflußt ist, entwickelt sich die Insel Kreta eigenständig. Das einheimische Element kann sich lange ohne festländischen, indogermanischen Einfluß erhalten und erfährt bedeutende Impulse durch die alten Stadtkulturen des Orients.

2600 – 2000 Minoische Frühzeit (Vorpalastzeit). Um 2600 Einwanderungswelle auf Kreta. Koexistenz der Urbevölkerung mit den Einwanderern, die schon Kenntnisse über die Methoden der Kupfer- und Bronzeverarbeitung sowie die Anfertigung von Metallgegenständen (auch Waffen) besitzen. Frühminoische Keramik. Kuppelgräber mit Grabbeigaben (Siegel, Schmuck, kupferne und bronzene Dolche). Beziehungen zu Ägypten, Anatolien, Babylon und Mesopotamien. Um 2200 Blütezeit der minoischen Kultur.

2000 – 1700 Mittelminoische Epoche. Ältere Palastzeit. Bau der ersten Paläste und Stadtanlagen. Ältester Palast in Knossos (Bezeichnung nach dem sagenhaften König Minos von Knossos). Ähnliche Paläste in Phaistos, Hagia Triada, Mallia und Zakro. Die Paläste bleiben meist unbefestigt; Schutz vor äußeren Feinden nur durch die Flotte. Handelsbeziehungen zu Ägypten, Afrika, Kleinasien. Seeherrschaft, Vormachtstellung im östlichen Mittelmeer. Entwicklung einer Silbenschrift „Linear A".

1700 – 1450 Um 1700 Zerstörung der älteren Paläste, die jedoch kurz darauf wiederaufgebaut werden. Entstehung der jüngeren Paläste in Knossos, Phaistos und Hagia Triada. Kulturelle Hochblüte: Weiterentwicklung der minoischen Kunst; „naturalistischer Stil" (Wandmalereien, Skulpturen, Vasenbilder, häufige Verwendung des Stiermotivs). Tendenz zum Matriachat, freie und bevorzugte Stellung der Frau. Vorherrschen weiblicher Gottheiten.

Die kretisch-mykenische Kultur

1600 – 1500 Frühmykenische Periode. Schachtgräber mit kostbaren Grabbeigaben (Schachtgräber von Mykene). Handel mit Ägypten und Kreta. Berührung mit kretisch-minoischer Kultur.

Um 1450 Vernichtung der minoischen Kultur auf Kreta vermutlich aufgrund einer Flutwelle nach einem Vulkanausbruch.

1500 – 1400 Mykenische Palastanlagen in Griechenland nach kretischem Vorbild, jedoch mit Befestigungsmauern, z.B. Palast von Pylos, Burg von Mykene. Übergang zum Kuppelgrab. Besetzung Kretas vom Festland ausgehend durch die Mykener. Weiterentwicklung der Schrift.

1400 – 1150 Nachdem die kretische Vormachtstellung im Mittelmeer gebrochen ist, Blütezeit der mykenischen Kultur auf dem Hintergrund der minoischen Kultur; mykenische Palastanlagen in Griechenland nach kretischem Vorbild gebaut. Gewaltige Burganlagen von Mykene (Löwentor von Mykene), Tiryns, Pylos, Gia, Athen. Monumentalität. Betonung des Kriegertums. Reichtum an Kuppelgräbern; sog. „Schatzhaus des Atreus" größtes Kuppelgrab. Vormachtstellung des Königs von Mykene.

Dorische Wanderung und griechische Kolonisation

Um 1200 Beginn der letzten Phase der ägäischen Wanderung. Vordringen von Stämmen aus dem nordwestlichen Gebirgsland der Balkanhalbinsel (Illyrien) in den Süden und Osten Griechenlands. Zerstörung Trojas (Schicht VII a). Die Einwanderer sind durch ihre Waffentechnik (Eisenwaffen) den Mykenern (Bronzewaffen) weit überlegen und bereiten der kretisch-mykenischen Kultur ein Ende; Zerstörung der mykenischen Burgen und Städte. Übergang zur Eisenzeit. Der Stamm der Dorier dringt am weitesten nach Süden vor und besetzt auf der Peloponnes die Landschaften Argolis und Lakonien, ferner die Inseln Kreta und Rhodos sowie die Südwestküste Kleinasiens. Nach diesem Stamm wird die gesamte Wanderungsbewegung als „Dorische Wanderung" bezeichnet. Die Eroberung Athens gelingt ihnen jedoch nicht. Dort erhält sich wie auf den meisten Inseln der mittleren Ägäis der ionische Volksstamm und Dialekt. Die für die griechische Geschichte bedeutende Spannung zwischen Athen und Sparta beruht zu einem großen Teil auf dem Gegensatz zwischen Ioniern und Doriern. Zeitalter der Kleinstaaten.

1100 – 800 Besiedlung der Westküste Kleinasiens. Wanderung griechischer Siedler vom Festland aus über die Inseln bis an die Westküste Kleinasiens, die gute Verteidigungsmöglichkeiten und mit ihrem fruchtbaren Hinterland für die Landwirtschaft günstige Voraussetzungen bietet. Entstehung griechischer Siedlungen; Äolis mit Smyrna und Lesbos, das Gebiet der Ionier mit Milet, Ephesus, den Inseln Chios und Samos, die Niederlassungen der Dorier mit Halikarnassos, Knidos, den Inseln Rhodos, Kos und Kreta. Vielfalt der Volksstämme und Dialektgruppen.

Die Adelszeit

Die Zeit nach der dorischen Wanderung entzieht sich zum großen Teil unserer Kenntnis. Nach dem Untergang der mykenischen Kultur zeichnen sich neue Entwicklungen im kulturellen und politischen Bereich ab.

10./9. Jh. Die Griechen übernehmen anstelle der mykenischen Silbenschrift eine Buchstabenschrift vom Handelsvolk der Phönizier und entwickeln diese zur ersten reinen Lautschrift weiter. Veränderung des Kunststils. Kultureller Mittelpunkt der Zeit ist die Landschaft Attika. Zeitalter des sog. geometrischen Stils (Dipylonstil). Adelszeit; die Macht liegt in den Händen der adeligen Herren.

8. Jh. Der Geist des Zeitalters wird in den homerischen Dichtungen (Ilias und Odyssee) dokumentiert; stammen die Helden des Homer auch aus mykenischer Zeit und verarbeitet der Dichter auch deren Mythen, so spiegeln sie dennoch zum Teil auch die historische Realität des homerischen Zeitalters, die Zeit des Adels. Religion der olympischen Götter: Göttervater Zeus, Vermenschlichung der Götter. Orakel von Delphi (Apollon geweiht).

Bildung des griechischen Stadtstaates, der Polis.

776 Beginn der Olympionikenliste, die die Namen der Sieger der alle 4 Jahre in Olympia zu Ehren des Göttervaters Zeus stattfindenden Festspiele umfaßt. (Später Berechnung der griechischen Geschichte von diesem Datum ausgehend.) Diese Spiele werden als größtes panhellenisches Fest gefeiert und repräsentieren die Einheit des Griechentums. Ähnliche Wettspiele sind: die Pythien bei Delphi (zu Ehren des Apollon), die Nemeen in Argolis (auch zu Ehren des Zeus), die Isthmien bei Korinth (zu Ehren des Poseidon). Entstehung eines Gesamtnamens für alle griechischen Stämme, „Hellenen", nach einem kleinen Stamm im südlichen Thessalien. Der Begriff bezeichnet kein Volk im politischen Sinn, sondern eine Gemeinschaft der Sprache, Sitte und Kultur. Die Hellenen grenzen sich selbst deutlich von den Barbaren, d.h. Menschen fremder Kultur und Sitte, ab.

Ausbreitung des Griechentums

750 – 550 Zeit der griechischen Kolonisation: Die Kolonisierung der Mittelmeerküsten und der Küsten des Schwarzen Meeres ist die Basis für ein wachsendes griechisches Gemeinschaftsgefühl. Die Ursachen liegen u.a. in einer steigenden Bevölkerungszahl, im Aufschwung des Handwerks, dem Ausbau des Seehandels, den extremen sozialen Unterschieden, der Verschuldung der Bauern. Die Kolonisation geht von einzelnen Städten aus. Es entstehen Siedlungen von der Krim bis nach Spanien, meist in Meeresnähe. Politische Selbständigkeit der sog. Pflanzstädte, die nur lose Beziehungen zum Mutterland pflegen. Bedeutende Niederlassungen sind u.a. Byzanz am Bosporus, Syrakus und Messana auf Sizilien, Tarent, Neapel und Paestum in Unteritalien, Naukratis in Ägypten, Kyrene in Libyen, Massilia (Marseille) an der Rhônemündung.

Das Einflußgebiet Karthagos im westlichen Mittelmeer bleibt erhalten. Blütezeit Milets, das allein 90 Tochterstädte gründet. Zu Beginn des 6. Jhs. sind somit viele Küstengebiete des Mittelmeerraums unter griechischem Einfluß. Unter dem Eindruck des Kolonialgriechentums wandeln sich auch die Lebensformen. Große Veränderungen in Wirtschaft, Gesellschaft, Politik und Kultur finden im Mutterland statt.

Ab 700 Die Geldwirtschaft löst die Tauschwirtschaft ab. Die Griechen lernen den Münzgebrauch von den Lydern (Münzprägung). Entstehung eines Kaufmannsstandes. Gleichzeitig Verschuldung vieler Bauern, Schuldknechtschaft. Sklavenhandel, Schaffung der eigentlichen Sklaverei durch Kommerzialisierung der Unfreiheit (erster griechischer Sklavenmarkt auf der Insel Chios).

Ab 650 Politische und soziale Unruhen. In vielen Städten Errichtung einer illegalen Alleinherrschaft, der Tyrannis. Die Tyrannis wird jedoch nirgendwo zur ständigen Regierungsform.

Kunst und Wissenschaft

Im 7. Jh. neue Epoche der Geistesgeschichte: Stärkerer Individualismus in der Kunst. Erwachen der Persönlichkeit spiegelt sich vor allem in der Lyrik, z.B. Archilochos von Paros, Sappho von Lesbos, Alkaios von Lesbos, Anakreon von Teos. Einfluß des Orients auf die Kunst.

Um 700 – 600 Orientalisierende Zeit; Eindringen naturalistischer Elemente in die Kunst. In der Skulptur Entwicklung der Großplastik in Marmor und Bronze. Religiöse Baukunst; Tempelbauten aus Stein (dorischer und ionischer Säulenstil). Monumentalität in der Architektur.

6.Jh. Die Ionier übernehmen wichtige Erkenntnisse der ägyptischen und babylonischen Sternkunde, Zahlenlehre und Feldmessung. Selbständige Weiterbildung zur Astronomie, Arithmetik und zur Geometrie.
585 Zum erstenmal wird eine Sonnenfinsternis durch Thales von Milet (28. 5. 585) berechnet. Bedeutende Erkenntnisse des Anaximander und Anaximenes (Erde schwebt frei im Raum). Die ersten griechischen Philosophen sind in erster Linie Naturforscher; Naturphilosophie. Bedeutende philosophische Vertreter der Frühzeit: Heraklit von Ephesos, Parmenides von Elea, Xenophanes von Kolophon, Pythagoras von Samos. Erkenntnisse und Lehren der sog. Vorsokratiker bilden das Fundament der europäischen Wissenschaft.

Athens Entwicklung zur Demokratie

Um 950 Die Einigung Attikas. Athen mit der Burg Akropolis wird zum Zentrum eines attischen Königtums, dem sich die adeligen Herren der einzelnen attischen Landschaften unterwerfen müssen. Übersiedlung des Adels in die Umgebung Athens. Folge: Allmähliche Entstehung eines Stadtadels, der die Macht des Königtums einschränkt.
683 Ersetzung des Königtums durch das Archontat. Archonten: für ein Jahr eingesetzte Beamte (am Anfang 3, später 9). Soziale Not und Spannungen (Schuldknechtschaft vieler Bauern nach Übergang zur Geldwirtschaft). Das Land ist im Besitz von Großgrundbesitzern. Die sozialen und wirtschaftlichen Probleme verursachen eine schwere Krise des Staates.
621 Die Gesetzgebung Drakons: strenge Maßnahmen auch für kleinere Vergehen (drakonische Strenge). Abschaffung der Blutrache, jedoch Verschärfung der Spannungen. Aufstände.
594 Berufung Solons zum Archon und Schlichter. Solon wird als erster großer Staatsmann der griechischen und europäischen Geschichte bezeichnet und zählt zu den sog. „Sieben Weisen“. Aufhebung der Schuldknechtschaft und Leibeigenschaft der Bauern, jedoch keine Bodenreform. Festsetzung eines bestimmten Größenumfangs für Landbesitz. Die soziale Neuordnung bedeutet einen ersten Schritt in Richtung Demokratie (Staatsreform Solons). Einteilung der grundbesitzenden Bürger in vier Vermögensklassen: 1. Klasse: Großgrundbesitzer, Großkaufleute, 2. Klasse: Reiche Kaufleute, Handwerker, 3. Klasse: Mittlere Bauern, Handwerker, 4. Klasse: Lohnarbeiter, kleine Bauern. Die politische Mitwirkung des einzelnen richtet sich nach seinem Einkommen. Die Volksver-

sammlung (Ekklesia) wählt Archonten (nur 1. Klasse) und den Rat der 400 (nur erste drei Klassen), der die Staatsgeschäfte führt. Die Aufsicht über den Staat führt ein Volksgerichtshof (Areopag; bestehend aus früheren Archonten), der von der gesamten Volksversammlung gewählt wird. Die Herrschaft des Adels wird zu einer Herrschaft der Besitzenden. Solon legt nach den durchgeführten Reformen sein Amt nieder.

Ab 560 Nach Solon setzen die sozialen Wirren wieder ein. Errichtung einer Tyrannis durch Peisistratos (560). Zeit des Friedens und Wohlstands. Prachtbauten, Häfen und Straßen, Förderung von Kunst und Wissenschaft. Zurückdrängung der Adelsmacht (Förderung des Bauerntums).

527 – 514 Tyrannis des Hippias und Hipparch (Söhne des Peisistratos).

514 Ermordung von Hipparch durch Harmodios und Aristogeiton.

510 Vertreibung des Hippias und Sturz der Tyrannis mit Spartas Hilfe durch Kleisthenes.

508/07 Kleisthenes führt Solons Politik weiter. Demokratie; neue Staatsordnung. Verteilung der Macht auf drei Einrichtungen: Volksversammlung: Gleichberechtigung aller freien Bürger Athens; Gesetzesbeschlüsse; Entscheidung über Krieg und Frieden; Kontrolle über Regierung und Militär. Möglichkeit der Verbannung von Bürgern durch das „Scherbengericht“ (Ostrakismos), bei dem die Namen des zu Verbannenden auf eine Tonscherbe geschrieben werden. „Rat der 500": Regierungsgeschäfte; Zusammensetzung aus je 50 Vertretern aus den 10 Wahlbezirken Athens (Phylen). Volksgerichte: Gesamte Gerichtsbarkeit des Landes. Sklaven und Zugewanderte nehmen an politischen Entscheidungen nicht teil.

Der Miltärstaat Sparta

Um 900 Gründung von Sparta durch die Dorier; Dorfsiedlung. Besetzung des Eurotastales in Lakonien.

Um 760 Gestaltung des spartanischen Staates nach der Überlieferung durch den Gesetzgeber Lykurg. Bewahrung der kriegerischen Lebensform der Wanderzeit. Stehendes Heer, gebildet durch die Vollbürger, die Spartiaten. Bewirtschaftung des Landes durch die Heloten, die Unterworfenen (Staatssklaven), die völlig rechtlos sind und keinen Anteil an der politischen Willensbildung haben. Eine Mittelstellung nehmen die in den Randgebieten Lakoniens lebenden Perioken ein, die eine Tätigkeit im Handel und Gewerbe ausüben, Kriegsdienst ableisten, abcr ebenso kein Stimmrecht in der Volksversammlung Spartas besitzen.

Verfassung Spartas: aristokratischer Militärstaat mit einem Doppelkönigtum; Teilung der Macht und gegenseitige Kontrolle. Die Gerichtsbarkeit liegt in der Hand der Gerusia, eines Rates der Alten, der aus 28 über 60 Jahre alten Spartiaten besteht und die beiden Könige berät. Entscheidung über Krieg und Frieden fällt die Volksversammlung (Heeresversammlung), zu der nur die Vollbürger, die Spartiaten zugelassen sind.

754 Beginn der Ephorenliste. Neben das durch Erbe übertragene Doppelkönigtum treten fünf jährlich gewählte Ephoren (Aufseher) als Vertreter der Bürgerschaft mit Aufsichtsrecht über Könige und Rat der Alten. Übergang der eigentlichen Regierung in die Hände der Ephoren, Könige nur noch als Feldherren im Kriegsfall.

„Spartanisches Leben“:

Die Erziehung der Jugend ist gänzlich auf die Wehrkraft ausgerichtet (Gymnasien, Vorbereitung zum Kriegerberuf). Es entstehen Tischgemeinschaften, die sich in der „spartanischen Lebensweise“ üben. Das Leben ist allein dem Staat verpflichtet. Aus dieser Gemeinschaft entwickelt sich eine neue Kampftechnik: Der Kampf in der Phalanx, d.h. das geschlossene Vorrücken der Schlachtreihe (8 Glieder) gegen den Feind. Disziplin und Gehorsam als höchste Tugenden des Kriegers gegenüber dem Einzelkampf und Mut des Helden zur Zeit Homers.

Neben den inneren Ausbau des Staates tritt auch die äußere Ausweitung, die Unterwerfung Messeniens.

740 – 720 1. Messenischer Krieg. Eroberung der Festung Ithome und Messeniens.

660 – 640 2. Messenischer Krieg. Aufstand der Messenier mit Unterstützung von Achaia, Elis und Argos. Bedeutung der neuen Schlachttechnik, dem Kampf in der Phalanx.

640 Niederwerfung des Aufstandes. Das spartanische Volk ist stark von äußeren Einflüssen abgeschlossen; geringe kulturelle Entwicklung in der Folgezeit.

550 Gründung des Peloponnesischen Bundes aller Staaten der Peloponnes (Ausnahme Achaia und Argos) unter der Vorherrschaft Spartas. Sparta wird als stärkste militärische Macht zum größten Vorkämpfer gegen die Tyrannis.

Die Perserkriege

500 – 494 Aufstand der ionischen Städte Kleinasiens gegen die Perser; Verjagung der Tyrannen. Unterstützung der Aufständischen durch Athen und Eretria. Nach sechsjährigen Kämpfen Zusammenbruch des Widerstandes der Ionier.

494 Wiederherstellung der persischen Herrschaft; Seesieg der

Perser (die Zerstörung von Milet).
492 Ein Perserheer zieht gegen Griechenland, erobert Makedonien, wird jedoch am Berg Athos zur Umkehr gezwungen.
490 Das Heer der Athener unter der Führung des Miltiades besiegt die Perser bei Marathon. Ein Bote verkündet den zurückgebliebenen Athenern den Sieg (Marathonlauf). Sieg bei Marathon zerstört den Ruf der Unbesiegbarkeit der Perser und begründet den Ruhm Athens. Miltiades stirbt 489 nach einem mißglückten Unternehmen gegen die Insel Paros im Gefängnis.
482 Beginn des Flottenbaus, der aus den Einkünften der attischen Silberbergwerke im Lauriongebirge finanziert wird. Flotte von 200 Trieren (Kriegsschiffe mit drei Ruderreihen).
Die Angehörigen der niedrigen Vermögensklassen (Theten) werden als Ruderer und Matrosen herangezogen und erhalten dadurch zunehmenden politischen Einfluß im Sinne der Demokratie. Adelige Gegner dieser Entwicklung werden durch das Scherbengericht gebannt. Schon seit 493 plant der Archon Themistokles in Athen den weiteren Flottenbau und fördert den Ausbau von Piräus zum Kriegshafen Athens.
Seit 483 Rüstung des Perserkönigs Xerxes (Nachfolger des 485 gestorbenen Königs Dareios) zum Krieg gegen Hellas. Bündnispartner der Perser ist Karthago. (480 Angriff der Karthager auf die Griechenstädte in Sizilien).
481 Kongreß der gegenüber den Persern abwehrbereiten griechischen Staaten. Verkündigung eines allgemeinen Landfriedens in Hellas. Abwehrbündnis gegen die Perser.
480 Die unentschiedene Seeschlacht bei Artemision und die Landschlacht bei den Thermopylen. Der Spartanerkönig Leonidas hält mit geringer Unterstützung die Stellung und ermöglicht so dem Hauptteil des Heeres und der griechischen Flotte den Rückzug. Opfertod des Leonidas und seiner Krieger.
Vorrücken des Perserheeres, Evakuierung der Bewohner Athens. Zerstörung Athens und der Akropolis.
Herbst 480 Von Themistokles durch List erzwungene Seeschlacht von Salamis. Sieg der Griechen über die persische Flotte; Xerxes flieht in sein Reich und läßt sein Heer in Thessalien zurück.
479 Wiedereinrücken des persischen Heeres in Griechenland. Nochmalige Besetzung Athens. Sieg der verbündeten Stadtstaaten unter dem Befehl des Spartaners Pausanias über die Perser bei Plataä. Sieg der athenischen Flotte vor Mykale: Einleitung der Befreiung der kleinasiatischen Griechen Ioniens von der persischen Herrschaft. Erste, defensive Phase der Perserkriege abgeschlossen.

477 Gründung des ersten Attischen Seebundes durch die Athener; Staatenbund von mehr als 200 Stadtstaaten der ägäischen Inseln und Küsten. Ziel: Fortsetzung des Perserkrieges. Organisation des Bundes durch Aristides. Neben die führende Macht des Peloponnesischen Bundes tritt somit eine neue Bündnisorganisation. Der Bund wird „auf ewige Zeiten“ geschlossen; Bundeskasse auf der Insel Delos. Athen hat an Einfluß unter den griechischen Staaten gewonnen und wird zur finanzstärksten Macht Griechenlands.

470 Themistokles wird durch das Scherbengericht verbannt und flieht zu den Persern; dort stirbt er als persischer Vasallenfürst (kurz nach 465). Fortsetzung des Krieges gegen die Perser durch Kimon, den Sohn des Miltiades.

465 Sieg Kimons über die Perser am Eurymedon im südlichen Kleinasien. Das Verhältnis zwischen Athen und Sparta wird immer gespannter. Erhebung der messenischen Untertanen gegen Sparta (3. Messenischer Krieg 464 – 455). Attisches Heer des spartafreundlichen Kimon von den Spartanern 462 zurückgeschickt; Beleidigung der Athener.

462 In Athen Verfassungsänderung des Ephialtes: Der Areopag verliert das Recht der Staatsaufsicht, behält nur Blutsgerichtbarkeit. Alle Beamten, auch der Rat der 500, dem Volk verantwortlich. Ämter stehen fast allen Bürgern offen. Weiterer Schritt zur Demokratie.

461 Kimon wird durch das Scherbengericht gebannt. Athen löst das mit Sparta zur Abwehr vor der Persergefahr geschlossene Kampfbündnis auf und beginnt in der Folgezeit mit dem Bau der Mauern von Piräus; Athen soll im Kriegsfall Fluchtburg für die gesamte attische Bevölkerung werden.

454 Rückschlag im Kampf gegen Persien, da ein Teil der nach Ägypten entsandten Bundesflotte, die einen Aufstand der Ägypter gegen Persien unterstützen sollte, von den Persern vernichtet wird. Furcht vor einem erneuten Vorstoß der Perser in der Ägäis, Verlegung der Kasse des Seebundes von der ungeschützten Insel Delos nach Athen.

451 Waffenstillstand mit Sparta auf fünf Jahre.

449 Der aus der Verbannung zurückgekehrte Kimon stirbt auf einem Feldzug gegen die Perser in Zypern als Kommandant der athenischen Flotte.

448 Der Friedensvertrag zwischen Athen und den Persern (nach dem Unterhändler Kallias auch Kallias-Friede genannt) beendet die Perserkriege. Die Ostgriechen in Kleinasien zählen weiterhin zum Perserreich, wobei der Perserkönig jedoch auf Ausübung der Herrschaftsrechte verzichtet; Abgrenzung der Seegebiete. Die Vorbereitungen zu diesem Friedensschluß trifft Perikles.

Das Zeitalter des Perikles

Durch den Sieg über die Perser wird der Abwehrbund überflüssig. Die Macht Athens war jedoch derartig erstarkt, daß Spartas Rückkehr zur Führungsstellung in Griechenland nicht mehr möglich ist. Deshalb stehen sich nach den Perserkriegen zwei Machtblöcke gegenüber, das ägäische Seereich der Athener und der Peloponnesische Bund der Spartaner. Die Einladung an alle griechische Staaten zu einem Friedenskongreß nach Athen lehnt Sparta ab.

448 Umwandlung des Attischen Seebundes zum oft durch Zwang zusammengehaltenen Attischen Seereich. Der Abfall von Bündnern wird von Athen mit harten Strafen belegt.

445 Friedensschluß zwischen Athen und Sparta auf 30 Jahre. Dadurch kann in Athen der demokratische Ausbau unter Perikles vollendet werden. Anerkennung des Attischen Seereiches durch die Spartaner.

Vormachtstellung Athens zur See und Spartas zu Lande.

443 – 429 Perikleisches Zeitalter.

Perikles wird nach Beseitigung seiner Gegner (Verbannung durch Scherbengericht) alljährlich (über 15 Jahre) zum Feldherrn gewählt und bestimmend für die athenische Politik. Nach dem Geschichtsschreiber Thukydides bedeutet dies: Athen ist „dem Namen nach eine Demokratie, in Wirklichkeit die Herrschaft des ersten Mannes“. Perikles verhindert stärkere innenpolitische Oppositionen, ist aber dennoch ein Vertrauensmann des Volkes. Die rege Bautätigkeit steht in einem engen Zusammenhang mit der Innenpolitik. Schaffung von Arbeitsplätzen für die zahlenmäßig angestiegene Bevölkerung. Die Akropolis verliert ihren reinen Festungscharakter; Entstehung des Parthenon, des Heiligtums der Stadtgöttin Pallas Athene. Durch die neue Verfassung stehen fast alle Ämter allen Bürgern offen. Der größte Einfluß liegt bei der Volksversammlung. Damit auch die ärmeren Bürger ihre politischen Rechte wahrnehmen können, werden Tagegelder für die Teilnahme an Geschworenengerichten ausgegeben und die Möglichkeit zum Theaterbesuch eröffnet. Neuordnung des Seebundes: Einteilung der Städte in fünf Steuerkreise. Die Verbündeten sind zu Tributzahlungen verpflichtet, durch die wiederum die hohen Baukosten Athens finanziert werden. Teilweiser Widerstand der Bündner (440 Insel Samos von Perikles zurückerobert); Gruppen athenischer Bürger werden als Kolonisten in den Gebieten des Bundes angesiedelt. Das Attische Seereich entwickelt sich zu einem einheitlichen Wirtschafts,- Münz- und Rechtsgebiet.

425 Über 400 Stadtstaaten sind Mitglieder des Seebundes.

Kultur der klassischen Zeit (5./4. Jh. v. Chr.)

Baukunst: Höhepunkt Zeustempel in Olympia und Tempel der Athene (Parthenon) auf der Akropolis. Bildhauer Polyklet und Phidias.
Literatur: Zeit der großen Tragödiendichter; Aischylos (um 525 – um 456) Einführung des zweiten Schauspielers (Möglichkeit zum Dialog). Sophokles (um 497 – um 406); Euripides (um 480 – 406).
Geschichtsschreibung: Herodot (um 484 – um 425); Thukydides (um 460 – 396) und Xenophon (430 – 354).
Philosophie: Protagoras (um 480 – 421); Sokrates (469 – 399); Platon (427 – 347) und Aristoteles (384 – 322).

Der Peloponnesische Krieg

Das Attische Seereich der Athener hatte durch Ausdehnung des Handels und den Gewinn neuer Bundesgenossen seinen Einflußbereich im Mittelmeerraum und in Griechenland vergrößert; aufgrund des Machtzugewinns wirkt es auf Sparta bedrohlich. Sparta verzichtete bisher auf eine Einmischung in die inneren Angelegenheiten des Seebundes und leistete auch den abgefallenen Bundesgenossen Athens keine Hilfe. Der Konflikt Athens mit Korinth, einem Mitgliedsstaat des Peloponnesischen Bundes, bietet jedoch einen konkreten Anlaß für das Eingreifen Spartas und wird zum Auslöser des Krieges zwischen den beiden Griechenstaaten. Der schon bestehende Konflikt verschärft sich, als sich Athen mit Korfu, einer Kolonie Korinths, verbündet. Bedrohung der korinthischen Provinz Potidäa durch Athen; Korinth unterstützt Megara, eine von Athen abgefallene Provinz, die daraufhin von Athen mit einer Handelssperre belegt wird; Hilferuf Korinths an Sparta, das seine Zurückhaltung aufgibt.

432 Kriegsbeschluß Spartas und des Peloponnesischen Bundes. Perikles ist auf Krieg eingestellt. Finanzieller Rückhalt Athens durch den Staatsschatz. Erste Phase des Kampfes:

431 – 421 Der Archidamische Krieg (so benannt nach den Feldzügen des Spartanerkönigs Archidamos). Der Kriegsplan des Perikles ist auf Verteidigung ausgerichtet, die langen Mauern sollten Schutz gegen Angriff der Spartaner gewähren.

431 – 430 Die Einfälle des Archidamos in Attika bleiben ohne Entscheidung.

429 Perikles stirbt an der in Athen ausgebrochenen Pest. Sein Nachfolger Kleon radikalisiert die Kriegspolitik Athens. Erfolge und Mißerfolge auf beiden Seiten.

421 Dem gemäßigten Athener Nikias gelingt ein Friedensschluß mit Sparta, durch welchen der Zustand vor dem Krieg wiederherstellt wird. Der auf 50 Jahre hin angelegte Nikias-Friede ist jedoch nur von kurzer Dauer. Die Politik des Atheners Alkibiades, der die Kriegspolitik Athens wieder vorantreibt, führt zu einer Verschlechterung des athenisch-spartanischen Verhältnisses. Die zweite Phase des Krieges,

415 – 413 die Sizilische Expedition beginnt durch den Eroberungszug gegen das mit Sparta befreundete Syrakus. Alkibiades wird wegen einer Anklage auf religiösen Frevel aus Sizilien zurückgerufen und flieht nach Sparta. Nach anfänglichen Erfolgen werden die Athener

413 vernichtend geschlagen und die Gefangenen in die Steinbrüche von Syrakus geschickt.

413 – 404 Dekeleischer Krieg. Die Spartaner besetzen die Festung Dekeleia mit dem Ziel der Verwüstung Attikas. Die Macht der Athener wird geschwächt durch den Abfall vieler Bündnispartner.

412 Sparta gewinnt die Unterstützung der Perser, die als Gegenleistung die Aufgabe der ionischen Städte fordern. Spartanisch-persischer Beistandspakt.

411 Durch die Niederlage auf Sizilien entsteht eine große Verwirrung in Athen, wodurch für kurze Zeit die Gegner der Demokratie an die Macht gelangen; jedoch schnelle Beseitigung der antidemokratischen Tendenzen und Wiederherstellung der Demokratie. Rückkehr des Alkibiades und Ernennung zum unumschränkten Befehlshaber der attischen Streitkräfte.

410 Sieg des Alkibiades bei Kyzikos.

408 Alkibiades kehrt als Sieger nach Athen zurück, wird jedoch

407 nach der Niederlage der athenischen Flotte bei Notion abgesetzt und nach Kriegsende in Kleinasien von einem persischen Statthalter ermordet.

406 Die athenische Flotte siegt bei den Arginusen.

405 Die letzte Seeschlacht des Krieges, bei Aigospotamoi am Hellespont, wird für die Spartaner unter ihrem Flottenführer Lysander entschieden. Athens Reserven sind erschöpft.

404 Bedingungslose Kapitulation Athens. Auflösung des Attischen Seebundes durch Lysander. Athen erhält eine spartanische Besatzung und eine oligarchische Regierung (Herrschaft der 30 Tyrannen). Die Vormachtstellung Athens ist endgültig beseitigt. Die Kleinstaaten stehen nun unter spartanischer oder persischer Herrschaft. Sparta errichtet nach dem Sieg über die Athener seine eigene Vormachtstellung. Der eigentliche Gewinner des Krieges ist jedoch nicht Sparta, sondern Persien.

403 Thrasybul und andere Emigranten stellen die demokratische Ordnung in Athen wieder her, nachdem die sog. Herrschaft der

30 Tyrannen gestürzt worden war.
399 Verurteilung des Sokrates, aufgrund des Vorwurfs, die Jugend zu verderben und die Götter zu verachten. Hinrichtung des bedeutenden Philosophen durch den Schierlingsbecher.

Der politische Niedergang Griechenlands

401 Unterstützung der Erhebung des persischen Prinzen Kyros gegen seinen Bruder, den König Artaxerxes II., durch Sparta. Obwohl Kyros bei Kunaxa in Mesopotamien fällt, gelingt der Rückzug der griechischen Söldner („Rückzug der Zehntausend") und beweist den Mangel an Widerstandskraft bei den Persern.
399 – 394 Krieg Spartas gegen Persien. Wiederausbruch des Krieges mit dem Ziel, die ionischen Städte zu befreien. Anfängliche Erfolge der Spartaner. Unmut der griechischen Stadtstaaten über die Gewaltherrschaft der Spartaner in Griechenland führt zum
395 – 387 Korinthischen Krieg. Mit Unterstützung der Perser kämpfen Athen, Theben, Korinth und Argos gegen die Spartaner.
394 Sieg der Spartaner bei Koronea, aber Niederlage in der Seeschlacht von Knidos. Sieg der persisch-griechischen Flotte unter der gemeinsamen Führung des Persers Pharnabazos und des Atheners Konon. Athen versucht mit persischer Hilfe den Seebund wiederherzustellen. Der Einfluß Persiens in Griechenland wird immer stärker. Sparta sucht eine Lösung auf diplomatischem Wege, Verhandlungen zwischen Sparta und Persien haben den
387 sog. Königsfrieden zur Folge, der durch die Vermittlung des Spartaners Antalkidas zustandekommt. Die kleinasiatischen Griechen gehören ohne Vorbehalte zum persischen Reich, die restlichen Griechenstädte gewinnen ihre Selbständigkeit, die jedoch von Sparta überwacht werden soll. Der spartanisch-persische Krieg und der Korinthische Krieg sind beendet, die Vormachtstellung Spartas ist gesichert (Weiterbestand des Peloponnesischen Bundes); Einflußnahme Persiens auf Griechenland. Theben ist die letzte bedeutende Macht.
382 Die Spartaner besetzen die Burg von Theben, die aber durch die Hilfe Athens wieder befreit wird.
377 Gründung des zweiten Attischen Seebundes.
371 Sparta fordert von den Thebanern die Auflösung des Boiotischen Bundes; auf Weigerung der Thebaner Aufmarsch eines spartanischen Heeres gegen Theben. Sieg des Thebaners Epaminondas bei Leuktra über das spartanische Heer („schiefe Schlachtordnung"). Vernichtung der spartani-

schen Vormacht in ganz Griechenland. Gründung eines Bundesstaates in Arkadien, Befreiung Messeniens. Theben wird Schutzmacht für alle Peloponnesier in Verbindung mit seiner Vormachtstellung.
362 In der Schlacht von Mantinea werden Sparta und Athen durch die Thebaner besiegt; der Tod des Epaminondas in der Schlacht setzt jedoch der thebanischen Vormachtstellung ein Ende. Die letzte große Machtbildung innerhalb der griechischen Staatenwelt hatte ein Ende gefunden.

Das Weltreich Alexanders des Großen

Makedonien
Im Norden war Makedonien als eine neue Großmacht entstanden. Die Makedonen sind ein den Griechen verwandtes Bauern- und Hirtenvolk. Sie hatten die gesellschaftliche Ordnung des frühen Griechentums bewahrt, an der Spitze steht ein König, die Adeligen leisten Gefolgschaft als Reiter, die Bauern werden als Fußvolk aufgeboten. In den Perserkriegen militärische Unterstützung Spartas und Athens, deshalb wurde das Königshaus hellenisch und allen männlichen Mitgliedern erlaubt, an den Olympischen Spielen teilzunehmen. Die Griechen betrachten die Makedonier jedoch weiterhin als Barbaren, da sie keine Bürger mit freier Selbstbestimmung kennen. Während sich in Griechenland die Staaten in Kämpfen aufreiben, ist
359 – 336 in Makedonien König Philipp II. an die Macht gekommen, der aus der machtpolitisch unwichtigen Region einen bedeutenden Staat aufbaut. Die Stärkung des Königtums und der Ausbau des Heeres ist die entscheidende Grundlage für den schnellen Aufstieg Makedoniens.
358 Die Einigung Makedoniens ist vollendet, Philipp will für seinen Binnenstaat den Zugang zum Meer. Er dringt nach Amphipolis und zur Halbinsel Chalkidike vor (357).
357 – 355 Bundesgenossenkrieg: Athen wird geschwächt, da die mächtigsten Bundesgenossen abgefallen sind und der zweite Attische Seebund aufgelöst wird.
356 – 346 Heiliger Krieg gegen die Phoker. Die Phoker hatten sich der Tempelschätze von Delphi bemächtigt. Eingreifen Philipps. In Athen warnt der Redner Demosthenes vor der Gefahr der makedonischen Ausbreitung.
346 Nachdem die letzte freie Griechenstadt im Norden, Olynth, 348 von Philipp erobert worden war, arbeiten die Athener auf ein Abkommen mit Makedonien hin. Friede des Philokrates. Philipp und die Athener garantieren sich gegenseitig ihren Besitzstand. Der Makedonenkönig kann die Phoker niederwerfen und weitet seinen Machtbereich immer stärker aus.

342 Eroberung von Thrakien. Nachdem Philipp Lebensmittellieferungen aus dem Schwarzmeergebiet blockiert hat, wird gegen ihn
340 der Hellenenbund gegründet.
338 Die Athener und Thebaner unterliegen Philipp in der Schlacht von Chäronea. Die Unterwerfung der Griechen durch die Makedonen ist gelungen. Das Zeitalter der griechischen Stadtstaaten ist beendet. Harte Bestrafung Thebens, aber milde Behandlung der Athener, die Philipp als Bündnispartner sucht.
337 Alle griechischen Städte mit Ausnahme von Sparta schließen sich unter der Führung Philipps im Korinthischen Bund zusammen. Makedonien gehört dem Bund nicht an, aber Philipp fungiert als bevollmächtigter Feldherr des Bundes. Der Krieg gegen Persien als gesamtgriechischer Rachefeldzug wird beschlossen.
336 Vorbereitung des Feldzugs gegen Persien. Ermordung Philipps.

Alexander der Große (336 – 323)

Im Alter von 20 Jahren übernimmt Alexander das Erbe seines Vaters, muß jedoch seine Herrschaft zunächst absichern. Er wirft den Aufstand der Thraker und Illyrier nieder, zerstört Theben, das die Unterwerfung verweigert hatte (335). Athen gibt den Widerstand auf und wird verschont. Die Vorbereitung des Zuges gegen die Perser kann beginnen.
334 Alexander bricht im Frühjahr 334 mit einem kleinen Heer von 35 000 Mann nach Persien auf. Sein Angriffsplan gelingt, als er kurz darauf die Perser am Fluß Granikos besiegt, die griechischen Städte Ioniens befreit und bis Gordion, der alten Hauptstadt der Phryger, weitermarschiert (Lösung des „Gordischen Knotens" mit dem Schwert).
333 Im Herbst Sieg Alexanders bei Issos in Südost-Kilikien über die Perser unter Dareios III. Ablehnung des persischen Friedensangebotes.
332/331 Freiwillige Unterwerfung der meisten phönizischen Küstenstädte, jedoch halbjährige Belagerung von Tyros nötig (332); Eroberung Ägyptens (Gründung der neuen Hauptstadt Alexandria Anfang 331). Zug Alexanders zur Oase Siwa (Orakelheiligtum des Gottes Ammon); dort Ausrufung durch die Priester zum Sohn des Gottes Zeus-Ammon. Marsch von Ägypten durch Syrien zum Euphrat und Tigris. Durch den Erwerb Ägyptens und Phöniziens wird das Heer der Perser von seiner im Mittelmeer operierenden Flotte abgeschnitten.
331 Im Herbst Sieg Alexanders bei Gaugamela über Dareios III. Flucht des Perserkönigs. Alexander wird zum König von Asien ausgerufen. Einzug in die persi-

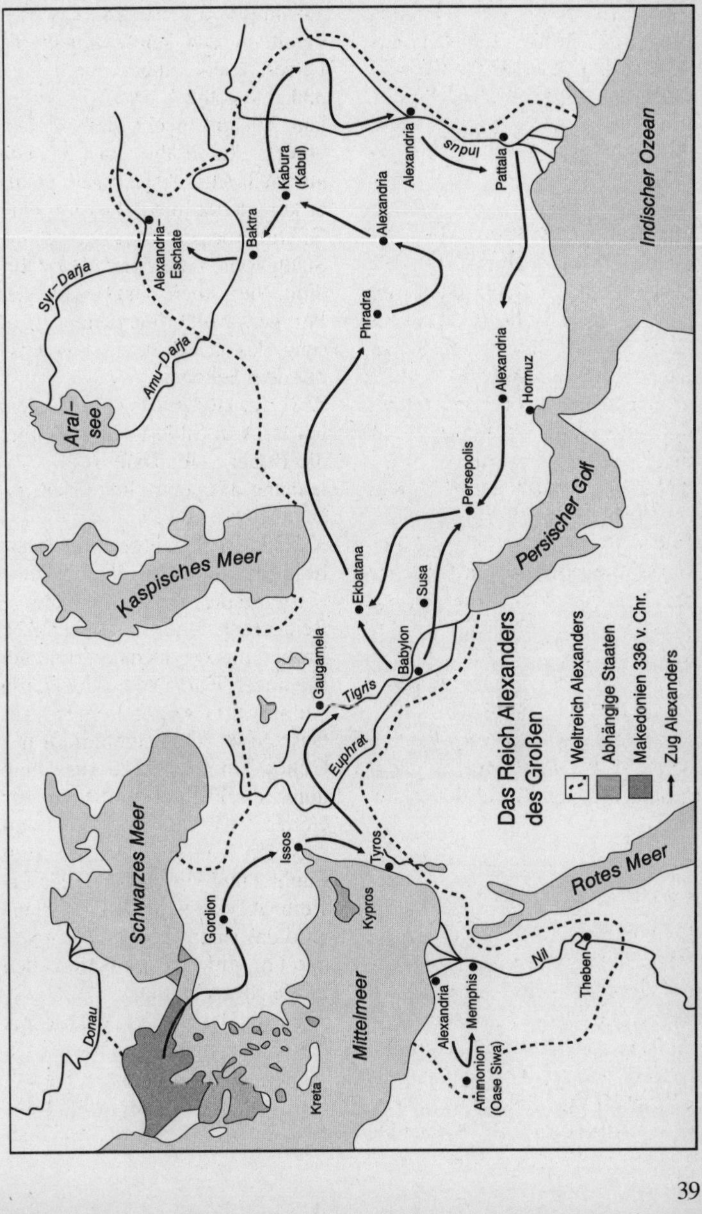
Das Reich Alexanders des Großen
Weltreich Alexanders
Abhängige Staaten
Makedonien 336 v. Chr.
Zug Alexanders
Schwarzes Meer
Kaspisches Meer
Aral-see
Mittelmeer
Persischer Golf
Indischer Ozean
Rotes Meer
Donau
Syr-Darja
Amu-Darja
Euphrat
Tigris
Nil
Indus
Gordion
Issos
Tyros
Kypros
Kreta
Alexandria
Memphis
Ammonion (Oase Siwa)
Theben
Gaugamela
Babylon
Susa
Ekbatana
Persepolis
Phradra
Alexandria
Baktra
Alexandria-Eschate
Kabura (Kabul)
Alexandria
Alexandria
Pattala
Alexandria
Hormuz

schen Residenzstädte Babylon und Susa.
330 Verbrennung des Palastes von Persepolis als Rache für die Zerstörung der Akropolis (480). Unermeßliche Beute. Die griechischen Hilfstruppen werden in Ekbatana entlassen. Ende des Vergeltungsfeldzuges gegen Persien. Nach der Ermordung des persischen Königs Dareios durch den Statthalter Bessos nimmt Alexander selbst die persische Königswürde an. Makedonische Opposition. Ermordung des Heerführers Parmenion, von Alexander veranlaßt.
329 – 328 Umstrukturierung des Heeres. Von Ekbatana aus Eroberung der östlichen Satrapien. Überschreitung des Hindukusch. Überwindung des Widerstands Baktriens und Sogdiens (in Sogdien Vermählung Alexanders mit der Fürstentochter Roxane). Zug bis zum Jaxartes. Einführung des persischen Hofzeremoniells. Widerstand des makedonischen Gefolges. 328 Ermordung des Jugendfreundes Kleitos durch Alexander und 327 Hinrichtung des Kallisthenes.

Der Indienzug Alexanders des Großen

327 – 325 Zug nach Indien. Weltherrschaftsgedanke Alexanders. Motiv: Erreichen der Weltgrenze im Osten. Sieg am Hydaspes über König Poros (326). Widerstand seiner Truppen am Hyphasis zwingt Alexander zur Umkehr. Bau einer Flotte, Indus-Fahrt nach Süden. Rückmarsch durch die südpersische Wüste.
324 Rückkehr nach Susa. Massenhochzeit zu Susa als Zeichen von Alexanders Verschmelzungspolitik; Makedonen und Perser sollten ein Volk werden. Neugliederung des Heeres in Opis. Die Meuterei der Veteranen wird niedergeschlagen. Neuordnung des Reiches in Babylon. Gleichberechtigung von Persern und Makedonen. Pläne zur Unterwerfung der Westmittelmeerländer.
323 Alexander stirbt am 13. Juni im Alter von 33 Jahren in Babylon, ohne einen anerkannten lebenden Erben zu hinterlassen.

Der Hellenismus

323-22 Lamischer Krieg in Griechenland. Niederschlagung einer Erhebung (Führung Athens) durch die Makedonen. Selbstmord des Demosthenes.

Die Diadochenkämpfe

Übergang der Macht nach Alexanders Tod an seine Nachfolger (Diadochen). Teilung der von Alexander eroberten Herrschaftsbereiche. Fortsetzung der Hellenisierung des Abendlands.
323 – 280 Diadochenkämpfe. Streben nach Alleinherrschaft

durch einzelne Diadochen jeweils durch die Koalition der anderen verhindert.

301 Schlacht bei Ipsos in Kleinasien. Antigonos (letzter Vertreter der Reichseinheit) wird von Seleukos und Lysimachos geschlagen. Einzelne Herrschaftsbereiche anstelle der Einheit.

280 Konsolidierung der einzelnen Diadochenreiche: Ptolemäerreich in Ägypten mit der Hauptstadt Alexandria, Seleukidenreich in Vorder- und Mittelasien, Antigonidenreich in Makedonien, in Teilen des griechischen Festlands und in der Ägäis. Herrscher mit Königstiteln. Erbmonarchien. Die griechische Lebensweise wird auch von den Einheimischen in den von Alexander eroberten Gebieten übernommen. Nachahmung der griechischen Kunst, Theaterbesuche, Erlernen der griechischen Sprache. Gleichzeitig neben der Hellenisierung der Orientalen Orientalisierung der griechischen Bevölkerung. Eindringen orientalischer Kulte und religiöser Strömungen nach Griechenland, die mit eigenen Kulten vermischt werden. Neben diesen Tendenzen auch Abgrenzungsvorgänge.

Neue Strömungen im Geistesleben des Hellenismus. Aufteilung der Philosophie in Einzelwissenschaften, eine Entwicklung, die sich schon bei Aristoteles abzeichnet. Auswanderungswelle der Griechen in den Orient.

Das Ptolemäerreich in Ägypten

304 – 30 Ägypten unter der Herrschaft der Ptolemäer.

Blüte der Kultur und Wissenschaft in Alexandria (Leuchtturm auf der Insel Pharos, Gründung des Museions durch Ptolemäos I.). Ägypten wird Handelszentrum der hellenistischen Welt (Monopolwirtschaft).

Griechenland als Mittelpunkt der Philosophie

Führende Stellung der Griechen auf dem Gebiet der Philosophie. Entstehung berühmter Philosophenschulen (Stoiker, Epikureer). Athen wird geistige Hauptstadt des Griechentums.

266 – 261 Chremonideischer Krieg: Athen unterliegt bei dem Versuch, sich von der makedonischen Herrschaft zu befreien, und wird politisch bedeutungslos. In Griechenland sind mittlerweile zwei Bündnissysteme entstanden, seit 280 der Achäische Bund (auf der Peloponnes) und der Ätolische Bund (Mittelgriechenland). 229 gewinnt Athen mit Hilfe des Achäischen Bundes seine Selbständigkeit wieder.

Das Antigonidenreich

Makedonien steht seit der Aufteilung des Alexanderreiches unter der Herrschaft der Antigoniden (279 – 168).

202 Das Bündnis zwischen dem

Makedonenkönig Philipp V. und Antiochos III. (Herrscher des Seleukidenreiches) gegen Ägypten führt zum Widerstand von Rhodos, Pergamon und Athen, die Rom zu Hilfe rufen. Die Römer greifen in den

200 – 197 2. Makedonischen Krieg ein, in dem die Makedonen bei Kynoskephalä (197) unterliegen .

196 Erklärung der Selbständigkeit aller griechischen Staaten.

168 Nach der weiteren Niederlage der Makedonen durch die Römer im (seit 171) 3. Makedonischen Krieg (bei Pydna) wird Makedonien zunächst in vier Herrschaftsbereiche unterteilt, die

148 nach einem Aufstand aufgelöst werden. Makedonien wird zu einer römischen Provinz.

146 Nach der Auflösung des Achäischen Bundes und der Zerstörung Korinths werden

145 die besiegten griechischen Städte an die Provinz Macedonia angegliedert. Griechenland steht somit unter römischer Herrschaft.

Das Reich der Seleukiden

Der größte Nachfolgestaat des Alexanderreiches, das Seleukidenreich (304 – 64), ist am wenigsten einheitlich strukturiert. Kerngebiete: Mesopotamien, Syrien und Kleinasien.

Aus dem Großreich lösen sich Einzelreiche, die nach Selbständigkeit streben.

247 Gründung des Partherreiches (bis 227 n. Chr.) unter Arsakes I.

230 Das seit 263 bestehende Reich von Pergamon stabilisiert seine Herrschaft durch den Sieg von Attalos I. über die seit 279 vom Balkanraum nach Kleinasien einwandernden keltischen Galater (Siegesdenkmal Pergamonaltar).

223 – 187 Bedeutendster Seleukidenherrscher Antiochos III. zwingt

212 – 205 durch seinen Zug nach Indien nochmals alle Ostgebiete zur Anerkennung seiner Oberhoheit. Die Selbständigkeit der östlichen Statthalter und die Bildung unabhängiger Königreiche in entfernten Gebieten sind jedoch nicht aufzuhalten.

203 Vertrag mit Makedonien zur Teilung der ägyptischen Außenbesitzungen führt zum Eingreifen Roms.

192 – 188 Krieg mit den Römern, in dem Antiochos bei Magnesia (189) unterliegt und zugunsten Pergamons auf Kleinasien verzichten muß. Beginn der Auflösung des Seleukidenreiches.

129 Beschränkung des Seleukidenreiches auf Syrien nach dem Sieg der Parther über den Herrscher Antiochos VII.

64 Ende des Seleukidenreiches durch Pompeius.

Anfänge Roms

Gegen Ende des 2.Jts. Ansiedlung indogermanischer Völker, die aus dem Norden über die Alpen eingewandert waren, auf der Apenninhalbinsel: Ligurer, Veneter, Umbrer, Sabeller, Sabiner, Samniten, Latiner. Zusammenfassung unter dem Namen „Italiker". Vermischung mit vorindogermanischer Urbevölkerung.

Ab 900 Einwanderung der Etrusker (wahrscheinlich aus Kleinasien kommend). Unterwerfung des Gebietes zwischen Tiber und Arno (Toskana). Später Ausdehnung der Macht nach Norden und Süden.

750 – 550 Gründung von griechischen Kolonien in Unteritalien und in Ostsizilien (u.a. Neapel, Tarent).

753 Der Sage nach Gründung Roms. Auf den Hügeln am Rand der Tiberebene bestanden zuvor von den Latinern (Roma quadrata) und den Sabinern (Quirinal, Esquilin, Viminal) bewohnte Dorfsiedlungen; Zusammenschluß dieser Siedlungen unter etruskischem Einfluß. Verschiedene Sagen über die Gründung: Angeblicher Gründer Romulus, Sohn des Kriegsgottes Mars und der Rhea Silvia, eines Nachkommen des Aeneas (Held vor Troja). Gemeinsam mit seinem Zwillingsbruder Remus wird er ausgesetzt und von einer Wölfin gesäugt. Romulus ermordet seinen Bruder Remus. (Wölfin der Romuluslegende heute als Wahrzeichen Roms.) Sagenhafter Raub der Sabinerinnen.

Um 750 – 510 Herrschaftszeit der sieben Könige Roms steht unter dem Zeichen der sagenhaften Überlieferung: Romulus, Numa Pompilius, Tullus Hostilius, Ancus Marcius, Tarquinius Priscus, Servius Tullius, Tarquinius Superbus.

Ab 600 Herrschaft etruskischer Könige über Rom. (Name „Rom" wahrscheinlich etruskischen Ursprungs.) Nicht erbliches Königtum. Entwicklung zum Stadtstaat unter den Etruskern. Kultureller Einfluß der Etrusker auf die „Römer". Unter den etruskischen Tarquiniern Vorrangstellung in Latium. Ausdehnung der Stadt über die Hügel hinaus. Königszeit.

Innerer Aufbau: An der Spitze der König als oberster Heerführer, Priester und Richter. Beratung durch die Versammlung der Ältesten (Senatoren). Versammlung des Volkes in 30 Kurien. Geburtsadel (Patrizier). Plebejer, die die Masse der zum Heeresdienst verpflichteten freien Bevölkerung (Bauern und Handwerker) bilden, sind nicht zum Senat zugelassen; keine Vollbürger.

Roms Entwicklung zur Republik

Ähnlich wie in Griechenland wird das römische Königtum von einer Aristokratie abgelöst. Die römische Gesellschaft und Verfassung entwickeln sich jedoch völlig anders als in den griechischen Stadtstaaten. Die Ablösung des Königtums und die Entstehung einer aristokratischen Republik kennzeichnen im Sinne eines evolutionären Vorgangs die politische Willensbildung.

Um 510 Sturz des etruskischen Königs Tarquinius Superbus angeblich durch Iunius Brutus. Rom wird Republik (res publica = Staat wird zur Angelegenheit einer Öffentlichkeit). Die Interventionen des Etruskerkönigs Porsenna scheitern. Unabhängigkeit Roms von der Etruskerherrschaft. Königstitel ist nicht mehr von politischer, aber noch von religiöser Bedeutung (Opferkönige; Opferbeamter führt Titel „König"). Einweihung des Jupitertempels auf dem Kapitol (Burg). Erstes gesichertes Datum in der römischen Geschichte:

507 1. römischer Staatsvertrag: Vertrag zwischen der römischen Republik und Karthago über Handelsinteressen.

Nach dem „Sturz" des Königtums liegt die politische Macht in den Händen der aristokratischen Familien (Patrizier). Vertreter dieser Oberschicht im Senat (300 Mitglieder). Patrizier ebenfalls im Magistrat (Beamte: zwei Konsuln, Prätoren ab 367, Zensoren ab 443, Ädilen ab 366, Quästoren ab 447). Amtsgewalt der Magistrate auf ein Jahr beschränkt. Möglichkeit der Ernennung eines Diktators in Notzeiten durch die Konsuln (auf die Dauer von höchstens 6 Monaten). Die Plebejer, d.h. die breite Menge des Volkes, ist an politischen Entscheidungen nicht beteiligt. Der Unmut des Volkes äußert sich

um 494 im Auszug der Plebejer auf den Heiligen Berg, um ihren Forderungen nach politischer Mitbestimmung Ausdruck zu verleihen. Beginn der sog. Ständekämpfe. Krisensituation. Zugeständnisse der Patrizier: Anerkennung des Versammlungsrechts der Plebejer und der Stellung ihrer Vertreter, den Volkstribunen (Vetorecht). Volkstribunat wird ein wichtiger Machtfaktor (später werden 10 Volkstribune jeweils für ein Jahr gewählt). Tribunatskomitien (Bürgerversammlung) neben den bestehenden Centuriatskomitien (Volksversammlung nach Vermögensklassen). Folge: Plebejer erhalten Mitbestimmungsrecht im Staat.

Um 450 Zwölftafelgesetz: Die schriftliche Fixierung des geltenden Rechtes. Staatsdenken verdrängt Standesdenken.

445 Aufhebung des Eheverbots zwischen Patriziern und Plebejern.

367 Zulassung der Plebejer zum höchsten Amt, dem Konsulat. Allmählich werden alle Ämter den Plebejern zugänglich. Amtsadel löst Geburtsadel ab. Senat mit leitender Funktion.

326 Abschaffung der Schuldknechtschaft.

300 Öffnung der hohen Priesterämter für die Plebejer.
287 Beschlüsse der Plebejerversammlung erhalten Gesetzeskraft; Ende der Ständekämpfe (lex Hortensia).

Der Kampf um Italien

493 Beendigung des Krieges mit Latinerstädten (seit 498). Bündnis der Latiner mit Rom: volle Gleichberechtigung und Anerkennung; Selbständigkeit der Latinerstädte.
406 – 396 Krieg über 10 Jahre mit Veji (Etruskerstadt) endet mit dem Sieg Roms. Schwächung der Etruskermacht als Folge.
387 Einfall der Gallier in Oberitalien. Etruskische Herrschaft im Gebiet des Po vernichtet. Niederlage der Römer in der Schlacht a.d. Allia. Verbrennung Roms bis auf das Kapitol (Sage von den „heiligen Gänsen“). Verlust der Machtstellung Roms in Latium.
380 Beginn des Wiederaufbaus der Stadt (Mauerring – Servianische Mauer). Siebenhügelstadt. Vergrößerung der Stadt Rom. Politische Vorbereitung der weiteren Ausbreitung Roms.
Ab 350 Verschiedene Bündnisse, Freundschaftsverträge unter anderem mit den Samniten (354) und den Karthagern (348); 2. Vertrag Roms mit den Karthagern. Isolation der Latiner.
343 – 341 1. Samnitenkrieg beendet durch Kompromißfrieden.
338 Beendigung des Latinerkrieges (seit 340) durch Niederwerfung der Latiner; Auflösung des Latinerbundes. Anschluß Capuas und eines großen Teils Kampaniens an Rom.
329 Hilferuf Neapels an Rom gegen die Samniten führt zum
326 – 304 2. Samnitenkrieg.
321 Römisches Heer in den Caudinischen Engen eingeschlossen.
310 Sieg der Römer über die mit den Samniten verbündeten Etrusker und Einkreisung durch Anlage von Kolonien, d.h. Stützpunkte im Rücken der Gegner. Bündnisse mit den Apulern.
304 Friedensschluß: Weiterbestand des Samnitenbundes, doch Verhinderung einer weiteren Expansion.
306 3. Vertrag Roms mit Karthago gegen die Seeräuberei der Etrusker.
298 Beginn des 3. Samnitenkrieges. Rom gegen die Koalition der Samniten, Sabiner, Umbrer, Etrusker, Gallier und Lukaner. Die Römer besiegen die Gegner nacheinander. Bedeutende Schlacht bei
295 Sentinum endet mit dem Sieg der Römer. Friede mit den Etruskern. Gründung der Kolonie Venusia in Apulien (291) und
290 Friede mit den Samniten (Verpflichtung der Samniten zur Heeresfolge). Rom als stärkste Macht in Süditalien übernimmt den Schutz über einige Griechenstädte in Süditalien.

282 Nach heftigen Kämpfen mit den Kelten (seit 285) Einverleibung des Gebietes des keltischen Stammes der Senonen (Sena Gallica im Ager Gallicus). Niederwerfung etruskischer Städte. Sicherung der Herrschaft Roms in Mittelitalien.
282 – 272 Eingriff Roms in die Interessensphäre Tarents führt zum Krieg mit Tarent, das Pyrrhus von Epirus zu Hilfe ruft. Siege des Pyrrhus bei Heraclea (280) und
279 bei Ausculum unter großen Verlusten (Pyrrhussieg). Zurückweisung seines Friedensangebotes durch den Senat. Rom schließt ein Kriegsbündnis mit Karthago.
278 – 275 Eroberung eines großen Teils Siziliens durch Pyrrhus, dessen griechische Bundesgenossen abfallen und das mit Rom verbündete Karthago unterstützen.
275 Pyrrhus wird bei Benevent von den Römern besiegt, Rückkehr nach Griechenland.
272 Übergabe Tarents an Rom. Friedensschluß. Verlängerung der via Appia von Capua über Venusia und Tarent bis Brundisium. Griechenstädte in Unteritalien werden Bundesgenossen der Römer. Unteritalien ist dem römischen Herrschaftsbereich angegliedert.

Der Aufstieg Roms zur Weltherrschaft

Die Römer hatten im Krieg gegen Tarent und König Pyrrhus ihren Machtbereich mit Hilfe Karthagos deutlich erweitert. Die beiden Verbündeten Rom und Karthago werden jedoch in einen Konflikt hineingezogen, der die beiden Bündnispartner zu Gegnern werden läßt.
264 – 241 Der 1. Punische Krieg. Ursache: Hilfsgesuch der Mamertiner (frühere Söldner von Syrakus) aus Messana an Rom und Karthago gegen König Hieron von Syrakus. Eingreifen des römischen Heeres bedeutet Berührung der karthagischen Interessenssphäre. Karthago wird stärkste Seehandelsstadt und politische Macht des westlichen Mittelmeerraums; Stützpunkte in Übersee und Landbesitz in Sizilien. Bündnis zwischen Syrakus und Karthago gegen Rom, aber nach der Niederlage von Messana Übertritt der Syrakusaner zu den Römern. Aufgrund der Überlegenheit der Karthager zur See besteht für die Römer die Notwendigkeit des Baus einer Kriegsflotte (nach dem Modell eines karthagischen Kriegsschiffes).
260 Seesieg der Römer in der Schlacht von Mylä.
256 Weiterer Seesieg der Römer am Kap Eknomos (Südküste Siziliens) ermöglicht Überfahrt nach Afrika. Vordringen des Heeres bis Karthago, doch
255 Aufgabe des afrikanischen Unternehmens nach der Niederlage der Römer bei der Schlacht von Tunis. Verzicht der Römer auf den

Krieg zur See, Eroberung Siziliens bis auf wenige karthagische Stützpunkte. Wiederaufbau der römischen Flotte.

250 Sieg dieser Flotte bei Panormus, aber

249 Vernichtung bei Drepanum. Schwächungen auf beiden Seiten durch aufreibenden Krieg mit dem Karthager Hamilkar Barkas. Erneuter römischer Flottenbau, aus Privatmitteln finanziert.

241 Sieg dieser Flotte bei den Ägatischen Inseln westlich von Sizilien. Die Verbindung der Karthager zu ihrem Nachschubhafen in Westsizilien (das heutige Marsala) ist damit unterbrochen. Friedensschluß: Zahlung einer hohen Kriegskostenentschädigung und Verzicht Karthagos auf Sizilien, das zur ersten römischen Provinz wird (Sizilien ohne Syrakus; Reich von Syrakus bleibt unter König Hieron erhalten). Karthagos Bedrängnis durch einen Söldneraufstand in Nordafrika wird

238 von den Römern zur Annexion Sardiniens genutzt. Sardinien wird

237 zweite römische Provinz (227 mit Korsika vereint). Römische Provinzen von Prätoren verwaltet, die eine direkte Herrschaft über die Bewohner der Provinzen ausüben, die keine römischen Bürger, sondern abgabepflichtige Untertanen sind. Tyrrhenisches Meer unter römischer Herrschaft als „mare nostrum“ (unser Meer).

229 – 228 Kampf der Römer gegen die illyrischen Seeräuber. Römisches Protektorat in Illyrien. Friede in der Adria.

222 Sieg der Römer bei Clastidium. Unterwerfung des Po-Gebietes.

237 Zug Hamilkars von Karthago über die Straße von Gibraltar nach Spanien, um Ersatz für das verlorene Sizilien zu schaffen. Eroberung ausgedehnter Gebiete zusammen mit Schwiegersohn

227 Hasdrubal. Gründung der Stadt Neukarthago an der Ostküste Spaniens.

226 Ebrovertrag. Anerkennung der karthagischen Herrschaft südlich des Ebro durch die Römer und Verzicht Hasdrubals auf Überschreiten des Ebro. Jedoch

221 Ermordung von Hasdrubal. Hamilkars Sohn Hannibal wird zum Nachfolger als oberster karthagischer Feldherr.

219 Konflikt um Sagunt (von Hannibal erobert) wird zum auslösenden Moment des

218 – 201 2. Punischen Krieges. Die Forderung Roms nach Auslieferung Hannibals wird von den Karthagern abgelehnt. Kriegserklärung der Römer an Karthago.

218 Hannibals Zug auf dem Landweg nach Italien beginnt. Zurücklassen des Bruders Hasdrubal in Spanien. Nach Überschreitung der Pyrenäen und der Alpen Siege Hannibals über die Römer am Ticinus (Herbst 218) und an der Trebia (Winter 218). Die Gallier in Oberitalien schließen sich den

Karthagern an. Nach der Überschreitung des Apennin

217 Sieg Hannibals über die Römer unter dem Konsul C. Flaminius am Trasimenischen See. Q. Fabius Maximus zum Diktator ernannt (der „Zauderer"). Zögerliche Kriegsführung.

216 Sieg Hannibals in der Schlacht bei Cannae. Abfall zahlreicher römischer Bundesgenossen, sogar Capuas. Erhebung der Samniten, Lukaner, Bruttier. Wiederaufnahme der Defensivtaktik durch die Römer. Kriegswende zugunsten Roms. Hannibal überwintert in Campanien. Aufgabe des Angriffskrieges. Keine Unterstützung durch Karthago.

215 Bündnis zwischen Hannibal, Philipp V. von Makedonien und Syrakus. Belagerung von Syrakus durch die Römer und

212 Eroberung von Syrakus. Eroberung von Tarent durch Hannibal. Bündnis Roms mit dem Ätolischen Bund (1. Makedonischer Krieg).

211 Die Römer erobern Capua. Hannibals Zug gegen Rom (Hannibal „ante portas") bleibt ohne Erfolg. Gleichzeitig in Spanien Niederlage der Römer durch Hasdrubal. Rückzug der römischen Truppen bis zum Ebro.

209 Eroberung Neukarthagos durch P. Cornelius Scipio. Zug Hasdrubals nach Italien.

207 Tod Hasdrubals in der Schlacht am Fluß Metaurus bei Sena Gallica; Sieg der Römer.

206 Zurückdrängen der Karthager aus Spanien. Ende der karthagischen Herrschaft in Spanien.

204 Nach der Überfahrt Scipios (205 zum Konsul gewählt) nach Afrika Rückberufung Hannibals nach Afrika. Nach erfolglosen Verhandlungen zwischen Scipio und Hannibal kommt es

202 zur Entscheidungsschlacht bei Zama. Vernichtung des karthagischen Heeres; Rat Hannibals zum Frieden, der

201 geschlossen wird. Verzicht Karthagos auf Spanien, Übergabe Numidiens an den numidischen König Masinissa. Zahlung einer hohen Kriegskostenentschädigung; Kriegsführung der Karthager nur mit Einverständnis Roms möglich. Karthagos Macht wird zwar erheblich geschwächt, es erholt sich jedoch in der Folgezeit durch wirtschaftlichen Aufschwung. Scipio erhält den Ehrennamen „Africanus".

200 – 191 Die gemeinsame Erhebung der cisalpinischen Gallier und Ligurer mit den karthagischen Versprengten wird von den Römern niedergeschlagen. Oberitalien wird zur Provinz Gallia cisalpina. Einteilung Spaniens in Hispania citerior und ulterior (197).

200 – 197 2. MakedonischerKrieg. Ursache: Pergamon, Rhodos und Athen erbitten Hilfe von Rom gegen die Expansionspolitik Philipps V. von Makedonien (Ausgreifen auch auf Ägypten).

197 Sieg der Römer in der

Schlacht bei Kynoskephalä (Thessalien). Verzicht Philipps auf seine Vormachtstellung in Griechenland.
196 Freiheitserklärung für alle griechischen Staaten.
192 – 188 Krieg mit König Antiochos III. von Syrien, der nach Thessalien übergreift, jedoch
190 in der Schlacht bei Magnesia am Sipylos von den Römern geschlagen wird. Kleinasiatischer Besitz des Antiochos fällt an Pergamon. Roms Ziel ist eine indirekte Herrschaft in der Ägäis.
183 Selbstmord Hannibals, der 195 zu Antiochos III. und nach dessen Niederlage zu König Prusias von Bithynien geflohen war. Im gleichen Jahr Tod seines härtesten Gegners Scipio Africanus in freiwilliger Verbannung.
171 – 168 3. Makedonischer Krieg. Ursache: Perseus, der Sohn Philipps V., versucht, die Vormachtstellung Makedoniens in Griechenland wiederherzustellen. Eumenes II. von Pergamon verklagt ihn in Rom. Nach anfänglichen Mißerfolgen der Römer
168 Sieg der Römer durch L. Aemilius Paullus in der Schlacht bei Pydna über Perseus.
148 Nach einem Aufstand wird Makedonien zur römischen Provinz Macedonia.
146 Zerstörung von Korinth.
149 – 146 3. Punischer Krieg. Ursache: Auseinandersetzung der Karthager mit dem numidischen König Masinissa (Bundesgenosse Roms) führt zur Kriegserklärung der Karthager ohne Erlaubnis Roms. Eingreifen der Römer endet mit
146 Eroberung und Zerstörung Karthagos durch P. Cornelius Scipio Aemilianus (Africanus minor). Reichsgebiet der Karthager wird zur römischen Provinz Africa.
154 – 133 Aufstände in Spanien werden durch Einnahme Numantias (Heerführer Scipio Aemilianus) 133 niedergeschlagen. Das spanische Innenland wird ebenfalls römische Provinz.
133 König Attalos III. hinterläßt den Römern sein Reich als Erbe, die spätere Provinz Asia.
135 – 131 1. Sklavenaufstand in Sizilien unter Führung des Syrers Eunus endet mit grausamer Hinrichtung der Aufständischen.

Das Jahrhundert der Bürgerkriege

Verschärfung der sozialen Gegensätze. Verarmung des Bauernstandes, Verdrängung der Kleinbauern durch Großgüter (Latifundien). Bauern werden zu Proletariern. Reichtum des Ritterstandes, der durch Steuerpachteinnahmen hohe Gewinne erzielt. Reichtum der Senatoren. Unzufriedenheit beim Volk als Folge.
133 – 121 Reformbewegung der Gracchen.
133 Der Versuch des Tiberius

Gracchus (Enkel von Scipio Africanus dem Älteren), als Volkstribun den entwurzelten Proletariern zu eigenem Landbesitz zu verhelfen, scheitert. Ermordung des Tiberius und seiner Anhänger. Zehn Jahre später weiterer Versuch
123 des Gaius Gracchus (Bruder des Tiberius), demokratische Verhältnisse nach dem Vorbild Athens herzustellen und die Ackergesetze seines Bruders zu erneuern (Lex agraria). Übergabe der Aufsicht über die Geschworenengerichte an den Ritterstand, der jedoch an einer Zusammenarbeit mit den Unterschichten kein Interesse hat und die für das ärmere Volk bestimmten Maßnahmen des Gaius Gracchus nicht unterstützt. Senat und Volk einigen sich jedoch, nachdem Gracchus versucht hatte, den italischen Bundesgenossen das Bürgerrecht zu verschaffen. Um der Verfolgung durch seine Gegner zu entgehen, läßt sich
121 Gaius Gracchus durch einen Sklaven töten.
107 Das Konsulat wird an Gaius Marius übertragen, verbunden mit der Aufgabe, den seit 112 gegen den Numiderkönig Jugurtha geführten Krieg zu beenden, der in Nordafrika gegen den Willen der Römer seinen Besitz vergrößert hatte. Heranziehung der Besitzlosen zum Wehrdienst; aus der Bürgermiliz wird ein Berufsheer (Söldnerheer), mit dem Marius den Jugurthinischen Krieg
105 siegreich beendet. Teile Numidiens werden römische Provinz.
113 Erster Zusammenstoß mit den germanischen Stämmen der Kimbern und Teutonen in der Schlacht von Noreia (Kärnten) endet mit der Niederlage des römischen Heeres. Angst vor der drohenden
105 Germanengefahr, nach einer weiteren Niederlage bei Arausio (späteres Orange).
102 Marius schlägt die Teutonen bei Aquae Sextiae und kurz darauf
101 die Kimbern in der Schlacht von Vercellae (Oberitalien).
91 Ermordung des Tribunen M. Livius Drusus, der die Verleihung des Bürgerrechts an die italischen Bundesgenossen gefordert hatte. Die Folge ist der Abfall der italischen Bundesgenossen und der Bundesgenossenkrieg. Erfolgreicher Zusammenschluß der italischen Bundesgenossen gegen Rom. Ihnen wird nach längeren schweren Kämpfen
89 das römische Bürgerrecht zugesprochen.

1. Bürgerkrieg

88/87 Nach seiner Wahl zum Konsul erhält Sulla den Auftrag, den Krieg gegen Mithridates VI. von Pontos zu führen, der nach der Eroberung von kleinasiatischen Gebieten 80 000 dort lebende Römer hatte hinrichten lassen. Jedoch nach Übergabe des Oberbefehls über die Truppen an Marius führt Sulla sein Heer gegen Rom, vertreibt Marius und bricht nach Asien auf. Dann Zurückeroberung Roms durch Marius, Rache an den Angehörigen

86 der Senatspartei (Schrekkensherrschaft des Marius und Cinna). Marius stirbt während seines 7. Konsulatsjahres.

84 Beendigung des 1. Mithridatischen Krieges nach Zurückdrängung der Truppen des Mithridates aus Europa im Frieden von Dardanus. Räumung der Provinz Asia und Leistung hoher Entschädigungen.

83 – 81 Im 2. Mithridatischen Krieg wird Mithridates zur Erfüllung der Friedensbedingungen gezwungen.

82 Der nach Italien zurückgekehrte Sulla vernichtet die Aufständischen (Samniten und Marianer) in der Schlacht am Collinischen Tor. Strafgericht gegen die Anhänger des Marius.

82 – 79 Nach der Ernennung Sullas zum Diktator wird die Senatsherrschaft wiederhergestellt und das Tribunat geschwächt. Landverteilung an die ausgedienten Soldaten (Veteranen).

78 Tod Sullas, nachdem er ein Jahr zuvor die Diktatur freiwillig beendet hatte.

77 – 71 Nach längeren Kämpfen gelingt es Pompeius, in Spanien die letzten Anhänger des Marius niederzuwerfen und Spanien neu zu ordnen.

74 – 64 3. Mithridatischer Krieg aufgrund eines weiteren Vorstoßes des Mithridates.

73 – 71 Aufstände der Sklaven in fast ganz Italien unter der Führung des Fechters Spartacus. Durch M. Licinius Crassus werden die anfänglich erfolgreichen Aufständischen niedergeworfen.

70 Gemeinsames Konsulat des Crassus und Pompeius. Wiederherstellung der alten Rechte der Volkstribunen.

67 Oberbefehl des Pompeius im Seeräuberkrieg, den er, mit außergewöhnlichen Vollmachten ausgestattet, erfolgreich beendet.

66 Durch Volksbeschluß erhält Pompeius den Auftrag, König Mithridates endgültig niederzuwerfen. Der 3. Mithridatische Krieg endet mit dem Sieg über Mithridates und der Neuordnung Vorderasiens. Pontus, Syria und Cilicia werden zu römischen Provinzen; die restlichen Gebiete stehen unter römischer Oberhoheit.

63 Der Konsul M. Tullius Cicero vereitelt die Verschwörung des L. Sergius Catilina („Catilinarische Verschwörung").

62 Catilina und 3000 seiner Anhänger sterben in der Schlacht bei Pistoria. Die Anordnungen des Pompeius im Osten und seine Forderung nach Landverteilung an seine Soldaten werden vom Senat nicht bestätigt; Pompeius bildet gemeinsam mit Crassus und

60 Gaius Julius Caesar das 1. Triumvirat. Caesar setzt nach Erlangen des

59 Konsulats die Forderungen des Pompeius gegen den Senat durch. Caesar erhält die Provinzen Gallia cisalpina und Illyricum sowie Gallia Narbonensis für den Zeitraum von fünf Jahren.
56 Erneuerung des Triumvirats.
55 Konsulat des Pompeius und Crassus. Verteilung der Provinzen: Pompeius in der spanischen, Crassus in der syrischen und Caesar in der gallischen Provinz.
53 Tod des Crassus bei Carrhae im Kampf gegen die Parther.
58 – 51 Eroberung von Gallien durch Caesar ohne Senatsbefehl mit dem Ziel der persönlichen Machterweiterung und Plan des Aufbaus eines ihm ergebenen Heeres. Bedrohung des freien, keltischen Gallien durch die germanischen Sueben unter der Führung des Ariovist. Nach Überschreiten des Oberrheins Festsetzen in Gallien. Auswanderung der keltischen Helvetier nach Gallien, die von Caesar zur Rückkehr in ihre alten Wohngebiete gezwungen werden, um einen Wall gegen die Germanengefahr zu bilden. Sieg über
58 Ariovist im Elsaß bei Mühlhausen. Unterwerfung Belgiens durch den Sieg über die Nervier (57), Zug in die Bretagne und Normandie und Unterwerfung der Veneter. Nach zweimaligen Überschreiten des Rheins und zweimaliger Überfahrt nach Britannien
52 Niederschlagung der letzten großen Erhebung der Gallier unter der Führung des Vercingetorix. Die Unterwerfung Galliens ist
51 abgeschlossen. Veröffentlichung von „De re publica“ durch Cicero. Caesars Statthalterschaft in Gallien ist im Jahr
49 beendet. Der Senat und Pompeius suchen Caesar in Rom als Privatmann zur Rechenschaft für sein eigenmächtiges Vorgehen zu ziehen und fordern die Niederlegung seines Oberbefehls. Die Folge ist ein

2. Bürgerkrieg

49 – 46 Weiterer Bürgerkrieg, nachdem Caesar den Rubikon überschritten hatte („alea jacta est!“). Vertreibung des Pompeius aus Rom und Italien, der wiederum in Griechenland ein Heer sammelt; Sicherung Spaniens durch Caesar und Überfahrt nach Griechenland. Niederlage des Pompeius bei der
48 Entscheidungsschlacht von Pharsalos in Thessalien und Flucht des Pompeius nach Ägypten, wo er ermordet wird. Caesar zieht ebenfalls nach Ägypten, wird in Alexandria eingeschlossen (Brand der Bibliothek in Alexandria), siegt jedoch am Nil und setzt Cleopatra als Königin ein.
47 Krieg Caesars gegen Pharnaces, den Sohn des Mithridates, den er bei Zela in Kleinasien besiegt („veni, vidi, vici“).
46 Sieg Caesars im afrikanischen Krieg bei Thapsus über die

Anhänger des Pompeius und Selbstmord des jüngeren Cato in Utica. Caesar hatte somit über Gallien, Ägypten, Pontus und Afrika triumphiert und seine Alleinherrschaft begründet. Ernennung durch den Senat zum Diktator über einen Zeitraum von zehn Jahren und Neuordnung des Staates: Census der Bürgerschaft, Ansiedlung von Bürgern in den Provinzen und somit Verringerung der Getreideempfänger in Rom; genaue Festlegung der Leistungen für die Provinzen. Einführung und Verbesserung des ägyptischen Kalenders durch Einführung eines Schalttages in jedem vierten Jahr (Julianischer Kalender). Rege Bautätigkeit (basilica Julia).

45 Sieg in Spanien über die Söhne des Pompeius bei Munda. Caesar stabilisiert als Diktator auf Lebenszeit und Imperator seine Macht, so daß sich Mitglieder des Senats unter C. Cassius und M. Iunius Brutus gegen ihn verschwören.

44 Caesar bereitet den Feldzug gegen die Parther vor, wird aber an den Iden des März (15.3.) während einer Senatssitzung von seinen Gegnern ermordet. Der Adoptivsohn Caesars und Erbe Octavian muß sich zuerst gegen Marcus Antonius durchsetzen.

3. Bürgerkrieg

44 – 43 Im Mutinesischen Krieg besiegt Octavian Antonius und erhält das Konsulatsamt für das Jahr 43. Nach Versöhnung mit seinem Gegner schließt er sich mit diesem und dem Reiteroberst Caesars, Marcus Aemilius Lepidus,

43 im zweiten Triumvirat zusammen. Blutige Verfolgungen der Caesargegner, denen auch Cicero als Feind des Antonius zum Opfer fällt.

42 Sieg des Antonius und Octavian über Brutus und Cassius in zwei Schlachten von Philippi (Makedonien). Selbstmord der Caesarmörder; fast das gesamte römische Herrschaftsgebiet liegt in den Händen der Triumvirn.

40 Teilung des Oberbefehls im Vertrag von Brundisium: Antonius erhält den Osten, Octavian den Westen und Lepidus Afrika. Antonius heiratet Octavia, die Schwester Octavians, die er jedoch vier Jahre später zugunsten Cleopatras verstößt.

36 Heirat des Antonius mit der ägyptischen Königin Cleopatra, die von ihm Teile römischer Provinzen als Schenkungen erhält. Antonius versucht, die Ptolemäerherrschaft fortzusetzen, deshalb kommt es zur Kriegserklärung Roms an Cleopatra und zum

32 – 30 Ptolemäischen Krieg, der durch den

31 Seesieg Agrippas, einem Feldherrn Octavians, bei Actium über die Flotte Cleopatras entschieden wird. Cleopatra und Antonius fliehen nach Alexandria und begehen

30 Selbstmord. Nach der Eroberung Ägyptens durch Octavian wird das Ptolemäerreich römische Provinz, und Octavian kehrt nach Rom zurück. Durch die Ausschaltung des letzten Führers einer Gegenpartei ist das Jahrhundert der Bürgerkriege beendet.

Kultur der Bürgerkriegsepoche:

Entwicklung der Porträtkunst. Klassische Vollendung der lateinischen Prosa durch Caesar (100 – 44) und Cicero (106 – 43), Cornelius Nepos (um 99 – 27), Geschichtsschreiber Sallust (86 – 35). Lyriker Catull (87 – um 54) und Lukrez (98 – 55). Vergil (70 – 19) und Horaz (65 – 8).

Die römische Kaiserzeit

Da durch Caesar keine über dessen persönliche Machtstellung hinausreichende Reform der Regierung, Verwaltung und Gesellschaft des römischen Reiches durchgesetzt wurde, beginnt die neue Epoche der römischen Kaiserzeit erst mit Augustus.

Das Zeitalter des Augustus

27 Octavian stellt die Republik wieder her, indem er die Macht im Senat niederlegt. Er erhält den Ehrennamen Augustus (Der Erhabene). Errichtung des Prinzipats: Verbindung von Monarchie und Republik (Monarchie in republikanischer Form). Augustus als der „erste Bürger" (princeps) herrscht durch seine Autorität. Beibehaltung der obersten militärischen Befehlsgewalt als wichtige Machtgrundlage seiner Herrschaft.

23 Augustus erhält die Tribunengewalt auf Lebenszeit, wodurch er die Gesetzesinitiative und die Kontrolle der Innenpolitik sichern kann.

19 Augustus mit konsularischer Gewalt auf Lebenszeit. Eroberungspolitik der Römer sollte beendet werden, Ziel der augusteischen Politik ist der Friede (pax augusta). Sicherung und Abrundung der Grenzen des Römischen Reiches.

27 – 25 Neuordnung der Provinzen Spanien und Gallien, Galatien wird römische Provinz.

20 Friedliche Verständigung mit den Parthern (Rückgabe der 53 von den Parthern eroberten römischen Feldzeichen). Verzicht Roms auf weitere Expansion.

18 Durchführung einer Sittengesetzgebung: Verbot der Ehe zwischen Senatoren und Freigelassenen. Neues Eherecht. Während Augustus

16 – 13 die gallischen Provinzen neu ordnet, stoßen

15 seine Stiefsöhne Tiberius und Drusus bis an die obere Donau vor. Errichtung der Provinzen Raetia und Noricum. Sicherung der

13 – 9 Donaugrenze durch den Krieg gegen die Panonnier.

12 – 9 Kriege in Germanien unter Führung des Drusus, der vom Rhein bis zur Elbe gelangt.
4 n. Chr. Die Unterwerfung der Germanen bis zur Elbgrenze durch den von Augustus mittlerweile adoptierten Tiberius ist
6 vollendet. Der Krieg gegen die Markomannen muß wegen eines Aufstandes der Pannonier aufgegeben werden. Diese werden gemeinsam
6 – 9 mit den Dalmatern von Tiberius besiegt. Pannonia wird zur
10 römischen Provinz.
9 In der Schlacht im Teutoburger Wald werden drei römische Legionen unter der Führung des Varus von den Cheruskern unter Arminius vernichtet. Die Folge ist der Verlust Germaniens als Provinz, wobei die Rheingrenze durch Tiberius gesichert werden kann.
14 Tod des Augustus in Nola im Alter von 76 Jahren.
Augustus hatte zwar dem äußeren Schein nach die Republik wiederhergestellt, regierte jedoch als Monarch. Da es keine Erbfolgeregelung gab, hatte Augustus schon zu seinen Lebzeiten versucht, einem von ihm selbst bestimmten Nachfolger ausreichende Machtbefugnisse zu verschaffen, damit dieser nach seinem Tod die Nachfolge als Princeps mit entsprechender Macht antreten konnte.

Die julisch-claudischen Kaiser

14 – 37 Tiberius (ältester Stiefsohn des Augustus). Die Beamtenwahl wird vom Volk auf den Senat übertragen. Vertretung des Heeres durch seinen Neffen Germanicus, der
14 – 16 einen Feldzug gegen die Germanen unternimmt; Schlachten bei Idistaviso und am Angrivarierwall. Die Römer verzichten auf Weiterführung des Krieges.
23 – 31 Der Einfluß des Prätorianers Seian auf die kaiserliche Politik wächst. Tiberius zieht sich auf die Insel Capri zurück (27) und überläßt die Staatsgeschäfte seinen Günstlingen. Denunziantenwesen, Majestätsprozesse, Willkürherrschaft.
30 Tiberius erhebt Seian zum Konsul, stürzt ihn jedoch ein Jahr später.
37 Tod des Tiberius in Misenum.
37 – 41 Caligula (Gaius Caesar Germanicus). Größenwahn, sog. „Cäsarenwahn“ äußert sich in krankhaftem Machtbewußtsein und extremer Verschwendungssucht (Schaufeldzüge). Gottähnliche Verehrung des Kaisers.
41 Ermordung Caligulas durch Prätorianeroffiziere.
41 – 54 Claudius steht unter dem Einfluß seiner freigelassenen Hofbeamten und seiner Frauen Messalina und der jüngeren Agrippina (Mutter Neros). Betreiben aktiver Außenpolitik:
43 – 44 Britannienfeldzug, Süd-

britannien wird römische Provinz.
46 Römische Provinz Thracia.
54 Ermordung des Claudius durch Agrippina, deren Sohn
54 – 68 Nero die Nachfolge antritt. Zu Beginn entwickelt sich seine Herrschaft unter dem Einfluß des Philosophen Seneca positiv. Nach der Ermordung seiner Mutter und seiner Ehefrau treten psychopathische Züge zu Tage, die sich
64 in der Planung und Durchführung des Brands von Rom und der ersten Christenverfolgung niederschlagen und seine Regierung zur reinen Willkürherrschaft ausarten lassen.
65 Die gegen Nero gerichtete Pisonische Verschwörung wird aufgedeckt. Seneca (Hauptvertreter der Stoa) und die Dichter Lucanus und Petronius werden aus Angst vor Neros Rache zum Selbstmord getrieben.
68 Aufstände in Gallien und Spanien führen schließlich zur Absetzung und zum Selbstmord Neros.
68 – 69 Vierkaiserjahr: Erhebung Galbas, dann Othos und schließlich des Vitellius zum Kaiser. Durch die syrischen Legionen gelangt der Feldherr Vespasian an die Macht, wodurch ein Plebejer die Adelsgeschlechter der Julier und Claudier ablöst. Kaiser Vespasian begründet die Dynastie der flavischen Herrscher.

Die flavischen Kaiser

69 – 79 Vespasian ordnet die Verhältnisse im Reich und schlägt den Aufstand der Bataver am Rhein nieder (70).
70 Eroberung und Zerstörung Jerusalems durch Vespasians Sohn Titus (Titusbogen in Rom).
72 Bildung der Provinz Judäa.
79 – 81 Titus: Große Beliebtheit. Während seiner Regierungszeit
79 Ausbruch des Vesuvs. Verschüttung Herculaneums und Pompejis. Der Bruder des Titus
81 – 96 Domitian erweitert die römische Herrschaft in Britannien. Britannien wird römisch.
84 Ausdehnung der römischen Provinz Britannien bis nach Schottland.
83 – 85 Feldzug gegen die Chatten (Hessen) und Beginn des Baus eines befestigten Grenzwalls, des Limes, der die römischen Zehntlande (agri decumates) gegen das freie Germanien abriegeln sollte. In der Folgezeit Ausbau dieses befestigten Grenzwalls. Die Herrschaft des Domitian artet in Despotismus aus, verbunden mit Christenverfolgungen, und führt
96 zu seiner Ermordung. Ende der Regierung der flavischen Kaiser.

Die Adoptivkaiser

96 – 98 Mit Nerva beginnt die Zeit der Adoptivkaiser (Erlangung des Kaiserthrons durch Adoption).

Der Beste unter den führenden Bürgern soll Kaiser werden. Wohltätige Regierung Nervas.

98 – 117 Als erster Provinziale folgt Trajan, der den Rechtsstaat neu sichert und die Voraussetzungen für die Kulturblüte dieser Zeit schafft. Als „Eroberungskaiser" kämpft er gegen die Daker (101/2 und 105) und gewinnt das Gebiet des heutigen Rumänien und Siebenbürgen.

114 – 117 Im Osten Krieg gegen die Parther und Eroberung des Landes vom Persischen Golf bis Armenien; Errichtung mehrerer Provinzen. Das römische Reich hatte seine größte Ausdehnung erreicht (Trajansforum und Trajanssäule in Rom). Nach dem Tod Trajans im Krieg gegen die Parther folgt ihm

117 – 138 Hadrian, der die Eroberung seines Vorgängers außer Dakien wieder aufgibt und sich im Osten auf die Euphratgrenze beschränkt. Verfolgung des Herrscherideals der stoischen Lehre, dem Frieden verpflichtet. Verstärkung der Grenzbefestigungen in Britannien, an Rhein und Donau, in Dakien und am Euphrat in Syrien. Einrichtung von Reichsbehörden mit besoldeten Beamten zur Verwaltung der Provinzen. Bemühungen für kleine Gutspächter und Bergwerksarbeiter. Zahlreiche Reisen. Orientierung am Griechentum (Vollendung des Zeustempels in Athen). Prachtbauten in Rom; Wiederaufbau des zerstörten Pantheons und Bau der Engelsburg.

132 – 135 Aufstand der Juden nach der Umwandlung Jerusalems in die Kolonie Aelia Capitolina (130) wird durch die Eroberung Jerusalems niedergeschlagen.

138 Tod Hadrians und Beisetzung in seinem Grabmal, der Engelsburg.

138 – 161 Zeit des Friedens unter Antonius Pius. Durchführung von Rechts- und Verwaltungsreformen; Humanisierung des Sklavenrechts. Weiterer Ausbau des Limes.

161 – 180 Marc Aurel als „Philosoph auf dem Kaiserthron". Krieg gegen die Parther (162 – 165). Ausbreitung der Pest, Entvölkerung, Hungersnöte.

166 – 180 Kriege gegen die Markomannen aus Böhmen, die teilweise bis nach Norditalien vordringen. Nach langen Kämpfen Sicherung der Donaugrenze.

Seit 176 Mitregierung seines Sohnes Commodus, wodurch mit dem dynastischen Prinzip das Adoptivkaisertum abgelöst wird.

180 Tod Marc Aurels in Vindobona (Wien).

180 – 192 Regierung des Commodus, der den Cäsarenwahn seiner Vorgänger wieder auslebt. Ausschweifendes Leben, Staatsgeschäfte werden seinen Günstlingen überlassen; Verschwörungen. Der Niedergang des Reiches zeigt erste Vorzeichen.

192 Commodus fällt einer Pa-

lastverschwörung zum Opfer und wird ermordet.
193 2. Vierkaiserjahr: D. Julianus in Rom, P. Niger in Syrien, C. Albinus in Britannien und S. Severus in Pannonien.

Die severischen Kaiser

193 – 211 Sieg des Septimius Severus (aus Nordafrika stammend) über die Gegenkaiser. Aufenthalt in den Provinzen im Osten. Zunehmende Entfremdung vom römischen Wesen. Förderung des Militärs.
197 – 199 Nach siegreichen Kämpfen gegen die Parther Wiederherstellung der Provinz Mesopotamia.
208 – 211 Krieg in Britannien. Erfolgreiche Sicherung der Grenzen gegen die von Schottland aus angreifenden Kaledonier.
211 – 217 Caracalla, Sohn des Septimius Severus. Ermordung des mitregierenden Bruders Geta und dessen Anhänger (212).
212 Durch die Constitutio Antoniniana verleiht er allen freien Provinzialen das römische Bürgerrecht: Rechtsgleichheit der freien Reichsbevölkerung. Nach Kämpfen gegen die Alamannen und die
217 Parther wird Caracalla in Mesopotamien ermordet. Bedeutendstes Zeugnis der Bautätigkeit dieser Zeit sind die Caracallathermen in Rom.
218 – 222 Herrschaft des Elagabal, der den syrischen Baalskult in Rom als Staatsreligion einführt. Nach seiner Ermordung wird
222 – 235 Severus Alexander Kaiser.
226 Die persische Dynastie der Sassaniden wird nach dem Sturz der Parther durch Ardaschir begründet (Neupersisches Reich). Auf die Bedrohung durch die Parther folgt nun eine Bedrohung durch die Perser; Großreich bis Indien, an altpersische Traditionen anknüpfend mit der Lehre Zarathustras als Staatsreligion.

Die Soldatenkaiser

235 Nach der Ermordung von Severus Alexander beginnt die Zeit der sog. Soldatenkaiser, die ihre Legitimation durch das Heer erhalten und nicht durch das Erbfolgeprinzip oder das Adoptionsprinzip. Viele Soldatenkaiser werden ermordet, ihre Regierungszeit ist meist kurz.
235 – 238 Maximinus Thrax, dem ein Sieg über die Alamannen gelingt.
238 – 244 Gordian III. besiegt die in Mesopotamien eingefallenen Perser (Unterstützung durch gotische Truppen).
244 – 249 Unter Philippus Arabs (Sohn eines arabischen Scheichs)
248 Feier des tausendjährigen Bestehens Roms.
249 – 251 Unter Kaiser Decius, der das Römertum mit Hilfe des

Das Römische Reich
in seiner größten Ausdehnung
unter Trajan
Grenzverlauf unter Trajan
Britannia
GERMANIA
Rhenus
Germ. inter.
Belgica
Lugudunensis
Germ. sup.
GALLIA
Aquitania
Narbonensis
Raetia
Nori-cum
Danuvius
Pannonia
Gallia cisalpina
Dacia
Tarraconensis
Lusitana
HISPANIA
Baetica
ILLYRICUM
Dalmatia
Moesia
Thracia
ITALIA
Corsica
Sardinia
Sicilia
Baliares
Mace-donia
Achaia
Creta
Pontus Euxinus
Mare Caspium
Albania
Armenia
Pontus
Bithynia
Galatia
Cappadocia
Asia
Cilicia
Mesopotamia
Tigris
Babylonia
Euphratus
Syria
Cyprus
Arabia
Aegyptus
Cyrenaica
Mare Internum
Africa Proconsularis
Mauretania
Numidia

alten Götterglaubens zu regenerieren sucht, kommt es
250 zur ersten vom Staat angeordneten Christenverfolgung.
251 Tod des Decius im Kampf gegen die einfallenden Goten.
251 – 253 Trebonius Gallus.
252 Ausbreitung der Pest von Äthiopien ausgehend im Reich.
253 – 260 Valerian sucht das Reich im Osten zu verteidigen und überläßt die Verteidigung des Westens seinem Sohn Gallienus. Bedrohung der Reichsgrenzen durch das gleichzeitige Vordringen mauretanischer Gebirgsstämme (Bedrängen der Grenze in Nordafrika), der Franken, Alamannen, die bis nach Oberitalien vorstoßen, der Goten, der Heruler in der Ägäis und der Sassaniden.
260 Gefangennahme Valerians durch den persischen König.
257 – 259 Weitere Christenverfolgungen.
260 – 268 Gallienus (Sohn des Valerian) reorganisiert das Heer durch Aufstellung einer beweglichen Reiterarmee, um die Reiterheere der Feinde besser abwehren zu können.
Seit 268 beginnt die Herrschaft der Kaiser illyrischer Herkunft.
268 – 270 Claudius II. erringt mit dem reorganisierten Heer
268 Siege über die Alamannen (am Gardasee in Oberitalien) und
269 Siege über die Goten bei Naissus-Nisch in Serbien.
270 – 275 Fortsetzung der Erfolge durch Aurelian, der
271 die Alamannen bei Pavia schlägt und aus Italien vertreibt,
272 das Reich der Königin Zenobia von Palmyra in Syrien unterwirft und die Reichseinheit wiederherstellt. Verbindung eines monotheistischen Sonnenkults, den er als Staatsreligion einführt, mit dem Kaiserkult. Der Kaiser als Verkörperung des Sonnengottes auf Erden (Herr und Gott).
276 – 282 Auf Tacitus (275 – 276) folgt Probus, der durch Neubefestigungen die Rhein- und Donaulinie sichert.
283 – 284 Unter Carus erfolgreiche Kämpfe gegen die Perser. Als letzter Soldatenkaiser folgt
284 – 305 Diocletian. Begründung der letzten Epoche des römischen Kaisertums, des Absolutismus. Späte, absolutistische Form der römischen Monarchie (= Dominat). Die noch republikanisch erscheinende Stellung des Kaisers im Prinzipat (erster Bürger) wird abgelöst durch die absolute Herrschaft über die Bürger, die somit zu Untertanen (subjecti) werden.
293 Begründung der Tetrachie (Vierherrschaft). Verteilung der Herrschaft auf zwei Ältere mit dem Titel Augustus (Diocletian und Maximian) und zwei Jüngere mit dem Titel Caesar (Galerius und Constantius Chlorus). Diocletian erhält den Osten, Maximian Italien und Afrika, Galerius Illyricum, Makedonien, Griechenland und Constantius Spanien, Gallien und Britannien. Trotz der Neuor-

ganisation übergeordnete Stellung Diocletians, der nicht in Rom, sondern in Nicomedia, in seinem Reichsteil residiert.
297 Verwaltungsreform: Aufteilung der vier Reichsteile in zwölf Bezirke (Diözesen). Verkleinerung der Provinzen. Trennung von Militär- und Zivilgewalt. Zwangsbindung der Bauern an ihre Scholle, indem die Kündigung der Pachtverträge (Kolonen) verboten wird. Übergang zur bäuerlichen Hörigkeit gegenüber den Grundherren. Zwang der Handwerker, sich in Innungen zusammenzuschließen, um die regelmäßige Zahlung der Gewerbesteuern und somit vor allem die Versorgung von Heer und Beamtentum zu sichern.
301 Der Höchstpreistarif wird gegen die zunehmende Verteuerung eingeführt.
303 Schwerste Christenverfolgung.
305 Abdankung von Diocletian (Tetrarchensystem auf 20 Jahre) und Rückzug auf seinen Alterssitz in Spalato an der Küste Dalmatiens (heutiges Split). Dort stirbt er im Jahre 316.

Kultur der römischen Kaiserzeit:

Blüte der Bildhauerkunst und Relief-Arbeiten. Römische Plastik gilt einzig als Porträtkunst. In der Architektur Ablösung des griechischen Körperstils durch den römischen Raumstil; profane Baukunst neben der sakralen (Paläste, Foren, Thermen); bedeutende Aquädukte. In der Philosophie Wirkung des Neuplatonismus (Begründer Plotin). In der Literatur der Geschichtsschreiber Livius (59 v. Chr. – 17 n. Chr.), der von der Stoa geprägte Seneca (4 v. Chr. – 65 n.Chr.) und Petronius, der Satiriker Juvenal (um 60 – nach 127) und der Epigrammdichter Martial (um 40 – um 102), der Historiker Tacitus (um 55 – um 120) und der Metamorphosendichter Apuleius (um 124 – um 180).

Konstantin der Große und seine Nachfolger

312 Die seit 305 bestehenden inneren Streitigkeiten und dynastischen Kämpfe werden durch die Niederlage des Maxentius (Sohn des Maximian) gegen Konstantin (Sohn des Constantius) an der Milvischen Brücke beigelegt. Konstantin ist Herrscher über den Westen. Nach seinem Sieg Hinwendung zum Christentum.
313 Toleranzedikt von Mailand: Völlige Gleichberechtigung des Christentums verbunden mit Religionsfreiheit; Ende der Christenverfolgungen.
324 – 337 Konstantin der Große. Konstantin hat nach dem Sieg über Licinius 324 den Osten dazugewonnen und wird daraufhin Alleinherrscher. Ende der Tetrarchie, die sich auf die Dauer nicht durchsetzen kann.

330 Umbenennung von Byzanz in Konstantinopel, das zur christlichen Reichshauptstadt wird (neues oder zweites Rom). Günstige Lage der Stadt, aufgrund der gefährdeten Ostgrenze in Asien und der ebenfalls gefährdeten Rhein- Donaugrenze. Übernahme des Absolutismus Diocletians mit Hofzeremoniell und Beamtenbürokratie. Einteilung des Reiches in vier Präfekturen. Verstärkung der Grenzen und Friedenssicherung. Weiterführung der Staatsreformen auf wirtschaftlichem, militärischem und sozialem Gebiet (Münzreform; Förderung der höfischen Bildung). Seit 321 wird der Sonntag zum Ruhetag nach christlicher Sitte erklärt.

337 Nach Konstantins Tod teilen sich die drei Söhne Constantinus (bis 340), Constantius und Constans (bis 350) die Reichsgewalt. Jedoch Erbstreitigkeiten, die

340 – 361 Constantius II., zunächst Herrscher im Osten, für sich entscheidet (353 Wiederherstellung der Reichseinheit). Verschärfung der Religionspolitik; Verbote heidnischer Kultur; Durchsetzung des Arianismus für die gesamte Kirche.

357 Julian, der Vetter des Constantius wehrt den Ansturm der Franken und Alamannen am Rhein ab und sichert nach einem Sieg über die Alamannen bei Straßburg die Rheingrenze.

361 – 363 Julian, genannt Apostata (der Abtrünnige), fällt vom Christentum ab, versucht das Heidentum wieder durchzusetzen und scheitert.

364 – 375 Valentinian I. regiert gemeinsam mit Bruder Valens.

375 Erfolgreiche Absicherung der Rhein- und der Donaugrenzen. Etwa zu diesem Zeitpunkt beginnt die große Völkerwanderung der Germanen, nachdem die Hunnen das Ostgotenreich in Südrußland zerstört hatten. Nach dem Tod Valentinians I. folgt Valens, der

378 im Kampf gegen die eindringenden Westgoten in der Schlacht von Adrianopel stirbt und der Sohn des Valentinian, Gratian (bis 383). Dieser setzt

379 Theodosius I. im Osten als Mitkaiser ein.

380 Verbot des Arianismus im Osten; Durchsetzung des Athanasianismus (Lehre von der Gottgleichheit Christi, benannt nach der Lehre des Athanasius), der zur Staatsreligion wird.

382 Die Westgoten werden auf Reichsgebiet übernommen.

391 Einführung des Christentums als Staatsreligion.

395 Nach dem Tod des Theodosius I.: Arcadius im Osten und Honorius im Westen. Dies bedeutet das Ende der Reichseinheit, das Oströmische Reich entwickelt sich unabhängig vom Weströmischen. Westrom besteht, von Germanen und Hunnen bedroht, weiter.

476 Der letzte weströmische Kaiser Romulus Augustulus wird

durch den germanischen Söldnerführer Odoaker abgesetzt.
Das Oströmische Reich besteht bis zur Mitte des 15. Jahrhunderts weiter.

Entstehung und Ausbreitung des frühen Christentums

6/7 v. Chr. Geburt Jesu in Bethlehem.
Um 30 Jesus wirkt in den Dörfern Galiläas. Kurz nach der Kreuzigung bildet sich die erste Christengemeinde. Bekehrung des Paulus.
45 – 58 Drei Missionsreisen des Paulus (58 Gefangennahme in Jerusalem).
48 Apostelkonzil von Jerusalem. Anerkennung der Lehre des Paulus.
60 – 61 Reise des Paulus nach Rom, in die von Petrus gegründete Gemeinde.
64 Christenverfolgung durch Nero in Rom. Kreuzestod des Petrus und Enthauptung des Paulus. Weitere Ausbreitung des Christentums.
Um 70 – 100 Entstehung der vier Evangelien des Markus, Matthäus, Lukas und Johannes.
112 Christenprozesse des römischen Statthalters Plinius in Bithynien (Kleinasien); die Beteiligung am Kaiserkult gilt als Prüfung für die Staatstreue.
249 – 251 Die erste allgemeine Christenverfolgung unter Decius.
257 – 258 Christenverfolgung unter Valerian. Märtyrertod des Cyprian von Karthago.
260 Toleranzedikt des Gallienus.
303 – 311 Verfolgung durch Diocletian als letzte Christenverfolgung.
311 Toleranzedikt des Galerius. Gott der Christen wird neben anderen Religionen anerkannt. Nach der Bekehrung Konstantins in der Schlacht an der Milvischen Brücke
313 Toleranzedikt von Mailand: Gleichberechtigung des Christentums und völlige Religionsfreiheit.
Um 320 Beginn des Mönchslebens in Ägypten.
325 Von Konstantin einberufenes Konzil von Nicäa. Verwerfung der Lehre des Theologen Arius: Christus ist wesensähnlich mit Gott; Anerkennung der Lehre des Athanasius: Christus ist wesensgleich mit Gott. Kirchliche und staatliche Bestrafung des Arius. Aufstieg des Papsttums.
Seit 341 Wulfila, Missionsbischof arianischen Bekenntnisses bei den Donaugoten, übersetzt die Bibel ins Gotische.
353 – 359 Streit zwischen Anhängern des Arius und Athanasius auf seinem Höhepunkt.
381 Das 2. Ökumenische Konzil von Konstantinopel.
392 Anerkennung des Christentums als Staatsreligion; Verbot aller heidnischen Kulte.

Griechenland als Wiege der Philosophie

In der Zeit nach der dorischen Wanderung (siehe S. 25) bilden sich die Griechen als ein in viele Stämme gegliedertes Volk heraus, mit einer gemeinsamen Sprache, die jedoch in einzelne Dialektgruppen zerfällt. Man unterscheidet, neben weniger wichtigen Dialektgruppen, den dorischen, ionischen und äolischen Dialekt. Die griechische Geschichte sollte deshalb nicht vorwiegend als Staats- und Staatengeschichte, sondern mit deutlicher Akzentuierung als Geschichte einer Kulturgemeinschaft betrachtet werden.

Die Kleinstaaten

Das griechische Festland, die Peloponnes und die Inseln bilden in der Zeit nach der dorischen Wanderung eine Vielzahl selbständiger, aber politisch und gesellschaftlich voneinander abhängiger Staaten. Nicht allein die geographische Situation ist Ursache für die Zersplitterung in kleinere Einheiten, sondern diese entspringt auch einem bewußten Verzicht der Griechen auf ein Leben in einem größeren Staatsgebilde. Der einzelne wird aufgrund der Überschaubarkeit der kleinstaatlichen Politik auch enger in diese eingebunden und mitbeteiligt.

Gemeinschaftsgefühl der Griechen

Trotz der Aufsplitterung betrachten sich die Griechen seit dem 8. Jahrhundert als Völkergemeinschaft (Hellenen) und grenzen sich von anderen Völkern ab, die sie als Barbaren bezeichnen. Dieses Zusammengehörigkeitsgefühl dokumentiert sich auch in dem allen gemeinsamen Götterglauben ebenso wie in den Festspielen aller Griechen in Olympia, die zu Ehren des Zeus ausgerichtet werden. Auch das Orakel in Delphi ist Anziehungspunkt für alle Griechen. Wie unterschiedlich jedoch die politische Entwicklung in den einzelnen Stadtstaaten verläuft, wird deutlich am Weg Athens zur radikalen Demokratie und dem wesentlich stärker militärisch geprägten Sparta und der unterschiedlichen Verfassungsentwicklung der beiden Staaten.

Über die mykenische Zeit (siehe S. 25) ist uns aufgrund von archäologischen Funden vieles bekannt, die darauffolgenden Jahrhunderte entziehen sich jedoch großenteils unserem Wissen. Kenntnisse über die Spätzeit Mykenes erhalten wir aus den Dichtungen des Homer, die gleichzeitig den Beginn der griechischen Literatur darstellen. In den homerischen Epen, der Ilias und der etwas späteren Odyssee, werden Siedlungsgeschichte und

Herrschersitze der mykenischen Epoche, aber auch in vielen Details die nachmykenische Zeit beschrieben. Dieser Zeitabschnitt (12. Jh. – um 800) wird auch oft als „Dunkles Zeitalter“ bezeichnet, weil gegenüber der mykenischen Kultur ein deutlicher Niedergang eintritt und schriftliche Zeugnisse für diese Jahrhunderte fehlen. Es folgt etwa ab 800 die sog. archaische Zeit, die bis etwa 500 dauert. Darauf folgt die klassische Epoche der griechischen Kultur etwa von 500 – 320.
Bleibt der Dichter Homer noch als Person im Hintergrund, so nennt der Dichter Hesiod, der in der archaischen Zeit um 700 wirkt, schon seinen Namen.

Erwachen der Persönlichkeit

Im siebten Jahrhundert etwa kommen auch persönliche Empfindungen stärker ins Spiel, es entsteht ein subjektives Bewußtsein, das sich deutlich in der Dichtung des Archilochos und Alkaios sowie der Sappho von Lesbos um 600 spiegelt.
In der Philosophie wird versucht, die Rolle der Götter, der Menschen und der Welt in Beziehung zueinander zu setzen, erste Naturerscheinungen zu beschreiben und ihren Ursachen nachzugehen. Die frühen Philosophen wie Thales, Anaximander, Pythagoras, Heraklit und Demokrit, die von 600 bis nach 400 wirken, versuchen, hinter dem scheinbar zufälligen Gesetzmäßigkeiten zu entdecken.

Die Sophistik

Um die Mitte des fünften Jahrhunderts entsteht eine neue geistige Strömung, die Sophistik, die die Verhaltensweisen der Menschen untereinander stärker in den Mittelpunkt der Untersuchungen stellt und zu deren wichtigsten Vertretern Protagoras und Hippias zählen.

Attische Philosophie

Die Verbindung einzelner Elemente der ionischen Naturphilosophie und der Sophistik gelingt Sokrates und Platon, den Vertretern der klassischen Philosophie. Sokrates wird zum Begründer der praktischen Philosophie und führt die wissenschaftlichen Methoden der Induktion, Dialektik und Definition in die Philosophie ein . Zu einem Höhepunkt der klassischen griechischen Philosophie wird Platons Ideenlehre. Er stellt der äußeren Welt eine Ideenwelt gegenüber und übt auf die gesamte abendländische Tradition eine große Wirkung aus. Platons Schüler Aristoteles ordnet das gesamte Wissen seiner Zeit zu einem System und legt die Grundlagen für

die Logik, Ästhetik und Staatslehre. Die Philosophie des Mittelalters wird von ihm entscheidend beeinflußt.
Das Philosophieren ist nur einem kleinen Teil der Bevölkerung vorbehalten. Deshalb müssen die Lehren der Philosophen vielen als Verleumdung und Ignoranz der Götter erscheinen. Der Prozeß gegen den wegen Religionsfrevels angeklagten Sokrates steht damit in engem Zusammenhang.

Klassische Zeit

Höhepunkt der griechischen Klassik ist das Zeitalter des Perikles in der Mitte des fünften Jahrhunderts; das Zentrum der Literatur verlagert sich von Ionien nach Attika. Zu den wichtigsten Dichtungsgattungen der sog. klassischen Epoche zählen die Tragödie und Komödie. In der Prosa findet ebenso die Rhetorik mit Demosthenes und Isokrates ihren Höhepunkt wie die Geschichtsschreibung mit ihren herausragenden Vertretern Herodot und Thukydides. Die Prosa gerät in einen Wettbewerb mit der lyrischen Dichtung.

Hellenismus

Der Hellenismus, wie die spätgriechisch-orientalische Philosophie und Literatur vom dritten Jahrhundert bis Christi Geburt bezeichnet wird, bringt ein völlig neues Moment in das Geistesleben ein, nämlich die Aufteilung der Philosophie in Einzelwissenschaften. Einen bemerkenswerten Aufschwung erfahren die Medizin, Geometrie, Astronomie, Geographie: Die Wissenschaftler des dritten Jahrhunderts v. Chr. gewinnen völlig neue Erkenntnisse auf ihren Gebieten. Es treten drei neue philosophische Richtungen auf, der Skeptizismus, der Epikureismus und die Stoa. Zunehmend werden praktische Fragen in den Mittelpunkt der philosophischen Betrachtungen gestellt.
In der Literatur werden die Nachfolgestaaten des Alexanderreiches zu wichtigen Trägern der literarischen Tradition. Ein bedeutendes Zeugnis hierfür ist die Argonautensage des Apollonios von Rhodos. Die hellenistische Kultur und Zivilisation beeinflussen auch die Römer, die die griechische Sprache und Kultur kennenlernen. Auch die frühe östliche Kirchenlehre wird stark von der griechischen Philosophie geprägt.

Römertum und Griechentum

Vorklassik

Erst durch die Berührung mit den kulturellen Errungenschaften der Griechen können die Römer eine eigene Kulturtradition aufbauen, die in der römischen Frühzeit noch fehlt. Ein bedeutender Wandel vollzieht sich erst nach dem Krieg gegen Pyrrhus, also im ersten Drittel des dritten Jahrhunderts, der die Römer mit den Griechenstädten in Unteritalien in Kontakt kommen läßt. Zum Vorbild wird hierbei jedoch zunächst weniger die griechische Klassik als vielmehr der Hellenismus. Erst durch das Kennenlernen der attischen Komödie werden die Komödien eines Plautus und Terenz möglich. Die für die römische Literatur bedeutende Form der Satire wird durch Lucilius begründet.

Klassik

In der Mitte der zweiten Hälfte des ersten Jahrhunderts beschäftigen sich Dichter wie Catull und Horaz mit der klassischen Dichtung der Griechen.
Innerhalb der Philosophie hat z.B. die Stoa einen erheblichen Einfluß auf den Scipionenkreis.

Die lateinische Prosa findet ihren Höhepunkt um die Mitte des ersten Jahrhunderts mit Cicero, Caesar und dem römischen Geschichtsschreiber Sallust.
Höhepunkt der lateinischen Dichtung ist die Zeit des Kaisers Augustus; der Dichter Vergil schafft mit der „Aenäis" das römische Nationalepos. Horaz, Tibull, Ovid nehmen für ihre Lyrik die archaische, klassische und hellenistische Dichtung der Griechen zum Vorbild. Innerhalb der Geschichtsschreibung tritt Livius hervor, der eine römische Geschichte „ab urbe condita", seit der Gründung der Stadt Rom, verfaßt.

Nachklassik

Im ersten und frühen zweiten Jahrhundert n. Chr. treten hervorragende Philosophen und Schriftsteller, wie z.B. Seneca und der Historiker Tacitus, hervor. In der Philosophie gewinnt der sog. Neuplatonismus an Bedeutung.

Die Völkerwanderung

Die gewaltigen Wander- und Ausdehnungsbewegungen germanischer Stämme erfolgen in den Jahren 375 (Hunneneinfall) bis 568 (Landnahme der Langobarden in Italien). Germanische Expansionsbestrebungen nach Südeuropa sind seit dem 3. Jh. v. Chr. nachweisbar und setzen sich mit der Wikingerbewegung bis ins 9. Jh. n. Chr. fort. Die Auswirkungen der Völkerwanderung sind die Beseitigung der römischen Herrschaft in Süd- und Westeuropa, die Verschmelzung romanischer und germanischer Volksstämme, die Durchsetzung des Christentums sowie die Entstehung des fränkischen Großreiches. Die politische Macht verlagert sich vom Mittelmeer nach Norden: Die Grundlagen für das Europa des Mittelalters werden geschaffen.

4. Jh. Die Hunnen, ein türkisch-mongolisches Reitervolk, dringen von der Mongolei immer stärker nach Westen vor.

350 Sie zerstören das nördlich des Kaukasus gelegene Reich der Alanen und dringen entlang der Donau und der Wolga in Europa vor.

375 Vernichtung des Ostgotenreiches am Schwarzen Meer. Tod des Ostgotenherrschers Ermanarich.

Die Westgoten ziehen sich vor den Hunnen zurück. Kaiser Valens gewährt ihnen südlich der Donau auf römischem Reichsboden Zuflucht und macht sie zu Bundesgenossen. Damit erfolgt die erste Gründung einer germanischen Herrschaft auf römischem Boden.

378 Infolge großer Versorgungsschwierigkeiten kommt es zum Aufstand der Westgoten. Valens wird in der Schlacht bei Adrianopel getötet.

382 Unter Valens' Nachfolger Theodosius erneutes Bündnis mit den Westgoten. Siedlungsgebiete Mösien und Thrakien.

395 Teilung des Römischen Reiches in Ostrom (Arcadius) und Westrom (Honorius). Im Osten Ende der germanenfreundlichen Politik. Alarich (370 – 410) wird König der Westgoten. Es folgen Eroberungsfeldzüge gegen Griechenland und im Balkan.

401 Erster Einfall Alarichs im Westreich. Feldherr Stilicho, eigentlicher Herrscher Westroms, besiegt ihn bei Pollentia (402) und Verona (403). Er läßt Alarich aus strategischen Gründen nach Illyricum ziehen, ohne ihn zu vernichten.

405 Stilicho schlägt die Ostgoten und andere germanische Stämme bei Fiesole vor Florenz. Dadurch Schwächung der gallischen Ostgrenze.

406 – 407 Gewaltiges germanisches Heer aus Vandalen, Sueben, Alanen, Alamannen und Burgundern überschreitet den zugefrorenen Rhein und fällt fächerförmig in Gallien ein.

408 Alarich fällt nach Stilichos Hinrichtung durch Honorius erneut in Italien ein.

410 Belagerung und Plünderung Roms. Alarich nimmt die Halbschwester des Honorius, Galla Placidia, gefangen. Er stirbt vor der Überfahrt nach Nordafrika in Süditalien (Cosenza).

418 Unter Wallia nach Rückgabe Galla Placidias Föderatenvertrag mit Honorius.

418 – 507 Gründung des Westgotenreiches in Südwestgallien mit Toulouse als Hauptstadt.

418 – 451 Theoderich I.; König der Westgoten.

428 – 477 Geiserich Herrscher der Vandalen, die seit 409 als Föderaten in Spanien siedeln.

429 Die Vandalen setzen nach Nordafrika über, gründen ein eigenes Reich (bis 535) und erlangen die Seeherrschaft über das westliche Mittelmeer.

434 – 453 Attila, Herrscher der Hunnen. Das Hunnenreich breitet sich gewaltig aus. Ungarisches Tiefland wird Mittelpunkt des Reiches.

436 Der weströmische Feldherr Aetius vernichtet mit hunnischen Hilfstruppen das Burgunderreich (seit 407 im Rhein-Main-Gebiet mit Worms als Hauptstadt). Die gesamte Königsfamilie und große Teile des Volkes werden in diesem Kampf getötet.

436 Alamannenreich am Oberrhein bis Worms.

443 Aetius läßt die Burgunder ein neues Reich zur Abwehr der Alamannen errichten. Genf wird Hauptstadt.

451 Attila zieht mit unterworfenen Germanenstämmen nach Gallien. Aetius stellt sich ihm mit Westgoten, Alanen und Burgundern in der Schlacht auf den Katalaunischen Feldern bei Troyes in der Champagne entgegen. Attila wird in einer gewaltigen Entscheidungsschlacht besiegt und zieht sich aus Gallien zurück. Der Westgotenkönig Theoderich I. fällt.

452 Die Hunnen fallen in Italien ein und verwüsten Mailand und die Po-Ebene.

453 Tod Attilas. Das Hunnenreich zerfällt infolge Reichsaufteilung unter zahlreichen Söhnen. Rückzug ins Dnjeprgebiet; damit Befreiung von Germanenstämmen. Gepiden lassen sich in Dakien und Slawonien nieder, Heruler in der Slowakei, Rugier in Österreich nördlich der Donau. Slawische Völker dringen in die von Germanen verlassenen Gebiete bis zur Elbe vor.

455 Kaiser Valentinian III. ermordet Aetius. Gefolgsleute des Aetius erschlagen Valentinian. Vandalen tauchen mit Schiffen am Tiber auf und plündern Rom.

455 – 476 Der Verfallsprozeß des Weströmischen Reiches wird aufgrund unklarer Herrschaftsverhältnisse beschleunigt. Der militärische Oberbefehl liegt hauptsächlich in germanischer Hand. Die römischen Kaiser sind lediglich

Marionetten ohne wirkliche Macht.
466 – 484 Eurich, Westgotenkönig. Das Westgotenreich weitet seine Herrschaft von großen Teilen Spaniens bis zur Loire und zur Rhône aus.
474 Die Westgoten beenden Bündnis mit Westrom.
474 – 491 Zenon, Kaiser des Ostreiches.
476 Die weströmische Regierung kann das ostgermanische Söldnerheer nicht mehr bezahlen. Die Truppen rufen ihren Führer Odoaker zum Heerkönig aus. Kaiser Romulus Augustulus dankt ab. Odoaker erwirbt von Geiserich Nutzungsrechte über Sizilien und erobert Dalmatien.
Um 485 Ostgoten verlassen Pannonien und ziehen plündernd auf dem Balkan umher.
486 Der Franke Chlodwig aus dem Geschlecht der Merowinger erobert die Reste des römischen Reiches in Nordgallien.
487 Odoaker vernichtet das Donaureich der Rugier.
488 Zenon ernennt den Ostgoten Theoderich zum Heermeister und Herrscher über Italien.
489 – 493 Theoderich schlägt in mehreren Schlachten Odoaker, der sich in Ravenna verschanzt. Nach Zusage einer gemeinsamen Herrschaft über Italien Öffnung der Stadttore. Theoderich ermordet Odoaker.
493 Theoderich der Große (493 – 526) begründet das Ostgotenreich. Strikte Trennung von Goten und Römern (Heiratsverbot, religiöse Gegensätze, getrennte Sozialfunktionen). Versuch Theoderichs, ein großgermanisches Bündnis aus Westgoten, Vandalen, Franken und Burgundern gegen Byzanz aufzubauen. Der Plan scheitert an Chlodwigs (482 – 511) Expansionsstreben (siehe auch Seite 72).
526 Theoderich der Große stirbt in Ravenna.
527 – 565 Justinian. Versucht als oströmisch-byzantinischer Kaiser das Römische Weltreich wiederherzustellen.
534 – 535 Justinians Feldherr Belisar zerstört das Vandalenreich. Afrika wird oströmische Provinz.
535 – 553 Belisar und sein Nachfolger Narses vernichten in zerstörischen Kriegen das Ostgotenreich. Italien wird oströmische Provinz.
568 Die Langobarden erobern unter Alboin Norditalien und gründen ein Reich mit der Hauptstadt Pavia. Dieses Reich besteht bis zum Jahr 774.

Das Frankenreich unter den Merowingern

Zusammenfassung der fränkischen Kleinreiche zu einem Großreich nach der Beseitigung der einzelnen Gaukönige durch den
482 – 511 Merowinger Chlodwig.
486 Der Sieg über den römi-

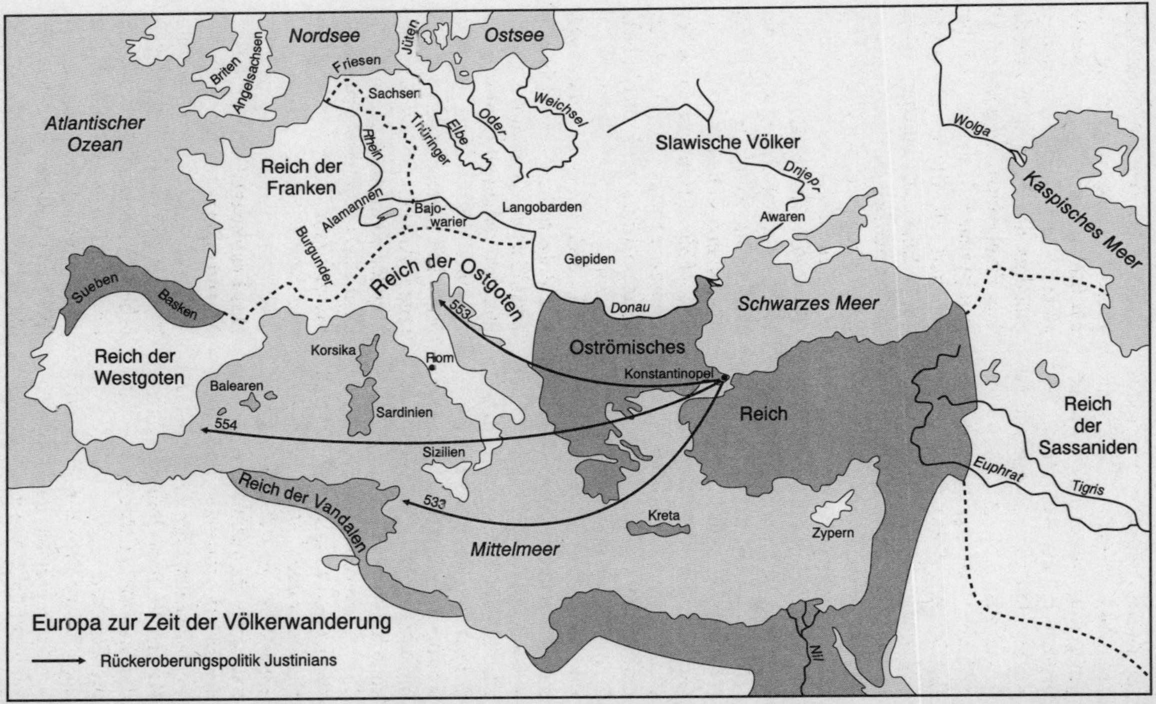

Europa zur Zeit der Völkerwanderung

→ Rückeroberungspolitik Justinians

schen Herrscher Syagrius (dux Syagrius) bei Soissons zerstört den letzten weströmischen Machtbereich. Die Franken mit der Residenz Soissons herrschen in Nordgallien. Eintritt Chlodwigs in den Kreis der germanischen Fürsten, die Großreiche im Westen des ehemaligen römischen Imperiums beherrschen: die Westgoten in Südgallien und Nordspanien, die Burgunder zwischen Loire, Rhône und Hochrhein, nördlich davon die Alamannen. Vandalische Könige herrschen in Nordafrika.

Um 496 Sieg über die Alamannen. Rhein- und Maintal unter der Herrschaft der Franken. Durch den Übertritt Chlodwigs zum Christentum (Taufe durch Bischof Remigius 498) wird die Gegnerschaft zu Theoderichs politischem System offenbar; der Arianismus der Ostgermanen ist ohne zukunftsweisende Bedeutung. Im Frankenreich Gleichberechtigung der romanischen Bevölkerung mit den Franken.

507 Sieg Chlodwigs über die Westgoten bei Vouglé . Einverleibung Aquitaniens. Das Mittelmeer wird noch nicht erreicht (denn Septimanien bleibt weiterhin westgotisch). Die Herrscher des Frankenreiches fühlen sich als Bewahrer und Erneuerer des Römischen Reiches, deren Verwaltung und Kultur ihnen zum Vorbild wird.

511 Teilung des Reiches nach Chlodwigs Tod unter seine vier Söhne. Dennoch wird an der Idee der Reichseinheit festgehalten.

531 Eroberung des Thüringerreiches.

532 – 534 Einverleibung des Burgunderreiches.

534 – 548 Unter der Herrschaft Theudeberts I. Angliederung der Provence. Sieg über Byzantiner und Ostgoten in Italien (539); Eroberung Oberitaliens mißlingt. Abhängigkeit der Bayern.

558 – 561 Die Vereinigung des Frankenreiches durch Chlothar I. Nach seinem Tod Dreiteilung des Reiches und Herausbildung von drei Reichsteilen: Austrasien (Champagne, Maas- und Moselland) mit den Residenzen Reims und Metz, Neustrien (Romanischer Westen zwischen Schelde und Loire) mit der Residenz Paris, Burgund mit der Residenz Orléans. Machtkämpfe.

613 – 629 Vereinigung des Reiches unter Chlothar II.

614 Edikt Chlothars II. führt zur Stärkung der aristokratischen Macht (Grafen nur noch aus den Grundbesitzern der Region). Die drei zum Teil selbständigen Reichsteile stehen unter der Gewalt eines Hausmeiers, der als Anführer der königlichen Gefolgschaft und Aufseher über den königlichen Grundbesitz und als Oberhaupt des Adels an Macht gewinnt.

629 – 639 Das unter König Dagobert I. – Pippin der Ältere ist sein Hausmeier – noch einmal vereinigte Reich wird nach dessen Tod wieder geteilt, wobei die Hausmeier ihre Machtstellung weiter ausbauen.

Das neue Großreich der Karolinger

687 – 714 Der Karolinger Pippin der Mittlere, Sohn Pippins des Älteren, regiert als Hausmeier von Austrasien, gewinnt Neustrien-Burgund (687) und erlangt somit die Herrschaft über das Gesamtreich. Während seiner Regierungszeit verlagert sich das politische Gewicht und eine stärkere Machtkonzentration auf die Gebiete von Maas und Rhein.

714 – 741 Unterwerfung der Alamannen, Thüringer und Bayern unter Karl Martell, dem Sohn Pippins des Mittleren. Die Wiederherstellung des fränkischen Reiches in seinem alten Umfang wird möglich durch den

732 Sieg Karl Martells über die Araber in der Schlacht zwischen Tours und Poitiers.

741 Teilung des Reiches unter die Söhne Karlmann (Osten) und Pippin den Jüngeren (Westen), der nach dem Rückzug Karlmanns in ein Kloster (747) Alleinherrscher wird .

751 – 768 Nach der Absetzung des letzten merowingischen Königs 751 (Childerich III.) wird Pippin der Jüngere (Pippin I.) in Soissons zum König erhoben (Salbung durch den päpstlichen Legaten Bonifatius).

754 Hilfsgesuch des Papstes Stephan II. gegen die Langobarden an Pippin I., die Rom bedrängen und das Exarchat (= Gebiet eines byzantinischen Statthalters) Ravenna erobert hatten, führt zum Schutzversprechen des fränkischen Königs an den Papst und zur wiederholten Salbung Pippins durch den Papst.

Pippin und seine Nachkommen erhalten den Titel „Patricius Romanorum“ (in diesem Titel sahen die fränkischen Herrscher ihren Auftrag zum Schutz von Rom und dem Papsttum), mit dem die Dynastie legitimiert wird.

Durch die Landschenkung Pippins an die Kirche (sog. Pippinische Schenkung) entsteht der Kirchenstaat (aus dem ehemaligen Exarchat von Ravenna, der Pentapolis und dem Dukat von Rom). Für die Verbindung zwischen weltlicher und geistlicher Macht, die das gesamte Mittelalter prägen soll, ist durch diese Schenkung der Grundstein gelegt worden.

768 Teilung des Reiches unter die Söhne Pippins, Karlmann und Karl, der nach dem Tod seines Bruders (771) allein regiert.

Das Reich Karls des Großen

768 – 814 Karl der Große.
772 – 804 Kriege gegen die Sachsen. Verbindung der Pflicht zur Heidenmission mit dem Führungsanspruch der Franken als Legitimation einer brutalen Unterwerfungspolitik. Niederwerfung der Aufstände unter Herzog Widukind führt zur Einverleibung Sachsens, das im weiteren christianisiert wird (Taufe Widukinds 785). Trotz weiterer Aufstände
804 endgültige Unterwerfung der Sachsen. Ansiedlung der Sachsen im fränkischen Reich.
773 – 774 Eroberung des Langobardenreiches führt zur Vereinigung mit dem fränkischen Reich: Karl wird „König der Franken und Langobarden". Ende des selbständigen langobardischen Königreiches.
788 Beseitigung des letzten Stammesherzogtums nach Absetzung Tassilos III. von Bayern.
791 – 796 Unterwerfung der Awaren. Errichtung der Pannonischen Mark zur Sicherung der Grenze.
795 Errichtung der Spanischen Mark (die spätere Markgrafschaft Barcelona) im Süden der Pyrenäen bis zum Ebro als „Vorposten des Abendlandes" gegen die Araber.
Um 800 Reich des Frankenkönigs Karl als unumstrittene Vormacht im lateinischen Westen.
25. Dez. 800 Krönung Karls zum Kaiser durch Papst Leo III. Aufgreifen der römischen Reichstradition (Titel „Imperator Romanorum"). Verbindung zwischen römischem Kaisertum und fränkischem Königtum. Karl versteht sich als Schützer der gesamten Christenheit.
812 Im Vertrag von Aachen wird Karl vom oströmischen Kaiser Michael I. als Kaiser Westroms anerkannt. Verzicht Karls auf Venedig, Istrien und Dalmatien.
813 Karl bestimmt seinen Sohn Ludwig zum Mitkaiser und Nachfolger. Selbstkrönung Ludwigs ohne Mitwirkung des Papstes.
814 Tod Karls des Großen in Aachen.
Neben den außenpolitischen Erfolgen Karls des Großen fördert er vor allem den inneren Ausbau eines Reiches, das Völker verschiedener Nationalität, Entwicklungsstufen und sozialer Strukturen umfaßt.

Das Reisekönigtum

Keine ständige Hauptstadt, sondern eine ständig wechselnde Residenz in Pfalzen kennzeichnet das Reisekönigtum, das auch in der Folgezeit zur wichtigsten Form der Herrschaftsausübung des mittelalterlichen Königtums im Westen wird. Bedeutende Pfalzen entstehen in Forchheim, Osterhofen, Altötting, Worms, Ingelheim, Frankfurt a. M., Nimwegen und Aachen.

Verwaltung

Durch selbständige Adelsherrschaften wird die Königsgewalt eingeschränkt. Beseitigung der Herzogtümer, an deren Stelle Grafschaften treten. Kontrolle der Grafschaften durch die Königsboten (missi dominici), d.h. je ein geistlicher und weltlicher Beauftragter bereisen die Grafschaften mit dem Zweck der Durchführung königlicher Anordnungen. Der König ist beim Erlaß von Reichsgesetzen (Kapitularien) an die Zustimmung der geistlichen und weltlichen Großen als der Volksvertretung gebunden, die sich auf den Reichsversammlungen (Hoftagen) beraten. Entstehung einer bedeutenden Reichsaristokratie. Gerichtsreform; Einführung von Schöffen; Aufzeichnung der Volksrechte. Markgrafschaften erhalten Bedeutung als Grenzschutz. Ausbau des Lehnswesens: Persönliche und dingliche Scite; Gehorsamspflicht des Vasallen und gegenseitiges Treueverhältnis; Gegenleistung des Herrn bestehend aus den Lehensgaben von Grund und Boden (beneficium, feudum) als Voraussetzung für den Dienst. Auch die Beamten treten in ein Lehnsverhältnis zum König. Feudalisierung der Ämter. Förderung des schwach entwikkelten Handels (meist Tauschhandel).

Kulturpolitik

Planmäßige Kulturpolitik Karls des Großen. Wiederbelebung antiker Bildung und Wissenschaft (Karolingische Renaissance). Gleichzeitig Pflege der eigenen Kultur (Heldenlieder, Ausarbeitung einer Grammatik), Schriftreform durch die Ausbildung der karolingischen Minuskel, die Grundlage für unsere Schrift. Berufung zahlreicher Gelehrter an seinen Hof („Hofakademie“): Angelsachse Alkuin, Langobarde Paulus Diaconus, Mainfranke Einhard (Biograph Karls des Großen, „Vita Caroli“). Vorrangig wird auch die Sorge für dic Bildung des Klerus und die Erziehung des Volkes im Sinne des Christentums (Kloster- und Domschulen). Die römische Basilika dient als Vorbild für den Bau von Kloster- und Bischofskirchen.

Die Reichsteilungen

814 – 840 Ludwig I. der Fromme.
816 Kaiserkrönung durch Papst Stephan IV. in Reims.
817 Ordinatio imperii. Übertragung der Kaiserwürde auf ältesten Sohn Lothar; Aquitanien an Pippin, Bayern an Ludwig den Deutschen. In der Folge Zwistigkeiten der Brüder und Auflehnungen gegenüber dem Vater (830).
833 Schlacht auf dem „Lügenfeld“ bei Colmar . Auf die Absetzung Ludwigs des Frommem folgen Kriege der Brüder gegeneinander.
842 Straßburger Eide (Ältestes Sprachdenkmal im Althochdeutschen und Altfranzösischen): Bündnis zwischen Ludwig dem Deutschen und Karl dem Kahlen (Sohn Ludwigs des Frommen aus zweiter Ehe).
843 Der Vertrag von Verdun legt die Teilung des Reiches fest: Lothar I. behält die Kaiserkrone, Italien und das Mittelreich, Karl der Kahle erhält Westfranken, Ludwig der Deutsche Ostfranken. Keine Rücksichtnahme auf Unterschiede zwischen einzelnen Völkern. Der Reichseinheitsgedanke wird noch gewahrt; Unterstützung des Einheitsgedankens nur noch durch die Reichsbischöfe und die Päpste.
843 – 855 Lothar I.; Teilung des Mittelreiches nach dessen Tod (855): Ludwig II. gewinnt Kaiserwürde und Italien, Lothar II. Lothringen, Karl von der Provence erhält Burgund und Provence (Aufteilung der Provence nach Karls Tod 863 unter seinen Brüdern).
870 Vertrag von Mersen. Nach dem Tod Lothars II. Aufteilung seines Gebietes unter Karl dem Kahlen und Ludwig dem Deutschen (Osthälfte Lothringens mit Aachen).
855 – 875 Regierung Kaiser Ludwigs II. in Italien, die Karl II. der Kahle nach dessen Tod übernimmt.
875 Kaiserkrönung Karls des Kahlen durch Papst Johannes VIII.
843 – 876 Unter der Regierung Ludwigs des Deutschen im Ostfrankenreich Einfälle der Normannen und Ungarn. Nach seinem Tod Teilung des Reiches: Karlmann (bis 880) gewinnt Bayern und südöstliche Marken, Ludwig III. (bis 882) Mainfranken, Thüringen, Sachsen, Karl III. der Dikke (bis 887) Alamannien.
880 Vertrag von Ribemont: Westhälfte Lothringens an Ludwig III. Die Westgrenze des Mittelreiches (Vertrag von Verdun, 843) hält sich größtenteils als Grenze zwischen Deutschland und Frankreich während des gesamten Mittelalters.
876 – 887 Karl III. der Dicke wird 881 zum Kaiser gekrönt und ist seit 882 nach dem Tod seiner Brüder Alleinherrscher.
885 – 887 Vereinigung des Ge-

samtreiches (außer Niederburgund) unter Karl III. dem Dicken, nachdem diesem 885 die westfränkische Herrschaft übertragen wurde. Fehlentscheidungen während der Normannenangriffe führen zu seiner Absetzung 887.

887 – 899 Arnulf von Kärnten; er drängt die Normannen zurück (891), kämpft erfolgreich gegen Mähren (892/893) und wird 896 zum Kaiser gekrönt.

900 – 911 Ludwig IV. das Kind. Die Angriffe der Ungarn (seit 900) haben schwere Verwüstungen zur Folge (907 Verlust der Ostmark) und schwächen das Reich. Die Auflösung der königlichen Macht ist nicht mehr aufzuhalten und führt zur Bildung von kleineren Machtbereichen, den Stammesherzogtümern: Schwaben, Bayern, Thüringen, Sachsen, Lothringen, Franken.

Oströmisches Reich

Das Oströmische Reich führt nach dem Untergang Westroms den römischen Staatsgedanken weiter, der vor allem in der Verwaltungsstruktur und Rechtsauffassung zum Ausdruck kommt. Durch die Verbindung von antiker Kultur und christlichem Glauben hält es seine politische, wirtschaftliche und kulturelle Vormachtstellung bis in das 13. Jahrhundert. Versuch der Wiederherstellung des Römerreiches.

527 – 565 Justinian I. regiert gemeinsam mit seiner Ehefrau Theodora. Ziel der Politik ist die „renovatio imperii“, die Erneuerung des römischen Reiches. Endgültige Durchsetzung des Christentums gegenüber dem „heidnischen“ Glauben. Herrscher über Kirche und Staat (erster Vertreter des sog. Cäsaropapismus). Die Kirche sollte als eine wichtige Grundlage seines Staatswesens reformiert werden. In der Folgezeit Widerstand des Papsttums gegen den Doppelanspruch des oströmischen Kaisers. Justinians bedeutendste Leistung liegt in der

534 Kodifizierung des römischen Rechtes im Corpus iuris civilis, der aus vier Teilen besteht: Institutionen, Pandekten oder Digesten (Sammlung von Auszügen aus Werken von etwa 40 juristischen Schriftstellern vom 1. bis 3. Jh. n. Chr.), dem Codex Justinianus (Sammlung kaiserlicher Konstitutionen) und den Novellen (Gesetze Justinians nach 534).
Meisterwerk der byzantinischen Baukunst: Hagia Sophia in Konstantinopel (563 eingeweiht).
Zurückeroberung eines großen Teils Westroms. Angriffe der Slawen und Bulgaren. Nach dem Tod Justinians Verfall des Reiches.

568 Verlust Italiens an die Langobarden.
Beginn der Ansiedlung der Slawen auf der Balkanhalbinsel. Das Oströmische Reich wird auf griechisches Kerngebiet beschränkt.

Langsame Ablösung von spätrömischen Lebensformen. Entwicklung vom Oströmischen Reich zum Byzantinischen Reich. Verzicht des Herrschers auf lateinische Titulatur; seit 629 wird der Kaiser als „basileus“ bezeichnet. Veränderungen auch in der Verwaltungsstruktur; Abkehr von spätantiken Grundlagen unter
610 – 641 Herakleios I.; Einführung der Themenverfassung: Einteilung Kleinasiens in Militärbezirke unter einem Befehlshaber, der militärische und zivile Gewalt ausübt.
627 Sieg über die Perser. Zusammenbruch des Sassanidenreiches. Vordringen der Araber.
678 Sieg über die Araber und Verteidigung Konstantinopels.
Seit 680 Aufgrund der Ausdehnung des Bulgarenreiches auch südlich der Donau direkte Bedrohung für Konstantinopel und die nordgriechischen Städte.
718 Weiterer Sieg über die Araber durch Kaiser Leo III. (717 – 741). Aufgrund des Abwehrkampfes gegen die Araber innerer Strukturwandel des Reiches; aus dem spätantik bürokratischen Staat wird ein Militärstaat mit monarchischer Spitze. Griechisch-orthodoxe Kirche wird zum tragenden geistigen Element für das Selbstverständnis des Byzantinischen Reiches. Abgrenzung vom lateinischen Westen führen zu Konflikten mit dem Papsttum. Verbot des Bilderdienstes unter Leo III. hat innerkirchliche Wirren zur Folge.
740 Sieg über die Araber bei Akroinon.
741 – 775 Konstantin V.; nur noch Grenzkämpfe gegen die Araber, die ihr Expansionsstreben gegen Westen richten. Die weiter vordringenden Bulgaren werden zum gefährlichsten Feind des Reiches.
751 Verlust der Herrschaft in Italien (Fall Ravennas).
812 Nach dem Affront gegen das Oströmische Reich durch die Kaiserkrönung Karls des Großen (800) gesteht Michael I. Karl dem Großen den Titel „basileus“ zu; jedoch keine Anerkennung der Gleichberechtigung.
843 Ende des Bilderstreits; das Verbot der Bilderverehrung wird endgültig aufgehoben.

Reichsgründungen der Normannen

Zu den Normannen (Wikinger) zählen die Dänen, Schweden und Norweger.
Um 500 Dänen siedeln in Schonen, auf den dänischen Inseln, später auch in Jütland.
Ab 650 Die Herrschaft der Schweden ist (Sieg über die Gauten 600) fast über den ganzen Ostseeraum ausgedehnt.
Im nördlichen Norwegen und am Oslofjord erste Herrschaftsbildungen

der norwegischen Wikinger vom 6. bis zum 8. Jh.
Seit dem Ende des 8. Jhs. Plünderungs- und Raubzüge der Wikinger.

Die Normandie

Ende 9. Jh. Ansiedlung dänischer Wikinger an der Mündung der Seine.
911 Seekönig Rollo leistet dem westfränkischen König Karl dem Einfältigen einen Lehnseid. Bezeichnung des Gebietes als Normandie nach der Herkunft seiner Herrscher. Schutz des Westfränkischen Reiches gegen weitere Wikingerüberfälle. In der Folgezeit schnelle Romanisierung der Normannen in der Normandie.

Norwegen

8. Jh Norwegische Wikinger beginnen mit der Besiedlung der Färöer-, Shetland- und Orkney-Inseln sowie der Hebriden.
860 Entdeckung Islands durch die Norweger, das diese ab 874 besiedeln.
872 Einigung Norwegens durch Harald Schönhaar (872 – 936).
Um 1000 Entdeckung Amerikas durch norwegische Wikinger.

Rußland

9. Jh. Schwedische Wikinger (Waräger) dringen in den osteuropäischen Raum ein. Dynastie der Ruriken.
882 Begründung des Waräger-Großreiches von Kiew durch den Ruriken Oleg (879 – 912).
978 – 1015 Großfürst Wladimir I.
988 Annahme der Taufe: Rußland zählt von da an zu den Völkern christlichen Glaubens.

England

Um 450 Landung der Jüten, Angeln und Sachsen in England, das um 400 von den Römern verlassen wurde. Verdrängen der Briten zum Teil nach Wales (Sagen um König Artus), Cornwall, Schottland und Ansiedlung in der Bretagne. Gründung von 7 Staaten: Kent, Northumbria, Mercia, Ostanglia, Essex, Sussex und Wessex.
793 Beginn der „Wikingerzeit“, Einfälle der Normannen, die immer häufiger werden.
866 – 870 Besetzung Northumbriens und Ostenglands durch die Dänen. England ist nordöstlich der Themse von den Dänen besiedelt.
871 – 899 Alfred der Große, König von Wessex.
878 Sieg über die Dänen bei Edington, deren Gebiete unter Alfreds Nachfolgern unterworfen werden. Leistungen Alfreds als Gesetzgeber. Förderung der kulturellen Entwicklung.
978 – 1016 Ethelred II.; erneuter Beginn der Däneneinfälle. Tributzahlungen an die Dänen (Danegeld = erste im Mittelalter erhobene Steuer).

1013 Eroberung Englands durch die Dänen.
1016 – 1042 Dänische Herrschaft unter Knut dem Großen und seinen Nachfolgern. Übertritt Knuts zum Christentum.
1042 – 1066 Regierung Edwards des Bekenners, dem Sohn Ethelreds II.
1066 Wahl Haralds (Sohn Godwins von Kent) zum König. Sieg über die Norweger bei Stamfordbridge, aber Niederlage gegen Herzog Wilhelm von der Normandie
1066 in der Schlacht von Hastings.

Die Ausbreitung des Islam

Der Prophet Mohammed

Um 571 – 632 Mohammed.
Seit 610 Auftreten von Mohammed als Prophet und Reformator in seiner Heimatstadt Mekka. Steigende Anhängerschaft. Verbindung religiöser Elemente aus dem Judentum und Christentum mit Gewohnheiten der Araber.
15. Juni 622 Vertreibung und Flucht Mohammeds nach Medina. Diese Auswanderung (Hedschra) ist für die Anhänger Mohammeds der Beginn einer neuen Zeitrechnung. Von hier aus Vereinigung seiner Anhängerschaft und Ausbreitung der neuen Lehre über Arabien.
630 Mohammed kehrt nach Mekka zurück, wo er zwei Jahre später (632) stirbt. Niederlegung der Lehre Mohammeds im Koran: Strenger Monotheismus und Forderung nach völliger Ergebung in Allahs Willen, den sein Prophet Mohammed verkündet hat. Verknüpfung religiöser und politischer Gedanken. Forderung nach Unterwerfung von Juden und Christen, jedoch im Gegensatz zum Missionsgedanken des Christentums hat der Islam die Bekehrung anderer nicht zum Ziel.

Ausbreitung des Islam unter den Kalifen

Der Prophet und seine Nachfolger, die Kalifen, vereinigen in ihrer Person die höchste geistliche und weltliche Gewalt. Die Expansion der Herrschaftsgebiete des Islam gliedert sich in drei Phasen: zunächst Ausbreitung unter den Arabern, dann über die angrenzenden Gebiete des byzantinischen und sassanidischen Reiches und darauf Eroberung neuer Gebiete für die Araber.
632 – 634 Kalif Abu Bakr.
634 – 644 Kalif Omar I. Eroberung Syriens, Palästinas, Persiens und Ägyptens. Fortsetzung des Eroberungskampfes durch seine Nachfolger.
661 – 750 Kalifat der Omaijaden.
Um 700 reicht das arabische Weltreich vom Indus über Vorderasien, Arabien, Ägypten, Nord-

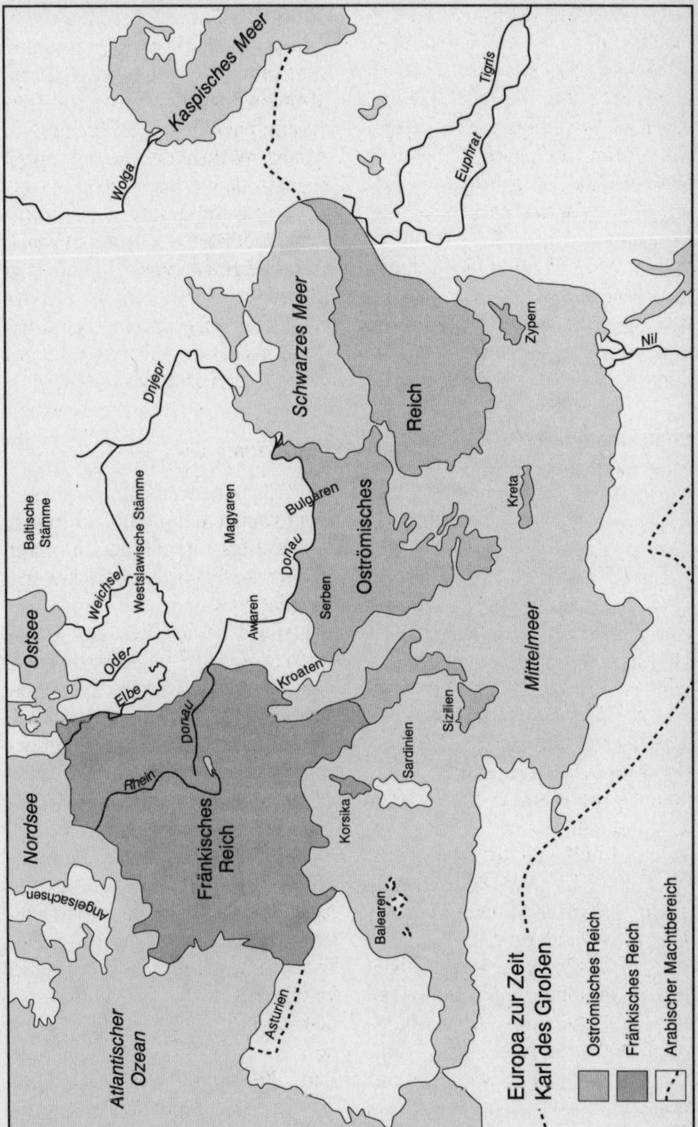
Europa zur Zeit
Karl des Großen
Oströmisches Reich
Fränkisches Reich
Arabischer Machtbereich
Kaspisches Meer
Wolga
Tigris
Euphrat
Schwarzes Meer
Dnjepr
Oströmisches
Reich
Zypern
Nil
Kreta
Baltische
Stämme
Westslawische Stämme
Magyaren
Bulgaren
Donau
Serben
Awaren
Weichsel
Ostsee
Oder
Elbe
Kroaten
Mittelmeer
Sizilien
Sardinien
Korsika
Donau
Rhein
Nordsee
Fränkisches
Reich
Angelsachsen
Balearen
Asturien
Atlantischer
Ozean

afrika bis an den Atlantischen Ozean.
Konstantinopel wird jedoch erfolglos belagert (718).
711 Vernichtung des Westgotenreiches und Eroberung Spaniens mit Ausnahme von Asturien. Ansiedlung von Arabern in den eroberten Gebieten.
732 Vorstoß der Araber, die auch nach einem ihrer Stämme Sarazenen genannt werden, über die Pyrenäen in das Frankenreich, jedoch Sieg des Franken Karl Martell in der Schlacht zwischen Tours und Poitiers.
Strukturprobleme im Reichsinneren sowie Aufbrechen alter Stammesrivalitäten behindern weiteres Vordringen der Araber. In der Folgezeit
750 Sturz der Omaijaden und Aufstieg der Abbasiden (750 – 1258). Verlegung des Kalifensitzes von Damaskus nach Bagdad (762). Ende der Vorrangstellung der Araber; stärkere Bedeutung persischer Elemente in den kulturellen Bereichen und der Herrschaftsorganisation. Übergang der Führung an die Perser. Entstehung einer national gemischten Beamtenaristokratie und einer gemeinsamen islamischen Kultur. Die Strukturprobleme bleiben bestehen.
756 Gründung des Emirats (ab 929 Kalifat) von Córdoba, als erstem vom Kalifat in Bagdad unabhängigen Staat, durch den letzten Omaijaden Abd ar-Rahman I. (bis 788).
786 – 809 Herrschaft des Abbasidenkalifen Harun al-Raschid (der fortlebt in den Märchengeschichten von „Tausendundeine Nacht").
9. Jh. – 10. Jh. Beginn der politischen Auflösung des Reiches. Innere Streitigkeiten und religiöse Zerwürfnisse. Kalifen geraten in Abhängigkeit ihrer Minister, der Wesire. Die Bildung von unabhängigen Staaten führt schließlich zur politischen Entmachtung der Kalifen (nur noch geistliche Führungsposition). Weltliche Macht geht in die Hände des obersten Emirs über. Seit 940 ist das Kalifat der Abbasiden ohne politische Bedeutung.
Gleichzeitig Hochblüte der arabischen Kultur. Große Handelsstädte Mekka, Damaskus, Bagdad und Kairo als Mittelpunkt des geistigen, religiösen und handwerklichen Lebens. Entstehung einer einheitlichen islamischen Kultur, die auch hellenistische Anregungen aufnimmt und die aristotelische Tradition fortsetzt. Starke Beeinflussung des christlichen Abendlandes.
1258 Vernichtung des Kalifats der Abbasiden und Zerstörung Bagdads durch die Mongolen.

Das Deutsche Reich

911 – 918 König Konrad I. von Franken. Er versucht vergeblich, das Königtum gegen das Herzogtum durchzusetzen. Anschluß Lothringens (911) an das Westreich. Bestimmung Heinrichs von Sachsen zum Nachfolger, der somit das Erbe der Karolinger antritt.

919 – 1024 Die sächsischen Könige und Kaiser

919 – 936 Heinrich I. von Sachsen, erster deutscher König. Regierungsziel: Errichtung eines Gesamtreiches durch Zusammenführung der deutschen Stämme in den Stammesherzogtümern. Bezeichnung des Ostfrankenreiches als „Regnum Teutonicorum" (Reich der Deutschen).

921 Unterwerfung des Gegenkönigs Arnulf von Bayern, der die übergeordnete königliche Position Heinrichs akzeptiert. Anbindung des letzten Stammesherzogtums Bayern und damit Durchsetzung der Herrschaft Heinrichs im ganzen Reich.

925 Lothringen kommt als neues – fünftes – Herzogtum zum Ostreich, dem deutschen Reich.

Angriffe der Ungarn (926) werden durch Waffenstillstand aufgrund von Tributzahlungen (bis 932) abgeblockt und zur Anlage von Befestigungen – Bau von Burgen, Befestigung älterer Ortschaften – und der Aufstellung eines Reiterheeres genutzt.

929 Sieg über die Heveller und Eroberung ihres Hauptortes Brandenburg. Unterwerfung der Daleminzier. Zug nach Prag; Unterwerfung des Tschechenherzogs Wenzel von Böhmen. Erzwungene Anerkennung der deutschen Oberhoheit durch die slawischen Nachbarstämme.

933 Sieg über die Ungarn bei Riade.

934 Abwehr der Normannen und Sicherung der Nordgrenze.

935 Heinrich I. bestimmt (designiert) seinen Sohn Otto zum Nachfolger.

936 Tod Heinrichs I.

936 – 973 Otto I. der Große. Durch Ausschluß der übrigen Söhne von der Herrschaft wird das Prinzip der Unteilbarkeit des Reiches begründet. Krönung zum König (936) in Aachen dokumentiert zugleich das Bekenntnis zur karolingischen Tradition. Streben Ottos nach einer stärkeren Durchsetzung des Königtums gegenüber dem Herzogtum.

936 – 937 Sicherung der Ostgrenze durch Errichtung zweier Marken unter Hermann Billung und Gero.

939 Niederschlagung des Aufstands der Herzöge von Franken und Lothringen (verbündet mit Ottos Bruder Heinrich) in der Schlacht bei Andernach.

In der Folgezeit Belehnung von Herzogtümern an Verwandte (z.B.

Bruder Heinrich als Herzog von Bayern 947), doch nach erneuten Aufständen der Herzöge Verleihung weltlicher Herrschaftsrechte an Bischöfe und Äbte (z.B. Herzogtum Lothringen an Bruder Brun, den Erzbischof von Köln 954). Geistliche Fürsten werden so zu Stützen des Königs.

950 Unterwerfung Böhmens.

951 1. Zug Ottos nach Italien. Heirat mit Adelheid, der Witwe König Lothars II. von Italien. Annahme des Titels „König der Franken und Langobarden" (ohne Wahl und Krönung).

955 Sieg Ottos über die Ungarn in der Schlacht auf dem Lechfeld (bei Augsburg). Ende der Ungarnraubzüge. In der Folge Ansiedlung in den Ebenen um Donau und Theiß und allmähliche Christianisierung (um 1000 Einigung unter dem ersten Ungarnkönig Stephan dem Heiligen, 997 – 1038). Wiederherstellung der Ostmark durch die Bayern. Die Ostmark wird später (996) erstmals Ostarrîchi (Österreich) genannt.

Sieg über die Slawen an der Recknitz. In der Folge Christianisierung der Slawen.

963 Anerkennung der Oberhoheit des Reiches durch den polnischen Herzog Mieszko I., die ihren Ausdruck in Tributzahlungen an Markgraf Gero findet. Errichtung von Bistümern, die dem 968 gegründeten Erzbistum Magdeburg unterstellt werden: dem Ausgangspunkt für die Christianisierung des gesamten slawischen Nordostens.

961 – 965 Der Hilferuf des Papstes Johannes XII. führt zum 2. Italienzug Ottos.

962 Kaiserkrönung Ottos des Großen in Rom. Das Kaisertum liegt nun in den Händen des deutschen Reiches. Verbindung des Kaisertums mit dem deutschen Königtum. Otto sichert im Anschluß an die Krönung seine Herrschaft in Italien.

973 Tod Ottos des Großen kurz nach dem Hoftag von Quedlinburg (Demonstration seiner Herrschaft in der abendländischen Welt). Beisetzung im Dom zu Magdeburg.

973 – 983 Sein Sohn Otto II., verheiratet mit Theophano, der Nichte des byzantinischen Kaisers, siegt 974 über Harald Blauzahn von Dänemark und im Jahr 975 über Herzog Boleslaw II. von Böhmen.

Absetzung des Herzogs von Bayern (976); die bayerische Ostmark geht an den Babenberger Luitpold über; Kärnten wird zum selbständigen Herzogtum.

982 Vernichtende Niederlage Ottos II. gegen die in Unteritalien eindringenden Araber bei Cotrone (Kalabrien).

983 Aufstände der Slawen im Osten. Verlust des ostelbischen Gebietes. Tod Ottos II. in Rom.

983 – 1002 Otto III.; zunächst unter der Vormundschaft seiner Mutter Theophano (bis 991) und

Großmutter, Kaiserin Adelheid, tritt Otto III.
995 die Regierung an.
996 Italienzug Ottos III. Einsetzung seines Vetters Brun von Kärnten als Papst Gregor V. (996-999), der damit erster deutscher Papst wird. Er krönt Otto 996 in Rom zum Kaiser. Politisches Kernziel Ottos III.: die Erneuerung des Römischen Reiches. Die Regierung Deutschlands und Italiens von Rom aus führt zum engen Zusammenwirken mit dem Papsttum (seit 999 bis zu seinem Tod 1003 Gerbert von Aurillac als Papst Silvester II.).
Ab 1000 Christliche Mission in Polen und Ungarn. Errichtung eines selbständigen Erzbistums in Gnesen, dem die Bistümer Kolberg, Krakau und Breslau zugeordnet werden. Die Kirche Polens wird dem Papst direkt unterstellt, ebenso die politische Selbständigkeit des jungen polnischen Staates. Wie Polen auch Eingliederung Ungarns in das Imperium Romanum (Errichtung des Erzbistums Gran 1001). Otto III. trägt fortan den Titel „servus apostolorum“. Er sieht sich wie der Papst als Vertreter der Apostelfürsten, womit er seinen Anspruch auf das oberste Verfügungsrecht auch über den Besitz der römischen Kirche begründet.

Kaiser- und Papsttum

Das Reich vor dem Investiturstreit

1002 – 1024 König Heinrich II. (Urenkel Heinrichs I.) wird als Herzog von Bayern zum König (1002) gewählt. Ordnung des Reiches im Inneren und Absicherung nach außen. Eindämmung der Kämpfe einzelner Fürsten durch Landfriedensgebote. Das 1003 vom Polenherzog Boleslaw I. Chrobry eroberte Böhmen wird 1004 wieder unter deutsche Hoheit gebracht. Kriege gegen Boleslaw Chrobry 1003 – 1018 (im Frieden zu Bautzen 1018 behält Boleslaw Chrobry die Lausitz und das Milzenerland als Lehen).
1007 Stiftung des Bistums Bamberg mit dem Ziel der Missionierung der slawischen Gebiete am oberen Main und an der Regnitz. In den Jahren 1004, 1013/1014 und 1021/22 Italienzüge:
1014 Kaiserkrönung Heinrichs II. in Rom. Kernziel der Politik: Erneuerung des Reiches der Franken und nicht des Reiches der Römer wie unter Otto III.
Wiederherstellung der deutschen Hoheit über langobardische Fürstentümer und Vereitelung einer weiteren Ausdehnung der Byzantiner in Unteritalien (1022).
Seit 1017 Die Normannen unterstützen die apulischen Lombarden gegen die byzantinische Herrschaft in Unteritalien.

1059 Der Normanne Robert Guiscard wird von Papst Nikolaus II. als päpstlicher Lehensmann zum Herzog von Apulien erhoben. Die Eroberung des byzantinischen Unteritalien und des islamischen Sizilien ist 1090 abgeschlossen.

1130 Der Papst erkennt Roger II. als König der Normannen in Süditalien an; Hauptstadt Palermo. Von Süditalien ausgehend, ständige Eroberungspolitik der Normannen. Ausdehnung des Machtbereichs auf Nordafrika und Ägypten. Verschmelzung von lateinischen, griechischen und islamischen Kulturelementen. Verbindung des normannischen Lehnsrechts mit Elementen der byzantinischen Verwaltung.

1024 – 1125 Die fränkischen oder salischen Kaiser

1024 – 1039 Konrad II. Nach dem Tod des kinderlosen Kaisers Heinrich II. Wahl eines entfernten Verwandten Ottos I., des Saliers Konrad als Konrad II. zum König (1024), der 1027 in Rom zum Kaiser gekrönt wird. Freundschaft mit Knut dem Großen, dem König von Dänemark, dem Konrad II. 1025 die Mark Schleswig abtritt. Gewinn des Krieges gegen Polen 1033, aber Landverluste an die Ungarn 1031 (Gebiet zwischen Fischa und Leitha). Verleihung der Erblichkeit sog. Unterlehen (Lehen, die von einem Lehensmann veliehen werden, der gleichzeitig selbst Vasall eines anderen Lehensherrn ist) an die kleinen Vasallen (z.B. Ritter, Äbte).

1033 Vereinigung des Königreiches Burgund mit dem Deutschen Reich, wodurch mehrere Paßstraßen im kaiserlichen Machtbereich liegen. Das gesamte Imperium umfaßt nun Deutschland, Burgund und Italien.

1039 – 1056 Heinrich III., der Sohn Konrads II., unterstützt die cluniazensische Bewegung, die seit 1000 vom Kloster Cluny ausgehende Reformbewegung. Diese Reformbewegung wendet sich gegen die Verweltlichung in den Klöstern und fordert die Mönche zur „Zucht und Frömmigkeit“ auf; Entstehung zahlreicher Reformklöster.

Unterwerfung Böhmens (1041) und Ungarns (1044), die für kurze Zeit zu deutschen Lehen werden.

1046 Absetzung von drei um den Heiligen Stuhl kämpfenden Päpsten nach der Synode von Sutri und Einsetzung des Bischofs von Bamberg. Suidger von Bamberg ist Anhänger der cluniazensischen Bewegung und besteigt als Clemens II. (1046 – 1047) den päpstlichen Thron. Er krönt Heinrich zum Kaiser (1047). Höhepunkt der kaiserlichen Macht über das Papsttum.

Der Investiturstreit

1049 – 1054 Leo IX., zuvor Bischof von Toul. Das Papsttum setzt sich unter seinem Pontifikat für kirchliche Reformen ein: Die Machtstellung des Papstes innerhalb der Kirche wächst.

1054 Spaltung der römisch-katholischen von der griechisch-orthodoxen Kirche, die den römischen Bischöfen eine Leitungsfunktion der Gesamtkirche nicht zugestehen will.

1056 – 1106 Heinrich IV., zunächst unter der Vormundschaft seiner Mutter Agnes von Poitou (bis 1062), dann unter dem Einfluß des Erzbischofs Anno von Köln und Adalberts von Bremen (bis 1065).

1075 Sieg über die aufständischen Sachsen.

1059 Papstwahldekret durch Papst Nikolaus II. (1058 – 1061) erlassen: Kardinalbischöfe erhalten entscheidende Stimme bei der Papstwahl – Zurückdrängung des Einflusses des deutschen Kaisers bei der Wahl des Papstes. Verbot der Laieninvestitur (Laien, d.h. auch Könige und Fürsten dürfen keine geistlichen Ämter und Würden mehr verleihen). Wende in der päpstlichen Normannenpolitik Süditaliens – Normannen werden zu Bundesgenossen des Papstes.

1073 – 1085 Papst Gregor VII. Kernziel: Kaiser und Könige – weltliche Gewalt – sollen sich dem Papst – geistliche Gewalt – unterordnen.

1074 Strenge Verbote der Priesterehe und der Simonie (Kauf geistlicher Ämter).

1075 Verschärftes Verbot der Laieninvestitur als Anlaß für den Kampf zwischen Kaisertum und Papsttum. Beginn des sog. Investiturstreits. Bannandrohung des Papstes gegen Heinrich IV., die dieser auf der Synode in Worms (1076) mit der Absetzung des Papstes beantwortet. Heinrich wird durch den Papst gebannt.

1077 Um das Königtum zu erhalten und die Erstarkung der Fürsten zu verhindern, Gang Heinrichs IV. nach Canossa. Er erscheint vor dem Papst als Büßer und wird vom Kirchenbann gelöst – unter der Voraussetzung, daß Heinrich im Kampf mit den deutschen Fürsten die Entscheidung des Papstes anerkennt. Aus diesem Grund Einsetzung eines Gegenkönigs (Rudolf von Schwaben) durch die Fürsten, der nach Bürgerkriegen (1077 – 1080) in der Schlacht stirbt.

1080 Heinrich wird zum zweitenmal gebannt. Einsetzung von Clemens III. als Gegenpapst, der Heinrich nach seinem Romzug 1084 zum Kaiser krönt. Unterstützung des in die Engelsburg geflohenen Gregor VII. durch die Normannen, die nach Abzug Heinrichs Rom plündern. Flucht Gregors nach Unteritalien, wo er 1085 stirbt. Die Politik der Unterordnung des Königs unter den Papst ist gescheitert.

1103 Verkündigung des Mainzer Reichsfriedens (auf 4 Jahre) durch Heinrich IV. Der Sohn

Heinrichs verbündet sich 1104 mit den Fürsten des Reiches und zwingt seinen Vater 1106 zur Abdankung.

1106 Tod Heinrichs IV. in Lüttich.

1106 – 1125 Heinrich V.

1110 Heinrich V. stellt die Oberhoheit des Reiches in Böhmen wieder her. Unabhängigkeit Polens und Ungarns.

1110 – 1111 Italienzug. Kaiserkrönung Heinrichs V. Nach langjährigen Auseinandersetzungen findet der Streit zwischen Kaiser und Papst ein Ende, und zwar

1122 durch das Wormser Konkordat. Übereinkommen mit dem Papst: Verzicht des Königs auf die kirchliche Investitur mit den kirchlichen Symbolen Ring und Stab, aber Vollzug der mit der Vasallenhuldigung verbundenen Investitur mit den Regalien (Zepter als weltliches Herrschaftssymbol); in Deutschland erst weltliche dann geistliche Weihe (Recht des Königs zur Entscheidung bei zwiespältiger Wahl), umgekehrte Reihenfolge in Burgund und Italien. Somit wird durch einen Kompromiß zwischen dem Gewohnheitsrecht des Reiches und den Forderungen der Reformkirche der Investiturstreit vorläufig abgeschlossen. Die Reichskirche wird zwar von einem starken Königtum beherrscht, aber die Herrschaft über das Papsttum scheitert. Die tatsächlichen Gewinner sind in Deutschland die weltlichen Fürsten und in Italien die erstarkten Städte.

1125 – 1137 Lothar III. von Sachsen. Die Wahl Lothars von Sachsen zum König (Abweichung vom Geblütsrecht) hat Auseinandersetzungen mit den Staufern zur Folge, die bei der Thronfolge übergangen wurden (1. Italienzug: Kaiserkrönung Lothars III. in Rom 1133).

Beginn der nordostdeutschen Kolonisation: 1110 Holstein an die Schauenburger, 1123 Mark Meißen und 1136 Mark Lausitz an die Wettiner, 1134 Nordmark an die Askanier. Missionierung. Wiederherstellung der Lehnshoheit über Böhmen (1126) und Dänemark (1134). Auf einem 2. Italienzug (1136/1137) kurzzeitiger Sieg Lothars über Roger II. von Sizilien, der das zersplitterte Süditalien seinem Inselreich angegliedert und zu einer festen Staatseinheit zusammengefaßt hat. Lothar III. bestimmt seinen Schwiegersohn, den Welfen Heinrich den Stolzen (seit 1126 Herzog von Bayern) zum Nachfolger. Jedoch Wahl des schwächeren Staufers Konrads III. 1138 zum König. Der Streit zwischen Welfen und Staufern beginnt.

Die Machthöhe des Reiches zur Stauferzeit

1138 – 1152 Die Regierungszeit Konrads III. ist überschattet von

Auseinandersetzungen zwischen Staufern und Welfen. Konrad III. hinterläßt das Reich in der Zerrüttung der Anfangsjahre, bestimmt jedoch vor seinem Tod seinen Neffen Friedrich von Schwaben zum Nachfolger – seine beste Entscheidung, wie sich schon bald zeigen soll.

Kaiser Friedrich Barbarossa

1152 – 1190 Friedrich I. Barbarossa, seit 1156 verheiratet mit Beatrix von Burgund. Er verbindet die hohe Auffassung vom Herrscheramt mit strenger Rechtlichkeit: Entwicklung des staufischen Kaisertums aus der Verbindung des alten Reichsgedankens (Gottesgnadentum und Schutzgewalt über die Kirche) mit den Rechtsgrundsätzen des römischen Staatsrechts.

1155 Kaiserkrönung in Rom durch Papst Hadrian IV. (1154 – 1159).

1156 Ausgleich mit den Welfen: Bayern an Heinrich den Löwen; die Babenberger (1155 – 1246) erhalten wegen der Abtrennung Österreichs von Bayern die Erhebung der Mark Österreich zu einem selbständigen Herzogtum als Entschädigung.

1157 Siegreicher Feldzug gegen Boleslaw IV. von Polen.

Reichstag von Besançon: Auseinandersetzung zwischen dem päpstlichen Legaten und Reichskanzler Rainald von Dassel; diplomatische Niederlage des Papstes.

1158 Reichstag auf den Ronkalischen Feldern: In der Auseinandersetzung zwischen Kaiser und den selbständiger gewordenen lombardischen Städten siegt Barbarossa; Sicherung der Reichsrechte gegenüber den Kommunen durch den Einsatz kaiserlicher Beamte, wodurch der Krone eine beträchtliche Einnahmequelle entsteht. Dagegen wehrt sich Mailand. Der Aufstand Mailands wird 1162 niedergeschlagen und die Stadt zerstört.

1159 Papstwahl. Die Anerkennung Alexanders III. wird durch den Kaiser verweigert. Schisma der Kirche bis 1177 und Spaltung des Abendlandes in Anhänger des Kaisers und des Papstes.

1164 Bildung des Veroneser Städtebundes.

1166 – 1168 Auf dem 4. Italienzug Barbarossas wird das kaiserliche Heer nach Ausbruch einer Seuche zum Rückzug (1168) gezwungen. Vereinigung des Lombardischen Städtebundes mit dem Veroneser Bund (Errichtung von Alessandria als neuer Bundesstadt durch die Lombarden).

1176 Niederlage des Kaisers bei Legnano, nachdem Heinrich der Löwe ihm die Heerfolge verweigert hatte.

1177 Die Aussöhnung zwischen Barbarossa und Alexander III. in Venedig. Waffenstillstand mit den Lombarden und mit Sizilien. Koexistenz von Kaisertum und

Papsttum als selbständige Mächte.
1180 Ächtung Heinrich des Löwen und Verlust seiner Lehen: Teilung Sachsens; Westfalen an den Erzbischof von Köln, der östliche Teil an Bernhard von Anhalt; Bayern an die Wittelsbacher; die Steiermark wird selbständiges Herzogtum. Heinrich erhält nach einem Reichskrieg 1181 sein Erbland Braunschweig und Lüneburg, muß aber in die Verbannung nach England. Durch die Neuverteilung von Heinrichs Lehen Beginn der Auflösung der alten Stammesherzogtümer und Ersetzung durch Gebietsherzogtümer. Übergang zum Flächenstaat.
1183 Friede von Konstanz mit den Lombarden.
1184 Reichsfest in Mainz. Bei diesem Pfingstfest glanzvolle Demonstration der kaiserlichen Macht mit Schwertleite (feierlicher Aufnahmeakt in den Stand der Ritterschaft) der beiden ältesten Söhne Friedrichs I.
1186 Hochzeit zwischen Friedrichs Sohn Heinrich mit Konstanze von Sizilien, der Tochter des unteritalisch-sizilischen Normannenkönigs Roger II. Friedrich I. auf dem Höhepunkt der Macht.
1190 Tod Friedrich Barbarossas auf dem 3. Kreuzzug.
1190 – 1197 Heinrich VI. (1191 Kaiserkrönung). Vereinigung der Königreiche Deutschland, Italien und Burgund mit dem seit 1194 erblichen Königreich Sizilien-Unteritalien. Der Plan, zur Sicherung einer dauerhaften Verbindung Deutschland – Sizilien ein deutsches Erbkaisertum durchzusetzen, scheitert trotz Zugeständnissen am Widerstand des Papstes und der Fürsten. Nur die Erbfolge für die nächste Generation wird gesichert durch die Königswahl seines zweijährigen Sohnes Friedrich Roger 1196.
1197 Tod Heinrichs VI. während der Vorbereitungen für einen Kreuzzug. Sein Sohn Friedrich ist noch unmündig.

Der staufisch-welfische Thronstreit

1198 – 1216 Papst Innozenz III.; bedeutende Machtstellung des Papsttums. Innozenz III. arbeitet gegen die Vereinigung Siziliens mit dem Reich und sucht so die staufische Macht zu schwächen.
1198 Der wieder ausbrechende staufisch-welfische Gegensatz führt zur Doppelwahl in Deutschland. Die staufische Partei wählt Friedrich Barbarossas jüngsten Sohn Philipp von Schwaben (1198 – 1208), der sich mit Frankreich verbündet.
Otto IV., Sohn Heinrichs des Löwen (1198 – 1215), von den Welfen auf den Thron erhoben, steht im Bündnis mit England. Unterstützung Ottos IV. durch Papst Innozenz III., dem Otto IV. die volle Freiheit der kirchlichen Wahlen zugesteht (entscheidender Einfluß

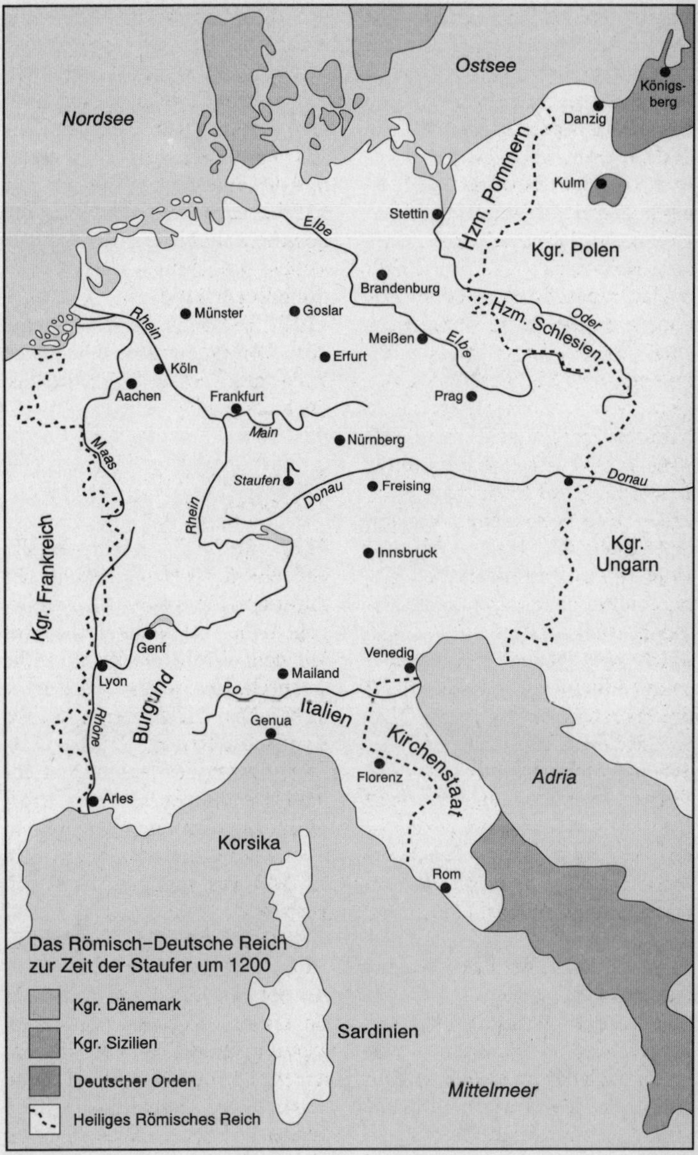
Ostsee
Nordsee
Königs-
berg
Danzig
Hzm. Pommern
Kulm
Stettin
Elbe
Kgr. Polen
Brandenburg
Münster
Goslar
Hzm. Schlesien
Oder
Rhein
Meißen
Elbe
Erfurt
Köln
Aachen
Frankfurt
Prag
Main
Nürnberg
Maas
Staufen
Freising
Donau
Donau
Rhein
Kgr. Frankreich
Innsbruck
Kgr.
Ungarn
Genf
Venedig
Lyon
Mailand
Burgund
Po
Italien
Genua
Rhône
Kirchenstaat
Florenz
Adria
Arles
Korsika
Rom
Das Römisch-Deutsche Reich
zur Zeit der Staufer um 1200
Kgr. Dänemark
Kgr. Sizilien
Deutscher Orden
Heiliges Römisches Reich
Sardinien
Mittelmeer

des Papstes auf die deutsche Kirche). Nach der Wiederherstellung der Reichsrechte durch Otto in Italien (1209 Krönung zum Kaiser) kommt es jedoch nach dem Zug des Kaisers nach Unteritalien zum Bruch mit dem Papst, der ihn 1210 bannt und Friedrich II., den Sohn Heinrichs VI., als Gegenkaiser aufstellt. Versprechen Friedrichs II. an den Papst, Sizilien (Lehen des Papstes) nicht mit dem Reich zu vereinigen.

Friedrich II. und Sizilien

1212 – 1250 Friedrich II.

1213 Goldene Bulle von Eger: Erneuerung der Zugeständnisse Ottos IV. an die Kirche; Preisgabe des Einflusses des deutschen Königs auf die Besetzung der Bischofsstühle im Reich.

1214 Ende des Thronstreits durch den Sieg der französisch-staufisch-päpstlichen Partei über die welfisch-englische in der Schlacht von Bouvines.

1215 Laterankonzil: Zentralisation der kirchlichen Verwaltung und Gerichtsbarkeit. Gegen die sog. Ketzer wird die Inquisition beschlossen.

1220 Friedrich II. setzt die Wahl seines Sohnes Heinrich (VII.) zum König durch, indem er in der sog. „confoederatio cum principibus ecclesiasticis“ auf wichtige Hoheitsrechte der Krone gegenüber den geistlichen Fürstentümern verzichtet (Heinrich als Stellvertreter Friedrichs II. in Deutschland bis 1235).

1220 Kaiserkrönung Friedrichs II. nach Kreuzzugsversprechen und Zusagen für die Ketzerbekämpfung (1222 Krönung Heinrichs zum deutschen König).

1226 In der Goldenen Bulle von Rimini wird der Deutsche Orden mit der Eroberung und Missionierung Preußens beauftragt.

1227 In der Schlacht bei Bornhöved wird der dänische König Waldemar II. von den norddeutschen Fürsten besiegt; Zusammenbruch der dänischen Vormachtstellung; Aufstieg des deutschen Ostseehandels (führende Stellung Lübecks).

1227 Das nicht erfüllte Kreuzzugsversprechen Friedrichs II. führt zum Bann durch Gregor IX. (1227 – 1241), wodurch der Vernichtungskampf des Papstes gegen den Kaiser eröffnet wird. Friedrich bricht trotz Bann 1228 zum Kreuzzug auf.

1230 Lösung vom Bann im Frieden von Ceprano, der dem Papst innerkirchliche Zugeständnisse in Sizilien einbringt.

1231 Konstitutionen von Melfi: Festlegung der Grundlagen für den Wiederaufbau Siziliens (seit 1221), das Friedrich II. zum modernsten Staat seiner Zeit ausbaut; Zurückdrängung des Lehnswesens, zentralisierte Verwaltung und Rechtsprechung, Berufsbeamtentum, staatlich gelenkte Wirtschaft.

1231 „Statutum in favorem principum“: Fürsten werden zu Landesherren (domini terrae). Einleitung der Zersplitterung des Reiches in Territorien (Entwicklung von der Monarchie zur Fürstenaristokratie).
1235 Mainzer Landfriedensgesetz (erstes Reichsgesetz in deutscher Sprache). Aussöhnung mit den Welfen: Sicherung der Ruhe im Reich.
1237 Reichskrieg gegen die Lombarden weitet sich zum entscheidenden Kampf zwischen Kaiser und Papst aus. Sieg Friedrichs II. über die lombardischen Städte bei Cortenuova. Nochmalige Bannung Friedrichs (1239).
1241 Im Osten Bedrohung durch die Mongolen.
1245 Im 1. Konzil von Lyon Erklärung der Absetzung des Kaisers und daraufhin Wahl von Gegenkönigen. Unentschiedenheit des Kampfes.
1250 Tod Friedrichs II.
1250 – 1254 Konrad IV. Einnahme Neapels (1253). Kurze Zeit danach stirbt er.
1256 – 1273 Interregnum in Deutschland: Thronanwärter aus England und Frankreich. Erstes Auftreten der Versammlung der sieben Kurfürsten.
1268 Hinrichtung des letzten Staufers Konradin (Sohn Konrads IV.) durch Karl von Anjou (Bruder König Ludwigs IX. von Frankreich), den der Papst 1265 mit Sizilien belehnt hatte.

Die Kreuzzüge

Über Jahrhunderte hinweg hatten christliche Pilger auf ihren Wallfahrten die Möglichkeit, Jerusalem zu besuchen, ohne von den Arabern daran gehindert zu werden. Dies ändert sich, als aus dem Innern Asiens die islamisierten Seldschuken (türkische Stämme) Syrien und Palästina besetzen und Konstantinopel bedrohen. Trotz der Trennung der Kirchen bittet der oströmische Kaiser Papst Urban II. um Hilfe, der sich von der Unterstützung Ostroms die Wiedervereinigung der beiden Kirchen verspricht. Die Kreuzzüge sind von der Vermischung unterschiedlicher Beweggründe und Vorstellungen bei den Kreuzfahrern gekennzeichnet: von gesteigertem religiösen Bewußtsein durch Propaganda, von Abenteuer- und Eroberungslust des Adels und dem Ziel der teilnehmenden Fürsten, neue Herrschaftsbereiche zu errichten. Darüber hinaus geprägt von hoher Aggressivität gegenüber allem Nichtchristlichen.
1095 Synode von Clermont: Aufruf Papst Urbans II. zum Kreuzzug gegen den Islam (Ruf „Gott will es!“).
1096 – 1099 Daraufhin 1. Kreuzzug bedeutender französischer, flandrischer und normannischer Fürsten (z.B. Gottfried von Bouillon, Robert von der Normandie, Robert II. von Flandern). Einnahme von Jerusalem (1099), verbun-

den mit einem furchtbaren Blutbad unter allen Nichtchristen. Errichtung von Kreuzfahrerstaaten in Palästina und Syrien, u.a. das Königreich Jerusalem, die Grafschaften Tripolis und Edessa, das Fürstentum Antiochia.

1147 – 1149 Der 2. Kreuzzug unter der Führung des deutschen Königs Konrad III. und des französischen Königs Ludwig VII., zu dem Bernhard von Clairvaux aufgerufen hat, wird zum großen Mißerfolg für die Kreuzfahrer.

1189 – 1192 Der 3. Kreuzzug wird durch die Eroberung Jerusalems durch Sultan Saladin (1187) ausgelöst und erfolgt unter der Beteiligung von Kaiser Friedrich I., Philipp II. August von Frankreich und Richard Löwenherz, dem König von England. Friedrich stirbt nach anfänglichen Erfolgen (1190). Einnahme von Akkon (1191) und Waffenstillstand mit Saladin (1192). Pilgerbesuche in Jerusalem möglich.

1202 – 1204 Der 4. Kreuzzug wird von den Venezianern nach Konstantinopel gelenkt (Handelsinteressen), das erobert wird. 1204 Errichtung des Lateinischen Kaiserreichs (unter der Kontrolle Venedigs), das bis 1261 besteht.

1212 Kinderkreuzzug: Tausende von Kindern werden von Frankreich aus als Sklaven verkauft.

1228 – 1229 Der vom gebannten Kaiser Friedrich II. geführte 5. Kreuzzug sichert den Christen durch Vertrag den ungehinderten Zugang zu den heiligen Stätten.

1244 Nach der Eroberung Jerusalems durch die Moslems endgültiger Verlust der Stadt.

1248 – 1254 Gefangenschaft Ludwigs IX. von Frankreich (ab 1250) auf dem 6. Kreuzzug in Ägypten, aus der er nach Lösegeldzahlungen 1254 befreit wird.

1270 Erfolglosigkeit des 7. Kreuzzuges ebenfalls unter Ludwig IX., der zusammen mit einem großen Teil seines Heeres stirbt.

1291 Akkon wird von den Christen geräumt.

Im Heiligen Land Entstehung von 3 Ritterorden, die neben den Mönchsgelübden den Kampf gegen die „Ungläubigen“ geloben: der Johanniterorden; seit 1291 auf Zypern, bis 1521 auf Rhodos, bis 1798 auf Malta (Malteser); der Templerorden (Bezeichnung nach der ersten Niederlassung in der Nähe des Salomonischen Tempels); wird 1291 nach Zypern und später nach Frankreich verlegt, wo er wegen seines Reichtums von König Philipp dem Schönen verfolgt und 1312 grausam vernichtet wird. – Der Deutsche Orden entsteht 1198; wichtigste Ziele: Christianisierung Preußens 1230 – 1280 und Gründung des Deutschordensstaates.

Die eigentlichen Gewinner der Kreuzzüge sind das Papsttum, dessen Ansehen steigt, sowie die italienischen Städte. Die Berührung und Bereicherung des

Abendlandes durch die hellenistisch-arabische Kultur ist weniger das Verdienst der Kreuzfahrer, sondern in erster Linie auf intensive Kontakte mit dem Islam und Judentum in Spanien und Sizilien zurückzuführen.

Die Entwicklung in England, Frankreich und Spanien

England

1066 Durch den Sieg bei Hastings über den angelsächsischen König Harald II. wird Wilhelm I. von der Normandie (Wilhelm der Eroberer) Herr des angelsächsischen Königreiches (bis 1087), das er in einen normannischen Feudalstaat umwandelt. Stärkung der Königsgewalt: Stellung des englischen Königs gegenüber dem Lehnsadel ist umfassender als die anderer abendländischer Herrscher; keine Herausbildung von Territorien und Landeshoheiten (1186 Treueid aller Untervasallen an den König).

1086 Schaffung eines Reichsgrundbuches (Domesday Book) als Basis für die Besteuerung. Bis ins 14. Jh. existiert die französische Sprache neben der angelsächsischen als Amts- und Schriftsprache; aus der Mischung zwischen den beiden Sprachen entsteht die englische Sprache.

1100 – 1135 Heinrich I. (jüngster Sohn Wilhelms I.). Wiedervereinigung Englands mit der Normandie, die zuvor als Erbe an Robert (ältester Sohn Wilhelms I.) übergegangen war, nach dem Sieg Heinrichs I. über Robert (1106).

1154 – 1399 Haus Anjou-Plantagenet.

1154 – 1189 Heinrich II.: englischer König mit den französischen Lehen Normandie und Bretagne, Anjou, Maine, Touraine; Poitou, Guyenne, Gascogne: Angevinisches Reich, als zweite wichtige Großmacht des Abendlandes neben dem Stauferreich.

1164 Der Machtanspruch Heinrichs II. über die Geistlichkeit seines Reiches durch den Versuch der Einbeziehung der Kirche in die königliche Gerichtsbarkeit stößt auf heftigen Widerstand des Erzbischofs Thomas Becket von Canterbury (Kanzler Heinrichs II.), der 1170 ermordet wird.

Seit 1171 Eroberung Irlands.

1173 Durch Gerichtsreformen Herausbildung eines allgemeinen englischen Rechtes, des „common law“, durch das die königliche Gerichtsbarkeit gestärkt wird.

1189 – 1199 Richard Löwenherz (Teilnahme am 3. Kreuzzug) führt Krieg gegen König Philipp II. August von Frankreich.

1199 – 1216 Richards Bruder und Nachfolger Johann (ohne Land); er verliert einen großen Teil der französischen Lehen; nach einem Konflikt mit Papst Innozenz III. muß er England 1213 als päpstliches Lehen nehmen.

1215 Nachdem die mit dem englischen König verbündeten Welfen in der Schlacht von Bouvines (1214) geschlagen worden waren (im staufisch-welfischen Thronstreit), nötigen die großen Vasallen der Krone die „Magna Charta Libertatum" ab, die zur Grundlage der englischen Verfassungsentwicklung wird (Bindung der Krone an die Gesetze).

1216 – 1272 Heinrich III.

1258 – 1265 Aufstand der Barone unter Berufung auf die Magna Charta; der König muß mit den Provisionen von Oxford (1259) einen Kontrollausschuß von 15 Baronen zulassen.

Herausbildung eines Parlamentes, in das aus jeder Grafschaft zwei gewählte Ritter und aus den wichtigsten Städten zwei gewählte Bürger entsandt werden.

Frankreich und die Herrschaft der Kapetinger

987 Nach den französischen Karolingern (843 – 987) gerät die Krone an Hugo Capet (987 – 996), wodurch die Herrschaft des Geschlechts der Kapetinger (bis 1328) beginnt. Unter den Nachfolgern Hugo Capets schwache Stellung des Königtums. Die Macht der Kapetinger ist bis ins 12. Jh. auf die Krondomäne um Paris beschränkt, obwohl sie als Könige ganz Frankreich beanspruchen. Stärkung der königlichen Macht erst unter

1108 – 1137 Ludwig VI. dem Dicken, der die Vasallen stärker an die Krone bindet.

1137 – 1180 Ludwig VII. Unentschiedene Kriege mit Heinrich II. von England. Ludwig sucht Frankreich aus der englischen Umklammerung zu lösen. Dies gelingt jedoch erst

1180 – 1223 Philipp II. August: Johann (ohne Land) von England verliert seine Lehen an Frankreich. Philipp II. festigt seine Herrschaft durch den französischen Sieg.

1214 Durch die Schlacht von Bouvines gewinnt Philipp II. alle englischen Besitzungen nördlich der Loire.

1209 – 1229 Albigenserkriege; die Albigenser (religiöse Sekte) in Südfrankreich werden als Ketzer bekämpft und durch die Inquisition grausam niedergeworfen.

1226 – 1270 Ludwig IX. der Heilige; er siegt über Heinrich III. von England und gewinnt die Normandie, Maine, Anjou und Poitou (1258 Friede von Paris). Große Frömmigkeit Ludwigs (Teilnahme an zwei Kreuzzügen, die jedoch ohne Erfolg bleiben) und energische Regierung. Frankreich vollzieht durch die Festigung der Monarchie wichtige Schritte auf dem Weg zum Einheitsstaat, während in Deutschland die Fürstengewalt gestärkt wird. Nach dem Tod Friedrichs II. ist Frankreich die führende Macht in Europa.

Spanien und die Reconquista

9./10. Jh. Blütezeit des maurischen Omaijadenreiches.
Nur im Norden der Iberischen Halbinsel entstehen christliche Staaten: Königreich Asturien-León, Grafschaft Kastilien, Königreich Navarra mit Grafschaft Aragon, Grafschaft Barcelona.
1000 – 1035 Sancho der Ältere von Navarra. Teilung des Reiches in die Königreiche Navarra, Kastilien und Aragon.
Beginn der Reconquista, dem Kampf gegen die Maurenherrschaft.
1031 Zusammenbruch des Kalifats der Omaijaden. Bildung von islamischen Kleinkönigreichen.
1037 Vereinigung von León mit Kastilien.
1085 Eroberung Toledos durch Alfons VI. (1065/1072 – 1109) von Kastilien-León als Höhepunkt der Reconquista.
1212 In der Schlacht von Navas de Tolosa Sieg des christlichen Heeres der Könige von Kastilien, Aragon und Navarra über die Araber, die immer weiter zurückgedrängt werden und ihre Herrschaft nur noch in Granada bis 1492 halten können.
Trotz der Glaubensfeindschaft zwischen Christen und Moslems wird die Kultur Spaniens positiv vom Islam beeinflußt.
1229 – 1235 Eroberung der Balearen.
1238 Eroberung Valencias.
1139 Die seit 1109 selbständige Grafschaft Portugal wird 1139 zum Königreich erhoben und dehnt sich weiter in Richtung Süden aus.

Osteuropa

Polen

Die verschiedenen Slawenstämme zwischen Oder und Weichsel werden um 1000 als Polen bezeichnet. Ihr Zusammenschluß erfolgte 963 unter dem Geschlecht der Piasten.
966 Nach erfolgtem Übertritt Mieszkos I. (um 960 – 992) zum Christentum wird Polen zum christlichen Staat abendländischer Form (Erzbistum Posen). Anerkennung der kaiserlichen Oberhoheit.
992 – 1025 Unter Boleslaw I. Chrobry, befreundet mit Otto III., wird Polen Teil des Imperium Romanum mit Vormachtstellung unter den Westslawen.
999 Errichtung des Erzbistums Gnesen mit den Bistümern Breslau, Krakau und Kolberg. Nach dem Tod Ottos III. gegen das Reich gerichtete Politik, die
1003 – 1018 zum Krieg zwischen Polen und dem Reich führt, der im Frieden zu Bautzen (1018) mit der Zuerkennung der Lehen Lausitz und Mähren an Boleslaw I. sein Ende findet.
1025 Königskrönung Boleslaws I. nach der Besetzung Kiews (russische Thronwirren).

Unter den Nachfolgern Verlust zahlreicher polnischer Gebiete und Anerkennung der Lehnshoheit des Deutschen Reiches (1033).

1037 – 1058 Unter Kasimir I. Reorganisation von Staat und Kirche (Residenz Krakau).

1106 – 1138 Unter Boleslaw III. neuer Machtzuwachs. Einführung des Seniorats 1138 (Thronfolgeregelung, bei der der älteste Erbberechtigte die Erbfolge antritt) kann den folgenden Zerfall des Landes in Kleinfürstentümer nicht verhindern.

Seit 1180 (Wiederaufhebung des Seniorats) Zusammenhalt der polnischen Territorialfürstentümer nur durch die einheitliche Kirchenorganisation und die Interessen der großen Adelsgeschlechter möglich. Stärkung des Einflusses deutscher Kulturelemente. Kolonisation, nach der Herbeirufung des Deutschen Ordens (1226) durch Konrad von Masowien.

1241 Siegreicher Angriff der Mongolen, die sich jedoch wieder zurückziehen.

Die Idee der polnischen Einheit lebt weiter, wird jedoch

1320 endgültig erst unter Wladislaw Lokietek (1320 – 1333) durchgesetzt, der nach seiner Königskrönung in der neuen Hauptstadt Krakau über ein verkleinertes Polen (ohne die an Böhmen gefallenen schlesischen Herzogtümer) herrscht. Damit ist die frühere Reichseinheit wiederhergestellt.

Rußland

Nachdem Rußland seit der Taufe Fürst Wladimirs I. im Jahr 988 zu der christlichen Völkergemeinschaft zählt, beginnt die Ausbreitung des Christentums; Anbindung der Kirchenorganisation an Konstantinopel.

1019 – 1054 Unter Jaroslaw I. dem Weisen intensive Förderung der Kultur.

Im 12. Jh. wird die innere Politik Rußlands von den Streitigkeiten bzw. Thronkämpfen der einzelnen Territorialfürsten bestimmt. Gleichzeitig Kämpfe mit den Steppenvölkern. Kiew verliert seine Vormachtstellung. Fortsetzung der inneren Zwistigkeiten bis zum Mongolensturm.

1223 Sieg der Mongolen in der Schlacht an der Kalka und

1240 Fall Kiews, der Rußland seit 1245 in die Tributabhängigkeit von den Mongolen geraten läßt (ab 1251 „Goldene Horde unter Batu"). Die Folge ist der Abbruch der Verbindungen zum Westen, kultureller Verfall durch die Mongolenherrschaft und eine von Europa unabhängige und eigenständige Entwicklung des orthodoxen Rußland.

Böhmen

Im 9. Jh. Zusammenschluß der einzelnen Stämme durch das Geschlecht der Przemysliden.

Im 10. Jh. Angliederung Böhmens an das Reich.

1054 Polen gewinnt Schlesien von Böhmen.
1140 – 1173 Wladislaw II.
Seit 1158 Erblichkeit der Königswürde. Im 12. Jh. Beginn der deutschen Kolonisation; Gründung von Städten und Ausbau der wichtigen Stellung des Bürgertums.
1253 – 1278 Ottokar II. Die schon unter Przemysl Ottokar I. (1198 – 1230) gestärkte böhmische Machtstellung wird unter Przemysl Ottokar II. ausgebaut und zu ihrem Höhepunkt geführt. Der bedeutende Herrscher unterliegt
1273 in der Königswahl Rudolf von Habsburg und stirbt
1278 in der Schlacht auf dem Marchfeld, nachdem er die Herausgabe der Reichslehen verweigert hatte.
1306 Einzug Böhmens und Mährens als Reichsgut nach dem Tod des letzten Przemysliden Wenzel III. durch Albrecht I.

Ungarn

896 – 907 Landnahme des Gebietes an der Theiß und mittleren Donau durch die sieben Ungarnstämme unter Arpard (Geschlecht der Arpaden bis 1301). Häufige Angriffe auf das Abendland und Byzanz.
955 Niederlage der Ungarn bei Augsburg. In der Folgezeit Förderung der Seßhaftigkeit und Ausbreitung des Christentums.
997 – 1038 Unter Stephan I. dem Heiligen wird Ungarn zum christlichen Staat. Einführung der Grafschaftsverfassung.
Schwächung Ungarns durch innere Streitigkeiten (Auseinandersetzungen um den Thron); Bedrohungen von außen.
1095 – 1114 Unter Koloman I. Gewinn des seit 924 selbständigen Königreichs Kroatien (1102).
12. Jh. Rivalitäten mit Byzanz.
1222 Erlaß der „Goldenen Bulle“ durch Andreas II. (1205 – 1235): Stärkung der Machtposition des Adels durch Privilegien.
1241 Auf die Niederlage der Ungarn durch die Mongolen folgt der Verfall und Zusammenbruch.

Bulgarien

Seit 870 ist Bulgarien endgültig unter der kirchlichen Oberhoheit von Byzanz. Unter Symeon dem Großen (893 – 927) Machtentfaltung, die jedoch unter seinen Nachfolgern durch Byzanz geschwächt wird, so daß Byzanz 1018 die Einverleibung Bulgariens gelingt. Erst Ende des 12. Jhs. Wiedererlangen der staatlichen Selbständigkeit und weitere Machtentfaltung. Einfälle der Mongolen und Ungarn führen in der Folgezeit jedoch wieder zur Schwächung des bulgarischen Reiches.

Serbien

Die staatliche Selbständigkeit erlangt Serbien erst im 12. Jh. unter Stephan Nemanja (1151 – 1196) mit der endgültigen Lösung von Byzanz 1180.

Skandinavien

Um 900 Herausbildung der Königreiche Dänemark, Norwegen und Schweden.

Dänemark

1018 – 1035 Knut der Große, der als König von England (seit 1016 – 1042) 1028 auch Norwegen unterwirft und christianisieren läßt. Unter Waldemar I. dem Großen (1157 – 1182) beginnt der Aufstieg Dänemarks zur Großmacht, die Waldemar II. (1202 – 1241) durch die Eroberung weiterer Küstenländer im Ostseeraum ausdehnt. Erst durch die Niederlage Dänemarks in der Schlacht bei Bornhöved (1227), in der Waldemar II. von den norddeutschen Fürsten besiegt wird, bricht die dänische Vormachtstellung zusammen.

Norwegen

In Norwegen gewaltsame Christianisierung unter Olaf dem Heiligen (1016 – 1028). Auf Knut den Großen (seit 1028 auch König von Norwegen) folgt Magnus der Gute (1035 – 1047). Der auf diesen folgende Harald Hardradi (1047 – 1066) stirbt auf dem mißlungenen Englandfeldzug 1066 (Niederlage bei Stamfordbridge). In der Nachfolgezeit Bürgerkriege und Konflikte mit der Kirche, die erst 1277 unter Magnus Lagaboetir (1263 – 1280) beendet werden, indem der Kirche eine eigene Gerichtsbarkeit und freie Besetzung der Kirchenämter zugestanden wird.

1261 Grönland und 1262/64 Island an Norwegen.

Schweden

In Schweden schwere Kämpfe zwischen Christen und Heiden (Svaer Upplands), die erst 1125 mit der Durchsetzung des Christentums beendet werden. Im 12. und beginnenden 13. Jh. heftige Thronstreitigkeiten zwischen den Geschlechtern Svekers I. und Eriks IX. des Heiligen, die erst mit dem Aussterben beider Königshäuser (1222 und 1250) ein Ende finden. Die Macht gerät in die Hände der Folkunger.

1250 – 1266 Unter Jarl Birger freundschaftliche Beziehungen zu Dänemark und Norwegen; Zugewinn Südfinnlands; Handelsprivilegien für die deutsche Hanse; Gesetzgebungsmaßnahmen.

1275 – 1290 Unter Magnus Ladulås Unterstützung der Bauern.

Byzanz

Nach der Abwehr der Araber im 8. Jh. beginnt im 9./10. Jh. eine Phase bedeutender kultureller und politischer Entwicklungen im Byzantinischen Reich.
867 – 1056 Die makedonische Dynastie beginnt mit Basileios I. (867 – 886). Byzantinische Machtentfaltung, die unter
976 – 1025 Kaiser Basileios II. ihren Höhepunkt findet. Byzanz wird nach den langen Abwehrkämpfen gegen Slawen, Bulgaren und Araber für kurze Zeit Ordnungsmacht auf dem Balkan und im Vorderen Orient. Rußland wird 889 Teil der byzantinischen Kirche. Hohe Blüte der byzantinischen Kultur in Kirchenbau, Buchmalerei und Literatur.
Ab der Mitte des 11. Jhs. vollzieht sich eine Wende durch die Auflösung der alten Ordnung, des zunehmenden Einflusses der Feudalmächte auf das Kaisertum und den Verfall der Wirtschaft sowie durch Bedrohungen von außen.
1203 und 1204 Eroberungen Konstantinopels durch die Kreuzfahrer. Aufteilung des Reiches zwischen den Kreuzfahrern und Venedig, das die Kontrolle über das 1204 neugegründete Lateinische Kaiserreich (bis 1261) mit Konstantinopel als Hauptstadt besitzt, wodurch die byzantinische Herrschaft zunächst nur in Kleinasien mit der Hauptstadt Nikäa fortbesteht.

Das Reich der Mongolen

Um 1200 Vereinigung der in der Wüste Gobi und in Innerasien lebenden mongolischen Stämme unter dem Stammesfürsten Temudschin zu einem Reich. Dieser nimmt den Titel Dschingis-Chan an und ordnet das Heer sowie den Staat. Mit dem Ziel der Eroberung eines Weltreichs zunächst Unterwerfung der benachbarten Kulturstaaten. Unterwerfung großer Teile Chinas. Zerstörung des kulturell hochstehenden Turkestans mit den Metropolen Buchara, Samarkand, Siegeszüge nach Persien und Südrußland. Weiträumiges Weltreich, das sich vom Stillen Ozean bis zum Dnjepr, vom Persischen Golf bis an die Steppen Sibiriens erstreckt.
1227 Tod von Dschingis-Chan. Fortsetzung der Eroberungszüge durch die Mongolen.
1241 Niederlage des deutsch-polnischen Heeres in der Schlacht bei Liegnitz und Niederlage der Ungarn im Tal der Theiß.
1251 Festigung der Herrschaft der „Goldenen Horde“ unter Batu mit der Hauptstadt Sarai an der unteren Wolga hat den Ausschluß Rußlands von der europäischen Entwicklung zur Folge.
Ab 1260 Zerfall des mongolischen Großreiches nach der Eroberung ganz Chinas in drei Teilreiche: das Reich der „Goldenen Horde“, das der Ilchane und die Mongolei mit China.

Das Deutsche Reich

1273 Ende des Interregnums. Aufgrund der Unmöglichkeit, die dynastische Erbfolge durchzusetzen, folgen bis 1347 Könige aus verschiedenen Geschlechtern.
Das Wahlkönigtum hat sich nun durchgesetzt: Der König erhält seine Legitimation nicht aufgrund des dynastischen Prinzips, sondern er wird von den Fürsten (drei geistliche und vier weltliche Kurfürsten) des Landes gewählt.
1273 – 1291 Rudolf I. von Habsburg gewinnt bei der Königswahl gegen Ottokar II. von Böhmen. Dieser huldigt zwar dem König, verweigert jedoch die Herausgabe seiner Reichslehen und wird von Rudolf seit 1276 bekämpft.
1278 Ottokar II. stirbt in der Schlacht auf dem Marchfeld. Der Sohn Ottokars, Wenzel II., behält nur Böhmen und Mähren, während Rudolfs Söhne Österreich und die Steiermark als Lehen gewinnen und somit die Hausmacht der Habsburger begründen.
1291 Zusammenschluß der drei Waldstätte Uri, Schwyz, Unterwalden in einem ewigen Bund: Entstehung der Schweizer Eidgenossenschaft.
1292 – 1298 Adolf von Nassau; er wird von der Kurfürstenversammlung in Mainz 1298 abgesetzt und stirbt in der Schlacht von Göllheim gegen Rudolfs Sohn Albrecht.
1298 – 1308 Albrecht I. von Österreich; er kann sich gegen die Opposition der rheinischen Kurfürsten durchsetzen, scheitert jedoch bei dem Versuch, Böhmen für Habsburg zu gewinnen, und wird 1308 ermordet.
1308 – 1313 Heinrich VII. von Luxemburg. Er begründet die Hausmacht der Luxemburger, indem sein Sohn Johann Böhmen 1310 durch Heirat gewinnt.
1314 – 1347 Ludwig IV. der Bayer.
1314 – 1330 Gegenkönig Friedrich (der Schöne) von Österreich.
1315 Sieg der Schweizer über den Bruder Friedrichs des Schönen, Leopold I. von Österreich, bei Morgarten. Ludwig der Bayer bestätigt den Schweizern ihre Reichsunmittelbarkeit.
1322 Sieg Ludwigs über den 1314 eingesetzten Gegenkönig Friedrich von Österreich bei Mühldorf, der auf den Thron verzichten muß. Ächtung Ludwigs 1324 durch den päpstlichen Bann, der von Ludwig mit der Aufstellung eines Gegenpapstes beantwortet wird.
1328 Kaiserkrönung.
Versuch Ludwigs, seine Hausmacht zu vergrößern, gelingt durch den Zugewinn Hennegau-Hollands und Brandenburgs 1324. 1342 Versuch, Tirol zu gewinnen.
1338 Der Kurverein von Rhens legt als Reichsrecht dahingehend fest, daß der von den Kurfürsten gewählte König nicht der Zustimmung des Papstes bedarf. Auf-

grund der Machterweiterung Ludwigs (Hausmachtpolitik) wird **1346** der Luxemburger Karl von Mähren als Gegenkönig gewählt und nach Ludwigs Tod 1347 auch allgemein anerkannt.

1346 – 1378 Karl IV. Er macht sein Erbland Böhmen zum Kerngebiet des Reiches: Gründung der Universität Prag (1348), Bau des Veitsdoms, der Burg Hradschin. Ausbau seiner Hausmacht: Schlesien gewinnt er durch Heiratspolitik, die Niederlausitz durch Kauf. Ebenfalls durch Kauf erwirbt er 1373 die Mark Brandenburg.

Um 1350 Schlimme Pestepidemie in Deutschland, die grausame Judenverfolgungen auslöst. Wirtschaftlicher Rückschlag.

1355 Durch Diplomatie gewinnt Karl die Kaiserkrone.

1356 Goldene Bulle als Reichsgrundgesetz: Mehrheitswahl des Königs durch die sieben Kurfürsten; Wahlort Frankfurt und Krönungsort Aachen; Festlegung der Vorrechte der Kurfürsten (z.B. Münzrecht, Gerichtsbarkeit in kurfürstlichen Gebieten), die die Unabhängigkeit der Fürsten bestätigt; eine Doppelwahl ist aufgrund des Mehrheitsprinzips nicht mehr möglich; die Bestätigung der Wahl durch den Papst nicht notwendig. Die Folge des Reichsgrundgesetzes ist die Verankerung der Fürstentümer, wodurch die Wiederherstellung einer starken Zentralgewalt verhindert und das Verhältnis zwischen Kaiser und Fürsten in der Folgezeit bestimmt wird.

1378 – 1400 Der älteste Sohn Karls IV., Wenzel I. (1373 – 1419 König von Böhmen), kann sich gegen seine innenpolitischen Gegner nicht behaupten und wird abgesetzt.

1386 Sieg der Eidgenossen bei Sempach über die Habsburger.

1400 – 1410 Ruprecht von der Pfalz; er kann die Macht des Königtums nicht wieder stärken.

1410 Sieg der Polen in der Schlacht bei Tannenberg über den Deutschen Orden.

1411 1. Thorner Frieden zwischen dem Deutschen Orden und Polen. Der Deutsche Orden verliert Westlitauen.

1410 – 1437 Sigismund, Markgraf von Brandenburg und König von Ungarn, wird 1433 zum Kaiser gekrönt. Er beruft das Konzil von Konstanz (1414 – 1418) ein (siehe S. 105).

1415 Die Mark Brandenburg geht an Burggraf Friedrich VI. von Hohenzollern.

1423 Belehnung der Wettiner mit dem Kurfürstentum Sachsen-Wittenberg.

1419 – 1436 Hussitenkriege in Böhmen. Nach der auf dem Konzil von Konzstanz beschlosenen Hinrichtung des Böhmen Jan Hus (1415) erheben sich die Hussiten. Die Erhebung richtet sich in erster Linie gegen die in Böhmen lebenden Deutschen bzw. Katholiken.

Aus der religiösen Bewegung entsteht ein nationaler Aufstand, der aufgrund seiner Gewalt kaum unterdrückt werden kann und auf die Nachbarländer übergreift. Erst 1433 Verständigung mit einem gemäßigteren Teil der Hussiten.

1438 – 1439 Albrecht II. von Österreich begründet die Herrschaft der Habsburger auf dem deutschen Thron (seit 1437 auch Nachfolger seines Schwiegervaters Sigismund in Ungarn und Böhmen).

1440 – 1493 Friedrich III. (Vetter Albrechts).

1443 – 1450 Krieg gegen die Eidgenossen, wobei Österreich Zugeständnisse macht.

Bemühungen um eine Reichsreform scheitern an inneren Machtkämpfen zwischen Fürsten und Städten.

1457 Erhebung nationaler Könige in Ungarn und Böhmen.

1460 Vereinigung Schleswig-Holsteins mit Dänemark in Personalunion.

1466 Abtretung Westpreußens und Ermlands durch den Deutschen Ordensstaat an Polen im 2. Frieden von Thorn.

1475 Verlust Lothringens an Karl den Kühnen von Burgund (1467 – 1477).

1477 Gewinn der Niederlande und Burgunds für die habsburgische Hausmacht durch die Heirat zwischen Friedrichs III. Sohn Maximilian (I.) und der Tochter Karls von Burgund.

1486 Wahl Maximilians (I.) zum deutschen König.

1491 Den Habsburgern wird die Erbfolge in Böhmen und Ungarn zugesichert.

Die Hanse

11. Jh. Die Hanse entwickelt sich aus Zusammenschlüssen deutscher Kaufleute zur Sicherung ihrer Handelsinteressen im Ausland. In der Folgezeit verlagert sich durch die deutsche Ostkolonisation das Gewicht der Hanse in den Ostseeraum.

1358 Vereinigung zur deutschen Hanse; Zusammenschluß der norddeutschen Städte. Insgesamt ca. 200 Mitgliedsstädte unter der Führung Lübecks; Privilegien im Nord- und vor allem Ostseeraum. Großer politischer Einfluß neben dem wirtschaftlichen auch auf ausländische Mächte kommt zum Tragen

1370 im Frieden von Stralsund; Garantie der Handelsvorrechte der Hanse durch Dänemark; dänischer König darf nur mit Zustimmung der Hanse gewählt werden. Im Bedarfsfall Wirtschaftskrieg mit dem Mittel des Boykotts und der Blockade.

15. Jh. Beginn des Niedergangs der Hanse.

1494 Schließung der bedeutenden Handelsniederlassung von Nowgorod. Erstarkung der skandinavischen Länder; Verlagerung des Seehandels auf den Atlantik.

Das Papsttum

Nach dem Höhepunkt der päpstlichen Machtentfaltung im Hochmittelalter nehmen die Verweltlichung und der Verfall des Papsttums immer stärker zu; verschwenderische Hofhaltung, zu teurer Verwaltungsapparat.
Seit 1252 wird die Inquisition als ständige Einrichtung gegen Abweichungen von der kirchlichen Lehre eingesetzt, deren Hauptschrecken auf der Heimlichkeit und Rechtlosigkeit ihres Verfahrens liegt (planmäßiger Einsatz der Folter). Nach 1280 politische Gegensätze im Kardinalskollegium (Franzosen – Italiener).
1294 – 1303 Papst Bonifaz VIII., der den Weltherrschaftsgedanken der Kirche noch einmal auf äußerste vertritt, gerät in Konflikt mit Philipp IV. von Frankreich (1285 – 1314).
1302 Der Papst formuliert seinen Anspruch in der Bulle „Unam Sanctam" und bannt Philipp IV. von Frankreich.
1303 Gefangennahme des Papstes auf Betreiben Philipps in Anagni; Bonifaz stirbt kurz nach seiner Befreiung. Der Grundstein für die Entmachtung des Papsttums ist gelegt.
Seit 1309 Erzwungene Residenz der Päpste in Avignon („Babylonische Gefangenschaft der Kirche"). Völlige Abhängigkeit vom französischen König. Während des Exils nimmt die Verschwendungssucht weiter zu, die durch Abgaben der Kirchenmitglieder getragen wird (z.B. Ablaß; Verleihung von Ämtern gegen Geld). Einzelnen Reformbestrebungen begegnet die oberste Kirchenleitung mit radikaler Ablehnung.
Gegen diese Strömungen und Tendenzen Suche nach Glaubensformen, die nicht in das kirchliche System integriert sind. Höhepunkt der mittelalterlichen Mystik im 14. Jh. Neben diesen von Laien getragenen Bewegungen gibt es auch Kritik von Geistlichen an der Papstkirche (z.B. Bettelorden).
1377 Rückkehr des Papstes Gregor XI. nach Rom (Sitz im Vatikan und nicht mehr im Lateran).
1378 Wahl Urbans VI. (Residenz Rom) und durch die französischen Kardinäle Clemens' VII. (Residenz Avignon) begründet das große Schisma, das auch nach dem Tod dieser Päpste weiterbesteht.
1409 Einberufung eines allgemeinen Konzils nach Pisa mit dem Erfolg der Wahl eines dritten Papstes. Gleichzeitige Regierung von drei Päpsten.
1414 – 1418 Konzil von Konstanz mit dem Ziel, das Schisma und die Ketzerei zu beseitigen sowie die Kirche zu reformieren. Überordnung des Konzils über den Papst. Verurteilung des Jan Hus als Ketzer und Verbrennung 1415 (in der Folge Aufstand seiner Anhänger in Böhmen; vgl. S. 103).

Absetzung der drei Päpste und 1417 Neuwahl Martins V. (bis 1431), der in der Folgezeit noch einmal die Machtfülle des Papsttums herzustellen sucht. Eine Kirchenreform unterbleibt.

1431 – 1449 Konzil zu Basel; das Konzil endet mit dem Sieg des Papsttums über die Konzilsbewegung. Die absolute Gewalt des Papsttums innerhalb der Kirche setzt sich wieder durch, doch fördern Zugeständnisse an die einzelnen Staaten die Bildung nationaler Landeskirchen. Die Verweltlichung und der innere Verfall des Papsttums ist endgültig nicht mehr aufzuhalten. Die Notwendigkeit einer grundlegenden Reform wird immer deutlicher.

Frankreich

1285 – 1314 Unter Philipp IV. dem Schönen entwickelt sich ein starkes Königtum in Frankreich. Expansionspolitik. Besetzung des wirtschaftlich bedeutsamen Flandern (1297), das sich jedoch seine Selbständigkeit nach der gewonnenen Schlacht von Kortrijk (1302) sichert (Flandern als wichtiger strategischer Stützpunkt für England).

Seit 1309 Residenz der Päpste in Avignon („Babylonische Gefangenschaft der Kirche") bis 1377.

1312 Aufhebung des Templerordens. In der Folge Ketzerprozesse gegen die Templer.

1312 Abtretung des wallonischen Teils Flanderns an Frankreich.

Nach dem Tod Philipps IV. Regierung durch seine Söhne bis zum Aussterben des Hauses der Kapetinger im Jahr 1328.

1328 – 1498 Haus Valois.

1328 – 1350 Philipp VI. (Bruder Philipps IV.). Gleichzeitige Ansprüche auf den Thron durch Edward III. von England lösen den sog. Hundertjährigen Krieg zwischen England und Frankreich aus (1339 – 1453).

1346 Sieg der Engländer in der Schlacht bei Crécy und 1347 Einnahme von Calais, das bis 1559 ein wichtiger strategischer Stützpunkt für die Engländer bleiben wird. Ausbruch einer Pestepidemie.

1350 – 1364 Johann II. der Gute; die Auswirkungen der Pest haben den den wirtschaftlichen Niedergang zur Folge.

Nach der Schlacht von Maupertuis wird Johann vier Jahre (1356 – 1360) in England gefangen gehalten. Schwere innere Auseinandersetzungen in Frankreich sind die Folge.

1360 Friede von Brétigny: Verzicht Edwards III. auf die französische Krone, jedoch Souveränität über Poitou, Guyenne, Calais und die Gascogne.

1363 Philipp der Kühne, Sohn Johanns, erhält das Herzogtum Burgund und durch Heiratspolitik Flandern (1369).

1364 – 1380 Karl V.; 1369 Wiederausbruch des Krieges mit England. Waffenstillstand von Brügge 1375.
1380 – 1422 Karl VI.; Machtkämpfe und Staatskrise.
1415 Sieg Heinrichs V. von England über die Franzosen in der Schlacht von Azincourt. Eroberung der Normandie (1417 – 1419).
1420 Heirat Heinrichs mit der Tochter Karls VI. hat Anerkennung Heinrichs V. als König von Frankreich (bis 1422) zur Folge.
1422 – 1461 Karl VII. (Herrschaftsgebiet nur noch südlich der Loire); Auftreten der Jeanne d'Arc, die die Engländer 1429 zur Aufhebung der Belagerung von Orléans zwingt (Jungfrau von Orléans) und die Krönung Karls VII. in Reims durchsetzt. 1430 wird sie von den Burgundern gefangengenommen, den Engländern ausgeliefert und 1431 als Ketzerin in einem Hexenprozeß verurteilt und verbrannt (1920 heiliggesprochen). In allen christianisierten Staaten seit 1430 Ausweitung der im Hochmittelalter begonnen Hexenverfolgungen, die nun systematisch betrieben werden.
1436 Eroberung von Paris durch Karl VII.
1438 Pragmatische Sanktion von Bourges: Gallikanische Nationalkirche für Frankreich.
1453 Ende des englisch-französischen Krieges mit dem Ergebnis, daß England alle französischen Besitzungen mit Ausnahme von Calais aufgeben muß. Damit wird die Grundlage für den französischen Nationalstaat gelegt.
1461 – 1483 Ludwig XI.; Einverleibung des Herzogtums Burgund nach dem Tod Karls des Kühnen 1477. Basis für absolute Monarchie.
1483 – 1498 Karl VIII. versucht die Rechte seines Hauses Anjou auf Neapel durchzusetzen (1494 Italienzug), wird jedoch zum Rückzug gezwungen.

England

1272 – 1307 Edward I.; Eroberung von Wales 1284 (seit 1301 ist der Titel des Thronfolgers „Prince of Wales"). 1290 Vertreibung der Juden. Krieg gegen Frankreich (1294 – 1297) und Schottland.
Ausbau des Parlaments: Ergänzung durch je zwei Vertreter der Ritterschaft und der Städte aus jeder Grafschaft (Commons); Recht zur Steuerbewilligung, woraus sich die Gesetzesinitiative entwikkelt.
1307 – 1327 Edward II.; Beginn der nationalen Unabhängigkeit Schottlands.
1327 – 1377 Edward III.; Trennung des Parlaments in Oberhaus („House of Lords": Hochadel und Klerus) und Unterhaus („House of Commons": Vertreter der Ritter, Städte und freien Bauern). 1339 Ausbruch des Krieges mit Frankreich (vgl. S. 106). Schwere Wirt-

schaftskrise durch die Pest (1350). Kriege mit Schottland, das jedoch seine Unabhängigkeit erhalten kann (seit 1370 ist das Haus Stuart auf dem schottischen Thron).

1377 – 1399 Richard II.; kirchliche Reformbestrebungen des John Wiclif, der 1380 die Bibel ins Englische übersetzt. Seine Ideen werden jedoch 1382 als ketzerisch verurteilt (Wirkung auf Jan Hus in Böhmen); in der Folgezeit schwere Verfolgungen seiner Anhänger.

1381 Bauernaufstand. Willkürliche Regierung Richards II. führt zu seiner Absetzung durch das Parlament und zur Übertragung der Krone auf das Haus Lancaster (bis 1461).

1399 – 1413 Heinrich IV. und **1413 – 1422** Heinrich V.

1422 – 1461 Heinrich VI.; 1453 Ende des Hundertjährigen Krieges mit Frankreich, der trotz der Territorialverluste ein englisches Nationalgefühl entstehen läßt und die von Frankreich unabhängige kulturelle Entwicklung einleitet.

1455 – 1485 Bürgerkrieg (sog. Rosenkriege) zwischen dem Haus Lancaster (Zeichen der roten Rose) und dem Haus York (weiße Rose).

1461 – 1483 Edward IV. von York. 1471 Ermordung Heinrichs VI. Weitere Thronstreitigkeiten enden mit dem Sieg des Hauses Tudor unter

1485 – 1509 Heinrich VII. Tudor, dem Erben des Hauses Lancaster, und der Begründung eines starken Königtums unter den Tudors (bis 1603).

Nord- und Osteuropa

Dänemark

1340 – 1375 Waldemar IV. von Dänemark betreibt eine aktive Außenpolitik und stellt den Einfluß der Krone wieder her. Unterlegenheit im Kampf gegen die Hanse (Kriege 1361/62 und 1367 – 1370). Durch die Heirat seiner Tochter Margarete 1363 mit dem König von Norwegen (Haakon VI.) wird die Union zwischen Dänemark und Norwegen begründet.

1387 – 1412 Margarete von Dänemark; nach dem Tod ihres Sohnes Olaf (1387) gewinnt Margarete die Alleinherrschaft über die Königreiche Dänemark und Norwegen; seit 1389 ist Margarete auch Königin von Schweden.

1397 Union von Kalmar: Vereinigung der drei skandinavischen Großreiche unter einem gemeinsamen Wahlkönigtum, das mit Unterbrechungen bis 1523 weiterbesteht.

1460 Christian I. von Dänemark (1448 – 1481) gewinnt das Herzogtum Schleswig, das 1326 als dänisches Lehen an das Haus Schauenburg gelangt war (Grafen von Holstein) nach dem Tod des letzten Schauenburgers. Er vereinigt als Herzog von Schleswig und Holstein in Personalunion die beiden Herzogtümer mit Dänemark.

Polen und Litauen

In dem in Teilfürstentümer gespaltenen Polen wird 1320 wieder ein einheitliches Königtum errichtet. Festigung dieses Königtums durch

1333 – 1370 Kasimir III. den Großen. Soziale und wirtschaftliche Maßnahmen; Ansiedlung Deutscher; Städtegründungen. Kodifikation des polnischen Rechts. Im Vertrag von Visegrad (1335) Verzicht Polens auf Schlesien, das an Böhmen gelangt. Böhmen verzichtet auf die polnische Krone.

1370 – 1382 Ludwig I. von Ungarn. Personalunion Polens mit Ungarn; Zugeständnisse an den Adel legen den Grundstein für spätere Adelsherrschaften.

1386 Durch die Heirat Hedwigs, der Tochter Ludwigs, mit dem zuvor getauften Großfürsten Jagiello von Litauen verschieben sich die Machtverhältnisse in Europa; polnisch-litauische Union. Einführung des Christentums in Litauen; Beginn der Jagiellonenherrschaft (bis 1572).

1410 Sieg Polen-Litauens über den Deutschen Orden in der Schlacht bei Tannenberg.

1466 Nach einer weiteren Niederlage des Deutschen Ordens 2. Friede von Thorn: Ermland und Westpreußen an Polen; Verpflichtung des Hochmeisters des Deutschen Ordens zur Heeresfolge.

Polen wird Großreich unter der Herrschaft der Jagiellonen, jedoch im Inneren zerrissen und schwach.

Rußland

Herrschaft der „Goldenen Horde" über die Gebiete nördlich des Kaspischen und des Schwarzen Meeres. Eintreibung der Steuern und Tribute durch die russischen Fürsten im Auftrag des Chans. Beginn der Unterwerfung der Kleinfürsten durch den Fürst von Moskau Anfang des 14. Jahrhunderts. Moskau wird zum staatlichen Mittelpunkt.

1380 Erster russischer Sieg über die Tataren.

1439 Trennung der russischen von der griechischen Kirche.

Nach dem Fall Konstantinopels durch die Türken (1453) wird der Patriarch von Moskau zum Oberhaupt des östlichen Christentums.

1462 – 1505 Iwan III. der Große; es entsteht ein nationaler Einheitsstaat (Bezeichnung als Zar von Rußland). Durch seine Heirat mit der byzantinischen Prinzessin Zoe 1472 entsteht der Anspruch Moskaus, als das „Dritte Rom" zu gelten.

1478 Eroberung der mächtigen Handelsrepublik Nowgorod.

1480 Befreiung von der Herrschaft der „Goldenen Horde".

Die Iberische Halbinsel

Existenz von drei Königreichen: Kastilien, Aragon und Portugal. Kastilien ist im 14. und 15. Jahrhundert lange mit Frankreich verbündet. Versuch der Eroberung Portugals mißlingt 1385. Gewinn der Kanarischen Inseln unter Heinrich III. (1390 – 1406).

1469 Heirat der kastilischen Erbin Isabella I. (1474 – 1504) mit Ferdinand II. von Aragon (1479 – 1516) bereitet die Großmachtstellung Spaniens vor. Mit päpstlicher Genehmigung wird die Inquisition 1481 erneuert.

1492 Eroberung Granadas. Vertreibung der Juden zur Beschaffung der Kriegskosten.

1496 Begründung der Herrschaft der Habsburger durch die Heirat Johannas (Tochter Ferdinands und Isabellas) mit Philipp dem Schönen von Österreich, deren Sohn Karl (I.) nach dem Tod des Vaters Spanien erbt (1516).

Die italienischen Stadtstaaten

Nach der Stauferzeit hat sich in Italien nur der alte Normannenstaat als einheitliche Macht halten können. Zersplitterung Mittel- und Norditaliens in kleine Staatswesen mit eigenen Dynastien. In den langandauernden Kämpfen vom Anfang des 14. bis in die Mitte des 15. Jahrhunderts entwikkeln sich Mailand, Venedig, Florenz, Neapel sowie der Kirchenstaat zu sehr bedeutenden Mächten.

Mailand

Seit dem 13. Jh. Herrschaft der Visconti, die Ende des 14. Jhs. einen ausgedehnten Territorialstaat in Ober- und Mittelitalien schaffen. Moderner, zentralregierter Staat. 1387 Zugewinn des Herrschaftsgebietes von Verona (1406 an Venedig abgetreten). In der Mitte des 15. Jhs. wird der Condottiere Francesco I. Sforza (Schwiegersohn des letzten Visconti) Herzog.

Venedig

Adelsrepublik. Führung im Levantehandel (Handel in den Ländern des östlichen Mittelmeers) und Erwerb zahlreicher Stützpunkte auf dem Weg nach Konstantinopel im 13. und 14 Jh. In der Mitte des 15. Jhs. stärkste Macht in Oberitalien.

Florenz

Starke wirtschaftliche Macht (Tuchgewerbe und Bankwesen). Demokratische Verfassung seit 1282. Parteikämpfe zwischen den papsttreuen Guelfen („Schwarzen“) und den Anhängern eines starken Kaisertums, den Ghibellinen („Weißen“) aus denen die Guelfen siegreich hervorgehen. Ausbreitung der Macht über die Toskana. Seit 1400 Aufstieg der Medici.

Kirchenstaat

Schwächung durch die Gefangenschaft der Päpste in Avignon (1309 – 1377). Versuch der Errichtung eines demokratischen Staates durch den römischen Volksführer Cola di Rienzo scheitert 1347. Verweltlichung und Verfall der Kirche durch die Renaissancepäpste.

Neapel

Seit 1263 Haus Anjou (bis 1435). Nach einem gegen die Franzosen gerichteten Aufstand auf Sizilien (1282) Verbindung Siziliens mit Aragon. Sizilien bis 1377 unter der Herrschaft einer aragonischen Nebenlinie, dann unter der Herrschaft Aragons.

Der Untergang des Byzantinischen Reiches

Das Byzantinische Reich kann sich nach der Aufteilung seiner Gebiete zwischen Kreuzfahrern und Venedig nicht mehr regenerieren. Äußere Bedrohungen durch Serben und Osmanen sowie Feudalisierungsprozesse im Innern und wirtschaftlicher Niedergang fördern den Verfall der ohnehin sehr geschwächten kaiserlichen Macht. Reichsteilungen und Bürgerkriege bestimmen im wesentlichen die weitere Entwicklung. Währenddessen hatten die Osmanen unter dem Sultan Osman I. um 1300 das Osmanische Reich gegründet, das sich in der folgenden Zeit auf europäischem Boden weiter ausbreitet.

Um 1350 Besetzung fast ganz Kleinasiens durch die Türken abgeschlossen.

1362 Fall von Adrianopel. Hilfsgesuche von Byzanz an das Abendland bleiben erfolglos. Weiteres Vordringen der Osmanen.

1389 In der Schlacht auf dem Amselfeld Sieg der Türken über die christlichen Balkanvölker.

1396 Niederlage des ungarischen Königs Sigismund mit einem Kreuzfahrerheer bei Nikopolis in Bulgarien, das zur türkischen Provinz wird. Der Fall Konstantinopels (1. Belagerung Konstantinopels durch die Türken) wird nur durch den Einfall der Mongolen unter Timur Lenk im Rücken der Türken für kurze Zeit aufgehalten.

1422 (2.)Vergebliche Belagerung Konstantinopels.
Hilfsgesuche des oströmischen Kaisers Johannes VIII. (1425 – 1448) an den Papst scheitern.

1444 Niederlage eines Kreuzzugsheeres bei Warna (Ungarn).

1453 Erstürmung Konstantinopels nach einjähriger Belagerung durch den Sultan Mohammed II. (1451 – 1481). Tod des letzten byzantinischen Kaisers (seit 1448) Konstantin XII.. Ende des Byzantinischen Reiches. Weitere Ausdehnung der Türken und Entstehung eines türkisch-islamischen Großreiches.

Wesensmerkmale

Die vorangegangenen Kapitel fassen die wesentlichen Daten des Mittelalters, dieses oft als „finstere“ Epoche bezeichneten Zeitalters zusammen. Der Begriff „Mittelalter“ läßt sich schwer umschreiben und zerfällt bei näherer Betrachtung immer mehr bis zu dem Punkt, wo er nur noch „Zwischenzeit“, Bindeglied zwischen Antike und Neuzeit ist. Dient der Begriff „Mittelalter“ häufig denn nicht nur der Vereinfachung und mehr der Über- denn Beschreibung gesellschaftlicher, kultureller und politischer Umwälzungen in ihrer ganzen Vielschichtigkeit? Die Periodisierung bedarf der Diskussion. Niemand wird unangefochten ein bestimmtes Datum als Grenze zwischen Altertum und Mittelalter benennen können.
Die gängige Gliederung orientiert sich meist nur an der reinen politischen Geschichte bzw. Machtgeschichte, die alle Entwicklungen in ihrer Komplexität nicht erfaßt, auch nicht erfassen kann. Der Einfall der Germanen ins Römische Reich stellt nicht dessen gänzliches oder gar plötzliches Ende, den als Ereignis faßbaren Verfall einer über Jahrhunderte gewachsenen Kultur dar. Es wäre ebenso ein Irrtum, hier von einer eindeutigen kontinuierlichen Entwicklung zu sprechen.

Das Frühmittelalter

Die Zeit der Völkerwanderung wird deshalb oft als eine Zeit des Übergangs angesehen, weil hier zahlreiche, sich fortsetzende Entwicklungen ihren Anfang genommen haben, Traditionen in der Folge aufgegriffen werden, die sich wiederum mit Neuerungen verbinden. Die Herrschaft des Frankenkönigs Chlodwig basiert auf zwei Pfeilern, der Adelsherrschaft germanischer Prägung und der Verwaltungsstruktur römischen Ursprungs. Durch Pippin tritt ein neues, die gesamte mittelalterliche Geschichte bestimmendes Moment hinzu, das Papsttum. Durch die Anerkennung der karolingischen Monarchie befreit sich das Papstum aus dem Rahmen der alten Reichskirche und wehrt die Gefahr einer Vereinnahmung durch das oströmische Kaisertum ab.
Nach der Christianisierung des Frankenreiches durch den Angelsachsen Bonifatius kann Pippin die wiederbegründete kirchliche Autorität zur Überhöhung der heidnischen Auffassung vom Königsheil durch die christliche vom Gottesgnadentum nutzen. Durch diese Verchristlichung der Königsidee erfährt die Monarchie ihre wesentliche Stärkung. Karl der Große erneuert schließlich das christliche Kaisertum. Neben dem römischen Kaisergedanken greift

Karl auch auf die Kulturtradition der Antike zurück. Aufgrund der Hinwendung zu antiken und spätantik-christlichen Stofftraditionen bezeichnet man diese Epoche auch als „Karolingische Renaissance“, in der eine Bildungsreform die Voraussetzung für die Blüte von Literatur und Geschichtsschreibung schafft.
Die staatlichen Gebilde, die sich aus dem fränkischen Reich herauskristallisieren, erfahren Abgrenzungen voneinander. Unter den Ottonen versucht das Deutsche Reich, innerhalb der europäischen Staatengebilde eine Vorrangstellung einzunehmen. Dieser Machtanspruch findet in der Erneuerung des Kaisergedankens durch Otto I. seinen Ausdruck. Die Herrschaftsauffassung der Ottonen und frühen Salier kommt in ihrer Monumentalität auch im Kunststil der Epoche, der Romanik, zum Ausdruck, insbesondere in der Architektur. Der frühe romanische Stil unter den Ottonen wird unter den Saliern von einer noch stärkeren Monumentalität der Bauten abgelöst.

Das Hochmittelalter – Politik, Wirtschaft und Kultur

Während kirchliche und weltliche Macht durch gegenseitige Abhängigkeiten noch gleichberechtigt nebeneinander existieren konnten, führt der Investiturstreit zum Bruch und zur Befreiung der Kirche von der weltlichen Macht. Dieser Konflikt setzt sich unter den Staufern fort und endet mit dem Sieg des Papsttums über den universalen Führungsanspruch des Kaisertums.
In der Kreuzzugsidee dokumentiert sich letztendlich nichts anderes als der erstarkende Herrschaftsanspruch der Kirche, der weit über Europa hinausgeht. Wenn die Kreuzzüge durch die Begegnung mit der byzantinisch-orientalischen Hochkultur, die dem christlichen Westen weit überlegen war, auch positive kulturelle und wirtschaftliche Auswirkungen mit sich brachten, so müssen sie gleichzeitig als ein Unternehmen gesehen werden, das von Geld- und Machtgier, religiösem Fanatismus und Abenteuersucht geprägt war und dem universellen Machtstreben des Papsttums dienen sollte. Am Ende des Hochmittelalters steht ein geschwächtes Kaisertum und ein gestärktes Papsttum. Gegen Reformbestrebungen tritt die Kirche immer radikler auf. Durch Verfolgung der sog. Ketzer, durch die Inquisition wird jeder Widerspruch gewaltsam vernichtet. Erneuerungsideen wie die Rückkehr zum Armutsgedanken durch die Franziskaner werden zwar tole-

riert, bleiben jedoch ohne Wirkung auf die Kirchenleitung. Die Verweltlichung, d. h. die Abkehr vom ursprünglichen Christentum setzt sich immer weiter fort.
Unter den Staufern erfährt die Kultur eine Blütezeit, deren Voraussetzungen schon im 11. Jh. geschaffen wurden. Durch Veränderungen innerhalb der Sozialstruktur bilden die vom König eingesetzten Ministerialen eine neue Schicht mit politischem Einfluß und schränken die Macht der alten Adelsfamilien ein. Diese Reichsministerialen überwinden schon unter den Saliern und dann weiter unter den Staufern die Standesschranke zu den Edelfreien. Der daraus entstehende Ritterstand wird schließlich zum Träger der höfischen Kultur des Hochmittelalters. Die bisher fast ausnahmslos von Geistlichen getragene Dichtung, die in Latein, der Kirchensprache schrieben, gerät in die Hände von sog. Laien, die in ihrer Volkssprache dichten. Zu den wichtigen Dichtungsformen werden das ritterliche Epos und die Minnelyrik, die religiöse Dichtung verliert an Bedeutung. Die Dichtung bleibt jedoch rein adelige und idealisierende Standesdichtung. Zu den bedeutendsten Dichtern dieser Zeit zählen Hartmann von Aue mit den Werken „Erec" und „Iwain", Gottfried von Straßburg mit „Tristan" und Wolfram von Eschenbach, der Dichter des „Parzival", die wiederum auf die bedeutenden Vorlagen des größten französischen Epikers seiner Zeit, Chrétiens de Troyes, zurückgreifen. Auch das Nibelungenlied als einziges erhaltenes Heldenepos stammt aus staufischer Zeit.
In der Achitektur findet im 13. Jh. eine langsame Durchdringung spätromanischer Formen mit gotischen Elementen statt.
Für die wirtschaftliche Entwicklung im Hochmittelalter sind die Veränderungen in Handel und Gewerbe im 11. und 12. Jh. von zentraler Bedeutung. Die von Italien und Flandern ausgehende Freiheitsbewegung der Städte greift auch auf das Deutsche Reich über, in dem sich die Städte langsam vom Stadtherrn emanzipizieren und eigene Rechte, Ansätze einer Selbstverwaltung, erhalten. Während im 10. und 11. Jh. weltliche und geistliche Adelige allein das politisch berechtigte „Volk" bilden, tritt, bedingt durch die Entwicklung des Städtewesens, nun der „Bürgerstand" hinzu. Der Begriff des Bürgers entspricht noch nicht unserem neuzeitlichen Verständnis, sondern hebt einzig den freien Stadtbewohner vom unfreien oder halbfreien Landbewohner ab. Das Bürgertum entwickelt sich zum progressiven Element im Sozialgefüge des hohen Mittelalters.

Erlangt der Bürger mit freiheitlichen Rechten in der Stadt zwar eine Sonderstellung, so werden damit die erheblichen Unterschiede im Sozialgefüge selbstverständlich nicht beseitigt. Die bedeutenderen Ämter bleiben zunächst allein den meist aus reichen Kaufmannsfamilien stammenden Patriziern vorbehalten. Erst durch den Zusammenschluß der Handwerker in Zünften erhalten auch diese nach langen Kämpfen im 13./14. Jahrhundert einige beschränkte Mitspracherechte.

Das Spätmittelalter – Wirtschafts- und Sozialordnung

Das Spätmittelalter ist von schweren Krisen gekennzeichnet. Während die Bevölkerung in Europa bis zur Mitte des 14. Jhs. auf 75 Millionen Menschen angestiegen war, wird sie durch die schlimmen Pestjahre um 1350 in hohem Maß reduziert. Zu diesem Rückgang tragen auch andere Katastrophen, wie z.B. der Hundertjährige Krieg, einen nicht unwesentlichen Teil bei. In diesen Zeitraum fallen auch die Judenverfolgungen, der über Jahre hinweg vor allem durch die Kirche geschürte religiöse Judenhaß, mit seinen Auswüchsen schon zur Zeit der Kreuzzüge, findet nun einen fruchtbaren Boden in den unteren verarmten Volksschichten, in erster Linie aus wirtschaftlichen Gründen. Die Radikalisierung der Volksbewegungen ist als Reaktion auf die wirtschaftliche Krise der Zeit zu sehen, die sich weniger gegen die bestehende Sozialordnung richtet als gegen konkrete Mißstände. Neben den Unruhen in den Städten erheben sich auch die meist rechtlosen und an der politischen Willensbildung unbeteiligten Bauern gegen ausufernde Mißstände. Die im Hochmittelalter zumindest wirtschaftlich verbesserte Situation des Bauernstandes hatte sich um die Mitte des 14. Jhs. so verschlechtert, daß die meisten am Rand der absoluten Armutsgrenze leben mußten. Die Unzufriedeneit mußte weiter wachsen und sollte sich einige Zeit später auch in einem Krieg entladen, dem Bauernkrieg.

Während die kaiserliche Universalgewalt schon im Hochmittelalter zurückgegangen war, gelingt auch dem Papsttum die Behauptung seines Herrschaftsanspruchs nicht mehr. Durch die sog. „Babylonische Gefangenschaft der Kirche“ gerät das Papsttum in die Abhängigkeit vom französischen Königtum. Die zunehmende Verwahrlosung und sog. Verweltlichung der Kirche mußte zwangsläufig zu einer Gegenbewegung führen, die schließlich in die Reformation münden sollte.

Entdeckungen und Beginn der kolonialen Expansion

Die Suche nach einem Seeweg, der um Afrika herum nach Indien führt und der Ausschaltung des arabischen Zwischenhandels dienen soll, kennzeichnet den Ausgang des 15. Jhs. und Beginn der kolonialen Ausdehnung.

1487 Umseglung des Kaps der Guten Hoffnung durch den Portugiesen Bartolomeu Dias.

1492 Der Genuese Christoph Kolumbus (1451 – 1506) entdeckt Amerika auf der Suche nach einem westlichen Seeweg nach Indien. Er steht in spanischen Diensten und handelt im Auftrag der Königin Isabella I. von Kastilien (1474 – 1504). Er landet auf Guanahani (San Salvador), auf Kuba und Haiti. Kolumbus unternimmt insgesamt vier Reisen nach „Westindien" und erreicht dabei 1498 auch das Festland (Orinocomündung). Der entdeckte Kontinent erhält seinen Namen nach dem Florentiner Amerigo Vespucci (1451 – 1512), der von 1499 – 1502 mehrere Küstenfahrten in Südamerika unternimmt.

1494 Obwohl der größte Teil der Welt noch nicht entdeckt ist, teilt der Vertrag von Tordesillas sie in eine spanische und eine portugiesische Hälfte: Eine Demarkationslinie 370 Meilen westlich der Azoren soll von Pol zu Pol die spanischen und portugiesischen Gebietsentdeckungen scheiden.

1497 Der in englischen Diensten stehende Florentiner Giovanni Caboto entdeckt Nordamerika.

1498 Vasco da Gama erreicht Ostindien auf dem Seeweg (Kalikut). Lissabon übernimmt vorübergehend eine führende Rolle im Orienthandel und verdrängt Venedig als Handelszentrum.

1500 Der Portugiese Cabral entdeckt Brasilien.

1513 Der Spanier Balboa durchquert die Landenge von Panama und erreicht den Stillen Ozean.

1519 – 1521 Durch die erste Weltumsegelung beweist der Portugiese Fernão de Magalhães, in spanischem Dienst, die Kugelgestalt der Erde. Er entdeckt die Molukken, fällt jedoch im Kampf gegen die Eingeborenen. 1522 erreicht eines seiner Schiffe den Ausgangshafen.

1519 – 1521 Blutige Eroberung des *Aztekenreiches* (Mexiko) durch Hernán Cortés.

1531 – 1534 Francisco Pizarro erobert das Inkareich (Peru).

Die spanischen Eroberer treffen auf hochentwickelte Kulturen. Der große Gold- und Silberreichtum dieser Kulturen ist Grund für eine rücksichtslose Ausbeutung durch die Eroberer.

Die Azteken

Bei den Azteken stehen Handwerk und Kunsthandwerk auf einer hohen Stufe. Sie besitzen eine Bilderschrift, einen auf astronomischen Beobachtungen fußenden Kalender. Ihre wirtschaftliche Grundlage ist der Feldbau; bereits ausgebautes Straßensystem; ständisch gegliederte Gesellschaft, an deren Spitze ein Kaiser steht. Unter Montezuma II. (1467 – 1520) dehnt sich ihr Reich bei der Ankunft der Spanier vom Atlantischen Ozean bis nach Südmexiko und Guatemala aus; Darbringung grausamer Menschenopfer, um die Götter günstig zu stimmen, die nach ihrer Vorstellung von menschlichem Herzblut leben (insbesondere für den Sonnen- und Kriegsgott Huitzilopochtli).

Die Inka

Sie besitzen keine Schrift; ein System bestehend aus farbigen Knotenschnüren (Quipu), ermöglicht die Erfassung von Abgaben und statistische Angaben. Sie betreiben Viehhaltung, Küstenfischerei, besonders Ackerbau mit intensivem Bewässerungssystem und verfügen über ein gut ausgebautes Straßensystem mit einer Gesamtlänge über 10 000 km. Die Nachrichtenübermittlung erfolgt durch Läufer. Der Herrscher (Inka) gilt als Sohn der als Gott gedachten Sonne; den Göttern werden Tier-, Coca- und Trankopfer dargebracht, seltener Menschenopfer.

Die Maya

Sie besitzen eine Bilderschrift; Arithmetik und Astronomie sind weit entwickelt. Sie besitzen eine Vielzahl von Tempelstädten.

Die Ausbeutung durch die Eroberer stützt sich zunächst auf indianische Sklaven, die an der harten Arbeit massenhaft zugrundegehen. Der Dominikaner Las Casas setzt sich nachdrücklich für die Rechte der Indianer ein und arbeitet gegen die Versklavung der Indianer. Ab 1510/11 Einfuhr von Negersklaven.

Obwohl durch die Reisen des Venezianers Marco Polo in den Jahren 1271 – 1295 schon früh Nachrichten über *China* und *Japan* nach Europa dringen, kommt es erst im 16.Jh. zu eigentlichen Kontakten.

1516 Kanton wird portugiesischer Stützpunkt.

1557 Europäischer Handel wird auf Macao beschränkt; hier beginnt

1582 die Chinamission durch Jesuiten, begründet durch den italienischen Jesuiten Matteo Ricci (1552 – 1610), dessen Impulse die jesuitische Chinamission über ein Jahrhundert prägen.

1543 Die Portugiesen betreten als erste Europäer Japan, ab

1549 christliche Mission (Jesuitenpater Franz Xaver); Verbreitung europäischer Techniken und Wissenschaften; Übernahme des Gebrauchs von Feuerwaffen; jedoch ab 1637 Beseitigung des Christentums und Ausweisung der Portugiesen (1639); Japan isoliert sich vom Ausland.

Folgen der Entdeckungen

Portugal und Spanien werden zu Großmächten. Der Atlantikhandel beendet die wirtschaftliche Vormachtstellung der bisher führenden Seestädte Lübeck, Venedig und Genua; später steigen auch die Niederlande und England in eine führende Stellung auf. Handel mit neuen Produkten (Kartoffel, Mais, Tabak); die Einfuhr von Edelmetallen aus den Kolonien bedingt den Reichtum der Seemächte und beschleunigt die geldwirtschaftliche Entwicklung in Europa. Sie führt in Spanien jedoch zu einer ständig steigenden Inflation.
Ausbreitung europäischer Kultur, christliche Mission. Durch Auswanderung nach Amerika und durch den Sklavenhandel kommt es zu Rassenvermischungen und Völkerverschiebungen. Im Bereich der Wissenschaft kommt es zu einer Erweiterung wissenschaftlicher Kenntnisse, vor allem in den Bereichen der Geographie, Völkerkunde, Astronomie und Philologie.

Die Reformation

Entstehung der habsburgischen Hausmacht

1508 – 1519 Kaiser Maximilian I. (zuvor ab 1486 König).
1495 Beginn von Reformen durch den Reichstag zu Worms: Begründung der Rechtsgemeinschaft des Reiches im „Ewigen Landfrieden"; Einrichtung des Reichskammergerichts in Frankfurt als vom Kaiser unabhängige Rechtsinstanz; Abschaffung der Fehde; Beschluß des „Gemeinen Pfennigs" als erste Reichssteuer (aufgrund des Widerstands der Fürsten nicht durchführbar); Ablehnung der Beschlüsse durch die Schweizer Eidgenossen, die
1499 im Schwabenkrieg ihre faktische Unabhängigkeit gewinnen (formell noch bis 1648 beim Reich).
1512 Reichstag zu Köln: Oberste Reichsgewalt soll dem Reichstag zustehen; Beratung der Vorschläge der kaiserlichen Regierung in drei Kollegien (Kurfürsten, Fürsten, Reichsstände); Erweiterung der Reichskreise von 6 auf 10 mit der Aufgabe der Erhebung der Reichssteuer und der Aufstellung des Reichsheeres.
Begründung des habsburgischen Weltreichs durch geschickte Heiratspolitik: Maximilian I. mit Maria von Burgund (Erbtochter Karls des Kühnen) verheiratet; sein Sohn Philipp der Schöne heiratet die spanische Erbin Johanna die Wahnsinnige; Heirats- und Erbverträge mit Böhmen und Ungarn.
1494 – 1516 Kampf mit Karl VIII. von Frankreich um die Vormacht in Italien und Europa; nach dem Sieg Franz' I. von Frankreich über die Eidgenossen (1515) bleibt Mailand bei Frankreich und Neapel bei Spanien; der habsburgisch-

französische Konflikt bestimmt bis ins 18. Jh. die westeuropäische Politik.

Beginn der Reformation

1517 Martin Luther schlägt 95 Thesen gegen den Mißbrauch des Ablasses an der Wittenberger Schloßkirche an, um zu einer Gelehrtendisputation über den Ablaßhandel aufzufordern.

Reformation, Bauernkrieg und Gegenreformation

Martin Luther (1483 – 1546) in Eisleben geboren; Beginn eines juristischen Studiums auf väterlichen Wunsch; nach einem Gelübde 1505 Eintritt in das Augustinerkloster in Erfurt; ab 1512 theologische Vorlesungen in Wittenberg; entscheidende reformatorische Erkenntnis, das sog. Turmerlebnis: Die Gerechtigkeit Gottes könne nicht durch Leistungen des Menschen bewirkt werden, sondern sei allein eine Gnade Gottes. Die päpstliche Kurie eröffnet nach Veröffentlichung der Thesen den Prozeß gegen Luther.

1518 Verhör Luthers und Aufforderung zum Widerruf auf dem Reichstag zu Augsburg durch Kardinal Cajetan; aufgrund der politischen Situation (Kaiserwahl) läßt die Kurie den Prozeß jedoch ruhen.

1519 Karl I. von Spanien (Sohn Philipps des Schönen) wird gegen Franz I. von Frankreich mit Unterstützung der Fugger und Welser zum deutschen Kaiser gewählt (Karl V., 1556 abgedankt). Er verpflichtet sich, die „deutsche Liberalität" zu wahren, d.h. Achtung der fürstlichen Privilegien, insbesondere die der Zustimmung der Kurfürsten zu Gesetzen, Verträgen, Steuern und zur Reichspolitik. Seine zentrale Idee vom universalen Kaisertum führt zur Vereinigung von Spanien, Burgund, Deutschem Reich und spanischem Kolonialreich zu einem Reich, „in dem die Sonne nicht untergeht". Gegner: insbesondere Frankreich, die protestantischen deutschen Reichsfürsten, die Türken und der Papst; Karl will religiösen Konflikt im Sinne des Katholizismus beilegen.

1519 Leipziger Disputation zwischen Luther und seinem Hauptwidersacher Johann Eck. Luther bricht mit Rom, da er den päpstlichen Primat und die Unfehlbarkeit eines Konzils leugnet.

1520 Drei reformatorische Schriften Luthers: „An den christlichen Adel deutscher Nation: von des christlichen Standes Besserung", „Von der babylonischen Gefangenschaft der Kirche", „Von der Freiheit eines Christenmenschen"; Luther verbrennt die Bannandrohungsbulle in Wittenberg. Durch den Druck seiner Schriften finden sie bald weite Verbreitung, lösen Begeisterung aus und erregen großes Aufsehen.

1521 Reichstag zu Worms: Lu-

ther erscheint unter freiem Geleit. Er weigert sich zu widerrufen und wird von Karl V. im Wormser Edikt geächtet und von Kurfürst Friedrich dem Weisen in Sicherheit gebracht. Auf der Wartburg übersetzt er das Neue Testament; Luther schafft damit die Grundlage der neuhochdeutschen Schriftsprache (1534 liegt die gesamte Bibelübersetzung vor).
Wittenberg wird zum Zentrum der deutschen Reformation, daneben Straßburg (Martin Bucer), Nürnberg (Andreas Osiander) und die Schweiz, wo mit Ulrich Zwingli in Zürich (1484 – 1531), der den Ideen Luthers folgt, 1518 die Reformation beginnt.

1521 – 1526 Erster Krieg Karls V. gegen Franz I.; Karl erhebt Erbansprüche auf Burgund und das von den Franzosen eroberte Mailand; Franz I. geht es um das spanische Navarra und Neapel.

1525 Entscheidung durch die Schlacht bei Pavia.

1526 Der gefangene französische König tritt im Frieden von Madrid Burgund, Mailand, Genua und Neapel ab; er erklärt nach seiner Freilassung aber die Bedingungen für erzwungen und verweigert die Erfüllung. Er schließt mit Papst Clemens VII., Mailand, Florenz und Genua die „Heilige Liga" von Cognac. Während des Kriegs gegen Franz I., der den Kaiser völlig beansprucht, entstehen Unruhen in Deutschland.

1522 – 1523 Erhebung der Reichsritter. Der Stand der Reichsritterschaft hat an Bedeutung verloren, seit sich der Kaiser vor allem auf Söldnerheere stützt. Er erhofft von der Reformation die Durchsetzung seiner Interessen. Durch die Niederschlagung des Aufstandes unter Führung von Ulrich von Hutten und Franz von Sickingen Ende des politischen Gewichts der Reichsritterschaft.

1524 – 1526 Bauernkrieg.
Schon seit Beginn des 15. Jhs. Unruhen unter den Bauern. Sie wehren sich gegen Steuerforderungen, Einschränkung der Allmendenutzung (Allmende = Teil der Gemeindeflur) und Leibeigenschaft; Beginn des Aufstandes in Waldshut und Stühlingen, Ausbreitung nach Thüringen und Oberösterreich. Die Beschwerden sind in den „12 Artikeln" des Sebastian Lotzer zusammengefaßt; radikale Aktionen erst nach der Ablehnung von Verhandlungen durch den Schwäbischen Bund.
Thomas Münzer versucht von Thüringen aus die Errichtung eines kommunistischen Gottesreiches. Der Aufstand wird niedergeschlagen durch Truchseß von Waldburg und Philipp von Hessen.
Luther ruft mit seiner Schrift „Wider die mörderischen und räuberischen Rotten der Bauern" die Fürsten zu hartem Durchgreifen auf.
Als Folgen des Bauernkriegs sinkt der Bauernstand in die Bedeutungslosigkeit ab, der Fürsten-

stand wird zur bestimmenden Macht im Reich. Die Reformation wird zu einer politischen Bewegung, getragen von Fürsten.

1525 Umwandlung des Ordensstaates in ein weltliches Herzogtum Preußen unter polnischer Lehenshoheit, nachdem sich der Hochmeister des Deutschen Ordens, Albrecht von Brandenburg, zur Reformation Luthers bekennt: erstes geschlossen reformiertes Territorium.

1526 Erster Reichstag zu Speyer: Die Durchführung des Wormser Edikts wird den Reichsständen bis zur Abhaltung eines Konzils freigestellt.

1526 König Ludwig II. von Ungarn und Böhmen fällt in der Schlacht von Mohács gegen die Türken. Nach dem von Maximilian I. ausgehandelten Erbvertrag wird Ferdinand von Österreich (Bruder Karls V.) sein Nachfolger; Ungarn verliert seine nationale Unabhängigkeit bis 1918. Die Türken steigen zur Weltmacht auf.

1526 – 1529 Zweiter Krieg Franz I. gegen Karl V.

1527 Ein kaiserliches Söldnerheer plündert Rom („Sacco di Roma").

Wegen finanzieller Erschöpfung der kriegführenden Parteien und aufgrund türkischer Vorstöße wird im Jahr

1529 der „Damenfrieden" von Cambrai geschlossen: Karl V. verzichtet auf Burgund, Franz I. auf Italien.

1529 Erste Belagerung Wiens durch die Türken. Im selben Jahr Zweiter Reichstag zu Speyer: Protest der evangelischen Stände (die Fürsten von Hessen, Kursachsen, Ansbach, Anhalt und Braunschweig und 14 Reichsstädte) gegen das Wormser Edikt (daher: „Protestanten").

Das Marburger Religionsgespräch zwischen Luther und Zwingli verläuft ergebnislos, da keine Einigung im Abendmahlstreit erzielt wird.

1530 Kaiserkrönung Karls V. in Bologna durch Clemens VII. (letzte Kaiserkrönung durch den Papst).

Reichstag zu Augsburg. Die Protestanten legen ihre Bekenntnisse vor; Lutheraner: „Confessio Augustana" (hauptsächlich von Melanchthon verfaßt). Die „Augsburger Konfession" bringt keine Lösung des Glaubensstreits: Karl V. weist sie zurück und bestätigt das Wormser Edikt; drohende Reichsexekution gegen die Protestanten.

1531 Ferdinand wird zum römischen König gewählt.

Die evangelischen Stände schließen sich zu dem auf sechs Jahre befristeten „Schmalkaldischen Bund" zusammen und knüpfen Verbindungen zum Ausland, besonders zu Frankreich.

In der Schweiz führt der religiöse Gegensatz zu offenem Bürgerkrieg; Tod Zwinglis in der Schlacht bei Kappel.

1532 Die Machtdemonstration

der Protestanten durch den Schmalkaldischen Bund und ein erneuter Türkeneinfall bedingen den Nürnberger Religionsfrieden: Karl V. garantiert freie Religionsausübung bis zu einem allgemeinen Konzil und erhält im Gegenzug Unterstützung gegen die Türken.

1534 – 1535 Fanatisierte Wiedertäufer rufen in Münster ein „Königreich Christi" aus.

1534 Ignatius von Loyola (1491 – 1556) gründet den Jesuitenorden. Ziel: Missionierung und bedingungsloser Gehorsam gegenüber dem Papst. Der Jesuitenorden spielt eine wesentliche Rolle bei der Erneuerung der katholischen Kirche, der Gegenreformation, der Verfolgung Andersgläubiger (sog. Ketzerverfolgung) und in der Mission.

1535 Karl V. erobert Tunis im Feldzug gegen den Piraten und türkischen Vasallen Chaireddin Barbarossa, mit dem Franz I. einen Pakt anstrebt.

1536 Bündnis von Franz I. mit dem türkischen Sultan.

1536 – 1538 Dritter Krieg Karls V. gegen Franz I.

1538 Unterzeichnung des Waffenstillstands von Nizza.

1539 Einführung der Reformation in Kurbrandenburg und im Herzogtum Sachsen; der Versuch Karls V., durch Religionsgespräche (1539 – 1541) die konfessionellen Schwierigkeiten zu beseitigen, scheitert.

1541 Johann Calvin wirkt in Genf als Reformator. Durchführung einer strengen Kirchenzucht. Die Prädestinationslehre (Lehre von der Vorherbestimmung) kennzeichnet den entstehenden Calvinismus.

1542 – 1544 Franz I. beginnt den vierten Krieg gegen Karl V.

1543 Karl V. schließt einen Beistandsvertrag mit Heinrich VIII. von England gegen Frankreich.

1544 Verlängerung des Religionsfriedens. Die protestantischen Stände sagen Unterstützung gegen Frankreich zu.
Der Kaiser kann bis nach Paris vorstoßen. Bestätigung früherer Verträge im Frieden von Crépy. Franz I. sagt Hilfe gegen die Türken und in einem Geheimvertrag gegen die Protestanten in Deutschland zu.

1545 – 1563 Konzil von Trient. Einberufung durch Paul III. Beseitigung von Lehrstreitigkeiten und Mißständen in der Kirche im Sinne Thomas von Aquins; führende Rolle der Jesuiten; deutliche Abhebung der katholischen Lehre von der protestantischen. Das Konzil bildet die Grundlage für die weitere Entwicklung der katholischen Kirche und stärkt sie gegen den Protestantismus.

1546 Tod Luthers.

1546 – 1547 Schmalkaldischer Krieg. Gewaltsames Vorgehen Karls V. gegen die Protestanten mit Unterstützung des Papstes; Karl kann deren Bund durch die

Gewinnung einzelner Fürsten lähmen.

1547 Sieg Karls V. in der Schlacht von Mühlberg gegen Kurfürst Johann Friedrich von Sachsen, Landgraf Philipp von Hessen ergibt sich. Die sächsische Kurwürde geht auf Moritz von Sachsen über.

1547 – 1548 Karl V. will eine endgültige Regelung des Religionskonflikts auf dem „Geharnischten Reichstag" in Augsburg herbeiführen. Übergangsregelung bis zur Entscheidung durch ein Konzil. „Augsburger Interim" gewährt den Protestanten lediglich Laienkelch und Priesterehe. Kurfürst Moritz von Sachsen tritt der Fürstenopposition gegen den Kaiser bei und verbündet sich

1552 mit Heinrich II. von Frankreich, dem er das Reichsvikariat über Toul, Metz und Verdun zugesteht. Der Passauer Vertrag sichert den Religionsfrieden. Moritz von Sachsen wird zum „Retter des Protestantismus".

1552 – 1556 Karl V. versucht vergeblich, Toul, Metz und Verdun von Heinrich II. zurückzugewinnen.

1555 Regelung der Religionsfrage durch Ferdinand im Augsburger Religionsfrieden: Nur die „Augsburgische Konfession" wird als gleichberechtigt neben der katholischen anerkannt; die Landesherren bestimmen das Bekenntnis in ihrem Gebiet („cuius regio, eius religio"). Andersgläubige dürfen auswandern. „Declaratio Ferdinandea" garantiert Adel und Städten in geistlichen Territorien freie Religionsausübung. Weitere Konflikte aufgrund der Unklarheit der Bestimmungen.

1556 Karl V. dankt ab. Da sich Ferdinand gegen die von Karl betriebene Erbfolgeregelung sperrt, Teilung des Universalreiches. Spanien mit den Kolonien, den italienischen Besitzungen und den Niederlanden gehen an Philipp II. von Spanien.

1556 – 1564 Ferdinand I., im Besitz der deutschen Erblande, wird Kaiser.

1564 – 1576 Unter Maximilian II. starke Ausbreitung des Protestantismus.

1576 – 1612 Rudolf II.; Beginn der Gegenreformation in den habsburgischen Erblanden; Zuspitzung der Situation. Innerhalb des Protestantismus zunehmende Spaltung aufgrund dogmatischer Auseinandersetzungen, die 1577 durch eine einheitliche Lehrmeinung, die sog. „Konkordienformel", beigelegt werden.

Die Religionskriege in Frankreich

1483 – 1498 Karl VIII. (Valois) wird König von Frankreich. Beginn der Auseinandersetzungen zwischen Frankreich und Habsburg mit einem Feldzug gegen die italienischen Stadtstaaten (1494).

1498 – 1515 Ludwig XII. (Orléans) führt die Auseinandersetzung fort.

1500 Besetzung Mailands, das 1513 an die Schweiz fällt; die Franzosen verlassen Italien.

1515 – 1547 Franz I. Er gewinnt

1515 durch die Schlacht bei Marignano gegen die Eidgenossen Mailand für Frankreich zurück; seither Neutralitätspolitik der Schweizer.

1516 Konkordat von Bologna. „Gallikanische Freiheiten" für Frankreich: Bischöfe werden von der Krone ernannt, Einfluß auf Verwendung kirchlicher Einkünfte; seitdem französische Kirche als Machtinstrument der Monarchie (fast 300 Jahre).

1519 Franz I. unterliegt Karl I. (V.) von Spanien in der Konkurrenz um die Kaiserkrone. Vier Kriege mit dem Kaiser um Italien mit dem Ziel, die habsburgische Vormacht zu brechen. Ebenfalls Bündnis Franz I. mit den Türken.

1544 Beendigung der Kriege durch den Frieden von Crépy: Verzicht Karls auf Burgund; Habsburg behält Mailand; Franz gewinnt Neapel.

1547 – 1559 Heinrich II., verheiratet mit Katharina von Medici, verbündet sich,

1552 im Vertrag von Chambord trotz Hugenottenverfolgung im eigenen Land mit den deutschen protestantischen Reichsständen gegen Karl V.

1559 Frieden von Cateau-Cambrésis: Heinrich II. kann gewonnene Gebiete gegen Philipp II. von Spanien behaupten. Jedoch endgültige Preisgabe der französischen Italienpolitik.

Die Reformation erfaßt seit den 40er Jahren durch den Calvinismus breite Bevölkerungsschichten; Franz geht erst am Ende seiner Regierungszeit dagegen vor. Führende Persönlichkeiten des französischen Protestantismus: Admiral G. de Coligny und Louis de Condé. Die katholische Partei wird von den Herzögen von Guise geführt; die Katholiken suchen Unterstützung in Spanien, die Protestanten in England.

Katharina von Medici (geb. 1519, gest. 1589), die für ihre Söhne Franz II. (1559 – 1560), verheiratet mit Maria II. Stuart und Karl IX. (1560 – 1574) die Regierung führt, versucht zwischen beiden Parteien zu vermitteln.

1562 – 1598 Hugenottenkriege in Frankreich.

1572 Bartholomäusnacht. Die Guisen nutzen die Hochzeit Heinrichs von Navarra mit der Schwester des Königs, Margarete, um mit Wissen Katharinas von Medici brutal gegen die Hugenotten vorzugehen („Pariser Bluthochzeit"): Tausende von Hugenotten werden ermordet (auch Coligny). Verschärfung der Kämpfe.

1574 – 1589 Heinrich III. Er kann von den Katholiken gewonnen werden, die sich

1576 zur „Heiligen Liga" gegen

den Protestantismus zusammenschließen. Führende Gestalt einer dritten, auf Ausgleich bedachten Partei, den „Politiques", ist Jean Bodin (prägt den Souveränitätsbegriff und erhebt die Forderung politischer und religiöser Toleranz).

1589 – 1610 Der Bourbone Heinrich (IV.) von Navarra.

Durch das Bündnis der Katholischen Liga mit Philipp II. von Spanien (1584) entsteht zugleich eine Verbindung des religiösen Konflikts im spanischen Krieg gegen England und die Niederlande; Furcht vor der spanischen Vorherrschaft bei französischen Protestanten und Katholiken.

1593 Heinrich IV. gelingt die Beendigung der Kriege durch seinen Übertritt zum katholischen Glauben („Paris ist eine Messe wert").

1598 Toleranzedikt von Nantes (hat Gültigkeit bis 1685). Sicherung der Rechte der Hugenotten: Gewissensfreiheit, beschränkte Kultfreiheit, staatsbürgerliche Gleichberechtigung. Friede von Vervins mit Spanien.

Heinrich IV. gelingt nach 40 Jahren Bürgerkrieg eine Konsolidierung Frankreichs. Sein Minister Sully ordnet die Finanzen und fördert die Landwirtschaft; Aufschwung von Handel und Gewerbe; erste französische Kolonie in Kanada (Quebec 1608).

Nach der Ermordung Heinrichs IV. folgt sein Sohn

1610 – 1643 Ludwig XIII.

Der Freiheitskampf der Niederlande

1477 Durch die Heirat mit Maria von Burgund fallen die südlichen Provinzen mit Holland an Maximilian I. von Habsburg; die nördlichen Provinzen bis 1543 an Habsburg. 1551 werden sie der spanischen Linie des Hauses übertragen.

Karl V. versucht die Ausbreitung der Reformation in den Niederlanden mit Härte zu verhindern, aber erst Philipp II. führt die Religionsedikte konsequent durch und will die Niederlande auch politisch fester mit seinem Reich verbinden. Dennoch Ausbreitung des Calvinismus, besonders im Norden. Die Verschärfung der Inquisition führt im Jahr

1565 zu Protesten; Verspottung der adeligen Wortführer als Geusen (Bettler).

1566 Soziale Unzufriedenheit und religiöse Intoleranz führen zu einem Bildersturm.

1567 Ablösung der Generalstatthalterin Margarete von Parma durch Herzog Alba; brutales Vorgehen gegen die Aufständischen.

1568 Hinrichtung der Grafen Egmont und Hoorn. Wilhelm von Nassau-Oranien übernimmt die politische Führung des Widerstands.

1573 Abberufung Albas. Zunächst Zusammenschluß aller Provinzen in der

1576 Genter Pazifikation. Der

neue Statthalter Alexander Farnese gewinnt jedoch die katholischen Südprovinzen durch Bestätigung ihrer Freiheiten wieder für Spanien zurück.

1579 Union von Utrecht der sieben nördlichen Provinzen, die sich
1581 von Spanien lossagen. Im Haag werden „Generalstaaten“ gebildet.

1584 Ermordung Wilhelms von Oranien in Delft. Nachfolger wird sein Sohn Moritz von Nassau. Unterstützung aus England. Entstehung des niederländischen Kolonialreiches durch massive Überfälle auf spanisch-portugiesische Faktoreien.

1609 Ein 12jähriger Waffenstillstand wird abgeschlossen. Danach Fortsetzung des Krieges bis zur Anerkennung der Selbständigkeit im Jahr 1648 (Haager Frieden). Südliche Provinzen (Belgien) bleiben spanisch.

England und Schottland

1485 Heinrich Tudor begründet durch den Sieg über Richard III. bei Bosworth die Tudor-Dynastie (1485 – 1603):

1485 – 1509 Heinrich VII.

1509 – 1547 Heinrich VIII., zunächst verheiratet (insgesamt sechs Ehen) mit Katharina von Aragon; die Ehe bleibt ohne Thronfolger; Heinrichs Wunsch nach Scheidung, um Anna Boleyn zu heiraten (1536 hingerichtet), wird vom Papst abgelehnt. Daraufhin erfolgt Trennung der englischen Kirche von Rom.

1534 Suprematsakte. Der König macht sich selbst zum Oberhaupt der anglikanischen Kirche. Der Klerus wird durch brutale Unterdrückung zur Anerkennung gezwungen. Kanzler Thomas Morus wird 1535 hingerichtet. Keine Beeinflussung durch die Reformation; Aufbau und Dogma der Kirche bleiben katholisch; enorme Eigentumsverschiebung durch Verkauf von Klosterbesitz. Seit
1542 führt Heinrich VIII. auch den Titel „König von Irland“.

1547 – 1553 Eduard VI. Er besteigt 9jährig den Thron. Zunehmender Einfluß des Protestantismus; Entwicklung der englischen Hochkirche („High Church“); 1549 „Common Prayer Book“ unter Mitarbeit des Reformators Martin Bucer.

1553 – 1558 Maria die Katholische (Tochter Katharinas von Aragon und Heinrichs VIII.) versucht den Katholizismus wiederherzustellen; Verfolgung der Protestanten („Bloody Mary“); durch Vermählung mit Philipp II. von Spanien antifranzösische Politik.

1558 – 1603 Elisabeth I. (Tochter der Anna Boleyn) stellt die anglikanische Kirche wieder her und betreibt eine gemäßigte Kirchenpolitik.

In Schottland regiert seit 1561 die katholische Maria II. Stuart (durch ihre Ehe mit Frankreich verbunden); der Calvinismus findet hier seit den 40er Jahren Verbreitung (John Knox).

1560 Das schottische Parlament beschließt die reformierte Staatskirche und wendet sich gegen die Königin.

1568 Flucht Maria Stuarts nach England. Gefangennahme.

1584 Erste englische Kolonie in Nordamerika. Nach der unverheirateten Königin Elisabeth „Virginia" genannt.

1587 Hinrichtung Maria Stuarts ohne Wissen Elisabeths nach der Aufdeckung von Verschwörungen gegen die Königin. Auslösung des Krieges mit Spanien. Schon vorher Konflikt durch Überfälle englischer Freibeuter auf spanische Schiffe und Unterstützung der Niederlande gegen Spanien.

1588 Vernichtung der spanischen Armada durch Francis Drake. Einleitung des spanischen Niedergangs; Aufstieg Englands als Seemacht.

1600 Gründung der „East India Company", die zum Träger der englischen Kolonialpolitik wird.

1601 Niederwerfung des von Spanien unterstützten irischen Aufstands.

Die Regierungszeit Elisabeths I. ist gekennzeichnet durch ein hohes Maß an Stabilität. Durch ihre Zusammenarbeit mit dem Parlament in religiösen Fragen sichert sie den inneren Frieden. Der Außenhandel erlebt einen großen Aufschwung. In der Binnenwirtschaft entwickeln sich privatkapitalistische Methoden und Besitzverhältnisse. Bürgertum und Landadel gelangen zu Wohlstand durch die merkantilistische Wirtschaftspolitik. Blüte des geistigen Lebens im Elisabethanischen Zeitalter: Francis Bacon (1561 – 1626), Philosoph, Vorläufer des englischen Empirismus und Wegbereiter der Naturwissenschaften; William Shakespeare (1564 – 1616), Begründer des modernen Dramas.

1603 – 1714 Da Elisabeth kinderlos stirbt, erlischt die Tudor-Dynastie, und das Haus Stuart kommt auf den englischen Thron.

1603 – 1625 Jakob I., Sohn Maria Stuarts. Er verbindet England mit Schottland in Personalunion.

Grundlagen

Renaissance und Humanismus beinhalten die Wiederentdeckung der Antike und prägen die Zeit vom 14. bis zum 16. Jahrhundert. Sie sind sowohl geistige wie künstlerische und politische Strömungen. In engem Zusammenhang damit steht der Beginn der städtischen Kultur in Italien.

Nach der Lehre des Humanismus steht der Mensch im Mittelpunkt des Denkens. Vom Humanismus geht auch eine vehemente Kirchenkritik aus. Die Lehre der Kirche soll einer genauen Untersuchung unterworfen werden: Der Humanismus ist somit in Deutschland zugleich der geistige Nährboden für die Reformation.

In das Zentrum des Interesses rücken die Persönlichkeit und Würde des Menschen. Renaissance – Wiedergeburt – spiegelt eine Aufbruchszeit vor allem in der Kunst, die sich am klassischen Bildungsideal orientiert und so im Rückgriff auf die Stilprinzipien der Antike bewußt dem Mittelalter mit einer neuen, realen Abbildung der Wirklichkeit entgegenwirkt.

Der Humanismus in Italien

In Italien entsteht außerhalb der Universitäten das Bildungsideal des Humanismus. Man setzt sich intensiv mit den antiken, zunächst römischen Schriftstellern auseinander. Zu den frühen bedeutenden Humanisten zählt der Dichter Petrarca (1304 – 1375). Ab 1400 beginnt auch die intensivere Beschäftigung mit dem antiken griechischen Erbe.

Besonders bedeutend für die weitere Entwicklung des Humanismus wird die Flucht zahlreicher byzantinischer Gelehrter aufgrund der Einnahme Konstantinopels durch die Türken Mitte des 15. Jahrhunderts. Diese Gelehrten bringen zum Teil unbekannte Werke antiker griechischer Schriftsteller nach Italien. Neben der römischen Literatur beginnt man, sich nun auch mit der griechischen zu beschäftigen, insbesondere mit Platon. Zum Zentrum der humanistischen Wissenschaft und des Glaubens an eine Wiedergeburt des antiken Geistes – Renaissance – wird die „Platonische Akademie“ in Florenz.

Der sog. „Frühhumanismus“ steht jedoch immer noch unter dem Zeichen mittelalterlichen Denkens, der kirchlichen Lehre, so daß von einem eindeutigen Bruch in der Geistesgeschichte nicht gesprochen werden kann: Mittelalterliche und neuzeitliche Auffassungen sind sehr vermischt. Der Humanismus erfaßt alle europäischen Länder. Die Kluft zwischen Gebildeten und Ungebildeten wird durch den Humanismus größer, und Bildung, die vor allem im Studium der antiken Sprachen besteht, ist nur der „Oberschicht“ vorbehalten. Die Antike wird nicht nur für die geistige Entwicklung zum Vorbild, sondern findet wie gesagt ihre Erneuerung auch in der bildenden Kunst.

Die Kunst der Renaissance in Italien

Die Rückbesinnung auf die Antike ist in Italien lebendiger als in anderen europäischen Ländern. Das antike Erbe wurde jedoch lange Zeit in den Dienst des Christentums gestellt. In der Mitte des 14. Jahrhunderts setzt hier ein Wandel ein, indem man sich intensiver mit der Kunst der Antike zu beschäftigen beginnt, neben der antiken Literatur auch mit der antiken Baukunst. Als kunstgeschichtlicher Begriff taucht die „Renaissance“ erst seit dem 19. Jahrhundert auf, als „Wiedergeburt “ der Antike.
Die Renaissancekunst nimmt ihren Ausgang somit in Italien. Dort erlebt sie um 1500 auch ihren Höhepunkt. Kennzeichnend für die Baukunst sind neben den kirchlichen Bauten die zahlreichen Profanbauten, insbesondere die Paläste. Bedeutend für die Kunst wird die Idee vom Diesseitsstreben des Menschen, dessen Denken nicht mehr wie im Mittelalter einzig auf ein Jenseits, auf Gott bezogen ist. Die besondere Wertung der Persönlichkeit des Menschen führt zur Porträtkunst und zur Darstellung von individuellen Zügen in der Plastik wie auch in der Malerei, die von rein religiösen Darstellungen abrückt. Wie in den antiken Skulpturen strebt man nach „naturgetreuer“ Abbildung. So entstehen die Bildnisbüsten und monumentalen Reiterdenkmäler. In der Malerei gewinnt die Zentralperspektive an Bedeutung. Zentrum der Malerei ist Florenz. Dort wirkt in der Frührenaissance Botticelli (um 1444 – 1510), der mit seinen frühen Bildern noch scheinbar der Gotik verhaftet bleibt. Rom, Venedig und ebenso Florenz sind die Zentren der Hochrenaissance. Hier wirken Künstler wie Leonardo da Vinci (1452 – 1519), ebenso Michelangelo (1475 – 1564) und der etwas jüngere Raffael (1483 – 1520), der vor allem durch seine Madonnenbilder berühmt wird. Der bekannteste Porträtmaler seiner Zeit ist Tizian (1477 – 1576).

Wirkungen der italienischen Renaissance

Die von Italien ausgehende Renaissancekunst wirkt auch auf Deutschland, wobei hier viele Künstler noch der Gotik zuzurechnen sind. Zu den bedeutendsten deutschen Künstlern zählt Tilmann Riemenschneider (1460 – 1531). Der Geist des Mittelalters lebt auch in der Malerei eines Matthias Grünewald weiter. Der größte Maler der Renaissancezeit in Deutschland ist der Nürnberger Albrecht Dürer (1471 – 1528). Der italienische Einfluß wird ebenso in den Porträts Hans Holbeins d. J. (um 1497 – 1543) sichtbar, der seit etwa 1536 am Hof Heinrichs VIII. in England lebt.

Wirkungen des Humanismus

Die Zeit des italienischen Humanismus ist mit dem Ausgang des 15. Jahrhunderts beendet. In der Spätzeit entwickelt der Florentiner Niccolo Machiavelli (1469 – 1527), der Schöpfer der Staatslehre der frühen Neuzeit, mit „Il Principe" („Der Fürst") die erste Staatstheorie der Neuzeit.
In England erreicht der Humanismus seinen Höhepunkt in der Zeit Heinrichs VIII. u.a. mit Thomas Morus (1478 – 1535).
Der deutsche Humanismus erfaßt noch ausgeprägter als in Italien nur eine dünne geistige Oberschicht. Die Orientierung am Christentum ist bei den frühen deutschen Humanisten noch ausgeprägter als in Italien und weist auch antirömische Strömungen auf, indem man Leitbilder in der germanischen Vergangenheit sucht. Als Beispiel sei hier Konrad Celtis (1459 – 1508) erwähnt, Herausgeber der „Germania" des Tacitus, der zum „Vorreiter" des deutschen Humanismus wird.

„O Jahrhundert,
O Wissenschaften!"

Unter den deutschen Humanisten zählt Ulrich von Hutten (1488 – 1523) zu den bedeutendsten, der in lateinischen und deutschen Schriften Kritik an der Papstkirche übt. Daneben wirken Johannes Reuchlin (1455 – 1522) und Melanchthon (1497 – 1560), der Freund und Mitarbeiter Luthers. Bezeichnend für den deutschen Humanismus wird seine Hinwendung zum Pädagogisch-Didaktischen. Als „König der Wissenschaften" gilt der in vielen europäischen Ländern lebende Erasmus von Rotterdam (1467 – 1536), der wiederum einen christlichen Humanismus fordert und im Gegensatz zu anderen Humanisten für eine Aussöhnung mit der Kirche eintritt.
Die neue Wissenschaftlichkeit führt auch zu bedeutenden Leistungen auf dem Gebiet der Naturwissenschaften oder anders gesagt: Der Aufstieg der Naturwissenschaften wird erst durch die Humanisten möglich. Zum Zentrum in Deutschland entwickelt

sich die freie Reichsstadt Nürnberg. Große Fortschritte macht insbesondere die Medizin mit dem bedeutenden Arzt Paracelsus (1493 – 1541).
Der Maschinenbau erfährt um 1500 einen großen Aufschwung.
Nikolaus Kopernikus (1473 – 1543) wird zum Wegbereiter eines neues Weltbildes und bricht mit den aristotelischen Grundsätzen der Mechanik. Ihren revolutionierenden Durchbruch erreichen die Vorstellungen des Kopernikus jedoch erst im 17. Jahrhundert.

Durch den Humanismus entstehen die im modernen Sinn wissenschaftliche Beschäftigung mit Sprachen, Geschichte, Philosophie, Rechtslehre und den Naturerscheinungen.
Bedeutsam für die Verbreitung der neuen Ideen wird die Erfindung des Buchdrucks 1440 durch Johannes Gutenberg. Durch die Möglichkeit der Vervielfältigung können die neuen Auffassungen und geistigen Strömungen rasch verbreitet werden.

Skandinavien und Osteuropa

Schweden

1513 – 1523 Christian II. von Dänemark versucht, die dänische Vorherrschaft in Schweden wiederherzustellen, und läßt sich zum erblichen König krönen.
1520 Rache an der Adelsopposition („Stockholmer Blutbad").
1521 – 1523 Aufstand Gustav Wasas; Sturz Christians II.
1523 – 1654 Haus Wasa.
1523 – 1560 Gustav I. Wasa. Die Union mit Dänemark wird beendet.
1527 Einführung der Reformation in Schweden. Das Kirchengut wird eingezogen, um finanzielle Abhängigkeit von Lübeck zu beenden.
1560 – 1568 Erich XIV.
1568 – 1592 Johann III., vermählt mit der katholischen Jagiellonin Katharina. Ihr Sohn Sigismund ist seit 1587 König von Polen. Als Sigismund III. ist er auch von
1592 – 1599 König in Schweden. Eine unpopuläre katholische Politik kennzeichnet seine Regierungszeit. Er wird von seinem Onkel Karl IX. verdrängt.
1600/1604 – 1611 Karl IX. Er regiert zunächst als „Erbfürst", bis ihm 1604 der Reichstag das Königtum überträgt.
1611 – 1632 Gustav II. Adolf, der Sohn Karls IX., wird Schwedens bedeutendster König. Er entscheidet den seit Mitte des 16. Jahrhunderts geführten Kampf um das „dominium maris baltici" gegen Dänemark, Polen, Rußland für Schweden; schafft das modernste Heer Europas. Er greift in den 30jährigen Krieg ein und fällt in der Schlacht bei Lützen 1632.
1632 – 1654 Christine, Tochter Gustav Adolfs; Vormundschaftsregierung des Kanzlers Oxenstierna; Christine dankt 1654 ab und konvertiert zum Katholizismus. Nachfolge durch ihren Vetter:
1654 – 1660 Karl X. Gustav (Karl Gustav von Pfalz-Zweibrücken).
Beginn der Herrschaft des Hauses Pfalz-Zweibrücken (bis 1718).

Dänemark und Norwegen

Dänemark und Norwegen seit 1380, bekräftigt durch Kalmarer Union 1397, in Personalunion bis 1814.
1534 – 1559 Christian III. Er führt 1536 die Reformation ein.
1559 – 1588 Friedrich II. Kriege mit Schweden um die Vorherrschaft an der Ostsee: Nordischer Siebenjähriger Krieg (1563 – 1570) und Krieg 1611 – 1613.
1588 – 1648 Christian IV. Niederlage gegen Schweden nach fehlgeschlagenem Eingreifen im 30jährigen Krieg (1625 – 1629).

Polen

Der polnische Adel (Szlachta) kann im 15. Jahrhundert seine

Stellung festigen. Seit 1505 hat der Reichstag (Sejm) praktisch allein die gesetzgebende Gewalt (Bürgertum nicht im Reichstag vertreten). „Goldenes Zeitalter" Polens unter Sigismund I. (1506 – 1548) und Sigismund II. August (1548 – 1572). Ausbreitung der Reformation. Blütezeit der Architektur und Literatur. Druckwerke in der Volkssprache entstehen. Durch tolerante Politik wird Polen Zufluchtsort vieler Protestanten. Die polnische Lehnshoheit über Preußen wird 1515 von Maximilian I. bestätigt. Nach dem Zusammenbruch der Livländischen Konföderation (1558) Anschluß Kurlands (Polnisches Lehen) und Livlands (1561).

1569 Lubliner Union. Litauen gibt seine Selbständigkeit auf; gemeinsamer Reichstag.

1572 – 1795 Zeit der Wahlkönige. „Articuli Henriciani" bestätigen dem polnischen Adel Wahl- und Religionsfreiheit und Widerstandsrecht (nach Heinrich von Valois, 1572 – 1574 polnischer König); geschwächte Staatsmacht; Adelsrepublik.

1575 – 1586 Stefan Bathory, Fürst von Siebenbürgen, setzt sich nach einer Doppelwahl gegen den Habsburger Maximilian II. durch. Beendet 1582 den Livländischen Krieg gegen Iwan IV. von Rußland.

1587 – 1668 Drei polnische Könige aus dem schwedischen Haus Wasa.

1587 – 1632 Sigismund III. Wasa (1592 – 1599 auch schwedischer König) treibt die Gegenreformation voran; Verfolgungen insbesondere der Sozinianer (Religionsgemeinschaft, die die Dreieinigkeit leugnet). Bis Mitte des 17. Jahrhunderts wird der Protestantismus durch die Jesuiten zurückgedrängt; Krieg mit Schweden aus dynastischen Gründen.

1596 Union von Brest. Größter Teil des polnisch-litauischen Zweigs der orthodoxen Kirche kommen unter die Oberhoheit des Papstes.

1607 – 1609 Aufstände des Adels gegen das „absolutum dominium" Sigismunds III.; 1610 – 1612 Eingreifen in die Moskauer Wirren um den Zarenthron bleibt erfolglos.

1632 – 1648 Wladislaw IV. Wasa und 1648 – 1668 Johann II. Kasimir: Schwächungen Polens durch Kriege mit Schweden, den Russen und Türken.

1652 „Liberum veto". Das erstmals praktizierte Prinzip der Einstimmigkeit im Reichstag führt zur Beschlußunfähigkeit und verhindert so dringend notwendige innere Reformen.

1657 erkennt Polen die preußische Souveränität an.

1667 Der Waffenstillstand von Andrusowo beendet die polnische Überlegenheit gegenüber Rußland. Verlust von Smolensk, Kiew und der Ukraine bis zum Dnjepr.

Rußland

1462 – 1505 Iwan III. der Große. Er strebt durch seine Heirat mit der Nichte des letzten byzantinischen Kaisers, Zoe, die Nachfolge von Byzanz an. Er schafft den nationalen Einheitsstaat aus dem bisherigen System von Teilfürstentümern.

1533 – 1584 Iwan IV., genannt der Schreckliche. Er erobert in den Jahren

1552 – 1556 die tatarischen Chanate Kasan und Astrachan, ab 1582 auch Sibirien, gewinnt jedoch keinen Zugang zur Ostsee (Livländischer Krieg); Einschränkung der Rechte des Adels; unbeschränkte Macht des Herrschers. Durch Einschränkung der Rechte und Druck auf die Bauern Massenflucht der Bauern. Handelsverbindungen mit Westeuropa entstehen über den von den Engländern entdeckten nördlichen Zugang zum Moskauer Reich über das Weiße Meer.

1584 – 1598 Boris Godunow übernimmt die Regentschaft für den regierungsunfähigen Sohn Iwans IV., mit dessen Tod die Dynastie der Ruriken endet.

1598 – 1605 Godunow als gewählter Zar.

1605 – 1613 Zeit der Wirren; Kämpfe um die Nachfolge des Throns.

1613 – 1645 Zar Michael III. begründet die Dynastie Romanow (bis 1762). Überwindung der Konflikte mit Polen und Schweden.

Osmanisches Reich

1453 Fall Konstantinopels, das als Istambul zur Hauptstadt des Osmanischen Reiches wird. Weitere Ausbreitung des Reiches auf dem Balkan.

1516 – 1517 Eroberung Syriens und Ägyptens. Blüte des Osmanischen Reiches unter

1520 – 1566 Süleyman II., genannt „der Prächtige“.

1521 Eroberung Belgrads und 1522 Einnahme von Rhodos.

1526 Sieg über die Ungarn in der Schlacht von Mohács.

1529 Fehlschlag der ersten Belagerung von Wien. Die Periode der Expansion endet

1566 mit dem Tod Süleymans bei der Belagerung der Festung Sziget in Ungarn (Verteidigung durch den ungarischen Nationalhelden Zriny). Das gewaltige Reich ist praktisch unregierbar, vor allem aufgrund der Tolerierung bestehender Gesellschafts- und Wirtschaftsformen auch in den eroberten Gebieten.

1571 Niederlage in der Seeschlacht bei Lepanto bricht die Vorherrschaft der türkischen Flotte im Mittelmeer.

Ab 1596 Militärische Mißerfolge im Osten; vorübergehende Stabilisierung unter den Großwesiren der Köpülis.

In der Folgezeit innerer Verfall; wachsender Einfluß der Janitscharen (Elitetruppe des Sultans, die sich aus jungen, zwangsweise zum Islam erzogenen und zu lebenslangem Dienst verpflichteten Christen zusammensetzt).
Endgültiger Machtverlust nach der zweiten vergeblichen Belagerung von Wien 1683.

Der Dreißigjährige Krieg (1618 – 1648)

Vorgeschichte

1607 Bruch des Religionsfriedens durch Exekution der Reichsacht gegen die evangelische Reichsstadt Donauwörth. Aus diesem Anlaß und aufgrund der sich seit 1576 verschärfenden konfessionellen Gegensätze kommt es zu konfessionellen Schutzbünden, getragen von einer jeweils eigenen militärischen Organisation:
1608 Gründung der protestantischen Union.
1609 Gründung der katholischen Liga.
1609 Majestätsbrief Rudolfs II. gesteht den böhmischen Ständen Religionsfreiheit zu.
1612 – 1619 Matthias löst seinen Bruder Rudolf II. als Kaiser ab (Bruderzwist).
1618 Prager Fenstersturz. Unruhen in Prag, ausgelöst durch die Verletzung des Majestätsbriefs, führen zum Sturz zweier kaiserlicher Räte aus einem Fenster der Prager Burg; Auslösung des böhmischen Aufstands.

Verlauf

1618 – 1623 Böhmisch-pfälzischer Krieg.
1619 – 1637 Ferdinand II., als böhmischer König abgesetzt, wird Kaiser. Kurfürst Friedrich V. von der Pfalz, Führer der Union, wird böhmischer König. Ausweitung des Konflikts auf das Reich. Niederwerfung Böhmens durch den Kaiser mit Unterstützung Spaniens und der Liga (Schlacht am Weißen Berg 1620); Flucht Friedrichs („Winterkönig“ wegen der Kürze seiner Amtszeit); Auflösung der Union (1621); pfälzische Kurwürde an Maximilian I. von Bayern (1623). Gewaltsame Rekatholisierung und Regermanisierung Böhmens; Böhmen fortan habsburgisches Erbland.
1625 – 1629 Niedersächsisch-dänischer Krieg.
Eingreifen Christians IV. von Dänemark, Herzog von Holstein, in den Krieg aus religiösen und machtpolitischen Gründen; es kommt zum Bündnis mit England und Holland.
1625 Albrecht von Wallenstein stellt dem Kaiser ein Heer zur Verfügung.
1626 Niederlage Christians IV. gegen Tilly bei Lutter am Barenberge (in der Nähe von Salzgitter); Tilly und Wallenstein besetzen

ganz Norddeutschland einschließlich Jütlands.

1629 Friede von Lübeck. Christian IV. verpflichtet sich zur Neutralität und erhält dafür seine Erblande und Holstein zurück. Restitutionsedikt: Aufhebung der „Declaratio Ferdinandea“ und Rückführung aller seit 1552 (Passauer Vertrag) von den Protestanten beanspruchten geistlichen Güter; Widerstand von protestantischen und katholischen Fürsten aus Furcht vor Übermacht des Hauses Habsburg. Sie setzen

1630 auf dem Kurfürstentag zu Regensburg die Entlassung Wallensteins durch.

1630 – 1635 Eingreifen Schwedens in den Krieg.

1630 Das Eingreifen Gustavs II. Adolf geschieht zum Teil aus religiöser Solidarität, aber auch zur Sicherung der schwedischen Machtstellung an der Ostsee gegen den Kaiser. Besetzung Pommerns. Subsidienvertrag mit Richelieu.

1631 Die Eroberung Magdeburgs durch Tilly veranlaßt Brandenburg und Kursachsen, sich Schweden anzuschließen. Gustav Adolf siegt über Tilly. Verdrängung Bayerns aus der Pfalz.

1632 Vorstoß des schwedischen Heeres nach Süden; Sieg über Tilly bei Rain am Lech; Einnahme Augsburgs und Münchens. Erneute Berufung Wallensteins mit fast unbeschränkten Vollmachten. Er verhindert den Zug Gustav Adolfs nach Wien; Schlacht bei Lützen; schwedischer Sieg, aber Tod Gustav Adolfs. Dem schwedischen Kanzler Oxenstierna gelingt die Vereinigung zahlreicher protestantischer Reichsstände im Heilbronner Bund (1633).

1633 Wallenstein erneut abgesetzt und geächtet wegen eigenmächtiger Verhandlungen mit den Schweden. 1634 in Eger ermordet.

1634 Schlacht bei Nördlingen. Schweden verliert Süddeutschland.

1635 Friede von Prag. Ferdinand II. verzichtet auf die Durchführung des Restitutionsedikts. Abschluß zunächst nur mit Sachsen, fast alle protestantischen Stände schließen sich an.

1635 – 1648 Schwedisch-französischer Krieg.

1635 Ausweitung des Krieges durch den aktiven Kriegseintritt Frankreichs (französisch-schwedisches Bündnis); es fällt keine militärische Entscheidung; zwei Kriegsschauplätze: Sachsen/Böhmen und Süddeutschland.

1637 – 1657 Kaiser Ferdinand III. Ferdinand zeigt Friedensbereitschaft; seit

1644 Friedensverhandlungen in Münster mit Frankreich und in Osnabrück mit Schweden.

1648 Beendigung des Dreißigjährigen Krieges durch den Westfälischen Frieden: Frankreich erhält Metz, Toul und Verdun, den Sundgau, die Landvogtei über 10 elsässische Reichsstädte; Schweden erhält Vorpommern mit Stettin und der Odermündung, die Insel Rügen, Wismar, die Bistümer Bremen und Verden; an Sachsen fällt die Lausitz, die Oberpfalz bleibt bei Bayern; Brandenburg gewinnt Hinterpommern mit Cammin, Halberstadt, Minden und die Anwartschaft auf das Erzbistum Magdeburg; Anerkennung der Souveränität der Schweiz und der Niederlande.

Ausdehnung des Augsburger Religionsfriedens auf die Calvinisten als dritte Konfession neben Katholiken und der Augsburgischen Konfession (Lutheraner); 1624 wird als sog. Normaljahr für den geistlichen Besitzstand und die Konfessionszugehörigkeit festgesetzt (Ausnahme habsburgische Erblande).

Bestätigung der faktisch schon bestehenden Souveränität der deutschen Reichsstände: Sie erhalten volle Landeshoheit. Zugeständnis freien Bündnisrechts, solange dieses sich nicht gegen Kaiser und Reich richtet, sowie volle Mitbestimmung in Reichsangelegenheiten, insbesondere bei der Außenpolitik.

Folgen

Der Dreißigjährige Krieg beendet die Religionskriege und leitet eine Zeit zunehmender religiöser Toleranz in der Politik ein. Schwächung des Reiches durch Zerstückelung in souveräne Herrschaftsgebiete. Niedergang der habsburgischen Vormachtstellung und Aufstieg neuer Großmächte wie Frankreich, Schweden, die Niederlande und Brandenburg. Verwüstung des Reiches und enorme Bevölkerungsverluste (in manchen Gebieten überlebt nur etwa 1/3 der Bevölkerung) verursachen eine soziale Umschichtung und Veränderungen in der Wirtschaftsstruktur.

Der Absolutismus in Frankreich

Jean Bodin (geb. 1530, gest. 1596) entwickelt die theoretischen Grundlagen des Absolutismus. Die politische Durchsetzung absolutistischer Vorstellungen erfolgt ab

1624 – 1642 durch den Kardinal Richelieu, der für Ludwig XIII. die Regierungsgeschäfte leitet. Innenpolitisch festigt Richelieu die Stellung des Königs und bricht die Opposition des Hochadels; er geht gegen die politische Sonderstellung der Hugenotten vor, gewährt ihnen aber weiter religiöse Toleranz. Die Generalstände werden völlig ausgeschaltet (1614 letzte Einberufung). Bauernaufstände gegen den wachsenden Steuerdruck werden niedergeschlagen. Förderung von Kunst und Wissenschaft (Gründung der Académie Française 1635 in Paris). Richelieus außenpolitisches Ziel ist die

Befreiung aus der Umklammerung Habsburgs.

1635 Eintritt in den Dreißigjährigen Krieg durch Kriegserklärung an Spanien.

1643 – 1715 Ludwig XIV.

1643 – 1661 Während seiner Minderjährigkeit Regierung durch Kardinal Mazarin.

1648 – 1653 Aufstand der Fronde. Der letzte Aufstand des Adels endet mit dessen völliger politischen Entmachtung.

1659 Pyrenäenfriede. Niedergang der spanischen Vormacht in Europa, Aufstieg Frankreichs.

1661 Nach Mazarins Tod übernimmt Ludwig XIV. selbst die Regierung. Wichtiges politisches Ziel: Herstellung einer französischen Vormachtstellung (Hegemonie) in Europa.

1667 – 1668 1. Eroberungskrieg gegen Spanien und die Spanischen Niederlande, wobei sich Frankreich auf umstrittene Erbansprüche (Devolutionsrecht) aus dem Pyrenäenfrieden beruft. Ludwig gewinnt im Frieden zu Aachen zwölf flandrische Festungen für Frankreich.

1670 Besetzung Lothringens.

1672 – 1678 2. Eroberungskrieg Ludwigs XIV. gegen Holland, um den wirtschaftlichen Rivalen auszuschalten. Wilhelm von Oranien stoppt den Angriff durch Öffnung der Schleusen und Dämme. Unterstützung der Niederlande durch Brandenburg und die antifranzösische Koalition von Kaiser und Reich, Spanien und England (England zunächst mit Frankreich verbündet). Entlastung Frankreichs durch Angriff Schwedens (Verbündeter Frankreichs) auf Brandenburg.

1675 Der Große Kurfürst von Brandenburg schlägt die Schweden bei Fehrbellin und kann sie zurückdrängen.

1678/1679 Friede zu Nimwegen. Weitere Gebietsgewinne für Frankreich, insbesondere die Franche-Comté (Burgund); keine Verluste für Holland.

1679 Friede mit Brandenburg zu St. Germain-en-Laye.

Ludwig XIV. erhebt Ansprüche auf Reichsterritorien, die er von französischen Gerichten legitimieren läßt (Reunionspolitik); Besetzung des Elsaß.

1681 Einmarsch Ludwigs in Straßburg.

1684 Besetzung Luxemburgs; Anerkennung des französischen Besitzes durch Kaiser und Reich im „Regensburger Stillstand“.

1685 Aufhebung des Edikts von Nantes zur Wiederherstellung der religiösen Einheit des Landes. Flucht von ca. einer halben Million Hugenotten nach Holland und Brandenburg.

1688 – 1697 Pfälzischer Erbfolgekrieg. Ludwig XIV. erhebt für seine Schwägerin Elisabeth Charlotte Erbansprüche auf die Pfalz.

1689 Große Allianz von Kaiser Leopold I. mit den Niederlanden, England, Spanien und Savoyen

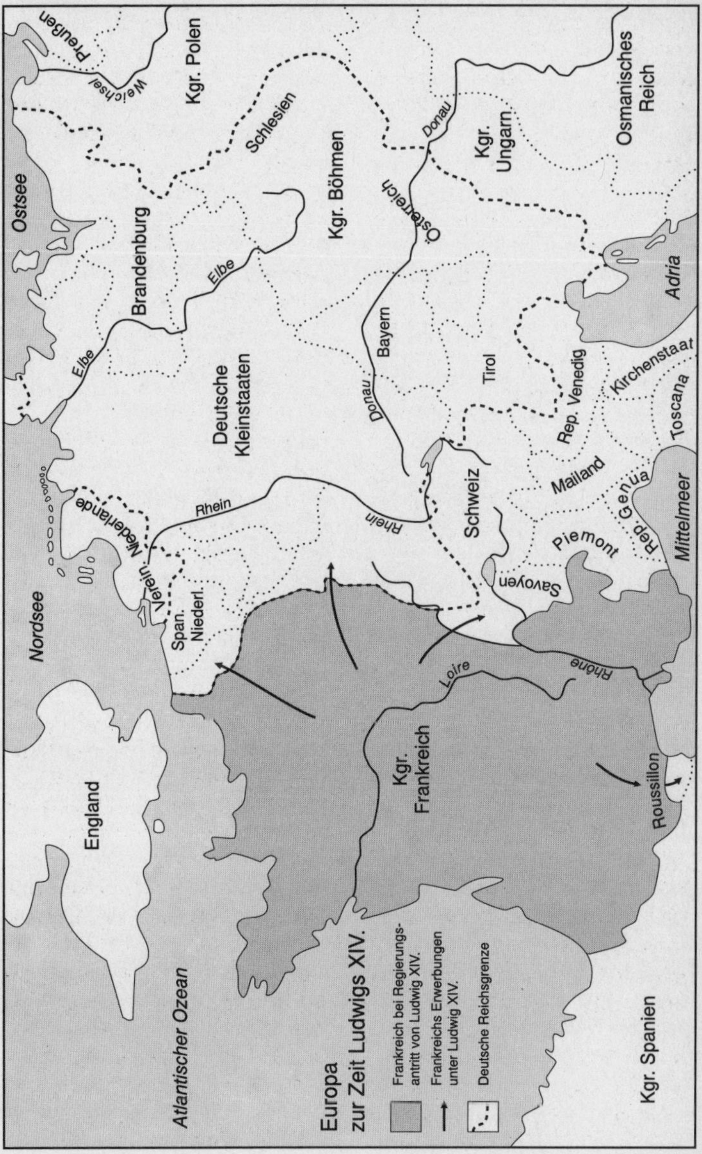
Europa
zur Zeit Ludwigs XIV.
Frankreich bei Regierungsantritt von Ludwig XIV.
Frankreichs Erwerbungen unter Ludwig XIV.
Deutsche Reichsgrenze
Atlantischer Ozean
England
Nordsee
Ostsee
Preußen
Weichsel
Kgr. Polen
Schlesien
Brandenburg
Elbe
Elbe
Kgr. Böhmen
Deutsche Kleinstaaten
Niederlande
Verein. Niederl.
Span. Niederl.
Rhein
Rhein
Donau
Donau
Bayern
Österreich
Kgr. Ungarn
Osmanisches Reich
Tirol
Schweiz
Rep. Venedig
Adria
Kirchenstaat
Toscana
Mailand
Rep. Genua
Piemont
Savoyen
Mittelmeer
Loire
Rhône
Kgr. Frankreich
Roussillon
Kgr. Spanien

gegen Frankreich. Verwüstung der Pfalz durch französische Truppen (Worms, Heidelberger Schloß). Nach mehreren Niederlagen der Verbündeten

1692 Seesieg der englischen Flotte bei La Hogue. Schwächung Frankreichs durch Blockade.

1697 Friede von Rijswijk. Ludwig verliert Lothringen und die rechtsrheinischen Eroberungen, behält aber das Elsaß und Straßburg.

1701 – 1713/14 Erst durch den Spanischen Erbfolgekrieg verliert Frankreich seine Hegemonialstellung in Europa.

Unter Ludwigs Finanzminister Colbert (geb. 1619, gest. 1683) Durchsetzung des Merkantilismus als Wirtschaftssystem: Förderung von Industrie und Handel, Ausbau des Kolonialreiches (Kanada, Louisiana, Westindien). Unter Kriegsminister Louvois Ausbau der stärksten Landstreitkraft Europas; neue Technik des Festungsbaus durch Vauban. Ludwig XIV. vollendet den französischen Absolutismus („L'état c'est moi"). Die Hofkultur des „Sonnenkönigs" ist prägend für Europa. In der Literatur Blüte der französischen Klassik: Corneille, Racine (Tragödie), Molière (Komödie), La Fontaine (Fabel).

Barockarchitektur: Versailles. Am Ende der Regierungszeit Ludwigs XIV. ist Frankreich aufgrund der Kriege und fehlender innerer Reformen völlig zerrüttet.

1715 – 1774 Ludwig XV.; Urenkel Ludwigs XIV.

1726 – 1743 Kardinal Fleury. Als leitendem Minister gelingt ihm zunächst die finanzielle und wirtschaftliche Konsolidierung des Landes. Sie wird durch Ludwigs Kriegs- und Kolonialpolitik und seine Mätressenherrschaft (Marquise de Pompadour, Gräfin Dubarry) jedoch zunichte gemacht.

1733 – 1735 Polnischer Thronfolgekrieg. Frankreich gewinnt Lothringen.

1740 – 1748 Eingreifen in den Österreichischen Erbfolgekrieg bleibt ohne Erfolg.

Ab 1754 Auseinandersetzung mit England in Nordamerika.

1756 – 1763 Siebenjähriger Krieg. Frankreich ist dadurch in Mitteleuropa gebunden und England in Nordamerika und Indien unterlegen.

1763 Im Frieden von Paris verliert Frankreich den größten Teil seines Kolonialreiches. Dringend notwendige innenpolitische Reformen können aufgrund des Widerstands der privilegierten Stände (Adel, Klerus) nicht durchgeführt werden; wachsende Opposition des aufsteigenden Bürgertums als Teil des sog. Dritten Standes. Beginn der politischen Aufklärung (Montesquieu, Voltaire, Rousseau).

1774 – 1792 Ludwig XVI., verheiratet mit Marie Antoinette (Tochter Maria Theresias). Seine

Minister Turgot, Necker und Loménie de Brienne scheitern mit ihren Reformversuchen.

Der Spanische Erbfolgekrieg

1700 Tod des kinderlosen spanischen Königs Karl II.; Ansprüche Frankreichs (Ludwig XIV. für seinen Enkel Philipp von Anjou) und der österreichischen Habsburger (Kaiser Leopold I. für seinen Sohn Erzherzog Karl) auf den spanischen Thron. Wilhelm III. von England setzt sich für Teilung des Erbes ein, um das Gleichgewicht in Europa zu wahren. Philipp von Anjou wird spanischer König (Philipp V.). Daraufhin:
1701 – 1704 Große Koalition zwischen England, Holland, Österreich, dem Deutschen Reich, Preußen, Portugal, Savoyen gegen das mit den Wittelsbachern verbündete Frankreich.
Nach dem Tod des englischen Königs Wilhelm III. von Oranien (1702) wird der englische Feldherr Herzog von Marlborough Erbe der Politik Wilhelms. Im Zusammenwirken mit Prinz Eugen von Savoyen (1683 – 1733) Siege der Verbündeten. Kämpfe in Süddeutschland, in Ober- und Mittelitalien, den spanischen Niederlanden, auf der Pyrenäenhalbinsel, im Mittelmeer und im Ozean sowie in Nordamerika.
1704 Eroberung Gibraltars durch die Engländer.
1711 Wende des Krieges; in England 1710 Ablösung der Whigs (liberale Parlamentsgruppe) durch die Tories (konservative Parlamentsgruppe). Aufgrund des Todes des deutschen Kaisers Joseph I., dem sein Bruder Karl (seit 1703 spanischer Gegenkönig) auf den Thron folgt (Kaiser Karl VI.), Furcht vor der Gefahr einer neuen Weltherrschaft der Habsburger. Umschlagen der öffentlichen Meinung in England; Abberufung Lord Marlboroughs und Einigung mit Frankreich.
1713 Friede von Utrecht: Anerkennung des Grundsatzes der Teilung; Philipp V. wird als spanischer König anerkannt, doch Spanien darf nie mit Frankreich vereinigt werden; Kaiser Karl VI. gewinnt die spanischen Nebenländer, die (jetzt österreichischen) Niederlande, Mailand, Neapel und Sardinien; England gewinnt Gibraltar und Menorca und erhält von Frankreich Neufundland, Neuschottland und die Länder der Hudsonbai; Savoyen gewinnt Sizilien.
Anerkennung des seit dem Jahr 1701 bestehenden preußischen Königtums.
1714 Im Frieden von Rastatt und Baden werden die Beschlüsse durch Kaiser und Reich anerkannt.
Ergebnis: Frankreich ist weiterhin Großmacht, kann jedoch seine Vorherrschaft nicht ausweiten. England hat sein Ziel, die Erhal-

tung des europäischen Gleichgewichts, endgültig durchgesetzt. Österreich ist zur führenden Macht auf dem Kontinent geworden mit Einflußzonen in Mitteleuropa, Italien und auf dem Balkan.

Das Deutsche Reich nach dem Westfälischen Frieden

Der Wiederaufbau des Reiches nach den Zerstörungen des Dreißigjährigen Krieges ist eine Leistung der Fürstenhöfe. Es entstehen vom fürstlichen Absolutismus geprägte Staaten wie Österreich, Brandenburg-Preußen, Hannover und Bayern, aber auch Staaten mit ständischer Verfassung wie Württemberg und Mecklenburg.

Der Aufstieg Brandenburg-Preußens

1640 – 1688 Friedrich Wilhelm der Große Kurfürst von Brandenburg. Er macht aus Brandenburg-Preußen, bestehend aus versprengten Ländern, einen einheitlichen Staat: Zentralisierung der Verwaltung, Privilegierung des Adels, Einführung der Akzise (indirekte Steuer), Förderung von Manufakturen, Ausbau des Söldnerheeres. Die Aufnahme aus Frankreich vertriebener Hugenotten fördert die religiöse Toleranz.
1660 Friede von Oliva; Bestätigung der Souveränität im Herzogtum Preußen.
1679 Trotz seines Sieges bei Fehrbellin muß Friedrich Wilhelm auf das eroberte Schwedisch-Pommern im Frieden zu St. Germain-en-Laye verzichten; Bündnis mit Ludwig XIV.
1686 Nach Aufhebung des Edikts von Nantes Bündniswechsel; Bündnis mit dem Haus Habsburg. Brandenburg ist nach Österreich der mächtigste deutsche Staat.
1688 – 1713 Kurfürst Friedrich III. von Brandenburg.
1701 Er krönt sich am 18. Januar in Königsberg zum „König in Preußen“; von da an Friedrich I.
1713 – 1740 Friedrich Wilhelm I., der „Soldatenkönig“. Weitere Vereinheitlichung der Verwaltung; 1722 Einrichtung des Generaldirektoriums, der obersten Zentralbehörde; militärisch organisiertes Beamtenwesen, das sich durch Pflichteifer und Unbestechlichkeit auszuzeichnen sucht; Ausbau des Heeres; Begründung des „Preußischen Militarismus“. Friedrich Wilhelm I. hinterläßt seinem Sohn Friedrich II. ein schlagkräftiges Heer und eine gefüllte Staatskasse.

Entwicklung Österreichs zur Großmacht

1658 – 1705 Kaiser Leopold I. Der Kaiser kann nicht entschieden genug gegen die Eroberungspolitik Ludwigs XIV. vorgehen, da er zu stark von den Kämpfen gegen

die mit Frankreich verbündeten Türken beansprucht wird.
1683 – 1699 Türkenkriege:
1683 Zweite Belagerung Wiens: Sieg am Kahlenberg durch den polnischen König Johann III. Sobieski und Karl V. von Lothringen; Eroberung Ungarns und Siebenbürgens. Habsburg wird 1687 die ungarische Krone übertragen.
1697 Sieg bei Zenta durch den kaiserlichen Oberbefehlshaber Prinz Eugen von Savoyen (in österreichischen Diensten nach der Zurückweisung durch Ludwig XIV. aufgrund seiner schmächtigen Gestalt).
1699 Friede von Karlowitz, der die türkische Machtstellung deutlich schwächt. Österreich aber sichert seine eroberten Gebiete: Ungarn, Siebenbürgen, größter Teil von Slowenien und Kroatien. Aufstieg Österreichs zur Großmacht (bis 1918).
1705 – 1711 Joseph I. Prinz Eugen wird aufgrund seiner militärischen Erfolge im Spanischen Erbfolgekrieg zum führenden Staatsmann in Österreich.
1711 – 1740 Karl VI.
1713 Pragmatische Sanktion: Einführung der weiblichen Erbfolge (Karl VI. ohne männlichen Erben). Ergebnis des Spanischen Erbfolgekriegs ist für Österreich der Gewinn der spanischen Nebenländer, der Niederlande, Mailands, Neapels und Sardiniens (1720 Tausch Sardiniens gegen Sizilien).
1716 – 1718 Eingreifen Österreichs in den Krieg der Türken mit Venedig.
1717 Eroberung Belgrads durch Prinz Eugen.
1718 Friede von Passarowitz; Österreich erhält die Kleine Walachei, den Norden Serbiens und Bosniens und das Banat von Temesvár.
Größte Ausdehnung des Habsburger-Reiches (auf die Dauer von 20 Jahren).
1733 – 1735 Beteiligung Österreichs am polnischen Thronfolgekrieg. Frankreich unterstützt den Polen Stanislaus Leszczynski, den Schwiegervater Ludwigs XV. Dagegen wird August III. von Österreich und Rußland zum König erhoben.
1738 Friede von Wien. Die Toskana fällt an Franz von Lothringen, den Gatten Maria Theresias (seit 1736). Neapel und Sizilien fallen an eine spanische Linie des Hauses Bourbon. Karl VI. erhält Parma und Piacenza.
1737 – 1739 Österreichisch-russischer Türkenkrieg.
1739 Im Frieden von Belgrad verliert Österreich Nordserbien und die Kleine Walachei. Damit beginnt die Konkurrenz Österreichs und Rußlands auf dem Balkan.

Der aufgeklärte Absolutismus

1740 – 1786 Friedrich II. der Große, bezeichnet sich als „ersten

Diener seines Staates". Fortsetzung der Innenpolitik seines Vaters; Maßnahmen wie Trockenlegung von Sümpfen und Neugründungen von Dörfern; Rekrutierung von Offizieren und höheren Beamten aus dem Adel; Förderung des Bürgertums, das die Steuern zahlt (Handel und Gewerbe); die Erbuntertänigkeit der Bauern bleibt bestehen; allgemeine Religions- und Meinungsfreiheit. Förderung von Wissenschaft und Kunst (friderizianisches Rokoko); Freundschaft Friedrichs mit Voltaire. Preußen wird zum Zentrum der deutschen Aufklärung.

1740 – 1780 Maria Theresia, vermählt mit Franz Stephan von Lothringen-Toskana.

Neuordnung der Staatsverwaltung; Einführung der Steuerpflicht für Adel und Klerus; eingeschränkte Rechtsstellung von Protestanten und Juden; Reform des Schulwesens.

1740 – 1742 1. Schlesischer Krieg. Friedrich II. nützt den Regierungswechsel in Österreich zum Angriff auf Schlesien und löst mit diesem Angriff den

1740 – 1748 Österreichischen Erbfolgekrieg aus. Ansprüche Sachsens und Bayerns auf den Kaiserthron; preußisch-französisches Bündnis.

1741 Maria Theresia erhält die Unterstützung der Ungarn.

1742 – 1745 Karl Albert von Bayern (Karl VII.) deutscher Kaiser.

1742 Friede von Breslau. Friedrich II. gewinnt Schlesien. Bündnis Österreichs mit Savoyen, Sachsen und England („Pragmatische Armee").

1743 Niederlage Frankreichs bei Dettingen.

1744 – 1745 2. Schlesischer Krieg. Einmarsch Preußens mit Eroberung Prags, dann jedoch Niederlagen. Preußen kann durch seine Siege bei Soor und Hohenfriedberg

1745 im Frieden von Dresden den Besitz Schlesiens behaupten. Maria Theresia setzt für ihren Gatten die Kaiserwürde durch.

1745 – 1765 Kaiser Franz I. (von Bayern im Frieden von Füssen 1745 anerkannt).

1748 Friede von Aachen. Anerkennung der Pragmatischen Sanktion. Österreich tritt Parma und Piacenza an eine Linie der spanischen Bourbonen ab; Rückgabe der österreichischen Niederlande und der britischen Kolonialgebiete durch Frankreich.

Wiederherstellung des Mächtegleichgewichts in Europa. Beginn des preußisch-österreichischen Dualismus durch den preußischen Machtzuwachs. Die österreichische Außenpolitik unter Kanzler Kaunitz (geb. 1711, gest. 1794) hat die Wiedergewinnung Schlesiens zum Ziel.

Preußen schließt als Reaktion auf die österreichische Annäherung an Frankreich mit Großbritannien

1756 die Westminsterkonven-

tion zum Schutz Hannovers ab (seit 1755 britisch-französischer Kolonialkrieg; Furcht Englands vor französischem Vorgehen gegen Hannover).
Rußland, Sachsen, Schweden treten dem österreichisch-französischen Bündnis gegen Preußen bei.
1756 – 1763 Siebenjähriger Krieg (3. Schlesischer Krieg).
1756 erfolgt Präventivschlag Friedrichs II. gegen Sachsen.
1757 Friedrich siegt bei Prag über Österreich, bei Roßbach über die Franzosen und bei Leuthen über die Reichstruppen. Preußischer Rückzug aus Böhmen nach der Niederlage bei Kolin. Besetzung Ostpreußens durch Rußland nach dem Sieg der Russen bei Groß-Jägersdorf.
1758 Preußischer Sieg über die Russen bei Zorndorf; Niederlage bei Hochkirch gegen die Österreicher. Britischer Sieg bei Krefeld (Ferdinand von Braunschweig) über die Franzosen sichert die preußische Westfront.
1759 Friedrich unterliegt bei Kunersdorf dem russisch-österreichischen Heer; Plünderung Berlins.
1760 Trotz der preußischen Siege bei Liegnitz Verschärfung der Lage durch die Einstellung britischer Hilfszahlungen an Preußen nach dem Sturz William Pitts des Älteren 1761.
1762 Wende durch den Tod der Zarin Elisabeth. Bündnis ihres Nachfolgers Peter III. mit Friedrich; seine Gattin und Nachfolgerin Katharina II. setzt nach Peters Ermordung den Krieg nicht fort. Erschöpfung nötigt die kriegführenden Mächte zu Verhandlungsbereitschaft.
1763 Friede von Hubertusburg zwischen Preußen, Österreich und Sachsen: Preußen behält Schlesien und sagt die Wahl Josephs zum künftigen Kaiser zu. Festigung der preußischen Großmachtstellung.
Regelung der kolonialen Angelegenheiten im Frieden von Paris: England verzichtet zugunsten Frankreichs auf seine Eroberungen in Indien, Westafrika und auf den Westindischen Inseln und gewinnt wiederum Kanada und Louisiana; das spanische Florida gewinnt England (1761 Kriegseintritt Spaniens).
1765 – 1790 Kaiser Joseph II., bis 1780 in Österreich Mitregent seiner Mutter. Einführung von Deutsch als Amtssprache (auch in Ungarn); Vereinfachung des Gerichtswesens; Aufhebung der Leibeigenschaft; religiöse Toleranz (Josephinismus). Ablehnung der Reformen insbesondere in Ungarn und den österreichischen Niederlanden (1790 Unabhängigkeitserklärung der „Vereinigten belgischen Provinzen“; Österreich setzt seinen Machtanspruch jedoch wieder durch); Rücknahme eines großen Teils der Reformen durch Joseph (kurz vor seinem Tod). Sein Plan, die öster-

reichischen Niederlande gegen Bayern auszutauschen, führt in den
1778 – 1779 Bayerischen Erbfolgekrieg. Friedrich II. unterstützt Bayern. Österreich gewinnt das Innviertel im Frieden von Teschen.
1785 Deutscher Fürstenbund gegen Österreich auf Initiative Friedrichs II.
1787 – 1791 Krieg gegen die Türken, geführt von Rußland und dem Kaiser. Österreich muß den Krieg auf Betreiben Preußens hin beenden (Konvention von Reichenbach 1790) und erzielt
1791 im Frieden von Sistowa keine Gewinne.
1790 – 1792 Kaiser Leopold II.

Rußlands Aufstieg zur europäischen Großmacht

1689 – 1725 Peter der Große; innenpolitische Reformen und Heeresreform (Flottenbau); zentralisierte Verwaltung schaltet regionale Selbstverwaltungen aus; unumschränkte Herrschergewalt, brutale Unterdrückung jeglicher Opposition.
Entstehung eines Dienstadels, der auf Kosten der bäuerlichen Bevölkerung privilegiert wird (aristokratische Oberschicht steht einer bäuerlichen Unterschicht gegenüber, Mittelschicht fehlt).
Erzwungene Europäisierung Rußlands im Mittelpunkt der Reformen.
1696 Eroberung der Festung Asow an der Donaumündung.
1700 – 1721 Nordischer Krieg (vgl. S. 147).
1703 Gründung von St. Petersburg, der neuen Hauptstadt.
1721 Ersetzung des Moskauer Patriarchats durch eine oberste staatliche Kirchenbehörde („Heiligster Synod") unter Vorsitz des Zaren selbst (Cäsaropapismus). Peter I. nimmt westlichen Kaisertitel an.
1722 Einschränkung der Macht des Geburtsadels; auch für Nichtadelige bestehen Aufstiegsmöglichkeiten (Dienstadel); soziales Übergewicht des Adels.
1730 – 1740 Zarin Anna und 1741 – 1762 Zarin Elisabeth.
1755 Gründung der Universität Moskau.
Seit 1762 Haus Holstein-Gottorp (bis 1917).
1762 – 1796 Katharina II. die Große (Haus Anhalt-Zerbst) übernimmt nach dem Aussterben des Geschlechts Romanow (1762) durch eine Palastrevolution die Herrschaft. Sie ist beeinflußt von den Strömungen der Aufklärung, deren praktische Umsetzung ihr aber nicht gelingt. Widersprüchliche Persönlichkeit; Vorbereitung eines allgemeinen Gesetzbuches (1766 gesetzgebende Kommission), gleichzeitig menschenverachtende Behandlung der Leibeigenen. Die Aufklärung kann sich

im russischen Reich nicht durchsetzen.

1768 – 1774 Sieg Rußlands im Krieg gegen die Türkei. Gewinn der Mündungen von Don, Dnjepr und Bug und der Meerenge von Kertsch.

1787 – 1792 Der zweite Krieg gegen die Türkei endet mit dem Sieg Rußlands: Gewinn des Küstenlands am Schwarzen Meer bis zum Dnjestr.

Die Nordischen Kriege

Schweden und der 1. Nordische Krieg

Seit 1654 ist in Schweden das Haus Pfalz-Zweibrücken an der Macht (bis 1720).

1655 – 1660 Schwedisch-polnischer Krieg; die Ansprüche Johanns II. Kasimir von Polen auf den schwedischen Thron führen zum Angriff auf Polen durch Karl X. Gustav von Schweden (1654 – 1660). Schweden, im Bündnis mit dem Kurfürsten von Brandenburg, siegt in der Schlacht bei Warschau (1656). Polen gewinnt die Dänen, Kaiser Leopold I., die Russen und schließlich auch den Kurfürsten von Brandenburg als Bündnispartner.

1658 Friede von Roskilde nach dem Sieg der Schweden über die Dänen. Abwehr des schwedischen Angriffs von Kopenhagen. Nach einer erfolgreichen Offensive der Bündnispartner gegen Schweden und auf das Drängen Englands und Frankreichs hin kommt es

1660 zum Frieden von Oliva. Schweden bleibt weiterhin Vormacht im Baltikum.

1660 – 1697 Karl XI.; auf diesen folgt

1697 – 1718 Karl XII.

Der große Nordische Krieg

1699 Bündnis Rußlands mit Dänemark, Sachsen/Polen gefährdet die schwedische Vormachtstellung im Ostseeraum.

1700 Sieg Karls XII. über die in Schleswig-Holstein eingefallenen Dänen (Frieden von Traventhal) und über Peter den Großen bei Narwa.

1702 Besetzung von Warschau durch Karl XII. Absetzung des polnischen Königs August II. des Starken und Wahl von Stanislaus Leszczynski zum König (1704).

1706 Friede von Altranstädt. Verzicht Augusts II. auf die polnische Krone.

1709 Sieg des Zaren über den in der Ukraine eingefallenen schwedischen König bei Poltawa. Damit verbunden ist die vernichtende Niederlage Schwedens; Flucht Karls XII. in die Türkei, die er 1711 zum Eingreifen gegen Rußland bewegt (Rückkehr Karls 1714 und Tod in der Schlacht 1718).

1710 August II. der Starke gelangt wieder auf den polnischen Thron.

1711 Sieg der Türkei über Peter den Großen, der Asow an die Türkei abtritt (Frieden am Pruth).
1715 Hannover und Preußen treten der antischwedischen Koalition bei.
1719 – 1721 Friedensschlüsse Schwedens mit Rußland (Gewinn von Teilen Kareliens, Ingermanland, Estland und Livland, mit den Häfen Reval und Riga), mit Hannover (Gewinn Bremens und Verdens), mit Preußen (Gewinn Vorpommerns) und mit Dänemark. Folge: Schwedens Vormachtstellung an der Ostsee ist gebrochen, und Rußland ist zu einem der mächtigsten Anliegerstaaten an der Ostsee und zu einem bedeutenden Faktor in der europäischen Politik geworden.

Die polnischen Teilungen

Nach Beseitigung der schwedischen Vormachtstellung im Baltikum und dem Aufstieg Rußlands zur Großmacht gerät Polen immer stärker unter russischen Druck.
1764 Defensivbündnis zwischen Friedrich II. von Preußen und Katharina II. von Rußland auf gemeinsamem Interesse an Polen aufbauend.
1764 Unter dem Einfluß Rußlands wird der Günstling Katharinas II., Stanislaus II. Poniatowski, zum König von Polen gewählt.
1772 Erste polnische Teilung; Polen verliert mehr als ein Viertel seines Gebietes; Gewinne für Preußen, Österreich und Rußland. Preußen erlangt eine Landbrücke von Pommern nach Ostpreußen, Österreich Ostgalizien und Rußland den flächenmäßig größten Teil mit Livland und Teilen Weißrußlands. Polen wird parlamentarische Erbmonarchie.
1793 Zweite Teilung Polens (ohne Beteiligung Österreichs) führt zu einer Volkserhebung (1794), die niedergeschlagen wird. Ende des polnischen Staates.
1795 Aufteilung von Restpolen unter den drei Ostmächten: Preußen verleibt sich rein polnisches Gebiet einschließlich Warschau ein, Österreich Westgalizien mit Krakau und Rußland das Herzogtum Kurland und die restlichen polnischen Gebiete. Abdankung des letzten polnischen Königs Stanislaus II. Poniatowski.

England und die „Glorious Revolution“ (1688)

Seit 1603 ist die Dynastie der Stuarts auf dem englischen Thron, die ohne Rücksichtnahme auf das Parlament regiert.
1625 – 1649 Karl I.; mehrfache Auflösung des Parlaments, um Steuererhöhungen durchzusetzen und seine Gewalt zu stärken; dennoch setzt das Parlament
1628 in der „Petition of Rights“ Schutzrechte vor der Willkür der Krone durch.

1629 – 1640 Regierung ohne Parlament; Verfolgung der Puritaner (protestantische Gruppe, die eine radikale „Reinigung“ des Gottesdienstes vom katholischen Kultus anstrebt und im schroffen Gegensatz zur Anglikanischen Kirche steht).

1638 Versuch der Einführung der Anglikanischen Kirche in Schottland führt zum Aufstand der Schotten. Einberufung des Parlaments (1640) durch Karl, um das für den Schottlandkrieg notwendige Geld zu erhalten.

1642 – 1646 Bürgerkrieg in England. Parlamentsheer und mit diesem radikaler Flügel der Puritaner, die „Unabhängigen“, unter der Führung von Oliver Cromwell (geb. 1599, gest. 1658), eines puritanischen Landadeligen, siegt gemeinsam mit den Schotten, über das königliche Heer (1645). Karl flieht nach Schottland (1646), wird jedoch dem Parlament ausgeliefert (1647).

1648 Cromwell siegt über die presbyterianischen Schotten (Presbyterianer = protestantische Sekte, die an einer strengen Gemeinde- und Kirchenordnung festhält); Entfernung der Presbyterianer aus dem Parlament. Prozeß gegen Karl I., der

1649 als Tyrann und Hochverräter auf dem Schafott hingerichtet wird.

1649 – 1660 Nach Abschaffung der Monarchie und des Oberhauses wird England zur Republik erklärt. Blutige Niederwerfung eines Aufstands der katholischen Iren (1649) und der königstreuen Schotten (1650/51); Enteignung der irischen Grundbesitzer.

1651 Die Navigationsakte verbietet den holländischen Zwischenhandel.

1653 Auflösung des Parlaments. Cromwell regiert als „Lord-Protector“ mit diktatorischer Gewalt.

Vereinigung Englands, Schottlands und Irlands zu einem Einheitsstaat.

Erfolgreiche See- und Kolonialkriege gegen Holland (1652 – 1654) und Spanien (1655 – 1658) bereiten die britische Seeherrschaft vor.

1658 Nach dem Tod Cromwells Rückkehr zur Monarchie und Dynastie der Stuarts.

1660 – 1685 Karl II. Restauration: Versuch der Durchsetzung des absolutistischen Systems sowie der Wiederherstellung des Oberhauses und der königlichen Kirchenhoheit. Weitere Seekriege mit Holland (1665 – 1667 und 1672 – 1674).

1673 Gegen katholikenfreundliche Haltung erzwingt das Parlament die sog. Testakte, die Katholiken von Staatsämtern ausschließt.

1679 Habeas Corpus-Akte: Schutz der Bürger vor willkürlichen Verhaftungen; Verhaftungen nur mit gerichtlichem Befehl möglich.

Spaltung des Parlaments in der

Frage der Thronfolge: Whigs (meist Kaufleute und Städter) für den Ausschluß eines katholischen Thronfolgers und Eintreten der Tories (meist grundbesitzende Adelige, konservativ) für den Grundsatz des legitimen Erbrechts im Sinne des Gottesgnadentums. Mit Hilfe der Tories gelangt **1685** der zum Katholizismus übergetretene Jakob II. auf den Thron (bis 1688).

1687 Geburt Jakobs III. stellt Fortsetzung der katholischen Dynastie in Aussicht und führt zum Bündnis der kontroversen Parteien im Parlament.

1688 Der protestantisch gesinnte Wilhelm von Oranien wird nach England gerufen (Schwiegersohn Jakobs II.). Durch die sog „Glorreiche Revolution“ wird in England die konstitutionelle Monarchie begründet, in der die Macht auf Königtum und Volksvertretung verteilt ist.

1689 Die vom Parlament beschlossene „Declaration of rights“, die die Rechte des Königs an das Parlament bindet (Recht des Parlaments auf Gesetzgebung und Steuerbewilligung), wird von Wilhelm III. (1689 – 1702) anerkannt. England ist damit auf dem Weg zum Parlamentarismus. Das Parlament hat die Entscheidung über die Thronfolge getroffen. Kein Katholik sollte in der Folge je den englischen Thron besteigen. Die Durchsetzung der Volkssouveränität scheitert am Adel als politischem Machtfaktor zwar ebenso wie die Parlamentsherrschaft, aber ein erster wichtiger Schritt in Richtung eines modernen Verfassungsstaates gelingt.

1702 – 1714 Unter Königin Anna Spanischer Erbfolgekrieg.

1707 Vereinigung Englands und Schottlands zu „Großbritannien“.

1714 – 1901 Das Haus Hannover hat die Regierungsgewalt.

1714 – 1727 Georg I.

1721 – 1742 Erster Premierminister Sir Robert Walpole.

Die Unabhängigkeitsbewegung in Nordamerika

Die britische Herrschaft gründet auf der Loyalität seiner nordamerikanischen Kolonien. Im Rahmen einer parlamentarischen Selbstverwaltung der Kolonien sind Exekutive und Legislative getrennt. Durch den Krieg gegen Frankreich (1756 – 1763) ist der britische Staat finanziell stark belastet. Deshalb sollen auch die Kolonien zur Schuldentilgung herangezogen werden.

1765 „Stamp Act“ (Besteuerung von Druckerzeugnissen) gegen den Willen der Kolonien.

1766 Rücknahme dieser Steuer, jedoch Aufrechterhaltung von Sondersteuern (Teezoll). Die britische Regierung ignoriert Forderungen der Kolonien nach eigenen Vertretungen im britischen Parlament. Zuspitzung des Konfliktes

(„No taxation without represantation“). Boykottmaßnamen der Kolonien.

1773 „Boston Tea Party“: Protestaktion revolutionärer Gruppen gegen die englische Zollpolitik. Die Revolutionäre versenken eine Schiffsladung Tee aus England. Daraufhin führen Zwangsmaßnahmen der britischen Regierung zum Unabhängigkeitskrieg der Kolonien Nordamerikas.

1774 Erster Kontinentalkongreß: Beschluß, den Handel mit dem britischen Mutterland einzustellen.

1775 – 1783 Amerikanischer Unabhängigkeitskrieg; George Washington wird Oberbefehlshaber der Truppen.

4. Juli 1776 Unabhängigkeitserklärung (auf einem Entwurf von Thomas Jefferson basierend) der 13 nordamerikanischen Kolonien, die sich zu den „Vereinigten Staaten“ zusammenschließen. Unterstützung der „Amerikaner“ durch Frankreich und Spanien (durch die Vermittlung von Benjamin Franklin). Sieg über die britischen Truppen.

1783 Friede von Versailles; Anerkennung der Unabhängigkeit der Vereinigten Staaten durch England.

1787 Amerikanische Verfassung, die 1788 in Kraft tritt: Orientierung am Selbstverwaltungssystem der Kolonialzeit und an der Lehre der Gewaltenteilung. Regierungsgewalt in der Hand eines Präsidenten (von den Bürgern über Wahlmänner gewählt), der die Minister ernennt; gesetzgebende Gewalt und Budgetrecht werden durch die beiden Häuser des Kongresses ausgeübt, dem Repräsentantenhaus und dem Senat; oberstes Bundesgericht als Kontrollinstanz. Grundrechte als wichtiger Bestandteil der Verfassung; verfassungsrechtliche Sicherung der Freiheit des einzelnen. Erhaltung der inneren Autonomie der Einzelstaaten.

Kluft zwischen theoretischen Festlegungen in der Verfassung und der sozialen Wirklichkeit – Sklaverei und Rassendiskriminierung.

1789 – 1797 George Washington erster amerikanischer Präsident (1793 Gründung der Hauptstadt Washington).

In der Folgezeit Ausdehnung von Osten nach Westen; Erschließung des Binnenlands. Kämpfe mit den Indianern, deren Kultur und Lebensgrundlagen im Zuge der Besiedlung zerstört werden. Gleichzeitig Erwerb von Land durch Ankauf (1803 Louisiana von Frankreich – 1819 Florida von Spanien).

1823 Monroe-Doktrin. Unter Präsident Monroe Zurückweisung jeglicher Eingriffe Europas in amerikanische Angelegenheiten. Schlagwort: „Amerika den Amerikanern“.

Barock

Aus der Kunst der Spätrenaissance im 16. Jahrhundert entwickelt sich der Stil des Barock, der das 17. und auch noch das 18. Jahrhundert prägen soll. Als geistig-politische Strömungen wirken der Absolutismus und die Gegenreformation. Ein Nebeneinander von Diesseitslust und Weltflucht kennzeichnet im wesentlichen das Zeitalter des Barock. Das Schwelgen in Extremen, die Hingabe an den Prunk und die Betonung der geschwungenen Elemente kommen in den Stilformen des Barock überdeutlich zum Ausdruck.
Ebenso wie die Renaissance nimmt auch der Barock seinen Ausgang in Italien, wo zur Zeit der Gegenreformation der Kirche vor allem dem Kirchenbau durch Prunk und Pracht neuer Glanz verliehen werden soll. Die in Italien erbauten Kirchen werden oft als Bauvorbilder verwendet, wie z. B. die von Vignola in Rom erbaute Kirche Il Gesù. Neben den Kirchenbauten beeinflußt der neue Kunststil jedoch auch die Bauweise von Profanbauten.
In Deutschland ist das Zeitalter des Barock zunächst im wesentlichen politisch durch den Dreißigjährigen Krieg bestimmt. Hieraus resultieren auch der Pessimismus, die Lebensangst und der gleichzeitige Lebenshunger, die diesen Zeitabschnitt prägen. Der Krieg und seine Zerstörungskraft hindern in Deutschland zunächst die volle Wirkung und Ausformung des Barock, so daß hier der Barockstil später als in Italien Eingang findet. Besondere Ausbreitung erlangt der Kunststil im katholischen Süden des Reiches und in Österreich. Italienische Baumeister führen hier den Barockstil ein. Im 18. Jahrhundert wirken deutsche Baumeister wie z.B. Balthasar Neumann (1687–1753), der u.a. die Residenz in Würzburg erbaut. In Wien schafft der Hofbaumeister Fischer von Erlach bedeutende Denkmäler der barocken Kunst, wie z.B. das Schloß Schönbrunn. Im Gegensatz zum Süden setzt sich im Norden mit wenigen Ausnahmen, wie z.B. dem Potsdamer Lustschloß Sanssouci, ein nüchterner Barockstil durch. In Frankreich kommt vorwiegend die pompös-klassizistische Richtung des italienischen Barock zum Tragen, bei der vor allem das repräsentative äußere Erscheinungsbild maßgeblich ist.

Literatur des Barockzeitalters

In Deutschland tritt die Literatur hinter den Ausformungen der barocken Stilprinzipien in Musik und Bildkunst zurück. Der Frühbarock in Deutschland wird im wesentlichen von dem Lyriker

Andreas Gryphius und durch Grimmelshausen geprägt, dessen berühmter Roman „Der abenteuerliche Simplicissimus Teutsch" noch stark unter dem Eindruck des Dreißigjährigen Krieges steht. Martin Opitz schafft die ersten poetischen Regeln für die höfische Gesellschaftsdichtung.

Die Malerei des Barock

Die Zentren der Barockmalerei liegen mit El Greco (1541 – 1614) und in der Spätzeit mit Goya (1746 – 1828) in Spanien sowie in den Niederlanden, wo sich bedeutende Malerschulen entwickeln. Rubens (1577 – 1640), dessen Schüler van Dyck (1599 – 1641) und vor allem Rembrandt (1606 – 1669) zählen hier neben anderen zu den Künstlern von Weltrang.

Musik des Barock

In Italien entsteht die Opernform als repräsentative Gattung der Barockmusik, die sich weit über Europa ausbreitet und dem Lebensgefühl des Barock am deutlichsten Ausdruck verleihen kann. In Italien wirken bedeutende Komponisten wie Antonio Vivaldi (1669 – 1741) und Alessandro Scarlatti (1660 – 1725). In Deutschland erreicht die Barockmusik ihren Höhepunkt in der späten Barockzeit, Ende des 17. Jahrhunderts bis Mitte des 18. Jahrhunderts mit bedeutenden Künstlern wie Johann Sebastian Bach (1685 – 1750) und Friedrich Händel (1685 – 1759), die vor allem der geistlichen Musik mit zahlreichen Oratorien Geltung verschaffen.

Aufklärung

Die Voraussetzung für die Strömung der Aufklärung ist die „Revolution der Wissenschaften" mit Kopernikus, Newton, Bruno, Kepler und Galilei. Die Wissenschaft löst sich von der aristotelischen Naturlehre und der biblischen Überlieferung. Die philosophische Basis hierfür liefert der französische Rationalismus mit René Descartes und der englische Empirismus mit Francis Bacon. Spinozas pantheistische Vorstellungen und die Monadenlehre von Gottfried Wilhelm Leibniz wirken ebenso auf die Aufklärung, wie bedeutende Erfolge auf allen Gebieten der Wissenschaften zu einem grenzenlosen Vertrauen in die menschliche Vernunft und den Glauben an den Fortschritt führen. Das Mittelalter kennt die Formen naturwissenschaftlichen Denkens und Forschens noch nicht. Seit dem 16. Jh. aber werden Einzelerscheinungen der Natur genauer beobachtet, die Gesetzmäßigkeit des Naturgeschehens wird ergrün-

det. Werden die Erkenntnisse eines Galileo Galilei (1564 – 1642) und Giordano Bruno (1548 – 1600) noch gewaltsam unterdrückt, so setzen sich die Naturwissenschaften dennoch weiter durch. Mit den Keplerschen Gesetzen und den Leistungen Newtons (1643 – 1727) beginnt die Forschung, ohne Rücksichtnahme auf die Auslegung von Glaubenswahrheiten zu arbeiten.
Zweifel am bisherigen Wissen tauchen auf, und die Vernunft, die „ratio", wird zum vorherrschenden Leitbild. Der Rationalismus setzt sich mehr und mehr durch und damit die Überzeugung, daß die Natur vom Schöpfer logisch aufgebaut und gesetzmäßig eingerichtet ist. Man glaubt an den unendlichen Fortschritt des menschlichen Geschlechts und versucht, sich aus der mittelalterlichen Bevormundung von Kirche und Staat zu lösen. Die Aufklärung als Bewegung umfaßt somit den im 17. und 18. Jahrhundert alle Lebensbereiche umfassenden Prozeß, sich von alten Bindungen und Vorstellungen zu befreien. Nach Immanuel Kant (1724 – 1804) ist die Aufklärung der „Ausgang des Menschen aus seiner selbstverschuldeten Unmündigkeit". Deshalb werden die Zustände in Gesellschaft und Staat auch kritisch überprüft.
Innerhalb der Staatslehre orientiert man sich seit Machiavelli an historischen und politischen Erfahrungen. Zweckrationalität tritt in das Zentrum des Staatsdenkens und rechtfertigt politisches Handeln. Die Idee der Souveränität bestimmt das moderne Staatsdenken, wie sie der französische Staatstheoretiker Jean Bodin zum erstenmal auf den Begriff bringt. Im Prinzip der Staatssouveränität, als Ausgangspunkt für das politische Handeln, findet das absolute Fürstentum seine Rechtfertigung. Im Gegensatz zu dieser Souveränitätslehre steht die rationalistische Erneuerung der Lehre vom Naturrecht, die schon der Humanismus aufgegriffen hat. Der Niederländer Hugo Grotius (1583 – 1645) befreit die Naturrechtslehre aus ihren theologischen Bindungen, erklärt das Naturrecht ausschließlich aus der Natur des Menschen heraus und wird so zum Wegbereiter des modernen Völkerrechts.
Aus dieser Berufung auf das Naturrecht entwickeln die Denker der Aufklärung ihre auf Rationalität gestützten Rechts- und Staatslehren, so die Engländer Thomas Hobbes und John Locke, der Franzose Montesquieu und der Genfer Jean Jacques Rousseau.
Unter Berufung auf das Naturrecht stellt der Absolutismus für John Locke (1632 – 1704) die denkbar schlechteste Herrschafts-

form dar. Die Gedanken von John Locke werden von Montesquieu (1689 – 1755) in Frankreich aufgegriffen, der die Lehre von der Gewaltenteilung aufstellt. Für ihn ist die beste Staatsform die konstitutionelle Monarchie. Voltaire (1694 – 1778) setzt mit einer vehementen Kirchenkritik an. Jean Jacques Rousseau (1712 – 1778) fordert gleiches Recht für alle Bürger eines Staates, der nur durch den Willen des Volkes gebildet werden darf und auf einem demokratischen Prinzip aufgebaut werden muß. Rousseau zählt als Kulturkritiker gleichzeitig schon zu den Überwindern der Aufklärungsbewegung.
Die Aufklärung des 18. Jahrhunderts übernimmt die Ideen vorausgegangener Generationen, wirkt jedoch über politische und gesellschaftliche Schranken hinweg. Zum Träger der Aufklärung wird das entstehende und sich im 18. Jahrhundert zunehmend als gesellschaftliche Schicht definierende Bürgertum. Nicht zu übersehen bleibt jedoch, daß es sich hier um eine langsame Verschiebung innerhalb der Ständepyramide handelt.

Grenzen der Aufklärung

In Deutschland gewinnt die Aufklärung durch Immanuel Kant an Bedeutung, dessen kritische Philosophie den Höhepunkt der Aufklärungsbewegung darstellt.
Eine Problematik ergibt sich aus dem Widerspruch der naturrechtlichen Ideale und der politisch-gesellschaftlichen Wirklichkeit, insbesondere der absolutistischen Staatspraxis. In Frankreich scheitert das von Montesquieu geforderte System der Gewaltenteilung am absolutistischen Machtanspruch der französischen Krone, und durch die Unterdrückung der Aufklärung wird ein oppositionelles Potential gefördert, das schließlich seinen vehementen Ausdruck in der Französischen Revolution findet. Auch die Unabhängigkeitsbewegung der Vereinigten Staaten knüpft eng an die Aufklärung an. In Preußen setzt sich der sog. „Aufgeklärte Absolutismus“ durch.

Literatur der Aufklärung

Die Ideen der Aufklärung finden auch Eingang in die Literatur des 18. Jahrhunderts. Vorbereitend für die neue Literatur wird in Deutschland Johann Christoph Gottsched (1700 – 1766), der eine Literatur fordert, die sich in den Dienst der Aufklärung stellt und die Dichtung des Barock verurteilt. Zentrale Dichterfigur ist Gotthold Ephraim Lessing (1729–1781).

Die Französische Revolution 1789 – 1799

5. Mai 1789 Eröffnungssitzung der Generalstände, der „Etats généraux“, in Versailles, die erstmals seit 1694 zusammentreten. Am *17. Juni* erklären sich über 600 Vertreter des 3. Standes im Bewußtsein ihrer Verantwortung als Volksvertreter und als Vertreter der Nation zur Nationalversammlung, mit dem Ziel der Verfassungsgebung. Auf dieses Ziel verpflichten sie sich ausdrücklich am *20. Juni* („Ballhausschwur“), nachdem der König versucht hatte, sie daran mit Gewalt zu hindern.
14. Juli Sturm auf die Bastille, das Staatsgefängnis. Beginn der städtischen Revolution. Bildung einer Nationalgarde unter der Führung von La Fayette. Bauernaufstände und Anfang der Revolution auf dem Land. Der Adel beginnt daraufhin, fluchtartig das Land zu verlassen.
4. Aug. Beschluß der Aufhebung des Feudalsystems durch die Nationalversammlung.
26. Aug. Verkündigung der „Rechte des Menschen und des Bürgers“: Freiheit, Gleichheit, Brüderlichkeit. Orientierung an den amerikanischen Freiheitsrechten. Die Prinzipien der Volkssouveränität und der Gewaltenteilung sollen das Fundament der neuen Verfassung bilden.
5./6. Okt. Zug der Marktfrauen und politischen Massen, geführt von Danton, Desmoulins, Marat, nach Versailles. Ludwig XVI. sowie die Nationalversammlung werden zum Umzug nach Paris gezwungen.
10. Okt. Forderung nach Einziehung des kirchlichen Besitzes zugunsten des Staates.
1790 Entstehung von Parteien, getragen von gemäßigteren Girondisten sowie radikalen Montagnards und politischen Klubs, Feuillants, Cordeliers (Danton, Marat) und Jakobinern (Robespierre).
Verstaatlichung der Kirche.
Juni 1791 Fluchtversuch Ludwigs XVI. ins Ausland scheitert.
3. Sept. Inkrafttreten der Verfassung. Frankreich wird konstitutionelle Monarchie; König mit exekutiver Gewalt; größte Macht an die Legislative (eine Kammer mit Abgeordneten aus der vermögenden Schicht des Bürgertums); Unabhängigkeit der judikativen Gewalt. Errichtung von 83 einheitlich organisierten Departements, d.h. kleineren Verwaltungseinheiten (Föderalismus anstelle des früheren Zentralismus). Eid des Königs auf die Verfassung.
1791 – 1792 Gesetzgebende Versammlung (Legislative) mit starkem Einfluß der Girondisten. Von innenpolitischen Gegensätzen soll abgelenkt werden durch die Kriegserklärung Frankreichs im *April 1742* an Österreich: Beginn der Koalitionskriege.

25. Juli Das Manifest des Herzogs von Braunschweig, der sich offen für die Monarchie und den Schutz der königlichen Familie ausspricht, führt zu einer zweiten Revolution und zur Absetzung und Verhaftung des Königs.
2. – 6. Sept. Morde an Gefangenen (etwa 11 000 Tote), sog. „Septembermorde“, initiiert von Danton und Marat.

Die Herrschaft des Nationalkonvents ***1792 – 1794***

21. Sept. Erstes Zusammentreten des Nationalkonvents. Beschluß über die Abschaffung der Monarchie und Errichtung einer Republik (republikanischer Kalender, Jahr I beginnt mit erstem Tag der Republik am 22. 9. 1792). Verschiedene Richtungen im Konvent: linksliberale Girondisten und radikaldemokratische Jakobiner.
17. Jan. 1793 Verurteilung Ludwigs XVI. zum Tod und Hinrichtung am 21. Januar auf der Guillotine. England und weitere Mächte treten in der Folge in den Krieg ein.
6. April Der Nationalkonvent überträgt die Macht an den Wohlfahrtsausschuß unter dem Vorsitz Dantons, der wiederum von Robespierre verdrängt wird (Juli). Beginn der Schreckensherrschaft Robespierres. Verhaftungen und Verurteilungen. Todesurteile über zahlreiche Girondisten und die Königin Marie Antoinette. Revolutionstribunal organisiert Massenexekutionen.
April 1794 Hinrichtung Dantons.
Juli Hinrichtung Robespierres (28. Juli) und Beendigung seiner Schreckensherrschaft.
1792 – 1797 Erster Koalitionskrieg. Zunächst Österreich und Preußen gegen Frankreich. Besetzung Verduns durch die Preußen, aber Rückzug der Truppen nach der Kanonade von Valmy am 20. Sept. 1792. Eroberung Belgiens durch Frankreich, das im März 1793 durch Österreich zurückerobert wird.
1794 Nochmalige Eroberung Belgiens durch Frankreich; Errichtung der Batavischen Republik (1795). Besetzung holländischer Kolonien durch die Engländer (Kapstadt, Ceylon).
5. April 1795 Sonderfriede zu Basel zwischen Frankreich und Preußen; der Verzicht Preußens auf das linke Rheinufer ist mit dem Versprechen auf rechtsrheinische Entschädigungen verbunden; Sicherung der Neutralität Preußens durch eine Demarkationslinie. Österreich führt den Krieg gegen Frankreich weiter.

Direktorialregierung
1795 – 1799

Die Macht der Staatsorgane wird auf fünf Direktoren verteilt. Umsturzversuche der Jakobiner und

Monarchisten. Direktorium sucht Unterstützung durch die Armee. Wirtschafts- und Finanzkrise des Staates.

1796 Sieg Österreichs über die nach Süddeutschland vordringenden Franzosen, jedoch Niederlage gegen Napoleon Bonaparte in Italien; Eroberung der Lombardei; Friede mit dem Papst und mit Sardinien.

1797 Errichtung der Cisalpinischen (Mailand, Modena, Ferrara, Bologna, Romagna) sowie der Ligurischen Republik (Genua).

17. Okt. Friede von Campoformio: Zustimmung Österreichs zur Abtretung des linken Rheinufers an Frankreich; Tausch Belgiens und Mailands gegen Venedig.

1798 Besetzung Roms durch die Franzosen; Gefangennahme des Papstes. Errichtung der Römischen Republik. Umwandlung des Bundes der Eidgenossen in die Helvetische Republik.

1798 – 1799 Mit dem Ziel, England durch die Eroberung seiner Kolonien zu schwächen, zieht Napoleon nach Ägypten, wird jedoch nach anfänglichen Erfolgen (Eroberung Kairos) von der englischen Flotte unter Admiral Nelson bei Abukir geschlagen (1. Aug. 1798).

1799 – 1802 Zweiter Koalitionskrieg: Bündnis zwischen England, Rußland, Österreich, Portugal, Neapel und der Türkei gegen Frankreich (Neutralität Preußens).

9. Nov. 1799 Der aus Ägypten zurückgekehrte Napoleon stürzt durch einen Staatsstreich die Direktorialregierung. Nach dem Regierungssturz setzt er sich als Erster von drei Konsuln an die Spitze der Macht.

15. Dez. 1799 Napoleon erklärt die Revolution für „beendet".

Europa zur Zeit Napoleons *1799 – 1815*

Das Ende der Revolution

1799 – 1804 Konsularregierung Napoleons in Frankreich.

1800 Nach Siegen Napoleons bei Marengo und General Moreaus bei Hohenlinden in der Nähe von München bestätigt Österreich

Febr. 1801 im Frieden von Lunéville die Bestimmungen des Friedens von Campoformio: Rhein als Grenze zwischen Frankreich und dem Deutschen Reich.

März 1802 Friede von Amiens: England verzichtet auf großen Teil seiner Kolonien, während die Franzosen Ägypten aufgeben. Durch Volksabstimmung wird Napoleon Konsul auf Lebenszeit.

1803 Reichsdeputationshauptschluß zu Regensburg; Festlegung der im Frieden von Lunéville angekündigten Entschädigungen deutscher Fürsten für den Verlust linksrheinischer Gebiete. Säkularisation: Umwandlung kirchlicher Besitzungen in weltliche und Mediatisierung: Aufhebung der bisher selbständigen reichsfürstlichen und reichsritterlichen Gebiete sowie der Reichsstädte und Eingliederung in größere Territorien. Ziel der napoleonischen Politik: Entstehung starker Mittelstaaten als Block gegen Preußen, jedoch ungefährlich für Frankreich; deshalb Vergrößerung Hessens, Württembergs, Badens und Bayerns. Preußen wird um die Gebiete der Bistümer Hildesheim, Paderborn, Münster und Erfurt erweitert. Gründung von vier neuen Kurfürstentümern: Hessen-Kassel, Baden, Württemberg, Salzburg.

Herrschaft über Europa
1804 – 1810

2. Dez. 1804 Nach einer Volksabstimmung Selbstkrönung Napoleons in Notre-Dame zum „Kaiser der Franzosen". Salbung durch Papst Pius VII. Anspruch der Erneuerung des römischen Imperiums vom französisch-italienischen Staatsgebiet ausgehend. In der Folgezeit Ausbau des „Grand Empire" durch Einsatz von Mitgliedern seiner Familie z.B. als Großherzöge und Herzöge in den besetzten Gebieten.
Scheinkonstitutionalismus. Zentralistischer Ausbau Frankreichs. Wirtschaftlicher Wiederaufbau und Finanzreform. Rechtsreform: Festlegung des Privatrechts im Code civil, auch Code Napoléon genannt, in den liberale und bürgerliche Tendenzen ihren Eingang finden und dessen Wirkung als bürgerliches Gesetzbuch weit über Frankreich hinaus und bis in die heutige Zeit reicht.
1805 Napoleon auch König von Italien; Ernennung seines Stiefsohns Eugen Beauharnais zum Vizekönig.
Dritter Koalitionskrieg gegen Frankreich: Vereinigung Englands als Hauptgegner Napoleons mit Rußland, Österreich und Schweden gegen Frankreich im Bündnis mit den süddeutschen Staaten und mit Spanien. Preußen wahrt Neutralität.
21. Okt. Seesieg Admiral Nelsons bei Kap Trafalgar über Franzosen und Spanier. Tod Nelsons.
2. Dez. Sieg Napoleons über Zar Alexander I. von Rußland und Kaiser Franz I. von Österreich in der Dreikaiserschlacht bei Austerlitz.
15. Dez. Vertrag zu Schönbrunn zwischen Preußen und Frankreich.
26. Dez. Friede von Preßburg; Gebietsabtretungen Österreichs: Venetianische Gebiete an die Republik Italien, Tirol an Bayern und die süddeutschen Besitzungen an Bayern, Württemberg und Baden. Gewinn Salzburgs. Bayern und Württemberg werden zu Königreichen, Baden wird Großherzogtum.
1806 Errichtung von napoleonischen Vasallenreichen: Joseph

Bonaparte wird König von Neapel, Louis Bonaparte König von Holland, der Schwager Napoleons, Joachim Murat, Großherzog von Berg.

1806 Rheinbund: Zusammenschluß von 16 süd- und westdeutschen Staaten (im Lauf der Zeit weitere Beitritte) im Rheinbund unter dem Protektorat Napoleons. Die Niederlegung der römisch-deutschen Kaiserwürde durch Kaiser Franz II. am 6. August bedeutet gleichzeitig das Ende des Heiligen Römischen Reiches Deutscher Nation.

Nach dem Sieg Frankreichs über Österreich und Rußland bleibt einzig Preußen als formell unabhängiger Festlandsstaat. Forderung Preußens an Frankreich, die Truppen aus Süddeutschland zurückzuziehen.

1806 – 1807 Krieg Preußens, im Bündnis mit Rußland, gegen Frankreich, endet mit dem Sieg der Franzosen über die Preußen in den Schlachten von Jena und Auerstedt am 14. Oktober 1806 (Einzug Napoleons in Berlin).

21. Nov. 1806 Verfügung der Kontinentalsperre gegen England im Berliner Dekret Napoleons.

14. Juni 1807 Sieg Napoleons über die Russen in der Schlacht von Friedland.

7.–9. Juli Friede von Tilsit: Preußen verliert die Hälfte seines Staatsgebiets; der östlich der Elbe bestehende preußische Reststaat wird durch Eingreifen des Zars gerettet, den Napoleon als Bündnispartner zu gewinnen sucht (Oktober 1808 Fürstentag zu Erfurt; Bemühungen Napoleons um Zar Alexander I.).

Große Teile der von Polen gewonnenen Gebiete gehen an das Herzogtum Warschau unter König Friedrich August von Sachsen. Anschluß Rußlands an die gegen England verhängte Kontinentalsperre.

Im August Errichtung des Königreichs Westfalen unter Jérôme Bonaparte, dem jüngsten Bruder Napoleons.

Nach dem Einmarsch französischer Truppen in Portugal und Spanien wird

1808 Joseph Bonaparte König von Spanien. Freiheitskriege der Spanier und Portugiesen bis 1814.

1809 Erhebung Österreichs gegen Frankreich. Nach Reformierung der Staatsverwaltung Österreichs sowie des Heeres im Mai Sieg des Erzherzogs Karl bei Aspern über Napoleon, jedoch wenige Zeit später Niederlage Österreichs in der Schlacht von Wagram.

Okt. Friede von Wien: Abtretung Salzburgs, des Innviertels, der illyrischen Provinzen und Galiziens an Frankreich. Andreas Hofer führt mit den Tiroler Bauern den Kampf gegen bayerische Besatzungstruppen weiter, bis er 1810 unterliegt und in Mantua erschossen wird.

1810 Einverleibung des Kir-

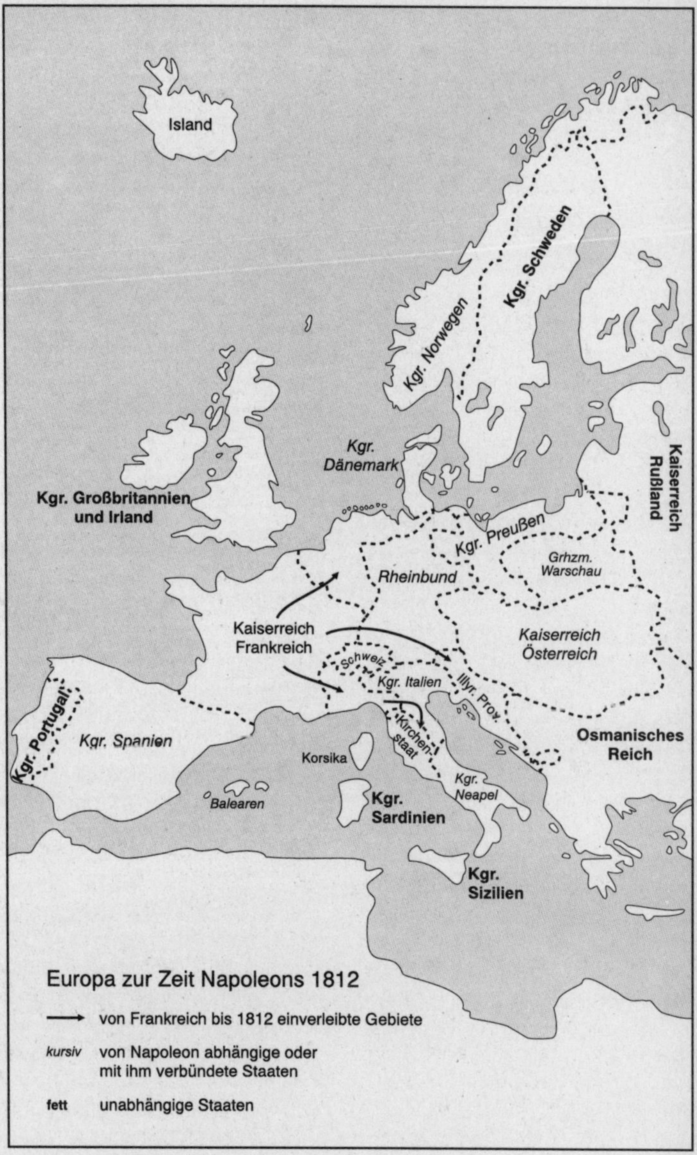
Island
Kgr. Norwegen
Kgr. Schweden
Kaiserreich Rußland
Kgr. Dänemark
Kgr. Großbritannien und Irland
Kgr. Preußen
Grhzm. Warschau
Rheinbund
Kaiserreich Frankreich
Kaiserreich Österreich
Schweiz
Kgr. Italien
Illyr. Prov.
Kirchen-staat
Kgr. Portugal
Kgr. Spanien
Korsika
Balearen
Kgr. Sardinien
Kgr. Neapel
Osmanisches Reich
Kgr. Sizilien
Europa zur Zeit Napoleons 1812
von Frankreich bis 1812 einverleibte Gebiete
kursiv von Napoleon abhängige oder mit ihm verbündete Staaten
fett unabhängige Staaten

chenstaats. – Im April Heirat Napoleons mit Marie Louise, der Tochter Kaiser Franz I. von Österreich. Holland, Oldenburg, Ostfriesland sowie die Hansestädte werden dem napoleonischen Reich eingegliedert.

Preußen und der Rheinbund

1807 – 1814 Preußische Reformen. Nach der Niederlage Preußens 1806 Reformierung der Staatsverwaltung und Gesellschaftsordnung durch Freiherr vom Stein in den Jahren 1807 – 1808 und von Hardenberg 1808 – 1822, des Bildungswesens durch Wilhelm von Humboldt (Gründung einer neuhumanistischen Universität in Berlin; 1812 preußische Gymnasialordnung) und der preußischen Armee durch Scharnhorst und von Gneisenau (Einführung der allgemeinen Wehrpflicht). Unter Freiherr vom Stein sog. „Revolution von oben". Aufhebung der Erbuntertänigkeit der Bauern durch ein Edikt von 1807; 1808 Einführung der Städteordnung. Vom Stein kurz darauf seines Amtes enthoben, wird Berater des Zaren Alexander I. Unter Hardenberg Einführung der Gewerbefreiheit durch Aufhebung des mittelalterlichen Zunftzwangs; Steuerreform und Judenemanzipation (formelle, jedoch keine gesellschaftliche Gleichstellung der Juden).
Ein stärker werdendes Nationalgefühl schafft auch die Bereitschaft zur Befreiung aus napoleonischer Herrschaft.
Geistiger Einfluß der Philosophen Kant und Fichte.
Seit 1807 Reformen nach französischem Muster in Bayern unter dem Ministerium Montgelas. Ebenso Verwaltungsreformen in Baden und in Württemberg.
1808 – 1811 Reformen in Verwaltung, Verfassung und Recht im Königreich Westfalen.
Seit 1810 Reformen auch im Großherzogtum Frankfurt.

Das Ende der napoleonischen Herrschaft

1812 Krieg Napoleons gegen Rußland, nach Lockerung der Kontinentalsperre gegen England durch den Zaren. Unterstützung Napoleons durch preußische und österreichische Truppen (Aufmarsch der Großen Armee). Besetzung Moskaus, nach Siegen bei Smolensk und Borodino. Die Russen schlagen Friedensangebote Napoleons aus. Napoleon wird durch den Brand Moskaus (September) und den Wintereinbruch unter großen Verlusten zum Rückzug gezwungen (im November Übergang über die Beresina, einen Nebenfluß des Dnjepr), kehrt nach Paris zurück, wo im Oktober ein Putschversuch gegen ihn unternommen worden war.
30. Dez. Neutralitätsabkommen des preußischen Generals Yorck,

gegen den Willen des preußischen Königs, mit dem russischen General Diebitsch bei Tauroggen.

1813 – 1815 Zeit der Befreiungskriege.

Febr. 1813 Vertrag des preußischen Königs Fr. Wilhelm III. mit Rußland gegen Napoleon.

17. März Aufruf des preußischen Königs „An mein Volk“ mit der Aufforderung zum Befreiungskampf findet größten Anklang und Begeisterung im Volk; Bildung von Freiwilligenheeren. Im Frühjahr erstes Aufeinandertreffen der preußischen und französischen Truppen bei Großgörschen und Bautzen; Abdrängen der Verbündetenheere nach Schlesien. England tritt im Juni der Koalition bei, Österreich im August, im Oktober auch Bayern, nach einer Garantieerklärung für seine Erwerbungen während der napoleonischen Zeit (außer Tirol). Sieg Napoleons im August bei Dresden, aber

16. – 19. Okt. Niederlage in der Völkerschlacht bei Leipzig mit mehr als 100 000 Toten und Verwundeten auf beiden Seiten. Napoleon zieht sich nach Frankreich zurück. Folgen: Auflösung des Rheinbundes; Befreiung Deutschlands, Hollands und Oberitaliens; Abtretung Norwegens durch Dänemark an Schweden (Kieler Frieden 1814).

Ablehnung eines Friedensangebotes durch Napoleon, deshalb im

Dez. Beginn des Feldzugs gegen Frankreich unter Blücher und Schwarzenberg.

6. April 1814 Nach der Besetzung von Paris wird Napoleon zur Abdankung gezwungen und muß sich auf die Insel Elba zurückziehen.

1814/1815 Wiener Kongreß.

1814 – 1824 Ludwig XVIII. König von Frankreich.

Mai 1814 Erster Friede von Paris: Die Koalitionspartner bestätigen die Grenzen Frankreichs von 1792.

1815 Aufgrund von Spannungen zwischen den teilnehmenden Staaten des Wiener Kongresses landet Napoleon im

März 1815 in Frankreich, sammelt Truppen und zieht in Paris ein. Nach der Aufstellung eines Heeres durch die Verbündeten in Belgien wird Napoleon am

18. Juni in der Schlacht von Waterloo (Belle Alliance) von der preußischen Armee unter Blücher und der englischen unter Wellington geschlagen. Die sog. „Herrschaft der Hundert Tage“ ist beendet. Verbannung Napoleons nach St. Helena, wo er 1821 stirbt.

Nov. 1815 Zweiter Pariser Friede: Verlust der vor 1792 eroberten Gebiete. Abtretung Saarbrückens an Preußen, Landaus an Bayern, Savoyens an Sardinien. Vereinigung Hollands und des zuvor österreichischen Belgien zum Königreich der Niederlande. Zahlung einer hohen Kriegskostentschädigung durch Frankreich.

Die Neuordnung Europas durch den Wiener Kongreß

Wiener Kongreß und Deutscher Bund

Nov. 1814 – Juni 1815 Wiener Kongreß.
Schlüsselfigur des Wiener Kongresses ist der österreichische Staatskanzler Metternich, weshalb die neu entstehende Ordnung auch als „System Metternich" bezeichnet wird. Ziele:
Rückkehr zu den Prinzipien vor der Französischen Revolution, Restauration des Vergangenen (siehe auch Zeitalter der Restauration Seite 169).
Der Wiener Kongreß versammelt die wichtigsten Vertreter von über 200 Staaten und Städten Europas. Die Großmächte werden vertreten durch Metternich (Österreich), Castlereagh (England), Nesselrode neben Zar Alexander I. (Rußland), Hardenberg und Wilhelm von Humboldt (Preußen) und ab 1815 durch Talleyrand (Frankreich).
Prinzip der Legitimität; die Idee des Gleichgewichts der Mächte wird vor allem von England gestützt; Garantie der Aufrechterhaltung des Friedens durch alle Mächte, Prinzip der Solidarität.
Nach Auseinandersetzungen (polnisch-sächsische Frage) Suche nach Kompromißlösungen.
Juni 1815 Wiener Kongreßakte; Ergebnisse: Vereinigtes Königreich der Niederlande (Belgien und Holland) wird als englisches „Bollwerk" gegen Frankreich geschaffen.
Großbritannien, mittlerweile unangefochtene Seemacht, in Personalunion mit dem neugeschaffenen Königreich Hannover behält Malta, Helgoland, Ceylon und die Kapkolonie.
Rußland erhält das sog. Kongreßpolen.
Österreich verzichtet auf Belgien, ebenso Verzicht auf Breisgau (an Baden und Württemberg); Wiedergewinn Tirols, Kroatiens sowie Dalmatiens und der Vorherrschaft in Oberitalien durch Gewinn Venetiens und der Lombardei; Vielvölkerstaat.
Bayern erhält für den Verlust Tirols Teile von Franken und Kurmainz sowie die linksrheinische Pfalz.
Preußen erhält die Hälfte Sachsens, die Rheinprovinz, Schwedisch-Pommern mit Rügen, Vergrößerung Westfalens; an Bayern gehen Ansbach und Bayreuth, an das Königreich Hannover Ostfriesland, Goslar, Hildesheim; ebenso gibt Preußen die polnischen Gebiete aus der 3. Teilung Polens an Rußland ab.
Vereinigung Schwedens in Personalunion mit Norwegen.
Frankreich behält alle Gebiete in den Grenzen von 1792.
Wiederherstellung des Kirchenstaates; Anerkennung der Neutralität der Schweiz.

8. Juni 1815 Bundesakte als Grundgesetz für den *Deutschen Bund*, in dem 35 souveräne Fürsten und vier freie Städte vereinigt sind; Vorsitz Österreichs; „Bundestag" in Frankfurt als Gesandtenkongreß.

Die Allianzen

Sept. 1815 „Heilige Allianz" als Solidargemeinschaft des orthodoxen Rußland, katholischen Österreich und evangelischen Preußen; religiöse Untermauerung der absolutistischen Regierungssysteme. Beitritt der restlichen europäischen Staaten mit Ausnahme von England, dem Kirchenstaat und der Türkei.
Nov. 1816 Politisch bedeutendere „Große Allianz" zwischen England, Rußland, Preußen und Österreich mit dem gemeinsamen Ziel der Zurückdrängung von Revolutionen in Frankreich und anderen Staaten; Interventionspolitik; Unterdrückung freiheitlicher und nationaler Bestrebungen.

Das Zeitalter der Restauration und Revolution

Neben der konservativen Staatsauffasung, die Mitteleuropa bis zur Mitte des 19. Jahrhunderts beherrscht, treten zwei bedeutende Strömungen, die im Widerspruch zur restaurativen Auffassung stehen, der Liberalismus, dessen Ursprung noch in der Aufklärung liegt, und der Nationalismus, das Streben der einzelnen Völker nach Vereinigung in einer Nation. Zunächst verbinden sich Nationalismus und Liberalismus gegen die Restauration mit dem Ziel der Errichtung freiheitlicher Nationalstaaten.

Erhebungen in Südeuropa

In Spanien

1820 Erhebung der Liberalen gegen die Monarchie.
1823 Eingreifen Frankreichs und Niederwerfung des Aufstands; Rache des spanischen Königs Ferdinand VII. und darauf folgend Wiederherstellung der Monarchie.
1834 – 1839 Nach dem Tod Ferdinands VII. Bürgerkrieg („Karlistenkriege"), aufgrund von Streitigkeiten um den Thron.
1843 – 1868 Isabella II., Tochter Ferdinands VII.
Seit 1810 In Lateinamerika Ablösung der ehemals spanischen und portugiesischen Kolonien von der Fremdherrschaft und Entstehung selbständiger Staaten (z. B. Freiheitskämpfe Simon Bolívars).

In Griechenland

1821 Aufstände griechischer Patrioten gegen die türkische Herrschaft.
1822 Verfassungsverkündigung. In Europa Griechenbegeisterung

(Klassik, Klassizismus), deshalb Unterstützung der Griechen durch zahlreiche Freiwillige. Unterschiedliche Interessenkonstellationen in Europa; die Großmächte suchen die griechische Freiheitsbewegung für ihre Ziele zu nutzen. Deshalb

1827 Vernichtung der türkischen Flotte durch England, Frankreich und Rußland bei Navarino.

1829 Ende der Befreiungskriege. Friede von Adrianopel; die Türkei erkennt Griechenland als souveränen Staat an, das

1832 Königreich wird unter Otto I., dem Sohn Ludwigs I. von Bayern.

Die Julirevolution in Frankreich und ihre Wirkung

Nach der Rückkehr der Bourbonen nach Frankreich:

1814 – 1824 Ludwig XVIII.; Außenminister Talleyrand (vgl. Wiener Kongreß). Verfassung, die die Gegensätze zwischen Republikanern, Bonapartisten und zurückkehrenden Revolutionsflüchtlingen aufheben soll.

1824 – 1830 Karl X.; erneute Hinwendung zum Absolutismus mit dem Ziel der Wiederherstellung der Monarchie. Die Mißachtung der Verfassung hat Opposition des wahlberechtigten Bürgertums zur Folge; nach einem Wahlsieg der Liberalen im Juli 1830 Veränderung des Wahlrechts zugunsten der Besitzenden; Pressezensur. Dadurch wird

1830 die Julirevolution ausgelöst, getragen von Journalisten und großen Teilen des Bürgertums. Keine Errichtung der Republik, sondern Wahl des Herzogs Louis Philippe von Orléans zum König, aus Furcht vor einer sozialen Revolution.

1830 – 1848 „Bürgerkönig" Louis Philippe; parlamentarische Monarchie; starker Einfluß des Bürgertums, jedoch Arbeiter und Kleinbürger ohne Mitbestimmungsrechte.

Das Vereinigte Königreich der Niederlande

Katholische Wallonen im Süden drängen auf eine Trennung von den calvinistischen Holländern:

1830 Revolution in Brüssel durch die katholischen Belgier.

1831 Anerkennung der Unabhängigkeit Belgiens; Neutralitätserklärung durch die fünf Großmächte. Liberale konstitutionelle Verfassung in Belgien.

1831 – 1865 König Leopold I. von Sachsen-Coburg, König von Belgien.

1839 Vereinigung des wallonischen Teils Luxemburgs mit Belgien.

Polen

Auch auf Polen hat die französische Julirevolution Auswirkungen.

1830 Aufstand in Warschau; Absetzung des Zaren Nikolaus I. als König von Polen; Verständigung Preußens mit Rußland aus Furcht vor einem Aufstand der in Preußen lebenden Polen. Niederwerfung der polnischen Freiheitsbewegung durch Rußland.
1832 Polen verliert den Rest seiner Unabhängigkeit und ist nur noch ein russischer Verwaltungsbezirk. Flucht zahlreicher Revolutionäre insbesondere nach Frankreich.

Großbritannien

Die Zeit zwischen 1815 und 1830 steht unter dem Zeichen eines strengen Konservatismus, getragen von den Tories. Die napoleonischen Kriege (Kontinentalsperre) hatten einen wirtschaftlichen Niedergang zur Folge, der eine große Unzufriedenheit innerhalb der Bevölkerung auslöst.
1815 Getreideschutzzölle.
1819 Aufstände von Arbeitern werden mit den sog. „Knebelgesetzen" beantwortet, die Presse- und Versammlungsfreiheit einschränken.
1820 – 1830 König Georg IV.
1824 Anerkennung der Gewerkschaften.
1829 Rechte für die Katholiken: Zulassung zu Staatsämtern und Parlament.
1830 – 1837 König Wilhelm IV.
1832 Reform des Parlaments: Wahlrecht nicht mehr allein an Grundbesitz, sondern an Vermögen gebunden; Herabsetzung des Wahlzensus: Jeder Hausbesitzer, dessen Haus zehn Pfund Jahresmiete beträgt, kann sich nun an den Wahlen beteiligen. Dadurch Vertretung der städtischen Interessen möglich, jedoch Bevorzugung des Mittelstandes. Die Arbeiterinteressen werden nicht ausreichend wahrgenommen.
1833 Begrenzung der Kinderarbeit. Beseitigung der Sklaverei.
1837 – 1901 Königin Viktoria. Verheiratet mit Albert von Sachsen-Coburg-Gotha.
Versuche der Durchsetzung politischer Gleichberechtigung in den ersten Arbeiterbewegungen (1838 Beginn der Chartistenbewegung in Anlehnung an die Magna Charta) scheitern am Einspruch des Parlaments, dennoch langsame Durchsetzung von Reformbestrebungen. Verbindung sozialer und politischer Forderungen.
1846 Aufhebung der Getreidezölle; Freihandelspolitik und 1847 Einführung des 10-Stunden-Tages in den Fabriken.
Durch die Ansätze sozialer Reformen wird in England eine Revolution verhindert.
1845/46 Schwere Hungersnot in Irland hat Massenauswanderungen der Iren meist nach Nordamerika zur Folge.

Österreich, Preußen und der Deutsche Bund

Entstehung von Verfassungen, die dem Volk ein beschränktes politisches Mitspracherecht gewähren, z.B. in Nassau 1814, Sachsen-Weimar 1816, Erzwingung einer Verfassung in Bayern und Baden 1818, 1819 Verfassung in Württemberg; Preußen erhält keine Verfassung, nur Berufung der Provinzialstände 1823.

1815 Gründung der Deutschen Burschenschaft aus den Studentenverbindungen der Einzelstaaten; Farben des Reiches Schwarz-Rot-Gold.

1817 Wartburgfest zum Jahrestag der Reformation (1517) und der Völkerschlacht von Leipzig (1813); Verbrennung sog. „undeutscher Schriften".

1819 Ermordung des Theaterdichters Kotzebue (antiliberale und antinationale Schriften) durch den Studenten Karl Sand. Daraufhin Einberufung einer Ministerkonferenz durch Metternich, die mit den Karlsbader Beschlüssen endet: Verbot der Turner- und Burschenschaften; Überwachung der Universitäten; Einrichtung einer gegen jegliche revolutionäre Tendenzen gerichteten Untersuchungskommission; Pressezensur; Verfolgung der sog. „Demagogen" (Volksverführer). Scharfe Anwendung dieser Gesetze.

1820 Wiener Schlußakte integriert Bestimmungen von Karlsbad, die somit Teil der Bundesverfassung werden.

1830 Die Julirevolution in Frankreich löst in Deutschland keine Revolution, sondern lediglich Straßenunruhen aus; in der Folge Verfassungen in Hannover, Braunschweig, Kurhessen und Sachsen; unterschiedliche politische Richtungen, die entweder dem Einheits- oder dem Freiheitsgedanken Vorrang einräumen. Auftreten der Dichter des „Jungen Deutschland" (Heine, Börne, Gutzkow).

1832 Hambacher Fest; Bekenntnis zum geeinten republikanischen Deutschland. In der Folge gewaltsame Auflösung von Versammlungen und auf Betreiben Metternichs rigorose Einschränkungen: Auflösung politischer Vereine, Verbot von Versammlungen; Zensur und Verhaftungen.

1834 Der Zusammenschluß der meisten deutschen Staaten ohne Österreich im Deutschen Zollverein unter der Führung Preußens zeigt den Ansatz einer Einigung zumindest auf wirtschaftlicher Ebene (Initiator Friedrich List). Nationale Einigung kann noch nicht durchgesetzt werden.

1837 Auflösung der Personalunion zwischen England und Hannover; Aufhebung der Verfassung in Hannover führt zum Widerspruch der „Göttinger Sieben" (Professoren).

1840 – 1861 Friedrich Wilhelm IV. König von Preußen.

1844 Weberaufstand in Schlesien aufgrund äußerst schlechter und unzureichender Lohn- und Arbeitsbedingungen.
1847 Berufung einer Ständevertretung in Preußen, die wieder aufgelöst wird. Friedrich Wilhelm lehnt eine Verfassung ab.

Die Revolution von 1848/49

Die soziale Frage in Frankreich

Politische und wirtschaftliche Benachteiligung der Arbeiter. Verbreitung sozialistischer Gesellschaftsvorstellungen innerhalb der Arbeiterbewegung, wobei das 1847/48 von Karl Marx und Friedrich Engels verfaßte „Kommunistische Manifest" noch keine direkte Wirkung auf die kommenden revolutionären Ereignisse ausübt.
22. – 24. Febr. 1848 Nach dem Verbot einer Demonstration für das allgemeine Wahlrecht (nur 200 000 Bürger in Frankreich wahlberechtigt) Aufstände in Paris. Abdankung des Königs und Ausrufung der Republik sowie Einführung des allgemeinen Wahlrechts. In der Folge Errichtung von „Nationalwerkstätten", die sich als unrentabel erweisen und geschlossen werden; daraufhin im
Juni Aufstand der Arbeiter in Paris, der brutal niedergeworfen wird. Angst des Bürgertums vor der „roten Gefahr", deshalb Wahl von Louis Napoleon zum Präsidenten im Dez., der sich
1852 nach einem Staatsstreich zum Kaiser ausrufen läßt (Napoleon III.).

Deutschland, Preußen und Österreich

In Deutschland steht weniger die soziale Frage im Mittelpunkt als liberale und nationale Ziele. Keine proletarische Revolution, sondern vom bürgerlichen Mittelstand getragene Bewegung. Kurz nach den Februarunruhen in Frankreich
März 1848 Beginn der Unruhen in Baden, die sich weiter ausbreiten. Erhebung der „Märzforderungen" nach Vereins- und Pressefreiheit, Geschworenengerichten und Volksbewaffnung sowie einem deutschen Parlament.
13.-15. März Blutige Unruhen in Wien; Vertreibung des Staatskanzlers Metternich. Verfassungsversprechen des Kaisers. Weitere Erhebungen in allen Reichsteilen; Selbständigkeit Ungarns (Personalunion mit Österreich); Kämpfe in Oberitalien.
18. – 19. März Aufstände in Berlin; der König gibt unter dem Druck der Massen nach; Versprechen einer preußischen Nationalversammlung mit dem Ziel der Verfassungsgebung.
20. März Abdankung des bayerischen Königs Ludwig I. zugunsten seines Sohnes Maximilian II.

31. März Vorparlament in Frankfurt bestimmt die Berufung einer deutschen Nationalversammlung. Republikaner mit dem Ziel der Errichtung einer „deutschen Republik“ sehen sich von gemäßigteren Liberalen in ihrer Idee verraten. Daraufhin im

April Erhebung in Baden (Friedrich Hecker), die niedergeschlagen wird.

Mai Zweiter Volksaufstand in Österreich.

18. Mai Eröffnung der Deutschen Nationalversammlung in der Paulskirche in Frankfurt. Sog. „Professorenparlament“, Vertreter des Bildungsbürgertums; Handwerker kaum und Bauern überhaupt nicht vertreten; Formung politischer Gesinnungsgruppen („Rechte“, „Zentrum“, „Linke“). Nationalismus siegt über Liberalismus. Vorsitzender Heinrich von Gagern; Ernennung Erzherzogs Johann von Österreich zum Reichsverweser; Bildung einer provisorischen Regierung, deren Stellung sich jedoch als politisch nicht durchsetzungskräftig erweist. Dies zeigt sich in der Frage um Schleswig-Holstein (seit dem 15. Jh. Herzogtümer Schleswig und Holstein in Personalunion mit Dänemark verbunden).

März Die Angliederung Schleswigs an Dänemark führt zu Protesten in Schleswig-Holstein.

Mai Militärisches Eingreifen Preußens, im Auftrag des Deutschen Bundes.

Aug. Durch Intervention Rußlands, Englands und Frankreichs wird Preußen zum Waffenstillstand von Malmö gezwungen. Nationale Entrüstung ist die Folge.

Juni 1848 Slawenkongreß in Prag, der die Gleichberechtigung der einzelnen Nationen der Donaumonarchie formulieren soll. Pfingstaufstand der Tschechen durch Fürst Windischgrätz niedergeworfen.

Juli In den italienischen Befreiungskämpfen (seit März) Niederlage der Italiener in Oberitalien durch Radetzky. Die österreichische Herrschaft in Italien ist im August 1849 wiederhergestellt.

Okt. Dritter Aufstand in Wien, der durch kaiserliche Truppen niedergeschlagen wird.

Dez. Auflösung der preußischen Nationalversammlung und Verkündigung einer antiliberalen Verfassung (Dreiklassenwahlrecht).

1848 – 1916 Nach Abdankung Ferdinands I. Franz Joseph I. Kaiser von Österreich.

4. März 1849 Durchsetzung einer Verfassung für Österreich (zentralistische Orientierung). Dies führt im

April zu Reaktionen in Ungarn, das schon dem Thronwechsel in Österreich nicht zustimmen wollte und das Haus Habsburg absetzt; Erhebung des Liberalen Ludwig Kossuth zum Reichsverweser, der zuvor die Bauernbefreiung sowie die Abschaffung der Adelsprivilegien durchgesetzt hatte. Nach einer militärischen Intervention Rußlands Niederlage der Ungarn und Kapitulation im August. Harte Bestrafung der Aufständischen durch Österreich.

Heftige Parteikämpfe in Frankfurt zwischen den Befürwortern der kleindeutschen (deutscher Staat ohne Österreich unter Führung Preußens) und der großdeutschen Lösung (Einbezug Österreichs), die jedoch abgelehnt wird. Sieg der „Kleindeutschen".

28. März Vollendung der Reichsverfassung: erbliches Kaisertum, das sich die Gewalt mit dem Reichstag teilt.

28. April Ablehnung der von der Nationalversammlung angebotenen Kaiserwürde durch Friedrich Wilhelm IV. von Preußen. Auflösung der „Paulskirche".

Mai Volksaufstände in Dresden, in Baden und der Pfalz, die durch preußische, badische und bayerische Truppen niedergeschlagen werden. Zahlreiche Auswanderungen, insbesondere in die Vereinigten Staaten.

Juni Auflösung des nach Stuttgart verlegten „Rumpfparlamentes".

1850 Erfurter Parlament mit dem Ziel eines engeren Zusammenschlusses des Reiches unter dem Vorsitz Preußens und dem Ausschluß Österreichs. Im Gegenzug initiiert Österreich am

1. Sept. die Wiedereröffnung des Bundestages in Frankfurt.

29. Nov. Im Vertrag zu Olmütz Nachgeben Preußens gegenüber Österreich. Wiederherstellung des Deutschen Bundes in Frankfurt unter der Führung Österreichs (1851).

Preußen erhält eine Verfassung: Ernennung der Regierung und der Abgeordneten der ersten Kammer („Herrenhaus") durch den König. Wahl zum Abgeordnetenhaus nach dem Dreiklassenwahlrecht.

1852 Lösung der Frage um Schleswig-Holstein im Londoner Protokoll. Autonome Herzogtümer Schleswig und Holstein sind in Personalunion mit Dänemark verbunden.

Literatur

Das politische Ereignis der Französischen Revolution ist von einschneidender Bedeutung für die gesamte westeuropäische Entwicklung und hat auch eine grundlegende Bedeutung für die Literatur in Deutschland. Die revolutionären Ereignisse lösen Umdenkungsprozesse innerhalb der Gesellschaft aus und führen zu einem verstärkten Nachdenken über die Veränderbarkeit gesellschaftlicher Zustände bzw. über die Mittel der Veränderung. Während in der Aufklärung noch größtenteils Einigkeit über den erzieherischen Wert von Literatur besteht, treten nun verschiedene Positionen hinsichtlich der Funktionsbestimmung von Literatur zutage. In Deutschland wirken gleichzeitig drei verschiedene literarische Richtungen: die Klassik, die Romantik und auch politisch engagierte Literatur.
Unter Klassik versteht man eine Kunstrichtung, die sich am antiken Menschenbild orientiert. Goethe und Schiller, die Hauptvertreter der Klassik, die am Hofe von Weimar ihre Blütezeit erlebt, bauen in erster Linie auf eine moralische Verbesserung des Menschen. Ziel der „Romantiker" ist die Poetisierung des Lebens, die Aufhebung der Trennung zwischen Kunst und Leben. Dazu orientiert man sich gerne an den religiösen und mythologischen Vorstellungen des Mittelalters. Die bekanntesten Vertreter der Romantik, mit ihren Zentren Heidelberg und Berlin, sind Clemens Brentano, die Gebrüder Grimm, E.T.A. Hoffmann und Joseph Freiherr von Eichendorff.
Die Zeit nach dem Wiener Kongreß ist politisch von restaurativen Tendenzen geprägt, die in Frankreich schließlich zur Julirevolution führen, die auch in Deutschland die Hoffnung der Liberalen weckt. Die Kultur der sog. „Zeit des Biedermeier" baut auf der patriarchalischen Staats- und Familienordnung auf und pflegt vor allem das Althergebrachte. Literarisch bevorzugt werden Kleinformen.
Die nach dem Hambacher Fest ausgelöste „Demagogenverfolgung" schränkt jedoch den Wirkungsbereich der Literatur wesentlich ein. Während die Dichtung der Klassik und Romantik keine politische Stoßrichtung besitzt, ändert sich im Zuge der Julirevolution in Frankreich, seit den 30er Jahren des 19. Jahrhunderts, der Anspruch der Literatur, der zunehmend auch in Deutschland eine politische Richtung gewinnt, die sich mit der Romantik und Klassik kritisch auseinandersetzt. Zeit- und Gesellschaftskritik stehen im Vordergrund, nicht die

Ästhetik in der Kunst, sondern die politische Wirksamkeit. Die Pressezensur und die Verfolgung zahlreicher Schriftsteller zwingen viele ins Exil. Dennoch äußern sich die kritischen Stimmen immer lauter wie Heinrich Heine, die sog. Jungdeutschen, und am radikalsten Georg Büchner.

Musik

Gegen Ende des 18. Jahrhunderts erfährt die Musikgeschichte einen ihrer Höhepunkte mit den Komponisten der sog. „Wiener Klassik": Joseph Haydn (1732 – 1809), Wolfgang Amadeus Mozart (1756 – 1791) und Ludwig van Beethoven (1770 – 1827).

Die Romantik nimmt in der Musikgeschichte einen relativ langen Zeitraum ein, vom Beginn des 19. Jahrhunderts (1820) bis ins 20. Jahrhundert. Hier entfaltet sich eine Vielfalt von musikalischen Stilerscheinungen. In der frühen Romantik wirken Franz Schubert und Carl Maria von Weber, in der Hochromantik Robert Schumann, Frédéric Chopin und Felix Mendelssohn-Bartholdy, in der Spätromantik Franz Liszt, Richard Wagner, Anton Bruckner und Johannes Brahms.

Gustav Mahler und Richard Strauss sind die bekanntesten Komponisten der Spät- und Nachromantik.

Bildende Kunst

Die Kunstgeschichte hat den Begriff „Klassizismus" geprägt, eine Stilrichtung, die ihre besondere Ausprägung in der Architektur findet. In Frankreich finden sich klassizistische Elemente schon in der Zeit des Barock. Seit Mitte des 18. Jahrhunderts wendet man sich von der barocken Bauweise ab. Der Klassizismus fordert eine klare Gliederung und einfache Form nach dem Vorbild der Klassik. So entsteht z.B. in Paris der von Chalgrin erbaute „Arc de Triomphe" nach dem Vorbild der römischen Triumphbogen. Bedeutende Vertreter des klassizistischen Baustils sind in Deutschland C.G. Langhans (1732 – 1808), der Erbauer des Brandenburger Tors in Berlin, der in seinem Frühwerk noch dem Barock verhaftet ist, dessen Spätwerk dann aber von einem strengen Klassizismus geprägt ist. Ebenso zählen zu den Klassizisten K.F. Schinkel (1781 – 1841) und L. v. Klenze (1784 – 1864).

In der Malerei des 19. Jahrhunderts wird der klassizistische Stil durch die Romantik abgelöst. In Deutschland zählt zu den überzeugendsten Beispielen romantischer Malerei Caspar David Friedrich (1774 – 1840). Der bekannteste Maler des sog. Biedermeier ist Carl Spitzweg (1808 – 1885).

Die Industrielle Revolution

Der Begriff der Industriellen Revolution bezeichnet den sprunghaften technologischen, gesellschaftlichen und ökonomischen Wandel der Länder West- und Mitteleuropas seit Ende des 18. Jahrhunderts. Zu unterschiedlichen Zeitpunkten und in ungleicher Intensität und Ausprägung vollziehen diese Länder bis 1850 den für die Menschheitsgeschichte tiefgreifenden Übergang von der Agrar- zur Industriegesellschaft.
Vorreiter und klassisches Beispiel dieses Prozesses ist England. Dort treffen in der zweiten Hälfte des 18. Jahrhunderts verschiedene Faktoren zusammen. Die medizinischen Fortschritte senken die Sterblichkeitsrate und führen zu einem rapiden Bevölkerungswachstum. Die agrartechnischen Verbesserungen führen zu einer „Agrarischen Revolution". Die landwirtschaftlichen Erträge steigen, Kapital wird geschaffen.
Die Binnenmarktnachfrage und das Arbeitskräfteangebot steigen ebenfalls an. Der Unternehmer-Typ entsteht, der sich Grundkapital verschafft, industrielle Abläufe organisiert und versucht, sein Kapital zu vermehren. Technologisch-revolutionäre Erfindungen ermöglichen die industrielle Massenproduktion. James Watt baut 1769 die erste Dampfmaschine, die Spinnmaschine wird 1775 und der mechanische Webstuhl 1786 erfunden. Stephenson baut 1814 die erste Lokomotive. In der Folgezeit entstehen für die Personenbeförderung wichtige Eisenbahnlinien, zunächst in England, kurz darauf auch in Deutschland.
In Deutschland setzt die Industrielle Revolution mit zeitlicher Verzögerung ein. Die territorialpolitische Zersplitterung und das Feudalsystem stehen der Entwicklung eines einheitlichen Marktes und liberaler Arbeitsverhältnisse zunächst entgegen. Das preußische Regulierungsgesetz von 1816 fördert den Großgrundbesitz und die Entstehung eines besitzlosen Landarbeiterproletariats. Tagelöhner wandern auf der Suche nach Arbeit in die Städte ab. Der schwäbische Nationalökonom Friedrich List (1789 – 1846) gründet 1819 den Handels- und Gewerbeverein und kämpft vergeblich für eine einheitliche Zollpolitik. Der preußische Finanzminister Motz nimmt 1834 mit der Gründung des Deutschen Zollvereins die Idee Lists auf. Nachdem sich mit Ausnahme Österreichs die Klein- und Mittelstaaten dem Zollverein anschließen, ist ein großer gemeinsamer Markt und damit eine wesentliche Grundlage für die schnell einsetzende Industrialisierung geschaffen. Im Unterschied zu England ist in Deutschland der Übergang zur Industriegesellschaft auf den Aufbau der Schwer-

industrie zurückzuführen. Der Eisenbahnbau nach Plänen Lists fördert seit 1837 den Bergbau und die Eisen- und Maschinenbauindustrie. Die erste Eisenbahnverbindung entsteht 1835 zwischen Nürnberg und Fürth. Borsig baut seit 1841 eigene Lokomotiven. Der Ausbau der Banken (Diskont-Gesellschaft 1851, Darmstädter Bank 1853) und des Versicherungswesens (Hapag 1847, Norddeutsche Hapag 1847), die Gründung von Aktiengesellschaften und Kommanditgesellschaften sowie die Erfindungen des Kunstdüngers, des Verfahrens zur Stahlgewinnung, der synthetischen Farbenherstellung treiben die Industrieentwicklung seit 1850 voran.

Die soziale Frage

Die Industrielle Revolution verändert die Gesellschaftsordnung grundlegend. Es entstehen die neuen Klassen der besitzenden Unternehmer (Kapitalisten) und der besitzlosen Arbeiter (Proletarier). Das feudale Abhängigkeitsverhältnis zwischen Arbeitgeber und Arbeitnehmer weicht der wirtschaftsliberalen Anschauung des freien Spiels der Kräfte. Mit der Bevölkerungsexplosion ist vor allem bei der Arbeiterschicht eine soziale Verschlechterung verbunden. Lange Arbeitszeiten, Sonntags- und Kinderarbeit, engste Wohnverhältnisse und rechtlose Arbeitsbedingungen führen zu materieller und menschlicher Verelendung der Arbeitermassen (Pauperismus).

Die Lösungsansätze zur Bewältigung der sozialen Frage sind vielfältig. Als Gegenbewegung zum Kapitalismus werden sozialistische und kommunistische Ideen formuliert. Karl Marx (1818 – 1883) analysiert die kapitalistischen Produktionsverhältnisse und begründet mit Friedrich Engels (1820 – 1895) den wissenschaftlichen Sozialismus („Kommunistisches Manifest“ 1847, „Das Kapital“, I. Teil 1867). Als Endzustand einer Entwicklung sehen Marx und Engels den Kommunismus mit der Selbstverwirklichung des Menschen.

Ferdinand Lassalle gründet 1863 die erste deutsche Arbeiterpartei, den Allgemeinen Deutschen Arbeiterverein, Karl Marx 1864 die Internationale Arbeiterassoziation. Wilhelm Liebknecht und August Bebel bauen 1869 die Sozialdemokratische Arbeiterpartei auf, der sich 1875 die Anhängerschaft Lassalles anschließt. Aus ihr geht 1890 nach Aufhebung der Sozialistengesetze die Sozialdemokratische Partei Deutschlands hervor.

Gewerkschaften entstehen in Deutschland gegen Ende der 60er Jahre, gewinnen aber erst ab 1890 größeren politischen Einfluß.

Die Nationalstaaten

Frankreich

Das Zweite Kaiserreich

1852 – 1870 Napoleon III. französischer Kaiser; Versuch des Ausgleichs der sozialen Gegensätze; plebiszitäre Diktatur; Ausbau der Verkehrswege; Arbeitsbeschaffungsmaßnahmen; Ausbau des Handels. Versuch der Stärkung des außenpolitischen Ansehens Frankreichs; Paris als „Hauptstadt der Welt“ (Neubauten, Prachtboulevards).
1855 Weltausstellung in Paris.
1859 – 1869 Bau des Suezkanals, der Wasserverbindung zwischen Mittelmeer und dem Golf von Suez durch Ferdinand de Lesseps.
Unterstützung der nationalen Bewegungen in Europa durch Napoleon III.
1854 – 1856 Teilnahme am Krimkrieg; Rußland verliert seine Vormachtstellung an Frankreich.
1859 Frankreich auf Seiten Italiens im italienischen Einigungskrieg gegen Österreich; 1860 Gewinn Nizzas und Savoyens.
1861 – 1867 Niederlage Napoleons III. bei einem Eingreifen zugunsten der Konservativen in Mexiko führt zur Schwächung seines Ansehens.
1870/71 Napoleon III. benötigt außenpolitischen Prestigegewinn, um gegen die liberalen Bestrebungen im Innern vorgehen zu können; er läßt sich auf den Krieg gegen Preußen ein, der sich zum Deutsch-Französischen Krieg ausweitet und an dessen Ende die deutsche Einigung und der Sturz des französischen Kaisertums stehen (Kapitulation Frankreichs im Januar 1871).

Die Dritte Republik

4. Sept. 1870 Frankreich wird zur Republik erklärt.
Febr. 1871 Nationalversammlung in Bordeaux; Adolphe Thiers an der Spitze der exekutiven Gewalt, wird zum ersten Präsidenten (bis 1873) der französischen Republik.
März – Mai 1871 Der Aufstand der Pariser Kommune (Sozialisten und Kommunisten) wird von französischen Regierungstruppen (Marschall Mac Mahon) blutig niedergeschlagen.
1873 – 1879 Mac Mahon Präsident.
1875 Frankreich als Republik mit Verfassung (Deputiertenkammer, Senat, auf sieben Jahre gewählter Präsident).
1879 – 1887 Präsident Jules Grévy.

Rußland

1801 – 1825 Zar Alexander I. Ausbreitung liberalerer Ideen, denen sich auch der Zar nicht verschließt; Projekt einer Verfassung; innere Reformen. Diese Haltung ändert sich während seiner Regierungszeit zunehmend; Rußland wird zum Hort der Reaktion.

Dez. 1825 Von Reformideen erfüllte junge Adelige (schon zuvor in Geheimbünden organisiert) suchen die Autokratie des Zaren zu stürzen: Der sog. Dekabristenaufstand in Petersburg scheitert.

1825 – 1855 Nikolaus I.

1828 – 1829 Russisch-türkischer Krieg.

1829 Friede von Adrianopel: Donaudelta und Teile Armeniens an Rußland.

1830 – 1831 Niederwerfung der revolutionären Bewegung in Polen.

1840 Eingreifen Rußlands in die sog. „Orientalische Krise" (1839 – 1841): Nachdem Frankreich das ägyptische Vorgehen gegen die Türkei unterstützt, schließt Rußland Bündnis mit Preußen, England und Österreich gegen Frankreich.

1841 Dardanellenvertrag: Meerengen für nichttürkische Kriegsschiffe gesperrt.

1853 – 1856 Der Krimkrieg. Ziel des Zaren, auf Kosten der Türkei über die Donaumündung und die Dardanellen an das Mittelmeer vorzudringen, getarnt als Übernahme der Schutzherrschaft über die unter der Moslemherrschaft stehenden Christen.

1853 Auf den Einmarsch russischer Truppen folgt die Kriegserklärung der Türkei (Okt.) und daraufhin die Intervention Englands und Frankreichs (März 1854) zugunsten der Türkei; Zentrum des Kriegsschauplatzes ist die Halbinsel Krim. Am Ende Nachgeben des russischen Zaren.

1856 Friede von Paris: Das Schwarze Meer wird für Kriegsschiffe gesperrt – Rußland somit vom Mittelmeer isoliert; Verlust des Donaudeltas: Russen haben keinen Anspruch auf Schutzherrschaft über die in der Türkei lebenden Christen. Verlust der Vormachtstellung, die auf Frankreich übergeht.

1855 – 1881 Unter Alexander II. Durchsetzung liberaler Bestrebungen.

1861 Aufhebung der Leibeigenschaft; keine Lösung der sozialen Probleme; Armut der Bauern, Verschuldung, Hungersnöte. In der Folgezeit Ansätze einer Liberalisierung durch Reform des Bildungswesens, Stärkung der kommunalen Selbstverwaltungen, Rechtsreformen, Lockerung der Pressezensur.

1863 Niederwerfung und russische Vergeltung des polnischen Aufstands.

1864 – 1868 Eroberung Turkestans, Taschkents und Samarkands.

1867 Verkauf Alaskas an die Vereinigten Staaten von Amerika.

Seit 1874 Ende der Reformära, die trotz liberalerer Ansätze die Erwartung der fortschrittlich gesinnten Russen nicht erfüllen kann.

1875 – 1876 In der Herzegowina führen Aufstände gegen die türkische Herrschaft zum
1877 – 1878 russisch-türkischen Krieg. Sieg Rußlands, Montenegros, Serbiens und Rumäniens über die Türkei.
1878 Friede von San Stefano: Verkleinerung des europäischen Teils der Türkei zugunsten der Balkanstaaten; Erweiterung des russischen Einflußbereichs führt zum Widerstand Englands (Bündnis mit der Türkei; Gewinn Zyperns) und Österreichs. Auf dem Berliner Kongreß (Vermittler Bismarck) Änderung der Friedensbestimmungen. Ergebnis: Selbständiges Fürstentum Bulgarien (ohne Ostrumelien und Makedonien), der Türkei tributpflichtig; Rumänien, Serbien, Montenegro werden selbständige Staaten; Bosnien und die Herzegowina kommen unter österreichische Verwaltung; Bessarabien und Teile Armeniens fallen an Rußland. Unzufriedenheit Rußlands mit den vertraglichen Bestimmungen; Zuspitzung des österreichisch-russischen Gegensatzes auf dem Balkan.
1881 – 1894 Alexander III. Nach der Ermordung des „Reformzaren" Alexander II. durch revolutionäre Oppositionelle folgt dessen Sohn Alexander III. auf den russischen Zarenthron. Ausschaltung jeglicher Opposition.
1885 – 1886 Sieg Rußlands in der bulgarischen Krise; Sturz Alexanders von Bulgarien.

Die Einigung Italiens

1852 Eine wichtige Rolle bei der nationalen Einigung Italiens spielt Graf Cavour, Ministerpräsident des Königreichs Piemont-Sardinien. Cavour ist ein von liberalen Ideen geprägter Politiker, der das Ziel der Einigung Italiens unter der Führung Sardiniens verfolgt. Die Zeitschrift „Il Risorgimento" („Die Wiederauferstehung") gibt der italienischen Einigungsbewegung ihren Namen.
1855 – 1856 Teilnahme Piemont-Sardiniens am Krimkrieg, um der Lösung der italienischen Frage entsprechendes Gewicht zu verleihen. Cavour gewinnt Napoleon III. zum Förderer der Einigung.
1858 Geheimer Bündnisvertrag zwischen Frankreich und Piemont-Sardinien. Dieser Bündnisvertrag ist Zweckbündnis für
1859 Krieg Piemont-Sardiniens und Frankreichs gegen Österreich; endet mit der Niederlage der Österreicher (im Juni Schlachten von Magenta und Solferino). Die Gründung des Internationalen Roten Kreuzes durch den Genfer Henri Dunant wird durch das Grauen der Schlacht von Solferino veranlaßt (1863).
Juli Waffenstillstand von Villafranca (bei Verona) zwischen Frankreich und Österreich.
Nov. Friede von Zürich; die Lombardei geht an Frankreich, das das gewonnene Territorium an Piemont-Sardinien weitergibt und

im Gegenzug Nizza und Savoyen erhält.
1860 Durch Volksabstimmung Anschluß der mittelitalienischen Städte an Sardinien. Giuseppe Garibaldi landet auf Sizilien (Mai – Sept. sog. „Zug der Tausend") und beseitigt die Herrschaft der Bourbonen (Febr. 1861). Besetzung des Kirchenstaates ohne Rom.
1861 – 1878 Viktor Emanuel II. König von Italien. Italien wird unter Ausklammerung von Venetien und des Kirchenstaates geeint. Hauptstadt Florenz.
1866 Italien, mit Preußen verbündet, führt Krieg gegen Österreich.
Okt. 1866 Friede von Wien: Venetien an Italien, aber Verlust Südtirols und Istriens.
1869 1. Vatikanisches Konzil.
1870/71 Besetzung des Kirchenstaates (Sept. 1870). Rom wird zur Hauptstadt des geeinten Italien (1871); Papst besitzt weiterhin Oberhoheit über den Kirchenstaat. Unfehlbarkeitsdogma des Papstes bei „ex cathedra" getroffenen Entscheidungen.

Die Viktorianische Ära in Großbritannien

Während der Regierungszeit der Königin Viktoria (1837 – 1901) entwickelt sich England zur führenden Handels- und Wirtschaftsmacht. Wichtiges außenpolitisches Ziel ist die Erhaltung und der Ausbau der Kolonien.
1840 – 1842 Opiumkrieg gegen China; militärische Überlegenheit der Engländer; im Frieden von Nanking Abtretung Hongkongs an England; zwangsweise Öffnung von Häfen für den Handel mit dem Westen.
1851 Erste Weltausstellung in London.
1854 – 1856 Krimkrieg gegen russische Ansprüche in der Türkei.
1857/58 Niederwerfung eines großen Aufstands in Indien; Auflösung der Ostindischen Kompanie; Indien wird britisches Vizekönigreich.
1860 Cobden-Vertrag mit Frankreich führt zur Liberalisierung der britisch-französischen Handelsbeziehungen.
1864 Gründung der I. Internationalen in London zum Schutz der Arbeiterklasse (maßgeblicher Einfluß von Marx und Engels).
1867 Reform der Wahlen; Stimmberechtigung auch für Kleinbürger und Arbeiter (Stadtbewohner). Zahl der Wahlberechtigten steigt von 1,4 auf 2,5 Mio.
1868 – 1874 Liberales Ministerium von William Gladstone. Auf ihn folgt sein konservativer Gegner Disraeli.
1874 – 1880 Nach einem Wahlsieg der Konservativen wird Disraeli Premierminister; Vorkämpfer des Imperialismus.
1880 – 1885 Weiteres liberales Ministerium unter Gladstone.

1882 Besetzung Ägyptens.
1877 Königin Viktoria wird Kaiserin von Indien.
1878 Zypern unter englischer Verwaltung.
1884 Durch eine weitere Wahlreform Ausdehnung des Wahlrechts auch auf ländliche Wahlkreise (Verdoppelung der Zahl der Wahlberechtigten).
1886 Gladstone plädiert für die Errichtung eines Parlaments in Irland („Home-Rule-Vorlage“) und scheitert mit seinem Vorhaben.
1886 – 1892 Konservatives Ministerium unter Lord Salisbury.

Gründung des Deutschen Reiches

Ab 1859 beginnt in Preußen die sog. „Neue Ära“, verbunden mit der Stärkung der liberalen Partei.
1861 – 1888 Wilhelm I. König von Preußen, ab 18. Jan. 1871 deutscher Kaiser.
Seit 1859 Frage der Heeresreform; Diskussion der Kontrolle über das Heer. Heereskonflikt weitet sich zum Verfassungskonflikt aus.
1862 Ablehnung des Haushalts durch das Abgeordnetenhaus. Auflösung des Parlaments. Preußischer König droht Rücktritt an. Daraufhin im
Sept. Berufung Bismarcks zum preußischen Ministerpräsidenten und Außenminister; Bereitschaft zur Regierung auch gegen die Verfassung; sog. „Lückentheorie“. Herausbildung des „preußisch-deutschen Militarismus“.
1863 Alvenslebensche Konvention: Militärbündnis mit Rußland gegen die Freiheitsbestrebungen von Polen gerichtet.
Aug. Fürstentag in Frankfurt a.M. unter Vorsitz des österreichischen Kaisers mit dem Ziel der Reformierung des Deutschen Bundes. Vorhaben scheitert aufgrund des Fernbleibens des preußischen Königs.
1864 Krieg Preußens und Österreichs gegen Dänemark, das durch den Versuch der Einverleibung des unabhängigen Herzogtums Schleswig das „Londoner Protokoll“ gebrochen hatte. Sieg über Dänemark und
30. Okt. 1864 Friede von Wien: Dänemark tritt Lauenburg, Holstein und Schleswig an Preußen und Österreich ab; Doppelherrschaft Preußens und Österreichs bilden den Nährboden für kommende Konflikte.
1865 Vertrag von Gastein; Verwaltung Holsteins durch Österreich und Schleswigs durch Preußen; Spannungen zwischen Österreich und Preußen bleiben erhalten. Ringen beider Staaten um die Gunst Napoleons III. von Frankreich, der Preußen 1866 ein befristetes Bündnis mit Italien gegen Österreich vermittelt.
1866 Vorschlag eines deutschen Bundesparlaments durch Bismarck.

Österreich bringt die Frage um Schleswig-Holstein vor den Bundestag in Frankfurt. Einmarsch Preußens in Holstein. Erklärung des Austritts aus dem Deutschen Bund durch Preußen.
15. Juni Ausbruch des Deutschen Kriegs. Neutralität Frankreichs.
Kriegsschauplatz Böhmen.
3. Juli Sieg Preußens unter General Helmuth von Moltke in der Schlacht bei Königgrätz.
26. Juli Vorfriede von Nikolsburg.
23. Aug. Friede von Prag: Österreich muß keine Gebiete an Preußen abtreten; Venetien an Italien. Die mit Österreich verbündeten süddeutschen Staaten werden geschont – geheime Bündnisse Bismarcks mit den süddeutschen Staaten aufgrund der französischen Kompensationsforderungen; Einverleibung Hannovers, Kurhessens, Nassaus, Schleswig-Holsteins, Frankfurts a.M. durch Preußen; Auflösung des Deutschen Bundes.
1866 – 1867 Zusammenschluß der Staaten nördlich der „Mainlinie" zum Norddeutschen Bund unter der Führung Preußens. Verfassung: Leitung des Bundes liegt beim preußischen König, Bundesrat und ein aus allgemeinen, gleichen und direkten Wahlen hervorgehender verfassungsgebender Reichstag sind die weiteren Verfassungsorgane. Bundeskanzler wird Bismarck. Die Verfassung des Norddeutschen Bundes wird zur Grundlage der späteren Verfassung des Deutschen Reiches.
1868 Deutsches Zollparlament bereitet die Einigung auf wirtschaftlichem Gebiet vor.

Die äußere Reichsgründung

1870 – 1871 Deutsch-Französischer Krieg.
Das Verhältnis zwischen Frankreich und Preußen hatte sich seit **1866** verschlechtert; Furcht Frankreichs vor preußischer Hegemonie auf dem Kontinent. Außenpolitische Niederlagen Napoleons III. (Rückzug französischer Truppen aus Mexiko 1867). Rückweisung von territorialen Entschädigungen für Frankreichs Neutralität im Deutschen Krieg. Krieg entzündet sich am Streit um die spanische Thronfolgeregelung. Prinz Leopold von Hohenzollern-Sigmaringen gibt zwar die spanische Krone auf, aber Napoleon III. fordert eine generelle Verzichtserklärung des preußischen Königs auf eine Kandidatur aus dem Haus Hohenzollern. Die Erklärung des preußischen Königs an Napoleon III. wird in der sog. „Emser Depesche" vom 13. Juli 1870 von Bismarck gekürzt und verschärft. Dies führt zur Kriegserklärung Frankreichs. Süddeutsche Staaten auf Seite Preußens. Neutralität der deutschen Anliegerstaaten; Isolation Frankreichs.

1. Sept. Die Niederlage Frankreichs in der Schlacht von Sedan führt nach der Gefangennahme des französischen Königs zur Ausrufung der französischen Republik (4. Sept.). Fortsetzung des Kampfes durch die Franzosen und Belagerung von Paris.

Zusammenschluß der süddeutschen Staaten mit dem Norddeutschen Bund führt

1871 zur Gründung des Deutschen Kaiserreiches.

18. Jan. 1871 Proklamation des preußischen Königs Wilhelm I. zum Deutschen Kaiser im Spiegelsaal von Versailles.

28. Jan. Kapitulation Frankreichs verbunden mit der Übergabe von Paris.

26. Febr. Vorfriede von Versailles: Hohe Kriegsentschädigungen Frankreichs; Abtretung des Elsaß und großer Teile Lothringens.

Die innere Reichsgründung

Der Verfassungsentwurf Bismarcks für das neugegründete Reich entspricht in allen wesentlichen Punkten der Verfassung des Norddeutschen Bundes. Das Reich als Bundesstaat ist zuständig für Außenpolitik, Militär, Post- und Zollwesen; Einzelstaaten (Elsaß-Lothringen als besonderes Reichsland) erhalten Oberhoheit über Verwaltung, Kultur, Verfassung und Parlamente; Bayern und Württemberg erhalten zusätzliche Rechte (Reservatrechte). Bundesrat (58 Vertreter der Regierungen, davon 17 aus Preußen) als Verkörperung des föderalistischen Prinzips. Aus freien, demokratischen Wahlen hervorgehender Reichstag (397 Abgeordnete), der Kontrolle über die Gesetzgebung hat, ebenso ist er zuständig für den Staatshaushalt. Der Reichskanzler ist gleichzeitig preußischer Ministerpräsident, Vorsitzender im Bundesrat, vom Kaiser ernannt und von diesem abhängig. Die Kaiserwürde ist erblich und dem preußischen Königshaus vorbehalten; starke Stellung des Kaisers, insbesondere auf dem Gebiet der Außenpolitik; Oberbefehl über das Heer; Berufung und Eröffnung des Reichstags. Kein echtes parlamentarisches System, sondern Verbindung des monarchischen Prinzips mit demokratisch-parlamentarischen Grundsätzen.

1871 – 1890 Otto von Bismarck Reichskanzler. Politik der Bündnissysteme. Ziel der Isolation Frankreichs und Neutralität der europäischen Mächte, um nach der äußeren Einigung eine innenpolitische Stabilität durchzusetzen.

Der Kulturkampf

1872 Beginn des sog. „Kulturkampfes“; das Unfehlbarkeitsdogma des Papstes führt zur Abspaltung der sog. „Altkatholiken“, die von Bismarck unterstützt werden. Bismarck wendet sich gegen den staatlichen Einfluß der katholischen Kirche (Zentrumspartei als katholische Partei im Reichstag).

1871 Sog. „Kanzelparagraph“: Zurückweisung des geistlichen Einflusses auf staatliche Politik.

1872 Schulaufsichtsgesetz; geistliche Schulaufsicht wird durch staatliche ersetzt. Verbot des Jesuitenordens.

1873/74 Sog. „Maigesetze“: Vorschriften des Staates bezüglich der Ausbildung von Geistlichen.

1874/75 Einführung der Zivilehe, die vor dem Standesamt geschlossen werden muß.

Alle diese Reformen führen zum Widerstand der Kirche und zwingen Bismarck schließlich zum Nachgeben; Aufhebung eines Großteils der erlassenen Gesetze; staatliche Schulaufsicht sowie Zivilehe bleiben erhalten.

Wirtschaftspolitik in der Gründerzeit

1871 Wirtschaftseinheit durch Einführung eines einheitlichen Währungs-, Maß- und Gewichtssystems.

Anwachsen von Industrie und Handel; Freihandel; Kapitalfülle führt zu zahlreichen Unternehmensgründungen.

1873 Beginn einer Wirtschaftskrise („Gründerkrach“). Wirtschaft des Reiches ist nicht konkurrenzfähig mit dem billiger produzierenden Ausland (Getreideeinfuhren aus Rußland und Amerika).

1878 Schutzzollpolitik führt nicht zur Besserung der Lage der Arbeiter. Bündnis Bismarcks mit den Konservativen und dem Zentrum gegen die freihändlerischen Nationalliberalen. Regierung gegen die Parteien, die für Bismarck als „Mittel zum Zweck“, d.h. Stärkung der Macht des Reiches und der Krone genutzt werden; obrigkeitsstaatliches und antiparlamentarisches Denken.

Bismarck und die Sozialdemokraten

Die Sozialdemokraten werden von Bismarck als größte politische Feinde betrachtet, wegen der Ablehnung der bestehenden Staatsordnung sowie der auf Bündnissen mit konservativen Staaten beruhenden Außenpolitik Bismarcks.

1863 Gründung des „Allgemeinen Deutschen Arbeitervereins“ durch Ferdinand Lassalle in Leipzig.

1869 Gründung der „Sozialdemokratischen Arbeiterpartei“ durch Wilhelm Liebknecht und August Bebel in Eisenach.

1875 Vereinigung der beiden Parteien in Gotha (Gothaer Programm) als „Sozialistische Arbeiterpartei Deutschlands“ (seit 1890 „Sozialdemokratische Partei Deutschlands“), die eine staatliche und gesellschaftliche Umge-

staltung im Sinne des Sozialismus fordert und Rechte für die Arbeiter durchzusetzen sucht.
1878 Zwei auf den Kaiser ausgeübte Attentate werden von Bismarck ohne Beweise zum Vorgehen gegen die Sozialisten genutzt.

Sozialistengesetze (gültig bis 1890):

Verbot der sozialistischen Organisationen und deren Presseorgane; polizeiliches Vorgehen und staatliche Zwangsmaßnahmen fördern den inneren Zusammenhalt der verbotenen Partei; Anstieg der Sitze im Reichstag.
1881 Bismarck versucht, die Arbeiter durch eine Sozialgesetzgebung („Staatssozialismus") zu gewinnen. In der Folgezeit Gesetze zur Kranken-, Renten- und Unfallversicherung.

Bismarcks Außenpolitik und Bündnissysteme

1873 Dreikaiserbündnis zwischen Rußland, Österreich und dem Deutschen Reich.
1878 Berliner Kongreß nach dem Krieg zwischen Rußland und der Türkei; Bismarck fungiert als sog. „ehrlicher Makler". Entfremdung zwischen Rußland und dem Deutschen Reich; als Folge Annäherung des Deutschen Reiches an Österreich.
1879 Defensivbündnis zwischen dem Deutschen Reich und Österreich-Ungarn (Zweibund) vor dem Hintergrund des verschlechterten deutsch-russischen Verhältnisses.
1881 Erneuerung des Dreikaiserbündnisses von 1873; Neutralitätsabkommen im Fall eines Angriffs durch eine vierte Macht.
1882 Durch Italien Erweiterung des Zweibundes zum Dreibund (geheim), der sich in erster Linie gegen Frankreich richtet.
1883 Anschluß Rumäniens an den Dreibund.
1884 Verlängerung des Dreikaiserbündnisses zwischen dem Deutschen Reich, Österreich-Ungarn und Rußland.
1887 Erneuerung und Ergänzung des Dreibundes zwischen dem Deutschen Reich, Italien und Österreich-Ungarn. Gleichzeitig „Rückversicherungsvertrag" zwischen dem Deutschen Reich und Rußland, da aufgrund des österreichisch-russischen Gegensatzes auf dem Balkan das Dreikaiserbündnis zerbrochen ist. Inhalt: Deutsche Neutralität bei einem österreichisch-ungarischen Angriff von Rußland und russische Neutralität bei einem französischen Angriff von Deutschland.
Dez. 1887 Geheime „Mittelmeer-Entente" („Orientdreibund") zwischen England, Italien und Österreich-Ungarn zur Sicherung des „status quo" im Orient, gegen Rußland gerichtet.
1884 – 1885 Kolonialgründungen in Südwestafrika, Togo, Kamerun, Ostafrika sowie in Neu-

guinea. Bezeichnung als sog. „Schutzgebiete“.
1888 Tod Kaiser Wilhelms I.; dreimonatige Herrschaft seines Sohnes Friedrich III. Nach dessen Tod
1888 – 1918 Wilhelm II. Er tritt die Regierung als 29jähriger Kaiser an.
1890 Aufgrund von Spannungen und schwerwiegenden Gegensätzen zwischen dem jungen Kaiser und Bismarck Rücktritt des Reichskanzlers und preußischen Ministerpräsidenten.

Die Entwicklung in Österreich-Ungarn

Militärische Niederlagen in den nationalen Einigungskriegen von 1859 und 1866 verstärken die Probleme des Vielvölkerstaates. Nach dem Scheitern einer großdeutschen Lösung (Einbezug Österreichs bei der Reichsgründung) fehlender politischer Rückhalt.
1867 Ausgleich mit Ungarn; Trennung von Österreich und Ungarn in bezug auf Verfassung, Verwaltung und Gesetzgebung, gemeinsames Handeln in außen- und finanzpolitischen sowie militärischen Fragen.
Krönung des Kaisers Franz Joseph I. von Österreich (1848 – 1916) zum König von Ungarn, der damit die Doppelmonarchie repräsentiert und zusammenhält; konservative Politik aufgrund mangelnden Reformwillens des traditionsverhafteten Kaisers. Die Problematik des Vielvölkerstaats verschärft sich.
1878 Besetzung Bosniens und der Herzegowina.
1879 Defensivbündnis mit dem Deutschen Reich (Zweibund) und **1882** mit Italien (Dreibund).
1881 Dreikaiservertrag Österreichs mit dem deutschen Kaiser und dem russischen Zaren.
1887 Österreich-Ungarn in der Mittelmeer-Entente zur Sicherung des Orients gegen Rußland.
1889 Selbstmord des österreichischen Thronfolgers Erzherzog Rudolf; Erzherzog Franz Ferdinand neuer Thronfolger.
1898 Ermordung der Kaiserin Elisabeth (auch „Sissi“ genannt).
1905 Lösung des Nationalitätenproblems in Mähren.
1906 Einführung der allgemeinen, gleichen und direkten Wahlen in Österreich, jedoch nicht in Ungarn.
1908 Annexion der bisher nur besetzten Gebiete Bosnien und der Herzegowina bedeutet Bruch des Berliner Vertrages von 1878.
28. Juni 1914 Ermordung des Thronfolgers Franz Ferdinand in Sarajewo (vgl. S. 195).

Das Zeitalter des Imperialismus

Der Imperialismus als Epochenbegriff umfaßt im wesentlichen

die Zeit zwischen 1880 bis 1914, den Abschnitt, in dem die europäischen Staaten, die Vereinigten Staaten von Amerika und Japan sich die restlichen Gebiete der Erde ihrer Herrschaft einverleiben. In engem Zusammenhang steht hiermit die vorausgegangene Bildung der Nationalstaaten. Imperialistische Außenpolitik wurde auch schon früher betrieben, erhält jetzt jedoch durch wirtschaftliche und bevölkerungspolitisch bedingte Wandlungsprozesse eine neue Dimension. Deshalb bezeichnet man diesen Zeitabschnitt auch oft als Epoche des „klassischen Imperialismus".

Aufgrund der seit 1870 einsetzenden zweiten Phase der Industriellen Revolution sowie der anhaltenden Bevölkerungsexplosion gegen Ende des 19. Jahrhunderts gewinnt die Wirtschaft immer stärkeren Einfluß auf die Politik. In den Industriestaaten waren aufgrund günstiger Produktionsbedingungen Großunternehmen entstanden, die sowohl nach neuen Absatzmärkten als auch nach billigen Rohstofflieferanten meist in Übersee Ausschau halten und gleichzeitig Druck auf die Außenpolitik ihrer jeweiligen Regierungen ausüben. Diese wiederum ergreifen aufgrund nationaler Prestigevorstellungen die Gelegenheit zur Machterweiterung.

Gleichzeitig sind die Transportwege sowohl zu Wasser als auch zu Land so weit ausgebaut, daß die neuen Verkehrswege das Erschließen neuer Märkte beschleunigen können. Aufgrund eines übersteigerten Nationalismus in Verbindung mit wirtschaftlicher Interessenpoltik drängen die Staaten zur Expansion in Afrika und Asien, um Kolonien zu gründen und wirtschaftlich abhängige Gebiete zu schaffen. Neben das wirtschaftliche Moment tritt gleichzeitig ein schwerwiegend ideologisches, so daß aus einem bestimmten Sendungsbewußtsein heraus fremden Kulturen eine „Zivilisation" meist europäischer bzw. westlicher Prägung aufgezwungen werden soll. Verschärft prägt sich dieser Sendungsmythos in einem sozialdarwinistisch bestimmten Rassenstolz aus, d. h. in dem Glauben an die „Überlegenheit der weißen Rasse". Am Ende steht fast immer die Ausbeutung, Unterdrückung und völlige Abhängigkeit der Kolonien oder Halbkolonien, deren eigenständige Kultur zerstört wird.

Großbritannien

1875 Ankauf der ägyptischen Suezkanal-Aktien; Verkürzung des Seewegs nach Indien um die Hälfte.

1878 England gewinnt die Insel Zypern.

1882 Besetzung Ägyptens. Beginn des Wettlaufs um die koloniale Aufteilung des afrikanischen Kontinents (für England ist Frankreich „schärfster Konkurrent“). Ägypten ist Ausgangspunkt für Vorstöße in den Sudan und nach Zentralafrika.

1884 Gewinn Britisch-Neuguineas, der Somaliküste und Nigerias.

1886 Unterwerfung von Burma (Hinterindien).

Südafrika:

Besitz der Kapkolonie; Vision von Cecil Rhodes, von Kapstadt bis Kairo eine Landachse zu schaffen.

1880/81 Burenaufstand (Buren: seit Mitte des 17. Jahrhunderts im Kapland siedelnde holländische Bauern) gegen die Herrschaft der Briten, da diese die von den Buren errichteten Republiken (Transvaal, Oranje-Freistaat, Natal) annektiert hatten. Buren erzwingen Selbständigkeit des größten Teils ihrer Republiken, die jedoch daraufhin von Engländern durch den Erwerb der an die Burenrepubliken angrenzenden Gebiete eingekreist werden.

1895 – 1896 Englischer Angriff auf die unabhängigen Burenrepubliken (Krüger als Präsident der Republiken), der von den Buren niedergeschlagen wird. Sog. „Krügerdepesche“: Glückwunschtelegramm des deutschen Kaisers Wilhelm II. an den Burenführer Krüger führt zu Mißstimmung bei den Engländern.

1899 – 1902 Burenkrieg; endgültige Unterwerfung der Burenstaaten durch die Engländer (Guerillakrieg); britische Kronkolonien, die 1906 selbständig werden.

Nordafrika:

Expansionsversuch von Ägypten nach dem Sudan; Widerstand der Mahdisten (1883 – 1885).

1898 Unterwerfung des Sudan durch General Kitchener.

Faschodakrise mit Frankreich: Der im Sudan vordringende Kitchener stößt auf eine französische Expedition unter General Marchand; die Franzosen werden von England zum Einlenken gezwungen; alleinige Herrschaft der Engländer in Ägypten und dem Sudan. Koloniale Differenzen zwischen England und Frankreich werden in der Folgezeit beigelegt.

Australien:

1901 Zusammenschluß der Kolonien Englands zum „Commonwealth of Australia“ (1907 Dominionstatus).

Innen- und Vertragspolitik:

1901 – 1910 König Eduard VII.; Aufgabe der Isolierungspolitik.

1901 Gründung der Labour Party.

1902 Bündnis Englands mit Japan.

1904 Endgültige Beilegung der kolonialen Streitigkeiten mit Frankreich; England erhält freie Hand in Ägypten, Frankreich in Marokko; die „Entente cordiale“ festigt beide Mächte.

1905 Liberale setzen sich gegenüber den Konservativen durch.

1907 Englisch-russische Verständigung über Afghanistan, Tibet, Persien.

1910 – 1936 König Georg V.
1911 Englisch-amerikanischer Schiedsvertrag.
1912 Forderungen der Frauenbewegung (Suffragetten) nach politischem Mitspracherecht (Frauen nicht wahlberechtigt).

Frankreich

Durch die Politik Napoleons III. war Frankreich als Kolonialmacht geschwächt worden. Da die Engländer jedoch erst spät Interesse an kolonialen Erwerbungen in Afrika zeigten, konnte Frankreich ein großes Kolonialreich in Nord-, Nordwest- und Zentralafrika errichten.
1881 Erweiterung des 1830 um Algier gewonnenen Küstengebietes um das angrenzende Tunis; Protektorat über Tunesien. Verlust Ägyptens an England (1882).
Seit 1887 Vorstoß von der Senegalmündung und vom oberen Kongo aus bis zum Tschadsee; Eroberung von Nordwestafrika und eines großen Teils von Zentralafrika.
Bis 1893 Ausweitung der sehr früh gewonnenen hinterindischen Stützpunkte (Protektorat über Annam).
1895 – 1896 Annexion Madagaskars.
1897 Kolonie Französisch-Indochina.
1898 Faschodakrise mit England.
1904 „Entente cordiale" mit England führt zum Einspruch des Deutschen Reiches (deutsche Wirtschaftsinteressen in Marokko) und zur
1905 – 1906 ersten Marokkokrise, in der Frankreich seine Interessen an Marokko gegen das Deutsche Reich durchsetzt.
1911 Zweite Marokkokrise; deutsch-französisches Kongoabkommen: territoriale Entschädigung des Deutschen Reiches, das das französische Protektorat in Marokko akzeptiert.
Innenpolitik:
1887 – 1894 Präsident Carnot.
1889 Weltausstellung in Paris (Eiffelturm).
1892 Militärkonvention mit Rußland.
1894 Dreyfuß-Affäre: Verurteilung des jüdischen Offiziers Dreyfuß aufgrund angeblicher Spionage erregt die öffentliche und politische Meinung; 1906 Rehabilitierung von Dreyfuß.
1895 – 1899 Präsident Faure.
1899 – 1906 Präsident Loubet.
1905 Trennung von kirchlicher und staatlicher Gewalt.
1906 – 1913 Präsident Fallières.
1912 Poincaré wird Ministerpräsident sowie Außenminister und ist
1913 – 1920 französischer Präsident.

Italien und Belgien

1882 Besetzung von Assab (Eritrea) durch die Italiener.
1885 – 1889 Erwerb von Kolonialbesitz in Eritrea und Somaliland.
1885 Bildung eines neutralen Kongostaates unter der Oberhoheit des belgischen Königs Leopold II. ; ab 1908 Belgisch-Kongo.
1912 Libyen wird italienische Kolonie.

Das Deutsche Reich

Das Deutsche Reich hatte noch unter der Reichskanzlerschaft Bismarcks in Afrika Kolonien erworben. Deutsche „Schutzgebiete" sind: Deutsch-Südwestafrika (seit 1884), Kamerun, Togo (seit 1884), Deutsch-Ostafrika (seit 1885) sowie Inselgruppen im Pazifik, wie z.B. Bismarckarchipel, Marschallinseln.
Ausbau der Kolonien um asiatische Territorien (Bucht von Kiautschou mit Tsingtau und weiterer Inseln im Pazifik wie der Samoagruppe (1899). Verbindung imperialistischer mit nationalistischen Interessen.
Nach dem Rücktritt Bismarcks „Politik der freien Hand". Neuer Kurs in der deutschen Außenpolitik; imperialistisches Streben des deutschen Handels in der ganzen Welt tritt in Konkurrenz mit den „älteren" imperialistischen Mächten, insbesondere England und Frankreich. Entscheidend für diese Phase ist die Verstimmung Englands durch Eingreifen in englische Interessensphären (z.B. Bau der Bagdadbahn) sowie durch das von General Tirpitz geförderte Flottenbauprogramm. Deutschland wird durch gleichzeitige diplomatische Niederlagen (Marokkokrisen) isoliert.
1890 – 1894 Reichskanzler General Leo von Caprivi; 1890 keine Erneuerung des Rückversicherungsvertrags mit Rußland; 1890 Sansibar-Vertrag mit England (Tausch Sansibars gegen Helgoland).
1890 Die von Bismarck erlassenen Sozialistengesetze werden aufgehoben.
1890/91 Arbeiterschutzgesetze.
1894 – 1900 Reichskanzler Fürst zu Hohenlohe-Schillingsfürst.
1895 Eröffnung des Nord-Ostseekanals (Kaiser-Wilhelm-Kanal).
1900 Einführung des bürgerlichen Gesetzbuches (BGB), in Anlehnung an den französischen „code civil".
1898 – 1901 Versuch der britischen Regierung, mit Deutschland eine Übereinkunft in der Flottenfrage zu finden, scheitert endgültig 1901.
1900 – 1909 Reichskanzler Bernhard von Bülow. Er setzt auf die Feindschaft Frankreichs mit England und Rußland und führt die „Politik der freien Hand" fort. Daraufhin Abwendung Englands

von Deutschland (1904 Zusammenschluß Englands mit Frankreich in der „Entente cordiale“ sowie 1902 Verständigung mit Japan und 1907 Einigung mit Rußland).

1903 Beginn des Baus der Bagdadbahn.

1905 – 1906 Erste Marokkokrise; das isolierte Deutschland muß sich den Großmächten fügen und erleidet eine schwere diplomatische Niederlage.

1906 Konferenz von Algeciras bestätigt die deutsche Isolation.

1908 Sog. „Daily Telegraph“-Affäre führt zum Prestigeverlust des Kaisers.

1909 – 1917 Reichskanzler Theobald von Bethmann Hollweg als Nachfolger von Bülows.

1911 Zweite Marokkokrise.

1912 Bei den Wahlen zum Reichstag werden die Sozialdemokraten stärkste Partei.

1913 Erhöhung der Truppenstärke im Zuge der allgemeinen Rüstungsvorbereitungen.

Rußland

Rußland gründet kein Kolonialreich in Übersee, sondern konzentriert sein Expansionsstreben im 19. Jh. auf den Fernen Osten, Mittelasien, auf das Kaukasusgebiet und auf den Balkan. Verbindung der besetzten Gebiete durch Eisenbahnlinien. Einsetzende Siedlungsbewegungen. Unterordnung der annektierten Gebiete unter ein autokratisches Regime.

1881 – 1894 Nach der Ermordung des Zaren Alexander II. folgt dessen Sohn Alexander III. auf den russischen Zarenthron.

1885 – 1886 Sieg Rußlands in der Bulgarischen Krise; Sturz des Fürsten Alexander von Battenberg.

1883 – 1886 Bau der Transkaspischen Eisenbahn.

1891 Beginn des Baus der Transsibirischen Eisenbahn (bis 1904).

1894 – 1917 Nikolaus II.; streng autokratisches Regiment; Unruhen aufgrund der sozialen Notlage der Bevölkerung; Verschuldung der Bauern.

1898 Pachtvertrag über Port Arthur.

1900 Besetzung der Mandschurei; Provokation Japans wegen Korea.

1903 Auf einem Kongreß der Sozialdemokratischen Arbeiterpartei Rußlands (1898 in Minsk gegründet) Spaltung der Partei in die Gruppe der Menschewiki (gemäßigtere Richtung) und Bolschewiki, die eine radikalere Richtung unter der Führung Lenins einschlagen.

1904 – 1905 Russisch-japanischer Krieg; Kapitulation von Port Arthur; Besetzung Koreas durch die Japaner; Vorstoß bis in die Mandschurei; Niederlage Rußlands.

1905 Friede von Portsmouth; Eintritt Japans in die Großmachtpolitik; Gewinn Süd-Sachalins, Port Arthurs sowie der Schutzherrschaft über Korea und den Süden der Mandschurei. Abwendung

Rußlands vom weiteren Expansionsstreben in Ostasien.

1905 Folge der Niederlage Rußlands sind Aufstände, die sich bis zu einer Revolution ausweiten; nationale Aufstände in Finnland und Polen; der Zar wird schließlich zu freiheitlichen Verordnungen (Manifest vom 30. Oktober) gezwungen; Ministerpräsident Witte. In der Folgezeit Niederwerfung der Aufstände; Verbannung der revolutionären Führer Lenin, Stalin und Trotzki nach Sibirien; Sturz des Ministerpräsidenten; Einrichtung von Parlamenten (Duma = Parlament), von denen die ersten beiden schnell wieder aufgelöst werden.

Nov. 1907 3. Duma nach Änderung des Wahlrechts.

1906 – 1910 Agrarreformen unter Ministerpräsident Stolypin; Gemeindebesitz geht in die Hände der Bauern über.

1907 Annäherung an England; Abkommen zwischen Rußland und England über Interessengebiete in Persien.

1908 Bosnische Krise.

1912 Wahlen zur 4. Duma; Stimmengewinne der Rechten. Flottenabkommen Rußlands mit Frankreich.

Entwicklung der USA zur imperialistischen Großmacht

Um die Mitte des 19. Jahrhunderts steht in den Vereinigten Staaten dem industrialisierten Norden das in erster Linie auf Sklaverei beruhende Plantagensystem des Südens gegenüber. Bewegung der Abolitionisten (Gegner der Sklaverei).

1861 – 1865 Präsident Abraham Lincoln 16. Präsident der Vereinigten Staaten; Gegner der Sklaverei. Lincolns Wahlsieg ist Anlaß für die Lösung von elf Südstaaten vom Norden; Vereinigung unter Präsident J. Davis (Konföderierte Staaten von Amerika).

1861 – 1865 Sezessionskrieg.

Ab 1863 sollen nach einer Freiheitserklärung Lincolns von 1862 alle Sklaven in den Südstaaten frei werden.

1865 Nach hohen Verlusten auf beiden Seiten endgültiger Sieg der Nordstaaten unter General Grant über die Südstaatenarmee unter General Lee bei Appomattox Court House. Ruin des Südens. Erhaltung der Union als Staat.

14. April 1865 Ermordung Abraham Lincolns.

1865 – 1877 Phase der „Reconstruction“ (Wiederaufbau). Abschaffung der Sklaverei (Bürgerrecht 1868, Wahlrecht 1870), jedoch weiter rechtliche und persönliche Diskriminierung der schwarzen Bevölkerung (Rassentrennungsgesetze einzelner Staaten).

1867 Ankauf Alaskas von Rußland.

In der Folgezeit zunehmende Industrialisierung; Entwicklung zur Wirtschaftsmacht trotz zahlreicher Krisen; Kapitalismus; Trustbildung; Verschärfung der sozialen Gegensätze.

Um 1890 USA mächtigste Industrienation. Eintritt in das imperialistische Zeitalter (sog. „Dollarimperialismus").

1897 Annexion Hawaiis; wichtiger Flottenstützpunkt im Nordpazifik.

1898 Krieg der USA gegen Spanien mit dem Ziel, die spanische Kolonialmacht zu verdrängen. Friede von Paris; die USA gewinnen in Mittelamerika Kuba (amerikanisches Protektorat) und Puerto Rico und im Fernen Osten die Philippinen und Guam von den Spaniern.

1901 – 1909 Präsident Theodore Roosevelt.

Beginn des Baus des Panamakanals (1903 Abspaltung Panamas von Kolumbien; Republik Panama), der 1914 eröffnet wird und den Seeweg von New York nach Japan erheblich verkürzt.

1909 – 1913 Präsident William Howard Taft; Auseinandersetzung mit innenpolitischen Problemen; Sprengung von Trusts.

1913 – 1921 Präsident Wilson; weitere Reformen im Innern.

Die Öffnung Japans zum Westen

1854 Der von den Vereinigten Staaten erzwungene Vertrag von Kanagawa räumt amerikanischen Kaufleuten Handelsrechte in Japan ein. In der Folge ebenfalls Verträge Japans mit europäischen Staaten.

1868 – 1912 Regierung des Kaisers Mutsuhito. Umfassende Modernisierungsmaßnahmen.

1889 Japan konstitutionelle Monarchie.

Seit 1890 Beginn der imperialistischen Politik Japans. Ausrichtung der Interessen auf das asiatische Festland.

1894 – 1895 Chinesisch-japanischer Krieg endet mit dem Sieg Japans (militärische Überlegenheit). Anerkennung der Unabhängigkeit Koreas durch China. Russisch-japanische Interessenkonflikte in Korea und der Mandschurei führen

1904 – 1905 zum russisch-japanischen Krieg; Vernichtung der russischen Ostasienflotte durch Japan, das nach dem Sieg über Rußland Großmacht wird.

1910 Annexion Koreas.

China als Ziel imperialistischer Politik

Nach dem Sieg Englands im Opiumkrieg zwangsweise Öffnung Chinas für den westlichen Handel. Wirtschaftliches Interesse Amerikas. China wird zum Interessenherd imperialistischer Bestrebungen. Territoriale Verluste an England, Rußland und Frankreich. Die Großmächte suchen ihren Einfluß in China immer weiter auszubauen.

1895 Niederlage Chinas im Krieg gegen Japan.

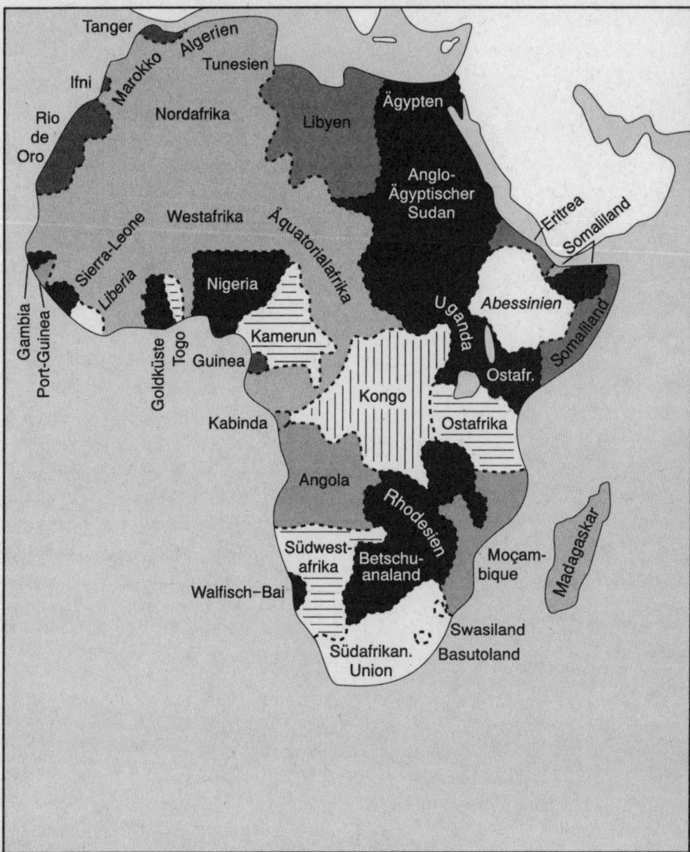

Afrika um 1910

	Französischer Besitz		Englischer Besitz
	Portugiesischer Besitz		Deutscher Besitz
	Italienischer Besitz		Belgischer Besitz
	Spanischer Besitz		

1900 – 1901 Boxeraufstand; Aufstand gegen die Fremdherrschaft in China, der von den Großmächten niedergeschlagen wird. Sog. „Politik der offenen Tür" (ungehinderter Zugang aller interessierten Staaten zum chinesischen Markt) verhindert zwar eine totale Zerstückelung Chinas (vgl. Afrika), fördert aber gleichzeitig die Einflußnahme fremder Mächte auf China.

1911 Das chinesische Kaisertum wird von revolutionären Gruppen gestürzt,

1912 wird die Republik China gegründet.

Der Weg in den Ersten Weltkrieg

Der Balkan als Krisenherd

Serbien seit 1882 Königreich; Rumänien seit 1881 Königreich; Bulgarien 1878 abhängiges Fürstentum und seit 1908 unabhängiges Königreich; Montenegro seit 1878 unabhängiges Fürstentum und 1910 Königreich.

1908 Die Annexion der Gebiete Bosnien und der Herzegowina durch Österreich-Ungarn führt zu einer schweren Krisensituation, deren Eskalation noch abgewendet wird. Spannungen auf dem Balkan bleiben aber bestehen.

1912 Die Türkei ist durch einen Krieg mit Italien geschwächt. Zusammenschluß Serbiens, Bulgariens, Griechenlands und Montenegros gegen die Türkei mit dem Ziel der Aufteilung des europäischen Teils der Türkei.

1. Balkankrieg: Sieg der Balkanstaaten über die Türken.

Im Frieden von London Aufteilung fast der gesamten europäischen Gebiete der Türkei unter den Gewinnern, die jedoch keine für alle zufriedenstellende Einigung erzielen. Deshalb

1913 2. Balkankrieg nach einem Angriff durch Bulgarien auf Serbien. Eingriff Rumäniens, Griechenlands, Montenegros und der Türkei zur Unterstützung Serbiens. Die Intervention Österreich zugunsten Bulgariens wird durch Deutschland und Italien verhindert und somit eine Ausweitung der Krise noch abgewendet. Niederlage Bulgariens.

Aug. Friede von Bukarest: Albanien wird selbständiges Fürstentum; Bulgarien verliert Mazedonien (an Serbien und Griechenland) und die Dobrudscha (südlicher Teil an Rumänien); Griechenland gewinnt Kreta endgültig.

Obwohl die betroffenen Großmächte von einem Eingreifen weitgehend Abstand genommen hatten und eine Schlichtung möglich war, bleibt der Balkan weiterhin Krisenherd und das „Pulverfaß Europas".

Der Erste Weltkrieg

Der Mord von Sarajewo und seine Folgen

Durch die Bosnische Krise und die Balkankriege ist Südosteuropa zu einem Pulverfaß geworden; Verbitterung Serbiens über die Annexion von Bosnien und der Herzegowina, die Serbien akzeptieren muß und die den serbischen Plan der Errichtung eines großserbischen Staates zunichte macht.

28. Juni 1914 Der österreichische Thronfolger Franz Ferdinand und seine Ehefrau werden bei einem Besuch in Sarajewo (Hauptstadt Bosniens) durch das Mitglied einer großserbischen Geheimorganisation ermordet.

6. Juli Österreich-Ungarn versichert sich der Bündnistreue der deutschen Regierung.

23. Juli Überreichung eines auf 48 Stunden befristeten Ultimatums durch Österreich mit Forderungen an Serbien, die ein Eingreifen in innere Angelegenheiten bedeuten und die Souveränität antasten.

25. Juli Entschluß Rußlands zur Unterstützung Serbiens. Aufgrund der für Österreich unbefriedigenden Antwort Serbiens, das sich der russischen Unterstützung gewiß ist, folgt eine Teilmobilmachung in Österreich und in Serbien. Vermittlungsversuche anderer Mächte scheitern.

28. Juli Kriegserklärung Österreich-Ungarns an Serbien.

30. Juli Gesamtmobilmachung Rußlands. Die Forderung des Deutschen Reiches an Rußland, binnen 12 Stunden die Mobilmachung einzustellen, bleibt unbeantwortet; gleichzeitig Aufforderung an Frankreich, im Fall eines deutsch-russischen Krieges die Neutralität zu wahren. Mobilmachung in Frankreich.

1. Aug. Kriegserklärung des Deutschen Reiches an Rußland; im Anschluß deutscher Einmarsch in Luxemburg.

3. Aug. Kriegserklärung des Deutschen Reiches an Frankreich und kurz darauf Einmarsch in Belgien (gemäß des Schlieffenplans), das den Durchmarsch deutscher Truppen durch sein neutrales Staatsgebiet abgelehnt hat.

4. Aug. Aufforderung Englands an Deutschland, die belgische Neutralität zu wahren. Eintritt Englands in den Krieg.

In der Folge Kriegserklärung Serbiens an das Deutsche Reich, Österreich-Ungarns an Rußland, Englands an Österreich-Ungarn und Frankreichs an Österreich-Ungarn.

Woge der Kriegsbegeisterung in ganz Europa; patriotische Bewegungen. Bewilligung der Kriegskredite im deutschen Reichstag; Hoffnung auf eine schnelle Beendigung des Krieges.

23. Aug. Kriegserklärung Japans an Deutschland.

Nov. Kriegserklärungen Rußlands, Englands und Frankreichs an die Türkei, die Deutschland im August bewaffnete Neutralität zugesagt hatte. Die restlichen Staaten wahren zum großen Teil ihre Neutralität, treten jedoch teilweise an der Seite der Mittelmächte oder der Alliierten in den Krieg ein.

Der Kriegsverlauf

Vorgehensweise der deutschen Militärs stützt sich auf einen Plan des Generals Schlieffen (sog. Schlieffenplan), der bei einem Zweifrontenkrieg ein schnelles Vorgehen im Westen und eine defensive Haltung im Osten vorsieht.

Der Krieg im Westen

Rasches Vorrücken deutscher Truppen (Generaloberst von Moltke) über Belgien und Nordfrankreich bis vor Paris (Flucht der französischen Regierung).
6. – 9. Sept. Schlacht an der Marne; eine Offensive der Franzosen stoppt den deutschen Angriff; Rückzug der Truppen bis zur Aisne. Nach mehreren Durchbruchsversuchen der Franzosen und Engländer entwickelt sich der Angriffskrieg entgegen des ursprünglichen Plans zum Stellungskrieg (Kette von Schützengräben) mit großem Materialeinsatz.
1915 Mehrere Schlachten ohne entscheidendes Ergebnis.
21. Febr. – 21. Juli 1916 Kampf um Verdun; die grausame Materialschlacht mit hohen Menschenopfern auf beiden Seiten wird abgebrochen, ohne eine kriegsentscheidende Wende erreicht zu haben.
24. Juni – 26. Nov. Schlacht an der Somme; ergebnisloser Versuch Frankreichs und Englands, die Abwehrstellung der Deutschen zu durchbrechen.
Aug. Wechsel in der Obersten Heeresleitung; an der Spitze Hindenburg und Ludendorff.

Der Krieg im Osten

1914 Nach dem Einmarsch russischer Armeen in Ostpreußen Räumung Ostpreußens bis zur Weichsel. An der Heeresspitze Generaloberst von Beneckendorff und von Hindenburg.
26. – 30. Aug. Schlacht bei Tannenberg; Einschließung der russischen Truppen.
Sept. Schlacht an den Masurischen Seen; die russischen Truppen räumen Ostpreußen.
Nov. Ernennung Hindenburgs zum Oberbefehlshaber Ost.
Febr. 1915 In der Winterschlacht in Masuren vernichtende Niederlage Rußlands; endgültige Räumung Ostpreußens durch die russischen Truppen.
Dez. 1914 – April 1915 Winterschlacht in den Karpaten; der Vorstoß der russischen Truppen nach Ungarn wird verhindert.
Mai 1915 Schlacht von Gorlice-Tarnów; Durchbrechen der russischen Stellungen.

Aug. Deutsche Truppen besetzen Warschau.
Sept. Schlacht von Tarnopol; die im Juli begonnene Offensive der deutsch-österreichischen Truppen wird gänzlich gestoppt; Übernahme des Oberbefehls über die russischen Truppen durch Zar Nikolaus II.
Juni – Dez. 1916 Mehrere russische Offensiven scheitern.

Der Krieg zur See

Dez. 1914 Niederlage der deutschen Kreuzerflotte in der Schlacht bei den Falkland-Inseln.
31. Mai/1. Juni 1916 Unentschiedene Seeschlacht vor dem Skagerrak; Rückzug der englischen Flotte.
Seit Kriegsausbruch vollständige Blockade Englands an den deutschen Küsten; dadurch Gefährdung der Lebensmittel- und Rohstoffversorgung des Reiches; der Blockade wird von deutscher Seite mit dem U-Boot- und Minenkrieg begegnet.
Seit Febr. 1915 U-Boot-Handelskrieg; nach Versenkung des englischen Passagierschiffes Lusitania (7. Mai) mit amerikanischen Passagieren an Bord scharfe Reaktion der USA und zunächst Einschränkung des U-Bootkrieges gegen Handelsschiffe durch Deutschland, der
ab Febr. 1916 wieder verstärkt wird.
Mai 1916 Einschränkung des U-Boot-Krieges durch Deutschland.
1. Febr. 1917 Wiederaufnahme des uneingeschränkten U-Boot-Krieges; Angriffe auf neutrale Handelsschiffe. Diese Angriffe führen zum Kriegseintritt der Vereinigten Staaten.

Der Luftkrieg

Der Einsatz von Luftstreitkräften ist im Ersten Weltkrieg ohne kriegsentscheidende Bedeutung. Überlegenheit der Alliierten.

Nebenkriegsschauplätze:

Türkei

1914 Kriegserklärung von Rußland, England, Frankreich an die Türkei (Nov.); Annexion Zyperns durch England (Nov.); Ägypten fällt unter britisches Protektorat (Dez.).
Verteidigung der Dardanellen gegen alliierte Angriffe durch die Türkei; der Suezkanal wird von den Engländern gegen türkische Angriffe verteidigt; Rückeroberung Türkisch-Armeniens durch Rußland im August 1916; in Mesopotamien 1917 Sieg Großbritanniens (Besetzung Persiens).

Auf dem Balkan

Okt. 1915 Offensive gegen Serbien und Einnahme von Belgrad. Eintritt Bulgariens an der Seite der Mittelmächte in den Krieg.
Dez. 1915 Eroberung Serbiens

durch deutsche, österreichische und bulgarische Truppen; dadurch Herstellung einer durchgehenden Landverbindung zur Türkei.

Dez. 1916 Nach der Kriegserklärung Rumäniens an Österreich-Ungarn im August Beginn des Feldzuges gegen Rumänien, der mit der Einnahme von Bukarest endet.

Italien

1915 Eintritt Italiens auf Seiten der Alliierten in den Krieg; Bindung österreichischer Truppen durch die italienische Isonzofront.

Am Verhandlungstisch

Sept. 1914 Abschluß eines Vertrages in London zwischen England, Rußland und Frankreich; Verpflichtung der einzelnen Staaten, keinen Separatfrieden zu schließen.

1915 Konferenz von Chantilly.

1916 Geheimbündnis zwischen Rußland und Japan.

Nov. 1916 Proklamation des selbständigen Königreichs Polen.

1917 Geheimbündnis zwischen Frankreich und Rußland.

Das Kriegsende

Febr. 1917 Abbruch der diplomatischen Beziehungen zwischen den USA und dem Deutschen Reich.

6. April 1917 Kriegseintritt der USA, der die Entscheidung bringen sollte, markiert die Präsenz einer neuen, entstehenden Weltmacht. Hoffnungslose Lage der Mittelmächte.

7. April Osterbotschaft des deutschen Kaisers, der die Reform des preußischen Dreiklassenwahlrechts in Aussicht stellt. Die Änderung wird jedoch nicht sofort in Kraft gesetzt und sieht auch keine volle Gleichheit aller Stimmen vor.

Verschärfung der politischen Lage im Deutschen Reich.

April 1917 Spaltung der SPD aufgrund der Unzufriedenheit und Kriegsmüdigkeit vieler Arbeiter; linker Flügel gründet die „Unabhängige Sozialdemokratische Partei Deutschlands“ (USPD), die sich für sofortigen Friedensschluß und politische Umwälzungen in Deutschland einsetzt.

Juli Unentschlossenheit der Reichsregierung und des Kaisers; tatsächliche Führung gerät in die Hände der Obersten Heeresleitung unter Hindenburg und Ludendorff.

Sturz des Reichskanzlers Bethmann Hollweg am 14. Juli.

19. Juli Die Mehrheitsparteien (Zentrum, Fortschrittspartei, SPD), die 60 % der Reichstagsabgeordneten stellen, fordern einen Verständigungsfrieden (Frieden ohne Annexionen). Im Gegenzug Gründung der Deutschen Vaterlandspartei, die den Sieg erwartet und Annexionen fordert.

8. Jan. 1918 Proklamation der

„14 Punkte" des amerikanischen Präsidenten Wilson: Freiheit des Handels und der Meere, Rüstungsbegrenzungen, Räumung aller von den Mittelmächten besetzten Länder, Rückgabe Elsaß-Lothringens an Frankreich, Abtretung der von Italienern bewohnten Gebiete Österreich-Ungarns an Italien, Autonomie für die Völker Österreich-Ungarns und der Türkei, Errichtung eines selbständigen Polens mit Zugang zum Meer und Gründung eines Völkerbundes sind die wichtigsten Forderungen des Programms.

3. März Friede von Brest-Litowsk zwischen den Mittelmächten und Rußland; territorialer Verzicht Rußlands; Selbständigkeit Finnlands und der Ukraine.

März – Juli 1918 Angriffe der Deutschen an der Westfront, die zwar Geländegewinn bringen, aber nicht den entscheidenden Durchbruch zur Folge haben.

Mitte Juli Gegenoffensiven der von den Amerikanern unterstützten Alliierten.

8. Aug. Sog. „Schwarzer Tag" des deutschen Heeres; Einbruch der Alliierten in die Stellungen des deutschen Heeres.

Sept. Alliierte Offensive an der Salonikifront führt zum Zusammenbruch des bulgarischen Heeres; Ausscheiden Bulgariens aus dem Krieg. Zurückeroberung Serbiens durch die Alliierten.

Zusammenbruch der türkischen Front in Syrien und Palästina.

Ende Okt. Aufgeben der Türkei. Zusammenbruch der Italienfront. Tschechen, Polen und Südslawen proklamieren ihre Selbständigkeit von der Donaumonarchie.

3. Nov. Waffenstillstand Österreich-Ungarns mit den Alliierten; Ausscheiden Österreich-Ungarns aus dem Krieg.

Entwicklung in Deutschland

3. Okt. Ernennung des liberal eingestellten Prinzen Max von Baden zum Reichskanzler; Regierungseintritt führender Politiker der SPD, des Zentrums und der Fortschrittspartei.

4. Okt. Waffenstillstandsgesuch Deutschlands und Österreich-Ungarns auf der Basis der „14 Punkte" an Präsident Wilson wird von den USA mit der indirekten Forderung nach Abdankung Wilhelms II. beantwortet; OHL versucht, letzten Widerstandswillen zu mobilisieren.

28. Okt. Meuterei der Matrosen der deutschen Hochseeflotte, die zum Großangriff gegen die englische Küste auslaufen sollte.

Seit 3. Nov. Revolution greift von Kiel aus auf viele deutsche Küsten- und Großstädte über; Übernahme der Macht durch Arbeiter- und Soldatenräte.

8. Nov. Nach einer Revolution in München am 7. Nov. Regierungsübernahme durch Kurt Eisner (USPD) in Bayern.

9. Nov. Unruhen in Berlin. Bekanntgabe des Thronverzichts Kaiser Wilhelms II. durch Prinz Max von Baden; Übergabe des Kanzleramtes an Friedrich Ebert, den Vorsitzenden der SPD. Proklamation der „Deutschen Republik" durch Philipp Scheidemann, um der Ausrufung einer Räterepublik durch Karl Liebknecht und Rosa Luxemburg zuvorzukommen.

10. Nov. Kaiser Wilhelm II. geht ins Exil nach Holland.

11. Nov. Waffenstillstandsabkommen in Compiègne; Rückzug der deutschen Truppen hinter den Rhein und Auslieferung von Kriegsmaterial. Damit wird eine Wiederaufnahme des Krieges grundsätzlich unmöglich.

Die Friedensordnung

Der Friedensvertrag von Versailles

Hoffnung der Mittelmächte, an den am 18. Januar 1919 beginnenden Verhandlungen in Paris teilzunehmen, wird nicht erfüllt. Der französische Ministerpräsident Georges Clemenceau, der die Ausschaltung Deutschlands als Machtfaktor der europäischen Politik beabsichtigt, setzt sich gegen den amerikanischen Präsidenten Woodrow Wilson durch, der in seinen „14 Punkten" die Beteiligung der Mittelmächte an der Neuordnung Europas intendiert.

28. Juni 1919 Unterzeichnung des Friedensvertrags in Versailles durch die deutsche Delegation:
Abtretung von Elsaß-Lothringen, Eupen-Malmédy, Nordschleswig, weiten Teilen Ostdeutschlands, die als „Korridor" den Zugang Polens zur Ostsee bilden und Oberschlesiens; Abtretung der Freien Sadt Danzig; Unterstellung des Saargebiets unter den Völkerbund. Entwaffnung und Begrenzung des Heeres und der Marine. Entmilitarisierung des linksrheinischen deutschen Gebietes sowie eines 50 km breiten Gürtels rechts des Rheins.
Kriegsschuldartikel: Deutschland gilt als Verursacher aller entstandenen Schäden. Verpflichtung zur Zahlung von Reparationen, deren Höhe noch nicht endgültig festgelegt wird. Forderung nach Verurteilung der schuldigen „Kriegsverbrecher". Forderung der Auslieferung Wilhelms II.
Verzicht Deutschlands auf überseeische Besitzungen; Ausscheiden aus der Reihe der kolonialen Mächte.

Österreich und Ungarn:

10. Sept. 1919 Vertrag von St. Germain mit Österreich und
4. Juni. 1920 Vertrag von Trianon mit Ungarn.
Beibehaltung der Trennung Österreichs von Ungarn; Beschränkung Österreichs auf die deutschsprachigen Teile; Abtretung Südtirols

an Italien, das ebenso Istrien und Triest erhält. Verbot der Vereinigung Österreichs mit Deutschland.
Als neuer Staat entsteht die Tschechoslowakei, die sich aus Böhmen, Mähren, den slowakischen und nordungarischen Gebieten zusammensetzt. Polen gewinnt Galizien; Rumänien erlangt Siebenbürgen, die Bukowina und das russische Bessarabien.
Jugoslawien (seit 1929) – ehemaliges Serbien – vereinigt mit Montenegro, gewinnt Slowenien, Kroatien und weitere südungarische Gebiete, Bosnien, die Herzegowina und Dalmatien.
1919 Friede von Neuilly; Bulgarien tritt thrakisches Küstengebiet an Griechenland ab.
1920 Friede von Sèvres mit der Türkei, der von den Nationalisten in der Türkei nicht anerkannt wird; deshalb 1923 Friede von Lausanne: Die Türkei behält ihren europäischen Anteil, Kleinasien und Armenien. Griechenland erhält die ehemals türkischen Gebiete Ostthrakiens, der ägäischen Inseln (Rhodos an Italien). Umsiedlung von Griechen aus Kleinasien in das Mutterland.
Im Orient: Frankreich erhält das Mandat über Syrien; Großbritannien das Mandat über Palästina, den Irak und Ägypten. An der Westküste Arabiens Entstehung des Königreich Hedschas unter britischem Schutz.

Der Völkerbund

Mit dem Friedensvertrag von Versailles tritt gleichzeitig der Völkerbund ins Leben. Sitz in Genf. Organe: Generalsekretariat, Vollversammlung aller Mitgliedstaaten und Rat, dem die Vertreter der Großmächte Großbritannien, Frankreich, Italien und Japan als ständige Mitglieder und Vertreter der übrigen nichtständigen Mitgliedstaaten angehören. Für rechtsgültige Beschlüsse ist einstimmige Beschlußfassung erforderlich. Ziel des Völkerbundes ist die Bewahrung des internationalen Friedens und der Sicherheit. Internationaler Schiedsgerichtshof in Den Haag soll das System kollektiver Sicherheit auf der Basis des Völkerrechts festigen. Der Völkerbund hat die Möglichkeit, eine vormundschaftliche Herrschaft über Völker einzunehmen, die eine Selbstherrschaft noch nicht ausüben können (Mandat).
Die USA gehören dem Völkerbund nicht an, die UdSSR tritt erst 1933 bei, und Deutschland ist bei der Gründung ausgeschlossen, tritt jedoch 1926 als fünftes ständiges Mitglied dem Bund bei.

Rußland

Von der Russischen Revolution bis zur Gründung der UdSSR

8. März 1917 Beginn der „Februarrevolution“ (nach gregorianischem Kalender 23. Febr.). Unruhen in Petersburg. In der Folge Bildung einer vorläufigen Regierung und Abdankung des Zaren Nikolaus II.
Gleichzeitig Fortsetzung der revolutionären Unruhen im gesamten russischen Reich; neben der vom Großbürgertum getragenen Regierung Bildung von Arbeiterräten (Sowjets) als Vertreter der Arbeiterschaft und der Bauern.
April 1917 Einschleusung Lenins und weiterer Bolschewisten mit Einverständnis Ludendorffs in einem verblombten Eisenbahnwagen von der Schweiz aus über Deutschland nach Rußland.
17. April Lenin formuliert sein Programm in den sog. „Aprilthesen“ (nach russischer Zeitrechnung 4. April). Parolen „Brot“, „Frieden“, „Land für die Bauern“ finden zahlreiche Anhänger; Beschleunigung des Auflösungsprozesses in Rußland.
6. – 7. Nov. Sog. „Oktoberrevolution“ nach russischer Zeitrechnung (24. – 25. Okt.).
7. Nov. II. Allrussischer Kongreß der Sowjets in Petersburg; Einsetzung des Rats der Volkskommissare als Regierung; gemäßigte Sozialisten und Menschewisten verlassen aus Protest die Versammlung.
Rat der Volkskommissare (unter Vorsitz Lenins) erläßt erstes Dekret: Bereitschaft zum Waffenstillstand und anschließenden Friedensverhandlungen.
Jan. 1918 Auflösung des Parlamentes.
3. März Die Bolschewisten schließen den Friedensvertrag von Brest-Litowsk mit den Mittelmächten, um Zeit zur Herrschaftsstabilisierung zu gewinnen. Rußland muß aufgrund dieses Vertrages den Verlust von wichtigen, zuvor dem Zarenreich angehörigen Gebieten ebenso hinnehmen wie den Verlust der baltischen Staaten, Kongreßpolens, Finnlands und der Ukraine (Diktatfriede).
17. Juli 1918 Ermordung des Zaren und seiner Familie.
1918 – 1920 Bürgerkrieg zwischen den „Weißen“ (alte zaristische Truppen), von England und Frankreich unterstützt, und den „Roten“. Organisation der „Roten Armee“ durch Leo D. Trotzki, die die gegenrevolutionären weißen Truppen besiegt. Wirtschaftskrise und große Hungersnot führen schließlich im
März 1921 zum Kronstädter Aufstand gegen die Diktatur des Bolschewismus, der durch die Rote Armee blutig niedergeschlagen wird. In der Folge Abkehr Lenins vom Kriegskommunismus mit der

Europa nach dem Ersten Weltkrieg

„Neuen Ökonomischen Politik", wodurch die Krise zum Teil überwunden werden kann.

Dez. 1922 Zusammenschluß der im Juli 1918 gegründeten „Russischen Sozialistischen Föderativen Sowjetrepublik" mit den Sowjetrepubliken Ukraine, Weißrußland und Transkaukasus zu der „Union der Sozialistischen Sowjetrepubliken" (UdSSR).

Der Weg zum Stalinismus

Jan. 1924 Tod Lenins ohne Regelung der Nachfolge in der Partei. Machtkämpfe zwischen Stalin, dem Generalsekretär der Kommunistischen Partei der Sowjetunion (KPdSU), und Trotzki. Während Stalin das Ziel der Verwirklichung des Sozialismus im Land verfolgt, richtet Trotzki seinen Blick auf die angestrebte Weltrevolution.

1924 – 1929 Nach Ausschaltung seines stärksten politischen Gegners Trotzki (Verdrängung aus seinen Parteiämtern, 1940 in Mexiko ermordet) wird Stalin 1929 zum unumschränkten Alleinherrscher.

Seit 1928 Ziel der Industrialisierung der UdSSR durch Fünfjahrespläne. Kollektivierung der Landwirtschaft; neue Hungersnot.

1933 Anerkennung der UdSSR durch die Vereinigten Staaten.

1934 Aufnahme der UdSSR in den Völkerbund.

1936 Neue Sowjetverfassung auf die Person des Diktators zugeschnitten. Die KPdSU wird zum Träger des totalitären politischen Systems des Stalinismus.

1936 – 1938 Ausschaltung der Opposition in Partei und Armee durch sog. „Säuberungsaktionen"; Schauprozesse. Aufbau eines Systems von Arbeits- und Straflagern.

Die Weimarer Republik

16. – 20. Dez. 1918 Rätekongreß in Berlin:
Entscheidung für Wahlen zur Nationalversammlung am 19. Januar 1919.

28./29. Dez. Austritt der USPD-Vertreter aus dem Rat der Volksbeauftragten.

Jan. 1919 Verschärfung der politischen Spannungen in der Auseinandersetzung um die Verfassung der Republik: Räterepublik oder parlamentarische Demokratie.

5. – 11. Jan. Aufstand der extremen Linken (Spartakusaufstand) in Berlin. Niederschlagung des Aufstands durch „Freikorps" aus entlassenen Soldaten und Offizieren der kaiserlichen Armee unter der Führung von General Noske.

15. Jan. Ermordung Karl Liebknechts und Rosa Luxemburgs; die Republik ist seitdem für die politische Linke unglaubwürdig.

19. Jan. Wahlen zur deutschen Nationalversammlung. Beteiligung von 80 % der wahlberechtig-

ten Bevölkerung (erstmals auch Frauen). 3/4 der Stimmen für die Befürworter der Republik (SPD, DDP und Zentrum). Die KPD beteiligt sich nicht (am 1. Jan. 1919 gegründet) an dieser Wahl.
6. Febr. Eröffnung der Nationalversammlung in Weimar; aus diesem Grund wird die erste Deutsche Republik als „Weimarer Republik" bezeichnet.
11. Febr. Wahl Friedrich Eberts zum Reichspräsidenten. Ministerpräsident wird Philipp Scheidemann. „Weimarer Koalition" aus Zentrum, DDP und SPD gebildet.
11. Aug. Unterzeichnung der von Hugo Preuss ausgearbeiteten Verfassung durch Friedrich Ebert.
Reichstag mit traditionellen parlamentarischen Vollmachten, der Gesetzgebung und dem Budgetrecht. Wahl der Abgeordneten alle vier Jahre in gleicher, direkter und geheimer Wahl. Durch Volksentscheid ist die Aufhebung der im Parlament beschlossenen Gesetze durch das Volk möglich. Reichsrat ist als Ländervertretung in seiner politischen Macht eingeschränkt; Regierungsgewalt in Händen der Reichsregierung, die dem Reichstag verantwortlich ist. An der Spitze steht der Reichspräsident, der eine starke Stellung hat; ernennt den Reichskanzler und die Minister; Oberbefehl über die Reichswehr und Möglichkeit zur Auflösung des Reichsrates. Verstärkung der Macht des Reichspräsidenten in Krisenzeiten durch Artikel 48 der Verfassung und der Einräumung eines Notverordnungsrechts, das ihm de facto quasi diktatorische Vollmachten verleiht.
Die Reichsverfassung knüpft an die liberalen und demokratischen Traditionen der Revolution von 1848/49 an; im zweiten Hauptteil deshalb Definition der Grundrechte.

Die Krisenjahre 1920 – 1923

Republikfeindlichkeit in den meisten Teilen der Bevölkerung.
13. – 16. März 1920 Putschversuch des Deutschnationalen Wolfgang Kapp (sog. Kapp-Putsch) in Berlin. Flucht der Regierung nach Stuttgart. Generalstreik der Arbeiter im ganzen Reich unter Führung der Gewerkschaften. Rascher Zusammenbruch des Putsches, ohne daß die Reichswehr eingreift („Reichswehr schießt nicht auf Reichswehr"). Milde Bestrafung der Anführer.
März/April Kommunistische Aufstände im Ruhrgebiet gegen die Regierung in Berlin. Einsatz der Reichswehr.
6. Juni Reichstagswahlen: Stimmengewinn der extremen Rechten und Linken; die Weimarer Koalition erhält nur 44% der Stimmen und verliert die Mehrheit im Parlament.
1919 – 1923 Inflation.
24. – 29. Jan. 1921 Auf der Pariser Konferenz Festsetzung der

deutschen Reparationen auf 269 Mrd. Goldmark. Reparationslasten schwächen die deutsche Wirtschaft erheblich und führen zur Steigerung der Inflation. Im April Senkung der Reparationsforderungen auf 132 Mrd., wodurch die Inflation jedoch nicht aufgehalten wird. Innenpolitische Unruhen.
26. Aug. Ermordung des Zentrumsabgeordneten und Reichsfinanzministers Matthias Erzberger.
24. Juni 1922 Ermordung des Reichsministers des Auswärtigen Amtes Walther Rathenau ebenfalls durch Rechtsradikale. Verordnung des Reichspräsidenten zum Schutz der Republik am 18. Juli 1922.
Nov. 1922 Rücktritt des Kabinetts Wirth; Bildung eines Kabinetts unter W. Cuno.
11. Jan. 1923 Besetzung des Ruhrgebiets durch französische und belgische Truppen. Verkündigung des „passiven Widerstands". Beginn des Ruhrkampfes.
Aug. Sturz des Kabinetts Cuno; große Koalition zwischen SPD, Zentrum, DVP, DDP unter Gustav Stresemann.
26. Sept. Abbruch des „passiven Widerstands" im Ruhrgebiet. Im Reich wird der Ausnahmezustand ausgerufen.
Okt. Errichtung der Deutschen Rentenbank zur Stabilisierung der deutschen Währung. Separatistische Bestrebungen im Rheinland und in der Pfalz.
8./9. Nov. Hitler-Ludendorff-Putsch in München (9. Nov. Marsch auf die Feldherrnhalle scheitert); Übertragung der vollziehenden Gewalt im Reich an den Chef der Heeresleitung, General von Seeckt.
15. Nov. Einführung der Rentenmark; eine Rentenmark = 1 Billion Papiermark (Reichsmark).
23. Nov. Sturz des Kabinetts Stresemann. Stresemann ist weiterhin Außenminister im Kabinett Marx.
Verbot der NSDAP und der KPD (bis Frühjahr 1924).

Die Kabinettswechsel 1924 – 1930

9. April 1924 Veröffentlichung des Dawesplans (vgl. S. 209) zur Regelung der deutschen Reparationsleistungen, der im August im Reichstag angenommen wird.
Mai Reichstagswahlen; Verluste der Regierungsparteien und der SPD; Stimmengewinne der extremen Rechten und Linken.
Dez. Reichstagswahlen nach vorausgegangener Auflösung des Reichstags. Bildung einer Koalition aus Zentrum, BVP, DVP und DNVP.
15. Jan. 1925 Kabinett Luther.
28. Febr. Tod des Reichspräsidenten Friedrich Ebert.
26. April Wahl Hindenburgs zum Reichspräsidenten.
Juli Beginn der Räumung des Ruhrgebietes.
25. Okt. DNVP-Minister treten aus der Regierung aus.

19. Jan. 1926 Zweites Kabinett Luther ohne DNVP.

Mai Minderheitskabinett unter Marx nach Rücktritt des Kabinetts Luther.

Jan. 1927 Kabinett Marx unter Einbezug der DNVP.

Mai 1928 Bei den Reichstagswahlen Gewinne der Linken und Verluste der bürgerlichen Mitte.

28. Juni Bildung der „Großen Koalition" unter dem SPD-Politiker Hermann Müller als Reichskanzler.

3. Okt. 1929 Tod des Außenministers Gustav Stresemann.

Seit Ende Okt. Weltwirtschaftskrise. Anstieg der Arbeitslosigkeit in Deutschland.

Dez. Denkschrift des Reichsbankpräsidenten Schacht gegen den Youngplan.

22. Dez. Scheitern des Volksbegehrens gegen den Youngplan.

27. März 1930 Sturz der „Großen Koalition" unter Hermann Müller.

Das Ende von Weimar

29. März 1930 Erstes Präsidialkabinett unter Reichskanzler Heinrich Brüning (Zentrumspartei) unter Berufung auf Art. 48 der Weimarer Verfassung.

16. Juli Auflösung des Reichstages, aufgrund der Aufhebung der Notverordnung zur „Sicherung von Wirtschaft und Finanzen".

14. Sept. Bei den Reichstagswahlen Stimmengewinne der radikalen Linken und der extremen Rechten, der NSDAP (6,4 Mio Stimmen und damit 107 Reichstagsmandate). Zunehmende innenpolitische Radikalisierung.

1. Dez. Notverordnungen Brünings. Ansteigen der Arbeitslosigkeit.

März 1931 Scheitern des deutsch-österreichischen Zollunionsplans am Einspruch Frankreichs.

Mai Zusammenbruch der Österreichischen Kreditanstalt.

Juli Zusammenbruch der Darmstädter Bank und der Nationalbank; Bankenkrise.

Okt. Bildung der sog. „Harzburger Front" (Nationalsozialisten, Deutschnationale und Stahlhelm).

Dez. Im Gegenzug Bildung der „Eisernen Front" (Sozialdemokraten, Arbeitersportverbände, Reichsbanner Schwarz-Rot-Gold und Gewerkschaften).

Febr. 1932 Die Arbeitslosenzahl steigt über 6 Mio.

April Hindenburg wird wieder zum Reichspräsidenten gewählt gegen die Kandidaten der KPD, Ernst Thälmann, und der NSDAP, Adolf Hitler. Verbot von SA und SS. Stimmengewinne der NSDAP bei den Landtagswahlen in Preußen, Bayern, Württemberg, Anhalt und Hamburg.

Mai Rücktritt des Reichswehrministers Groener. Nachfolger General Kurt von Schleicher.

30. Mai Sturz des Kabinetts Brüning, da Hindenburg Brüning das

Vertrauen entzogen hat. Ernennung von Papens zum Reichskanzler.
Juni Bildung des Kabinetts der „nationalen Konzentration“. Aufhebung des Verbots der SA und SS. Auflösung des Reichstags.
Juli Sturz der preußischen Regierung durch von Papen und von Schleicher.
31. Juli Bei den Reichstagswahlen wird die NSDAP stärkste Partei.
16. Juni – 9.Juli Konferenz in Lausanne beendet die Reparationen.
Nov. Reichstagswahlen; Verluste der NSDAP, die dennoch stärkste Partei im Reichstag bleibt. Rücktritt des Kabinetts von Papen am 17. Nov.
Dez. Präsidialkabinett unter Kurt von Schleicher.
Jan. 1933 Gespräche zwischen Hitler und von Papen in Köln über eine neue Regierungsbildung (Plan einer Koalitionsregierung Hitler – Papen). Rücktritt der Regierung von Schleichers am 28. Jan.
30. Jan. Ernennung Hitlers zum Reichskanzler durch Hindenburg.

Die Außenpolitik

28. Juni 1919 Unterzeichnung des Friedensvertrags in Versailles zwischen dem Deutschen Reich und den alliierten Mächten.
10. Jan. 1920 Inkrafttreten des Versailler Vertrags.
16. April 1922 Rapallo-Vertrag zwischen Deutschland und der Sowjetunion; Verzicht der Sowjetunion auf Reparationszahlungen und Verzicht Deutschlands auf Schadensersatz für die Sozialisierung deutschen Eigentums in Rußland.
16. Okt. 1925 Vertrag von Locarno. Ziel: politischer Ausgleich zwischen Deutschland und Belgien, Großbritannien, Frankreich, Italien, Polen, Tschechoslowakei. Anerkennung der Westgrenzen gegenüber Frankreich und Belgien durch Deutschland. Ächtung des Angriffskriegs. Vertrag von Locarno ist Voraussetzung für
8. Sept. 1926 die Aufnahme Deutschlands in den Völkerbund.

Allgemeine Vertragspoliitk

Jan. 1921 Festsetzung der deutschen Reparationszahlungen (269 Mrd. Goldmark) auf der Pariser Konferenz (24. – 29. Jan.).
21. Febr. – 14. März Nach Gegenvorschlägen von deutscher Seite weitere Diskussion der Reparationsfrage auf der Londoner Konferenz.
27. April Die deutschen Reparationsleistungen werden auf 132 Mrd. Goldmark festgesetzt.
5. Mai Londoner Ultimatum an Deutschland wird von der deutschen Regierung angenommen.
12. Nov. 1921 – 6. Febr. 1922 Washingtoner Konferenz: Flot-

tenbegrenzungsabkommen zwischen den USA, Großbritannien, Japan, Frankreich und Italien; Viermächteabkommen zwischen USA, Großbritannien, Japan und Frankreich mit der Garantie des jeweiligen Besitzstandes im Pazifik; Neunmächteabkommen mit Garantie der Unabhängigkeit Chinas.

1922 Zweite Londoner Konferenz.

Jan. 1924 Internationaler Ausschuß unter Vorsitz des Amerikaners Dawes mit dem Ziel der Ausarbeitung eines Zahlungsplans für Deutschland. Eine Steigerung der zu zahlenden Jahresraten durch Deutschland gemäß seiner wirtschaftlichen Situation ist vorgesehen. Darlehen von 800 Mio. Goldmark als „Starthilfe".

16. Juli – 16. Aug. Annahme des Dawesplans auf der Londoner Konferenz.

Zustimmung des deutschen Reichstag folgt (vgl. S. 206).

27. Aug. 1928 Briand-Kellogg-Pakt zur Kriegsächtung; bis Ende 1929 Beitritt von 54 Staaten.

11. Febr. – 1. Juni 1929 Konferenz in Paris über Herabsetzung der Reparationszahlungen für Deutschland unter Vorsitz des amerikanischen Wirtschaftsexperten Owen D. Young (Youngplan). Nach zwei Konferenzen in Den Haag (August 1929 und Januar 1930) Annahme des Plans, der im März 1930 auch vom deutschen Reichstag akzeptiert wird, nachdem ein Volksbegehren gegen den Youngplan zuvor gescheitert war.

21. Jan. – 22. April 1930 Flottenkonferenz in London.

Juni 1930 Am Ende des Monats ist die Räumung des Rheinlands durch die Alliierten beendet.

16. Juni – 9. Juli 1932 Konferenz von Lausanne beendet die Reparationsfrage: Einmalige Zahlung von 3 Mrd. Reichsmark durch Deutschland.

Der Faschismus in Italien

Der Erste Weltkrieg hatte für Italien schlimmste Auswirkungen: soziale Probleme aufgrund der kriegsbedingten Industrialisierung. Italiens territoriale Gewinne stellen nicht alle Parteien zufrieden, und die Unzufriedenheit über die Bedingungen der Friedenskonferenz spaltet die Nation. Radikalisierung im Innern ist die Folge.

1919 Gründung der katholischen Volkspartei „Populari"; keine Entspannung der Lage.

1919 – 1921 Bürgerkriegsähnliche Zustände. Zuwendung vieler Bürger zu den Nationalisten (Sprecher ist der Dichter Gabriele d'Annunzio, zu dessen Anhängern auch Benito Mussolini zählt).

Seit 1919 Aufbau von Kampfbünden („Squadre") durch Mussolini; dessen Gegner sind Sozialisten und Liberale. Aus national und sozial enttäuschten Bevölke-

rungsschichten formiert Mussolini die „Faschistische Partei“, deren Einfluß wächst.
1922 Mussolini gewinnt die Staatsgewalt mit dem „Marsch auf Rom“.
29. Okt. 1922 Der „Duce“ (Mussolini) wird vom italienischen König mit der Regierungsbildung beauftragt.
1923 Änderung des Wahlrechts zugunsten der Faschisten.
1924 Wahlsieg der Faschisten.
1925 – 1936 Festigung der Macht des Faschismus durch Gleichschaltung (1926 Parteienverbot).
1929 Lateranverträge; Beendigung der Auseinandersetzungen mit dem Papsttum: Garantie der Souveränität des Vatikanstaates; katholische Religion als einzige im Staat anerkannte Konfession.
3. Okt. 1935 Italienischer Einfall in Abessinien, um das Land den italienischen Kolonien in Ostafrika anzugliedern. Expansionsprogramm Mussolinis mit dem Ziel der Sicherung der Vormachtstellung Italiens im Mittelmeer.
Mai 1936 Nach der Besetzung von Addis Abeba Annexion Abessiniens. König Viktor Emanuel III. „Kaiser von Äthiopien“.
Seit 1936 Die Beziehungen zwischen dem faschistischen Italien und dem nationalsozialistischen Deutschland werden enger.
1936 – 1939 Teilnahme Italiens am spanischen Bürgerkrieg auf Seiten Francos. Vorbereitung der „Achse Berlin-Rom“.
1937 Austritt Italiens aus dem Völkerbund.

Spaniens Weg in die Diktatur

Innenpolitische Spannungen zwischen Arbeitern und einer feudal geprägten Oberschicht bestimmen die Entwicklung nach dem Ersten Weltkrieg.
1923 Militärputsch. General Primo de Rivera errichtet daraufhin mit Zustimmung des Königs eine Militärdiktatur. Aufhebung der Verfassung und Abkehr von der Demokratie.
Seit Beginn der Weltwirtschaftskrise 1929 Verstärkung der innenpolitischen Gegensätze.
1931 Der eindeutige Sieg der Republikaner bei den spanischen Gemeindewahlen führt zum Sturz der Monarchie.
Wiederherstellung der demokratischen Verhältnisse. In der Folgezeit schwere innere Unruhen, Putschversuche und Arbeiteraufstände.
1933 Wahlsieg der rechten Parteien.
Febr. 1936 Sieg der „Volksfront“ (Kommunisten und Sozialisten) bei den Wahlen zur Nationalversammlung. Weiterhin innenpolitische Spannungen.
1936 – 1939 Spanischer Bürgerkrieg.
Sept. 1936 General Franco Regierungschef in Spanien.
In der Folgezeit Anerkennung des

Franco-Regimes durch Deutschland und Italien; militärische Unterstützung (Erprobung von Waffen). Gleichzeitig Unterstützung der Republikaner durch Freiwilligenverbände aus Europa und den Vereinigten Staaten sowie der Sowjetunion.

Jan. 1938 Eroberung Ostspaniens mit Barcelona durch die Truppen Francos.

1939 Anerkennung der Franco-Regierung auch durch England und Frankreich. Spanien ist durch den Krieg völlig verwüstet. Aufbau einer Diktatur durch Franco nach italienischem und deutschem Muster. Zulassung einer einzigen Partei (Falange). Wahrung der Neutralität während des Zweiten Weltkriegs.

27. März Beitritt Spaniens zum Antikominternpakt.

Die Türkei

Die Türkei hatte in den Balkankriegen fast alle restlichen europäischen Besitzungen verloren und im Ersten Weltkrieg auf Seite der Mittelmächte gekämpft; Verlust der arabischen Teile wie des Irak (seit 1921 König Faisal, von Großbritannien eingesetzt), Palästinas (als Mandatsgebiet an Großbritannien) und Syriens (als Mandatsgebiet an Frankreich).

1920 Der Friede von Sèvres (Verzicht der Türkei auf fast alle Gebiete außerhalb Kleinasiens) wird von der Türkei nicht anerkannt. Landgewinne für Griechenland.

1920 – 1922 Krieg gegen Griechenland, das Teile Kleinasiens zu annektieren sucht, endet mit der Niederlage der Griechen.

Juli 1923 Friede von Lausanne bedeutet für die Türkei: Gewinn von Teilen Ostthrakiens sowie der uneingeschränkten Kontrolle über Anatolien. Anerkennung der Unabhängigkeit und Souveränität der Türkei.

29. Okt. 1923 Erklärung der Türkei zur Republik.

1923 – 1938 Unter dem Präsidenten Mustafa Kemal (Kemal Atatürk) Orientierung an Europa. Beseitigung des Kalifats. Umwandlung der Türkei in weltlichen Nationalstaat (seit 1928 ist der Islam keine Staatsreligion). Einparteienstaat.

1938 – 1950 Staatspräsident Ismet Inönü, Nachfolger Atatürks („Vater der Türken“). Demokratisierung. Neutralität im Zweiten Weltkrieg (Kriegserklärung an Deutschland und Japan im Februar 1945).

Die westlichen Demokratien zwischen den Weltkriegen

Frankreich

Vormachtstellung Frankreichs in Europa nach dem Zusammenbruch des Zarenreichs, des deut-

schen Kaiserreichs und der Donaumonarchie. Mandate in Afrika und im Vorderen Orient.
1919 – 1924 Rasche Regierungswechsel; Regierung der rechten Parteien.
16. Nov. 1919 Wahlsieg des „Nationalen Blocks“.
19. Febr. 1921 Französisch-polnischer Beistandspakt.
Seit 18. Jan. 1922 Kabinett Poincaré an der Macht: Besetzung des Ruhrgebiets durch französische Truppen (1923).
11. Mai 1924 Wahlsieg des „Linkskartells“. Kabinett Herriot; Außenminister ist Aristide Briand (bis 1932), der eine Aussöhnungspolitik mit Deutschland betreibt (Locarnovertrag, vgl. S.208).
April 1925 Sturz des Kabinetts Herriot.
1925 – 1926 Kabinett Briand, darauf folgend erneut Herriot. Niederwerfung der Aufstände in Marokko und im Libanon. Innenpolitische Krisen.
1926 – 1929 Regierung Poincaré; Stabilisierung der französischen Währung.
16. Juli 1929 Rücktritt Poincarés. In der Folge ständig wechselnde Kabinette.
Seit 1931 Frankreich wird nach der Prosperitätsphase in den zwanziger Jahren von der Weltwirtschaftskrise erfaßt.
In der Folgezeit schwere innenpolitische Krisen und Labilität im Innern. Regierungswechsel. Die parlamentarische Mehrheit bilden die Linksparteien, gegen die halbfaschistische Gruppen Unruhen inszenieren.
1936 Gegen den drohenden Faschismus Zusammenschluß der Linksparteien, Radikalsozialisten, Sozialisten und Kommunisten zur „Volksfront“.
1936 – 1937 Volksfront-Kabinett unter Léon Blum; bedeutende soziale Fortschritte, aber keine Lösung der Finanzprobleme; der innere Zwiespalt der Nation bleibt bestehen.
1938 – 1940 Regierung des Radikalsozialisten Daladier.

Großbritannien

Schwere Belastung Großbritanniens aufgrund der Kriegsfolgen.
1919 – 1922 Koalitionsregierung unter der Führung des Liberalen Lloyd George.
Aufgabe des Protektorats von Ägypten (1922).
1922 Ablösung der Regierung durch die Konservativen unter Bonar Law. Die Labour Party wird zur stärksten Oppositionspartei.
Jan. 1924 Erste Labour-Regierung unter Ramsay MacDonald (Minderheitskabinett).
Okt. Wahlsieg der Konservativen unter Stanley Baldwin. Aufgrund der Finanzpolitik Senkung des Lebensstandards, deshalb
1926 Ausweitung des seit 1925 von den Gewerkschaften initiierten Streiks der Bergwerksarbeiter zum Generalstreik, der mit der

Niederlage der Gewerkschaften endet.

5. Juni 1926 Mossulvertrag: Mossul wird von der Türkei an den Irak, der unter britischer Mandatsherrschaft steht, abgetreten.

Okt. – Nov. Definition des Dominion-Status auf der Reichskonferenz der Länder des britischen Empire in London; Gründung des „Commonwealth of Nations", bestehend aus Großbritannien, dem Irischen Freistaat, Neufundland, Kanada, Australien, Neuseeland und der Südafrikanischen Union. Daneben jedoch Weiterbestand des britischen Kolonialreiches in Afrika, Asien, Westindien und im Pazifik.

Seit 1929 Gewaltloser Kampf Mahatma Gandhis in Indien für die Unabhängigkeit seines Landes.

1929 Zweite Labour-Regierung unter MacDonald.

1931 Spaltung der Labour Party aufgrund der Finanzpolitik der Regierung (Weltwirtschaftskrise) und Bildung einer neuen Regierung, gestützt auf Konservative, Liberale und auf Teile der Labour Party (Abspaltung des größeren Teils), die nach Wahlen im Oktober ihre Bestätigung erhält.

11. Dez. Westminster-Statut; Garantie der vollen Autonomie für die britischen Dominions.

1932 Reichskonferenz in Ottawa; die Länder des Commonwealth gestehen sich gegenseitig bevorzugte Zölle zu.

1935 – 1937 Regierung der Konservativen.

1935 Deutsch-britisches Flottenabkommen.

1936 Tod König Georgs V.; am 20. Jan. wird Eduard VIII. Nachfolger. Er dankt kurz darauf ab; Nachfolger König Georg VI.

1937 – 1940 Kabinett Chamberlain. Ziel seiner Politik ist der Ausgleich mit Deutschland und Italien. Friedenspolitik: „Appeasement".

Seit 1940 Kabinett Winston Churchill.

Vereinigte Staaten von Amerika

Die USA werden zur führenden Wirtschaftsmacht während des Ersten Weltkriegs. Aufschwung der Industrie und Gewinn neuer Absatzmärkte. Zeitweiliger Rückzug der Vereinigten Staaten aus der europäischen Politik. Verweigerung der Ratifizierung des Versailler Vertrags und Ablehnung des Beitritts zum Völkerbund.

1919 – 1929 Big-Business-Periode. Korruptionsskandale.

1920 – 1923 Präsident Warren G. Harding.

1920 Das Frauenstimmrecht wird in den USA eingeführt.

1923 – 1929 Präsident Calvin Coolidge.

1929 – 1933 Präsident Herbert C. Hoover („Hoover-Moratorium": Aufschub für die europäischen Länder bei der Schuldenrückzahlung).

Nach einer Periode des wirtschaftlichen Aufschwungs Beginn der Wirtschaftskrise:

25. Okt. 1929 Sog. „Schwarzer Freitag“ an der New Yorker Börse (Börsenkrach). Die Wirtschaftskrise in den USA weitet sich zur Weltwirtschaftskrise aus. Massenarbeitslosigkeit und sinkende Kaufkraft; soziale Not aufgrund der mangelnden sozialen Absicherung der arbeitslosen Amerikaner. Liberales Wirtschaftssystem verliert an Glaubwürdigkeit bei der Bevölkerung.

1933 – 1945 Präsident Franklin D. Roosevelt. Sozialpolitisches Programm. Regulierende Eingriffe des Staates auf den Markt möglich. Umfassende Reformen und Aktionsprogramme, Politik des „New Deal“. Arbeitsbeschaffungsmaßnahmen zur Überwindung der großen Depression. Schritte zur Einführung der Sozialversicherung.

1934 Wiederaufnahme der diplomatischen Beziehungen zur UdSSR.

1939 Neutralität der Vereinigten Staaten bei Kriegsausbruch.

Österreich und Ungarn

Österreich

Okt. 1918 Republik „Deutsch-Österreich“.

12. Nov. Proklamation des Anschlusses an Deutschland.

1919 Friedensvertrag von St. Germain-en-Laye: Verbot des zuvor proklamierten Anschlusses; Striktes Verbot der Bezeichnung „Deutsch-Österreich“. Verlust des größten Teils des Staatsgebietes der ehemaligen Donaumonarchie.

1920 Inkrafttreten der demokratischen Verfassung. Österreich ist Bundesstaat.

1920 – 1932 Bürgerliche Koalitionsregierung.

1931 Scheitern des Plans einer Zollunion mit Deutschland.

1932 – 1934 Kabinett Dollfuß. Innenpolitische Krise. Verbot der Nationalsozialistischen (1933) und der Sozialistischen Partei (1934).

25. Juli 1934 Putsch der Nationalsozialisten; Ermordung von Dollfuß.

1934 – 1938 Bundeskanzler Kurt Schuschnigg.

1936 Wiedereinführung der allgemeinen Wehrpflicht.

1938 Treffen zwischen Hitler und Schuschnigg führt zu Zugeständnissen Schuschniggs; der Nationalsozialist Seyß-Inquart im Kabinett Innenminister. Demonstrationen österreichischer Nationalsozialisten. Plan einer Volksabstimmung über die Unabhängigkeit Österreichs, der aber verhindert wird.

11. März Ultimatum des Deutschen Reiches an Österreich und Einmarsch deutscher Truppen.

13. März 1938 Anschluß Österreichs an das Deutsche Reich.

Ungarn

16. Nov. 1918 Proklamation der Ungarischen Republik.
1919 Ungarn Räterepublik unter der Regierung von Béla Khun.
März 1920 Wahl von Admiral Horthy zum Reichsverweser.
Ungarn Monarchie („vakanter Thron“).
4. Juni Friedensvertrag von Trianon (Verlust von fast 70% seines früheren Staatsgebiets und über 50 % seiner Bevölkerung).
6. Nov. 1921 Thronenthebung der Habsburger.
1921 – 1931 Ministerpräsident Graf Bethlen. Innenpolitische Konsolidierung, jedoch weiterhin soziale Spannungen. Antisemitismus.
1927 Freundschaftsvertrag mit dem faschistischen Italien unter Mussolini.
1932 – 1936 Ministerpräsident Gyula Gömbös. Verstärkung des Rechtsradikalismus und Antisemitismus.
1938 Durch den Anschluß Österreichs an Ungarn wird der Einfluß des nationalsozialistischen Deutschland auf Ungarn weiter verstärkt.
Nov. Erster Wiener Schiedsspruch: Slowakische Gebiete an Ungarn.
1939 Einmarsch der Ungarn in die abgetretenen slowakischen Gebiete.
11. April Austritt aus dem Völkerbund.

Die Entwicklung in den osteuropäischen Staaten

Tschechoslowakei

1918 – 1939 Die Tschechoslowakei erstmals Republik.
Okt. 1918 Ausrufung der Republik. Nationalitätenstaat: Bevölkerung des Staates besteht aus Tschechen, Slowaken, Deutschen, Ungarn, Ukrainern und Polen.
1918 – 1935 Staatspräsident G. Masaryk.
29. Febr. 1920 Verabschiedung einer zentralistischen Verfassung ohne Mitwirkung der Minderheitenvertreter.
1920 Bündnis mit Jugoslawien als erster Schritt zur Bildung der „Kleinen Entente“.
Jan. 1924 Bündnis mit Frankreich.
Verstärkung der radikalen Forderungen der nationalen Minderheiten nach politischer Mitbestimmung und politischer Selbstbestimmung innerhalb ihrer Siedlungsgebiete.
Mai 1935 Erfolg der Sudetendeutschen Partei bei den Wahlen (68 % der deutschen Stimmen). Seit 1933 verstärkte Wirkung der nationalsozialistischen Propaganda in Deutschland auch auf die Sudetendeutschen.
1935 – 1938 Der bisherige Außenminister E. Beneš Staatspräsident.

Sept. 1938 Münchner Abkommen zwischen Hitler, Mussolini, Chamberlain und Daladier. Abtretung des Sudetenlandes an das Deutsche Reich, Autonomie der Slowakei und Karpatenukraine. Rücktritt des Staatspräsidenten Beneš am 5. Okt. 1938..
1938 – 1945 Staatspräsident Emil Hácha.

Polen

Nov. 1918 Proklamation der polnischen Republik. Staatschef Pilsudski.
1920 Russisch-polnischer Krieg.
18. März 1921 Friede von Riga. Festsetzung der polnischen Ostgrenze.
1922 – 1926 Präsident Stanislas Wojciechowski. Wirtschafts- und Finanzkrise.
Mai 1926 Staatsstreich Pilsudskis.
1926 – 1930 Ministerpräsident Pilsudski. Aufbau eines autoritären Systems; Verdrängung der demokratischen Parteien; Einschüchterung der Minderheiten.
1930 – 1935 Bei den Wahlen am 17. Nov. 1930 Gewinn der Partei Pilsudskis. Ausarbeitung einer autoritären Präsidialverfassung. Diktatorische Regierung.
Juli 1932 Nichtangriffspakt mit der Sowjetunion.
Jan. 1934 Nichtangriffspakt und Freundschaftsvertrag mit dem Deutschen Reich.
1935 – 1939 Bestimmender Einfluß der Militärs. Verschärfte Minderheitenpolitik. Aufgrund des verstärkten Drucks des Deutschen Reiches auf Polen (Forderung nach Angliederung der Freien Stadt Danzig und nach Errichtung von Verkehrswegen durch den Polnischen Korridor) Annäherung Polens an die Westmächte.
Okt. 1938 Besetzung des Olsagebietes durch polnische Truppen.
April 1939 Aufkündigung des Nichtangriffspaktes durch Deutschland.
März 1939 Garantieerklärung Großbritanniens an Polen.
Aug. Polnisch-britischer Beistandspakt.
1. Sept. 1939 Deutscher Angriff auf Polen (vgl. dazu S. 223).

Das Baltikum

Febr. 1918 Proklamation der Unabhängigkeit Estlands.
Nov. 1918 Proklamation der Unabhängigkeit Lettlands.
Nov. 1918 Proklamation des Freistaats Litauen.
Die Baltischen Staaten werden im **Aug. 1939** Opfer des deutsch-sowjetischen Nichtangriffspakts mit dem geheimen Zusatzprotokoll der Aufteilung der russisch-deutschen Interessensphären in Osteuropa. Errichtung von Stützpunkten der Roten Armee in Estland, Lettland und Litauen.
1940 Erzwungene Aufnahme der baltischen Staaten in die Union der Sozialistischen Sowjetrepubliken.

Der Nationalsozialismus in Deutschland

Die Partei

Jan. 1919 Gründung der „Deutschen Arbeiterpartei".
Sept. 1919 Beitritt des berufslosen Gefreiten Adolf Hitler.
24. Febr. 1920 Bekanntgabe des 25-Punkte-Programms der mittlerweile in „Nationalsozialistische Deutsche Arbeiterpartei" (NSDAP) umbenannten Partei.
Seit Juli 1921 Hitler Parteivorsitzender.
8./9. Nov. 1923 Sog. „Hitlerputsch" in München. Hitler wird im April 1924 zu fünf Jahren Haft verurteilt, jedoch schon nach kurzer Zeit wieder entlassen. Zerfall der Partei.
Febr. 1925 Neuorganisation der NSDAP.
Bis 1928 NSDAP extremistische Splitterpartei. Seit der beginnenden Auflösung der Weimarer Republik und vor allem im Zuge der Weltwirtschaftskrise gewinnt die Partei an Stimmen und wird zur Sammelpartei für unzufriedene Wähler des Mittelstandes, von Arbeitslosigkeit bedrohte Angestellte und Arbeiter und ein nationalistisch gesonnenes Bildungsbürgertum.

Die Ideologie

1924 Während der Festungshaft Hitlers Entstehung des ersten Teils von „Mein Kampf": Radikalisierung des früheren völkischen Antisemitismus. Sozialdarwinistische Geschichtsideologie mit dem Anspruch der Herrschaft der nordischen Rasse. Wesentliche Ziele der Programmatik: Verbindung der Forderung nach Ausweitung des Lebensraums im Osten mit der Bekämpfung des Bolschewismus und der Ausrottung des Judentums. Diese in „Mein Kampf" formulierten Ziele Hitlers werden zum bestimmenden Moment seiner Politik.

Machtergreifung und Gleichschaltung

30. Jan. 1933 Koalitionsregierung der „Nationalen Konzentration" mit Hitler als Reichskanzler;
1. Febr. Auflösung des Reichstags; Festsetzung von Neuwahlen.
6. Febr. Aufhebung der Versammlungs- und Pressefreiheit.
In der Folge nationalsozialistischer Propagandafeldzug durch Josef Goebbels (seit 13. März 1933 Minister für „Volksaufklärung und Propaganda").
27. Febr. Reichstagsbrand wird als Vorwand genutzt zur
28. Febr. Notverordnung „zum Schutz von Volk und Staat", durch die die Weimarer Grundrechte aufgehoben werden (gültig bis 1945). Hartes Vorgehen gegen jegliche Opposition, insbesondere gegen Kommunisten. Zahlreiche Verhaftungen.

5. März Reichstagswahlen (43,9 % NSDAP); Regierungskoalition aus NSDAP und DNVP (insgesamt 51,9 % der Sitze) ohne die verfassungsändernde Zweidrittelmehrheit.
21. März „Tag von Potsdam"; Demonstration der nationalsozialistischen Macht.
24. März Sog. „Ermächtigungsgesetz"; „Gesetz zur Behebung der Not von Volk und Reich" wird gegen die Stimmen der SPD im Reichstag angenommen (Befristung auf 4 Jahre). Abgeordnete der KPD werden zur Abstimmung nicht zugelassen. Aufhebung der Gewaltenteilung; Legislative und Exekutive in der Hand Hitlers. Sanktionierung des permanenten Verfassungsbruchs.
7. April „Gesetz zur Wiederherstellung des Berufsbeamtentums"; Möglichkeit zur Entfernung oppositioneller Beamter aus dem öffentlichen Dienst.
„Gesetz zur Gleichschaltung der Länder mit dem Reich"; Reichsstatthalter treten an die Spitze der Landesregierungen.
Mai Beginn der Auflösung der Gewerkschaften, an deren Stelle die „Deutsche Arbeitsfront" tritt.
10. Mai Verbrennung „undeutschen Schrifttums" durch nationalsozialistische Studentenorganisationen; sog. „Bücherverbrennung".
Juni/Juli Auflösung der bürgerlichen Parteien und Verbot der Linken. Am 14. Juli „Gesetz gegen die Neubildung von Parteien".
20. Juli Konkordat mit dem Vatikan.
22. Sept. Gründung der Reichskulturkammer. In der Folge zahlreiche Auswanderungen deutscher Wissenschaftler und Künstler.
1. Dez. „Gesetz zur Sicherung der Einheit von Partei und Staat" führt zum Einparteienstaat und zur Monopolstellung der NSDAP.
Seit 1934 Verstärkte Einbeziehung der gesamten Gesellschaft durch NSDAP-gesteuerte Organisationen wie „Hitlerjugend" und „Bund deutscher Mädchen", „NS-Frauenschaft", „Kraft durch Freude", „NS-Deutscher Studentenbund". Zusammenfassung von Berufsgruppen wie „NS-Ärztebund", „NS-Lehrerbund", „NS-Rechtswahrerbund", „NS-Dozentenbund". Erfassung fast der gesamten Gesellschaft in den einzelnen Organisationen. Die größte nationalsozialistische Organisation ist die Deutsche Arbeitsfront unter der Führung von Robert Ley (Gründung am 10. Mai 1934).
30. Jan. 1934 Gesetz „über den Neuaufbau des Reichs". Auflösung der Länderparlamente.
Febr. „Gesetz zur Vorbereitung des organischen Aufbaus der Wirtschaft".
April Errichtung des „Volksgerichtshofes". Ziel: Ausschaltung jeglicher Opposition.
30. Juni Ausschaltung der SA („Sturmabteilung") durch Mord

am Stabschef der SA, Ernst Röhm, und weiterer Offiziere unter Vorgabe eines Putschversuchs seitens der SA. Bezeichnung der Morde als „Staatsnotwehr" und nachträgliche „Legalisierung". Ausschaltung der SA als Machtfaktor. Die SS („Schutzstaffel"), zuvor eine Unterabteilung der SA, tritt an deren Stelle und wird als selbständige Organisation der NSDAP Hitler direkt unterstellt. Heinrich Himmler „Reichsführer SS und Chef der deutschen Polizei".

2. Aug. Nach dem Tod des Reichspräsidenten Hindenburg vereinigt Hitler als „Führer und Reichskanzler" die Ämter des Reichspräsidenten und des Reichskanzlers in einer Person. Vereidigung der Wehrmacht auf Hitler.

13. Jan. 1935 „Saarabstimmung"; 91 % der Bevölkerung stimmen für die Wiederangliederung des Saargebietes an Deutschland.

16. März Wiedereinführung der allgemeinen Wehrpflicht.

Sept. 1936 Auf dem Nürnberger Reichsparteitag Verkündigung des „Vierjahresplans" zum Aufbau der Wirtschaft mit dem Ziel einer vom Ausland unabhängigen Stellung der deutschen Wirtschaft im Zuge der Aufrüstung.

Jan. 1937 Verlängerung des „Ermächtigungsgesetzes" um vier Jahre.

Febr. 1938 Gleichschaltung des Heeres.

Der SS-Staat und die Konzentrationslager

Seit 1933 Schon seit der Machtübernahme Verhaftung von Oppositionellen und Einlieferung in Konzentrationslager.

Seit 1936 Die SS wird zunehmend Stütze der Herrschaft Hitlers und Kontrollorgan über Partei und Polizei.

Seit Kriegsbeginn weiteres Anwachsen der Macht der SS. Herausbildung von unabhängigen Organisationen, wie z.B. der „Waffen-SS" als Eliteeinheit innerhalb der Wehrmacht.

Seit 1936 Konzentrationslager werden der SS unterstellt. Zunächst „Schutzhaft" für Oppositionelle, wie z.B. für Politiker und Gewerkschaftsführer, Künstler, Geistliche. Arbeitszwang. Eingewiesene werden Objekte der Ausbeutung. Während des Kriegs gewinnen die Konzentrationslager für die gesamte Rüstungsindustrie (Zwangsarbeitseinsatz) an Bedeutung (brutale Behandlung der Inhaftierten: Schwerstarbeit, medizinische Versuche). Auch die Anzahl von Inhaftierten aus den besetzten Gebieten steigt rapide. Planmäßige Massenvernichtung von Menschen.

27. Sept. 1939 Zusammenfassung des Sicherheitsdienstes (SD) und der Sicherheitspolizei (Sipo): „Reichssicherheitshauptamt" unter Leitung von Reinhard Heydrich (ab 1942 Kaltenbrunner).

Die nationalsozialistische Rassenideologie bis 1938

1. April 1933 Beginn der ersten Boykottmaßnahmen durch die Proklamation des Boykotts jüdischer Geschäfte durch Goebbels. Infame Hetze gegen die Juden (Zeitschrift „Der Stürmer"). Viele Juden werden zur Geschäftsaufgabe gezwungen; Verlust ihrer finanziellen Existenzgrundlage.
14. Juli „Gesetz zur Verhütung erbkranken Nachwuchses" mit dem Zweck der Sterilisation „Erbkranker".
15. Sept. 1935 Auf dem Parteitag der NSDAP in Nürnberg Erlaß der sog. „Nürnberger Gesetze": „Reichsbürgergesetz"; Verlust der bürgerlichen Gleichberechtigung für die Juden durch Absprechung der Bürgerrechte. „Gesetze zum Schutz des deutschen Blutes und der deutschen Ehre". Permanente Diskriminierung der Juden als Folge. Berufsausübungsverbote.
9./10. Nov. 1938 Sog. „Reichskristallnacht". Zerstörung von jüdischen Geschäften, Wohnungen und Synagogen durch Schlägertrupps der SA und der NSDAP. Morde und Mißhandlungen an vielen Juden. Zunehmende Terrorisierung der jüdischen Bevölkerung. In der Folge Forderung nach „Sühneleistung" der Juden. Ausschluß aus dem Wirtschaftsleben. Zwangsverkauf jüdischer Geschäfte und Betriebe, Ausschluß der Juden aus dem öffentlichen Leben. In der Folgezeit Emigration von zahlreichen Juden ins Ausland.

Die nationalsozialistische Außenpolitik bis 1939

20. Juli 1933 Konkordat mit dem Vatikan.
14. Okt. Austritt aus dem Völkerbund.
26. Jan. 1934 Nichtangriffspakt mit Polen.
14./15. Juni Erstes Treffen Hitlers mit Mussolini.
13. Jan. 1935 Volksabstimmung im Saargebiet führt zur „Rückführung ins Reich".
Juni 1935 Flottenabkommen zwischen dem Deutschen Reich und Großbritannien.
März 1936 Einmarsch Hitlers in das durch den Versailler Vertrag entmilitarisierte Rheinland bedeutet Verletzung des Vertrags von Locarno.
Juli Abkommen mit Österreich. Diplomatische Normalisierung.
Seit Juli 1936 Entscheidung Hitlers zum Eingreifen in den am 18. Juli ausgebrochenen Spanischen Bürgerkrieg auf Seiten Francos.
1. Aug. Beginn der Olympischen Spiele in Berlin.
Aug. Verlängerung der Militärzeit auf zwei Jahre.
25. Okt. Vertrag mit Italien begründet „Achse Berlin-Rom".
Nov. Antikominternpakt mit Japan: Beginn der Zusammenarbeit mit Japan vor allem gegen den

Dänemark
Nordsee
Ostsee
Königsberg
Ostpreussen
Danzig
Niederlande
Hamburg
Schwerin
Bremen
Elbe
Berlin
Oder
Weichsel
Warschau
Magdeburg
Polen
Deutschland
Leipzig
Köln
Dresden
Breslau
Rhein
Frankfurt
L
Prag
Saarbrücken
Tscheslowakei
Donau
Frankreich
Stuttgart
München
Wien
Deutschland in den
Grenzen von 1937
Schweiz
Österreich
Ungarn
Budapest

gemeinsamen politischen Gegner Sowjetunion (späterer Beitritt Spaniens und Italiens).
5. Nov. 1937 „Hoßbach-Protokoll“: Hitler erläutert auf der Führerkonferenz die expansionistischen Ziele seiner Außenpolitik.
Febr. 1938 Entlassung des Reichskriegsministers von Blomberg und Generaloberststs von Fritsch („Blomberg-Fritsch-Krise“). Gleichschaltung des Heeres, Hitler macht sich zum Oberbefehlshaber der Wehrmacht. Oberkommando der Wehrmacht geht an General Keitel. Außenminister Joachim von Ribbentrop.
12. Febr. Treffen zwischen Hitler und dem österreichischen Bundeskanzler Schuschnigg bei Berchtesgaden.
12. März Einmarsch deutscher Truppen in Österreich. „Anschluß Österreichs an das Reich“.
Mai Geheimbefehl an die Wehrmacht zur „Zerschlagung der Tschechoslowakei“.
Sept. Besprechungen Hitlers mit Chamberlain in Berchtesgaden und Bad Godesberg zur Beilegung der „Sudetenkrise“.
29. Sept. Konferenz in München zwischen Hitler, Mussolini, Chamberlain und Daladier mit dem Ergebnis der Abtretung der sudetendeutschen Gebiete an das Deutsche Reich. 30. Sept. Münchner Abkommen.
30. Sept. Deutsch-englische Nichtangriffserklärung.
21. Okt. Geheimbefehl Hitlers zur „Erledigung der Resttschechei“.
6. Dez. Deutsch-französische Nichtangriffserklärung.
15. März 1939 Einmarsch deutscher Truppen in die Tschechoslowakei.
Tags darauf am *16. März* Errichtung des „Reichsprotektorats Böhmen und Mähren“.
23. März Litauen tritt unter massivem Druck das Memelgebiet an Deutschland ab.
28. März Die Slowakei wird von Hitler zu einem „Schutzvertrag“ mit dem Deutschen Reich gezwungen.

Der Zweite Weltkrieg

Der Weg in den Krieg

31. März 1939 Nach der deutschen Forderung an Polen, Danzig ans Deutsche Reich anzugliedern und einer Verbindung (Auto- und Eisenbahn) durch den Korridor erfolgt englisch-französische Garantieerklärung für Polen.
22. Mai Freundschafts- und Bündnispakt zwischen dem Deutschen Reich und Italien, sog. „Stahlpakt“.
23. Aug. Deutsch-sowjetischer Nichtangriffspakt mit geheimem Zusatzprotokoll über die Festlegung der gegenseitigen Interessen in Osteuropa („Hitler-Stalin-Pakt“).

1. Sept. Deutscher Angriff von Polen („Fall Weiß“) ohne vorausgegangene Kriegserklärung.

Der Verlauf

3. Sept. Kriegserklärung Großbritanniens und Frankreichs an das Deutsche Reich nach Ablauf des Ultimatums, seine Truppen aus Polen zurückzuziehen.
27. Sept. Nach einem sog. „Blitzkrieg“ Kapitulation von Warschau.
Okt. „Neuordnung“ Polens. Eingliederung der 1918 abgetretenen Teile Westpreußens und Schlesiens und weiterer polnischer Gebiete ins Deutsche Reich. Mittelpolen als „Generalgouvernement“ unter deutscher Herrschaft. Ostpolen an die UdSSR. Heinrich Himmler wird „Reichskommissar für Festigung deutschen Volkstums“ in Polen. Deportation, Vertreibung und Vernichtung der polnischen Bevölkerung. Von 1939 bis 1940 Errichtung von Ghettos für polnische Juden und die polnische Führungsschicht.
6. Okt. Reichstagsrede Hitlers: Großbritannien und Frankreich weisen Hitlers „Friedensangebot“, verbunden mit der Anerkennung der bestehenden Verhältnisse, zurück.
30. Nov. Angriff der UdSSR von Finnland.
März 1940 Friede von Moskau. Abtretung finnischer Gebiete an die UdSSR.
April Besetzung Dänemarks durch deutsche Truppen und Invasion in Norwegen („Unternehmen Weserübung“). Die norwegische Regierung geht ins Londoner Exil.
Mai/Juni Angriff auf Belgien durch das Deutsche Reich, ebenso Angriff der Niederlande, Luxemburgs und Frankreichs (Beginn am 10. Mai). Nach der Kapitulation der Niederlande und Belgiens Besetzung von Paris durch deutsche Truppen. Kapitulation Frankreichs am 17. Juni.
10. Juni Kriegseintritt Italiens. Kapitulation Norwegens (Einsetzung von Reichskommissaren).
22. Juni Waffenstillstand zwischen dem Deutschen Reich und Frankreich in Compiègne mit dem Ergebnis der Teilung Frankreichs in ein besetztes („Vichy-Frankreich“ unter der Regierung von Marschall Pétain) und unbesetztes Gebiet.
Juli Weisung Hitlers für eine Landung in England („Unternehmen Seelöwe“), deren Vorbereitungen jedoch im Oktober aufgrund des mißglückten Luftkriegs abgebrochen werden. Verlagerung des Kriegs gegen England auf den U-Boot-Krieg.
27. Sept. „Dreimächte-Pakt“ zwischen dem Deutschen Reich, Italien und Japan.
Okt. Angriff Griechenlands durch Italien.
18. Dez. „Weisung Nr. 21“: Befehl zur Vorbereitung des Angriffs der Sowjetunion durch Hitler.

Jan. 1941 Treffen zwischen Hitler und Mussolini.
6. Febr. Bildung des deutschen Afrikakorps unter General Erwin Rommel.
März „Leih- und Pachtgesetz" der Vereinigten Staaten : Materiallieferungen der USA an die Alliierten.
März Einmarsch deutscher Truppen in Bulgarien.
Ende März Beginn der Rückeroberung der seit Anfang 1941 von den Briten besetzten Cyrenaika (General Rommel).
April Beginn des deutschen Feldzugs gegen Jugoslawien und Griechenland. Kapitulation beider Staaten. Rumänien und Bulgarien werden Verbündete Hitlers.
6. Juni Sog. Kommissarbefehl Hitlers: Befehl zur sofortigen Erschießung der politischen Kommissare der Roten Armee bei Widerstand.
22. Juni Beginn des Angriffs auf die Sowjetunion („Unternehmen Barbarossa") ohne vorausgegangene Kriegserklärung.
Dez. Deutscher Vormarsch im Osten kommt endgültig vor Moskau zum Stehen.
5. Dez. Beginn der Gegenoffensive der Sowjetunion.
19. Dez. Hitler entläßt von Brauchitsch und macht sich zum Oberbefehlshaber des Heeres.
11. Dez. Kriegserklärung des Deutschen Reiches und Japans an die Vereinigten Staaten nach der vorausgegangen Kriegserklärung der USA an Japan (Reaktion auf den japanischen Überfall auf Pearl Harbor am 7. Dez.).
März 1942 Beginn des englischen Angriffs gegen Fabrikstädte in Deutschland.
10. Juni Nach einem Attentat auf den stellvertretenden „Reichsprotektor für Böhmen und Mähren" Heydrich Vernichtung des tschechischen Dorfes Lidice.
Juli Der Vormarsch deutscher und italienischer Truppen in Nordafrika kommt kurz vor Alexandria zum Stehen („El-Alamein-Stellung").
23. Okt. Gegenoffensive Großbritanniens (Marschall Montgomery) in Nordafrika. In der Folge Beginn des Rückzugs des deutschen Afrikakorps.
19. Nov. Nach der deutschen Sommeroffensive im Osten und der Einnahme eines Großteils von Stalingrad Beginn der sowjetischen Gegenoffensive.
23. Nov. Deutsche Truppen in Stalingrad von sowjetischen Truppen eingeschlossen.
Jan. 1943 Konferenz von Casablanca zwischen Roosevelt und Churchill: Forderung der „bedingungslosen Kapitulation" Deutschlands.
31. Jan/2. Febr. Kapitulation der 6. Armee in Stalingrad. In der Folge Zurückwerfung der deutschen Truppen durch die Rote Armee.
18. Febr. Verkündung des „totalen Krieges" durch Goebbels in einer Rede im Berliner Sportpalast.

13. Mai Kapitulation der deutschen Truppen in Afrika.

10. Juli Landung der alliierten Truppen auf Sizilien.

25. Juli Rücktritt Mussolinis und darauffolgende Verhaftung.

Juli Scheitern der letzten deutschen Offensive („Unternehmen Zitadelle") im Osten.

Aug. Treffen Roosevelts und Churchills in Quebec: Plan für eine Invasion in Frankreich.

3. Sept. Sonderwaffenstillstand Italiens mit den Alliierten unter der neugebildeten Regierung. In der Folge Entwaffnung der italienischen Truppen durch die deutsche Wehrmacht.

Okt. Moskauer Außenministerkonferenz.

28. Nov. – 1. Dez. Konferenz von Teheran zwischen Roosevelt, Churchill und Stalin über die Invasion der Alliierten in Frankreich. Verhandlungen über Kriegsziele.

19. März 1944 Deutsche Truppen besetzen Ungarn.

4. Juni Besetzung Roms durch alliierte Truppen und in der Folge Vorrücken der Alliierten bis in den Norden Italiens.

6. Juni Invasion der alliierten Truppen in der Normandie.

10. Juni Zerstörung des französischen Dorfes Oradour-sur-Glane durch deutsche Truppen.

22. Juni Beginn der sowjetischen Sommeroffensive gegen die deutsche Heeresgruppe Mitte, die im Juli zusammenbricht.

Aug. Kapitulation Rumäniens.

15. Aug. Erfolgreiche Landung der Alliierten an der Riviera.

25. Aug. Einzug General de Gaulles in Paris.

Sept. Kriegserklärung Bulgariens an das Deutsche Reich.

11. – 16. Sept. Zweite Konferenz in Quebec zwischen Roosevelt und Churchill.

17. Sept. Landung der alliierten Luftwaffe bei Arnheim und Nimwegen.

25. Sept. Aufruf aller waffenfähigen Männer zwischen 16 und 60 zum „Deutschen Volkssturm".

16. Dez. Ardennenoffensive der deutschen Truppen, die scheitert. Die Alliierten reagieren am

3. Jan. 1945 mit der Gegenoffensive.

12. Jan. Sowjetische Offensive an der Weichsel. Ostpreußen wird abgeschnitten.

23. Jan. Sowjetische Truppen in Schlesien.

Seit Jan. Flucht der ostdeutschen Bevölkerung vor der Roten Armee in Richtung Westen.

4. – 11. Febr. Konferenz von Jalta. Planungen über weiteres militärisches Vorgehen zwischen Roosevelt, Stalin und Churchill.

13./14. Febr. Bombardierung Dresdens durch die Alliierten.

7. März Die Amerikaner überqueren den Rhein bei Remagen.

9. April Kapitulation der deutschen Armee bei Königsberg.

16. April Beginn der Endoffensive der Roten Armee in Richtung Berlin.
28. April 1945 Kapitulation der deutschen Truppen in Italien.
30. April Selbstmord Hitlers. Nachfolger wird Großadmiral Dönitz.
2. Mai Kapitulation Berlins.
4. Mai Unterzeichnung der Kapitulation an der britischen Front, den Niederlanden und Dänemark.
7. Mai/9. Mai Unterzeichnung der Gesamtkapitulation in Reims und in Berlin-Karlshorst.
9. Mai Inkrafttreten der Gesamtkapitulation.
23. Mai Verhaftung aller Mitglieder der Regierung Dönitz.
5. Juni Aufteilung Deutschlands in vier Besatzungszonen.

Der Krieg im Pazifik

7. Dez. 1941 Angriff der Japaner auf die amerikanische Pazifikflotte in Pearl Harbor, dem Kriegshafen Hawaiis, löst das Eingreifen der USA in den Zweiten Weltkrieg aus.
8. Dez. Kriegserklärung der USA und Englands an Japan.
1942 Eroberung der Philippinen, Hinterindiens und großer Teile der pazifischen Inselwelt durch japanische Truppen.
3. – 7. Juni 1942 Wende des Krieges im Pazifik durch die Seeschlacht bei den Midwayinseln und die Niederlage der Japaner. Japan in der Defensive.
Aug. Landung der Amerikaner auf Guadalcanal.
Seit 1943 Sog. „Inselspringen" der Amerikaner; Befreiung der von den Japanern besetzten pazifischen Inseln.
1945 Landung der Amerikaner in Japan.
6./9. Aug. Abwurf von Atombomben auf die beiden japanischen Städte Hiroshima und Nagasaki mit 200 000 Menschenopfern führt zur Kapitulation Japans am 2. September.

Der Völkermord

Vor Beginn des Kriegs rechtliche Diskriminierung, Zerstörung der wirtschaftlichen und psychologischen Existenzgrundlage der Juden. Seit Kriegsbeginn Radikalisierung des Vorgehens gegen die jüdische Bevölkerung in Deutschland und vor allem auch in den besetzten Gebieten. Die Polizeigewalt in den besetzten Gebieten untersteht Heinrich Himmler. Im Lauf des Krieges wird der Plan einer Massendeportation der Juden nach Madagaskar aufgegeben.
1. Sept. 1939 (Rückdatierung eines Erlasses vom Oktober 1939) Vorbereitung der „Morde an Geisteskranken" unter dem Decknamen „Euthanasieprogramm". Vorbereitung des planmäßigen Massenmordes an den Juden.
Juni 1941 Schaffung von Vergasungsanlagen.

31. Juli 1941 Heydrich wird von Göring mit der „Endlösung der Judenfrage“ beauftragt. Nach der Ghettoisierung in Polen Beginn von Massenerschießungen von Juden in den besetzten Gebieten und Abtransport der Juden in die Vernichtungslager.

Seit 1942 Transport der Juden auch aus dem Westen in die Vernichtungslager im Osten.

Seit Dez. Vergasung von Juden in den Konzentrationslagern wie Chelmno, Belzec, Sobibor, Treblinka, Maidanek und Auschwitz.

20. Jan. 1942 Wannseekonferenz mit dem Ziel der Beschleunigung der „Endlösung der Judenfrage“.

Die Zahl der getöteten Juden ist in ihrer gesamten Höhe nicht genau bekannt. Sie liegt wahrscheinlich höher als die angegebene Zahl von 5 Mio. Zu den weiteren Opfern des Vökermords zählen vor allem die Zigeuner, die meist unter dem Vorwand der „Verbrechensbekämpfung“ in Schutzhaft genommen und ebenfalls in Konzentrationslager eingewiesen und ermordet werden.

Der Widerstand

Keine einheitliche Widerstandsbewegung, sondern Opposition aus den verschiedensten gesellschaftlichen Gruppierungen heraus.

Seit 1933 Opposition vor allem der linken Parteien und der Arbeiterbewegung. Widerstandstätigkeit der Kommunisten im Untergrund. Hohe Zahl der Opfer.

Aug. 1942 Aushebung der sog. „Roten Kapelle“. Linkssozialistische Widerstandsgruppe um A. von Harnack und H. Schulze-Boysen.

Weiterhin christlich-sozialistischer Kreisauer Kreis um Graf von Moltke ; bürgerlich-konservativer Kreis um Carl-Friedrich Goerdeler, General Ludwig Beck und Ulrich von Hassel; studentische Widerstandsgruppe „Weiße Rose“ um die Geschwister Hans und Sophie Scholl (am 18. Febr. 1943 verhaftet und am 22. Febr. hingerichtet); kirchlicher Widerstand, der in erster Linie von katholischen und evangelischen Pfarrern getragen wird, kaum von der Kirchenführung. Militärischer Widerstand mündet nach mehreren Attentatsversuchen in das

20. Juli 1944 Bombenattentat auf Hitler durch Claus Schenk Graf von Stauffenberg. Verhaftung und Hinrichtung zahlreicher Verschwörer.

Neben dem deutschen Widerstand Widerstandsbewegungen in den besetzten Gebieten, in Dänemark, Norwegen, den Niederlanden, Griechenland, Polen, Jugoslawien und Frankreich (Résistance). Meist im Untergrund arbeitende Organisationen und einen Guerillakrieg führende Partisanenverbände.

Zahlreiche Errungenschaften unserer Zeit nehmen ihren Anfang zu Beginn dieses Jahrhunderts. Schon zu dieser Zeit werden vor allem im Bereich der Wissenschaft und Technik Grundlagen geschaffen, auf denen unsere sog. Moderne aufbaut. Der Übergang vom 19. zum 20. Jahrhundert stellt so eine Phase grundlegender Neuerungen dar, die die gesamte moderne Welt prägen sollen. Komplexe soziale Veränderungen, die mit der Industriellen Revolution eingesetzt haben (vgl. S.174f.), bestimmen diesen Zeitabschnitt.

Literatur und Gesellschaft

Der Realismus

Die Zeit nach der Märzrevolution kennzeichnet eine Resignation der fortschrittlichen und freiheitlichen Kräfte gegenüber der Reaktion. Die Literatur der Zeit wird als Realismus bezeichnet, als bürgerlicher oder poetischer Realismus. Die deutschen „Realisten“ stellen ihre Umwelt zwar oft kritisch dar, doch auf eine politische Lösung sozialer Fragen wird im Gegensatz zu den französischen und russischen Realisten wie bei Balzac, Stendhal, Flaubert, Turgenjew, Dostojewski und Tolstoi kaum gedrängt. Auseinandersetzungen mit der Struktur und Entwicklung der Gesellschaft finden kaum statt. Wenn auch die deutschen Erzähler des Realismus wie Fontane, Keller, Raabe und auch Storm versuchen, die Vorstellung von einer heilen bürgerlichen Welt zu entlarven, so steht dabei nicht immer die soziale Realität im Mittelpunkt. Als literarische Gattungen werden Novelle und Roman bevorzugt.

Die Kunst im Aufbruch und Umbruch

Die Kunst um die Jahrhundertwende ist von äußerst vielfältigen, sich widersprechenden und auch ineinander verwobenen, sich ergänzenden Stilrichtungen gekennzeichnet.

Gegen Ende des 19. Jahrhunderts entwickelt sich aus dem Realismus der Naturalismus als neue literarische Richtung, in der die „Natur“ und ihre genaue Beschreibung zum ästhetischen Prinzip erhoben wird, verbunden mit der Darstellung der gesellschaftlichen Wirklichkeit – insbesondere der sozialen Verhältnisse des neuen „vierten Standes“. Zu den bedeutendsten Vertretern des Naturalismus zählt Gerhart Hauptmann. Gleichzeitig jedoch wirken zahlreiche antinaturalistische literarische Strömungen und Tendenzen. Subjektivismus und Individualismus sind hier vorherrschend. Die Kunst der Jahrhundertwende stellt sich außerhalb von Zeit und Raum. In der Folge des Naturalismus entsteht eine Vielzahl literarischer Stilrichtungen, aus denen sich schwer ein Epochenbegriff ableiten läßt. Die verschiedenen Strömungen werden somit oft mit dem Schlagwort „fin de siècle“ zusammengefaßt. Ein Spätzeitbewußtsein stellt sich ein, aber auch das Gefühl des „frühlingshaften Aufbruchs“ wie im Jugendstil. Der französische Impressionismus, der seinen Ausdruck zunächst in der Malerei findet, hält Einzug auch in die Literatur, ebenso wie der Symbolismus. Der Impressionismus spiegelt die Kunst der Stimmung, wie sie der vergängliche Augenblick hervorruft. Die Symbolisten richten sich in erster Linie gegen die Bemühungen der Realisten und Naturalisten, die Welt in ihrer sozialen Realität darzustellen. In diesem Zusammenhang taucht oft das Schlagwort „L'art pour l'art“ auf, einer Kunst, die um ihrer selbst willen existiert. In der Lyrik wirken Dichter wie Stefan George, Hugo von Hofmannsthal und Rainer Maria Rilke. Gesellschaftskritische Ansätze sind wiederum bei Arthur Schnitzler vorhanden. Mit dem Aufkommen des Expressionismus, der sich insbesondere gegen die Selbstzufriedenheit des Bürgertums der Wilhelminischen Ära zur Wehr setzt, nähert sich die Kunst der Jahrhundertwende ihrem Ende. Der Expressionismus findet seinen deutlichsten Ausdruck in der Lyrik mit Dichtern wie Werfel und Trakl und vor allem Gottfried Benn, aber auch im Werk von Frank Wedekind.

Der Erste Weltkrieg bleibt nicht ohne Wirkung auf die Literatur. Entsprechend der Komplexität der Zeitphänomene gewinnt der Roman wieder an Bedeutung mit Autoren wie Thomas und Heinrich Mann, Robert Musil und Hermann Broch. Der Nationalsozialismus mit seiner Hinwendung zur völkischen Literatur und zur Heldendichtung läßt eine kritische Literatur nicht mehr zu. Zahlreiche namhafte Künstler wandern aus oder gehen in die „Innere Emigration“. Der Nationalsozialismus zerstört jegliche künstlerische Entwicklung, so daß die Kunst nach 1945 erst wieder einen Neuanfang, selbstverständlich in Anknüpfung an ihre Vorbilder, nehmen muß.

Bildende Kunst und Architektur

Auch in der Bildenden Kunst findet um die Jahrhundertwende ein Umbruch statt, die Abkehr vom Historismus und Klassizismus des 19. Jahrhunderts. Innerhalb der Architektur ist die Wiener Schule von wegweisender Bedeutung.

Bedeutsam werden innerhalb der Architektur die Industriebauten. Einen nachhaltigen Eindruck auf die Architektur des 20. Jahrhunderts hat der Amerikaner F.L. Wright. Einen völlig neuen Stil, der mit allen vorausgegangen historischen Strömungen bricht, entwickelt Walter Gropius mit dem Bauhaus; streng geometrische Baukörper, Konstruktionen aus Glas und Stahl sind für diese Zeit typisch. Dieser Stil prägt zahlreiche Künstler des 20. Jahrhunderts. Der Nationalsozialismus greift wiederum auf den Klassizismus zurück; die Monumentalbauten des Nationalsozialismus, die allein der Repräsentation und dem Ausdruck von Macht dienen, ersticken die neuen Ideen völlig.
Paris wird zu Beginn des Jahrhunderts zum Anziehungspunkt für viele Künstler. Bedeutend wird in Frankreich gegen Mitte bis Ende des 19. Jahrhunderts der Impressionismus, zu dessen bedeutendsten Vertretern C. Monet, A. Renoir, E. Manet, E. Degas zählen. Einfluß auf die Malerei des 20. Jahrhunderts nimmt Paul Cézanne, der sich bereits vom Impressionismus abwendet. Der Holländer van Gogh hat mit seinen leidenschaftlichen Bildern großen Einfluß auf die Expressionisten. Wesentliche Impulse liefern hier auch P. Gauguin und H. de Toulouse-Lautrec. Max Liebermann wird zum Wegbereiter des Impressionismus in Deutschland. Innerhalb des Jugendstils mit seiner Pflanzenornamentik und flächigen Darstellungsweise überzeugt Gustav Klimt. Der Expressionismus, mit seinem Verzicht auf Darstellung von Realität, wird stark von van Gogh und Gauguin beeinflußt und findet sehr unterschiedliche Ausprägungen, z.B. bei Emil Nolde und Oskar Kokoschka. Zahlreiche Künstlergruppen entstehen, wie z.B. in Dresden „Die Brücke" und der von Kandinsky und Marc in München gegründete „Blaue Reiter", dem sich auch Paul Klee und Alfred Kubin anschließen. Der Erste Weltkrieg mit all seinem Schrecken wirkt auch auf zahlreiche Künstler, deren Protest z.B. im Dadaismus seinen Ausdruck findet; Kurt Schwitters, Max Ernst und George Grosz zählen zu den wesentlichen Künstlern des Dadaismus. Eine eigenwillige Form des Expressionismus entwickelt Max Beckmann. Innerhalb der Plastik überzeugt Ernst Barlach. Als Vertreter der sog. „Neuen Sachlichkeit" gilt Otto Dix. Daneben entstehen Stilrichtungen wie Kubismus und Futurismus. In Rußland entwickelt der später in Paris lebende Marc Chagall einen eigenartigen Surrealismus. Das Werk Kandinskys bleibt in erster Linie dem Expressionismus ver-

pflichtet. In Deutschland wird durch die Unterdrückung des Nationalsozialismus die Entwicklung der Künstler unmöglich.

Die Musik

Die Jahrhundertwende ist auch für die Musikgeschichte von größter Bedeutung. Seit 1890 vollzieht sich ein Wandlungsprozeß. Man beginnt sich vor allem von der Vorstellung der Harmonie, die noch die Kompositionen der Klassik und Romantik geprägt haben, zu lösen. So findet der Impressionismus auch Eingang in die Musik vor allem mit Debussy und Ravel. Der Expressionismus negiert die Harmonie und bevorzugt die Atonalität. Der Weg in die Moderne wird von A. Schönberg mit der Zwölftonmusik bereitet.

Aufkommen der „Massenmedien"

Im 20. Jahrhundert gewinnen neue „Medien" an Bedeutung. In der Zeit zwischen 1919 und 1924 entwickelt sich der Film zur Kunstform und findet sein Publikum. 1927 wird in den Vereinigten Staaten der erste Tonfilm gezeigt. Der Weg des Films beginnt und breitet sich von den USA bis nach Europa aus. Medien wie Film und Rundfunk werden, wie die Erfahrungen des Nationalsozialismus oder totalitärer Staaten allgemein beweisen, gleichzeitig als Propagandamittel eingesetzt und mißbraucht.

Der Weg in den modernen Industriestaat

Beginn der modernen Wissenschaft

Bedeutende Erfindungen und Entdeckungen auf wissenschaftlichem Gebiet sind wegbereitend für die industrielle Entwicklung. Technik und Industrie nehmen seit 1870 und vor allen Dingen in den beiden Jahrzehnten vor und nach der Jahrhundertwende einen steilen Aufschwung. Die Erfindungen der zweiten Hälfte des 19. Jahrhunderts verändern das Leben einschneidend. Hygienemaßnahmen und medizinische Fortschritte verringern die Säuglingssterblichkeit. Die seit 1870 einsetzende zweite Phase der Industriellen Revolution schafft ebenso bedeutende Grundlagen des modernen Lebens.

Entwicklung des Verkehrs

Wirtschaftlich wichtige Produkte werden verbessert; der schon durch Eisenbahn und Schiffahrt entstandene Massenverkehr wird durch den Ausbau des Straßenverkehrs ergänzt. Daimler und Benz bauen noch in den 80er Jahren des 19. Jahrhunderts einen Motor für flüssige Kraftstoffe. Der Verbrennungsmotor beschleunigt auch die Entwicklung der Luftfahrt. Das erste Luftschiff des Grafen Zeppelin fliegt 1900, und im Jahr 1909 wird zum erstenmal der Ärmelkanal mit dem Flugzeug überquert. Weniger als 20 Jahre darauf überfliegt der Amerikaner Lindbergh mit dem Flugzeug das erste Mal den Atlantik.

Die Elektrizität

Besonders bedeutend für den industriellen Fortschritt wird die Entwicklung der Elektrizität. Die Nachrichtenübermittlung wird durch zahlreiche Erkenntnisse revolutioniert. 1876 erfindet Graham Bell das Telephon. 1879 wird von Thomas Edison die Glühbirne erfunden. Die Elektrotechnik und die chemische Industrie gewinnen immer mehr an Bedeutung. Der Wegbereiter für die Verwertung wissenschaftlicher Erkenntnisse für die Industrie ist Justus von Liebig. Obwohl innerhalb der Chemie die Kenntnisse schon während des 19. Jahrhunderts erweitert wurden, kommt es erst nach 1890 zur Entfaltung der chemischen Industrie, die zur ihrer Entwicklung billigen Strom benötigt.

Biologie und Medizin

Die pharmazeutischen Produkte und Entdeckungen werden immer zahlreicher, 1899 wird das Aspirin „erfunden". Durch die chemischen Stoffe gelingt eine Identifizierung der Bakterien. Robert Koch, der noch in den 80er Jahren des 19. Jahrhunderts den Tuberkel- und Cholerabazillus entdeckt, begründet die Wissenschaft der Bakteriologie und ermöglicht zahlreiche weitere Entdeckungen. Mit Impfstoff können nun Krankheiten bekämpft werden. Die bedeutenden Fortschritte in der Medizin, vor allem der Chirurgie, sind z.B. erst durch die Entdekkung des Chloroforms möglich.

Aufbruch ins „Atomzeitalter"

Die USA und Deutschland entwickeln sich zu Industriestaaten, aber auch England, Frankreich und Rußland erfahren durch die industrielle Entwicklung einen Aufschwung mit all seinen komplexen sozialen Konsequenzen. Die Weiterentwicklung der Waffentechnik zeigt ihre schrecklichen Auswirkungen schon während des Ersten Weltkriegs mit seinen grausamen Materialschlachten. Vor dem Hintergrund des Hochimperialismus gewinnt der Ausbau der Verkehrswege an Bedeutung. Entscheidenden Einfluß vor allem auf die Anlage von großen Überlandstrecken sowohl in den Vereinigten Staaten als auch in Rußland hat das schon 1867 von

Alfred Nobel erfundene Dynamit, das den Tunnelbau in großem Umfang ermöglicht. Am Beispiel des auch im Krieg verwendeten Sprengstoffs wird deutlich, wie viele der bahnbrechenden Erfindungen der Technik eine zerstörerische Kehrseite besitzen. Das mechanistische Weltbild der Physik, noch während des 19. Jahrhunderts gültig, wird im 20. Jahrhundert fragwürdig. Bahnbrechende Entdeckungen finden zwar schon gegen Ende des 19. Jahrhunderts statt, wie die Entdeckung der Röntgenstrahlung 1895 und die Erforschung der Radioaktivität 1896. Aber erst die um die Jahrhundertwende von Max Planck entwickelte Quantentheorie und die Entwicklung der Relativitätstheorie durch Albert Einstein leiten eine weitreichende Wende im Denken ein. Erst hierdurch wird die Vorstellung von den Elementen als unveränderlichen Baustoffen der Materie widerlegt. Der Aufbau des Atoms wird entdeckt: 1913 entwirft N. Bohr das Atommodell. Die erstmalige Kernspaltung gelingt Hahn und Strassmann dann 1938. Dadurch wird die Gewinnung von Atomenergie, aber auch der Bau der Atombombe ermöglicht. 1945 wird in den Vereinigten Staaten die erste Uran-Atombombe getestet.

Die „Verstädterung"

Das Zeitalter des Imperialismus führt mit seiner expandierenden Industrie gleichzeitig zu einer Hochblüte des Kapitalismus. Die Zahl der Arbeiter nimmt immer weiter zu. Seit 1870 findet eine immer stärkere Verlagerung vom Land in die Stadt statt; die Großstädte entstehen mit all ihren sozialen Problemen. Der Erste Weltkrieg unterbricht die rasante wirtschaftliche Entwicklung, aber schon binnen eines kurzen Zeitraums erholt sich die Wirtschaft.

Aufbruch und Umbruch

Der Aufbruch in unser „technisches Zeitalter" hat schon zu Beginn dieses Jahrhunderts innerhalb der Wissenschaften stattgefunden. Parallel dazu verläuft eine immer stärkere Technisierung und Automatisierung unserer Welt, deren Folgen in der Zeit, als ihre Grundlagen geschaffen wurden, noch nicht erkennbar waren, uns jedoch bewußt sein sollten. Zukunftsprognosen und die Bestandsaufnahmen der Gegenwart zeigen, daß wir den maßvoll-vernünftigen Umgang mit Technik und Fortschritt noch lernen müssen, damit der Aufbruch ins 3. Jahrtausend für den Menschen nicht mit der Überschreitung seiner Grenzen und damit seiner Selbstzerstörung verbunden ist.

Island
Irland
Groß-
britannien
Norwegen
Schweden
Finnland
Dänemark
Sowjetunion
NL
Belg.
L
Deutschland
Berlin
Polen
Tschechoslowakei
Wien
Österreich
Schweiz
Ungarn
Rumänien
Frankreich
Portugal
Spanien
Italien
Jugoslawien
Bulgarien
Albanien
Griechen-
land
Europa nach dem 2. Weltkrieg
Britische Besatzungszone
Sowjetische
Französische
Amerikanische
Warschauer Pakt–Staaten
unter polnischer oder
sowjetischer Verwaltung

Deutschland von 1945 – 1949

5. Juni 1945 Berliner Viermächte-Erklärung: Die Oberkommandierenden der vier Besatzungsmächte USA, Sowjetunion, Großbritannien und Frankreich geben die Übernahme der obersten Regierungsgewalt in Deutschland, die Einteilung Deutschlands in Besatzungszonen und die Konstituierung des Alliierten Kontrollrates bekannt. Rückzug der britischen und amerikanischen Truppen vom 1. – 3. Juli aus Sachsen, Thüringen und Mecklenburg. Berlin wird von den vier Siegermächten gemeinsam besetzt und verwaltet.

17. Juli – 2. Aug. Potsdamer Konferenz: Festlegung vorläufiger Bestimmungen für die Behandlung Deutschlands. Aufteilung in vier Besatzungszonen und zwei Gebiete unter polnischer bzw. sowjetischer Verwaltung. Vorbehaltlich einer endgültigen friedensvertraglichen Regelung wird die Oder-Neiße-Linie Westgrenze Polens. Regelung der Umsiedlung der Deutschen aus Polen, Ungarn und der Tschechoslowakei. Ausrottung von Militarismus und Nazismus; zu diesem Zweck sollen Kriegsverbrecher verfolgt und das Erziehungs- und Gerichtswesen erneuert werden. Beschluß der „Großen Drei" über politische und wirtschaftliche Dezentralisierung Deutschlands unter alliierter Kontrolle sowie die Demontage von Industrieanlagen und Leistung von Reparationszahlungen. Saargebiet: mit eigener Verwaltung unter französischem Protektorat und wirtschaftlichem Anschluß an Frankreich.

18. Okt. Auf der Grundlage des Londoner Abkommens vom 8. August 1945 bilden die USA, die Sowjetunion, Großbritannien und Frankreich einen Internationalen Militärgerichtshof.

18. Okt. Anklage gegen die 22 Hauptkriegsverbrecher (darunter Göring und Streicher). Erster Nürnberger Prozeß endet am

1. Okt. 1946 mit zwölf Todesurteilen. Göring entzieht sich der Bestrafung durch Selbstmord.

1946 – 1949 Zwölf Nachfolgeprozesse vor amerikanischen Militärgerichten; politische, militärische und wirtschaftliche Gruppen werden unter Anklage gestellt.

1945 Zulassung von politischen Parteien. In den drei Westzonen Reorganisation von SPD und KPD; Bildung von neuen Parteien u.a. CDU, CSU und FDP. In der sowjetisch besetzten Zone bilden sich u.a. CDU und LDPD.

22. April 1946 Vereinigung von SPD und KPD unter sowjetischem Druck zur Sozialistischen Einheitspartei Deutschlands (SED). Die politische Dezentralisierung Deutschlands ist bis 1946 durch die Neugründung von Ländern in allen vier Zonen durchgeführt.

1946 Beschluß des Kontrollrats über die Demontage der Industrie

auf (50% des Vorkriegsstandes).
Jan. 1947 Vereinigung der amerikanischen und britischen Besatzungszone gegen den Protest Frankreichs und der Sowjetunion in der „Bizone“ zu einem einheitlichen Wirtschaftsgebiet.
23. Febr. – 5. März 1948 Einigung der westlichen Alliierten auf der Londoner Sechsmächtekonferenz auf eine gemeinsame staatliche Ordnung für die westlichen Besatzungszonen.
7. Juni Verabschiedung der Londoner Empfehlungen: Ministerpräsidenten der deutschen Länder werden zur Einberufung einer verfassungsgebenden Versammlung ermächtigt; eine internationale Kontrolle des Ruhrgebietes ist vorgesehen. Aus Protest gegen diese Beschlüsse nimmt die Sowjetunion nicht mehr an den Sitzungen des Kontrollrats teil, der daraufhin aufgelöst wird. In der SBZ beschließt der 2. Volkskongreß der SED die Bildung eines „gesamtdeutschen Volksrates“.
21. Juni 1948 Währungsreform in den westlichen Besatzungszonen. Die meisten Verbindlichkeiten, unter Ausnahme u. a. von Löhnen und Gehältern, Renten und Pensionen werden im Verhältnis 10 Reichsmark zu 1 DM-West getauscht. Folge ist ein sprunghafter Anstieg des Angebots an Konsumgütern, Beginn des – später so genannten – Wirtschaftswunders. Die sowjetische Militärregierung in der SBZ reagiert mit einer Währungsreform gleichen Verhältnisses zu DM-Ost und ab
24. Juni 1948 mit der Berliner Blockade, einer totalen Sperre des Verkehrs und des Warentransports nach West-Berlin (bis 12. Mai 1949).
Seit 26. Juni 1948 Versorgung West-Berlins auf Veranlassung des amerikanischen Militärgouverneurs Lucius D. Clay durch eine Luftbrücke.
Sept. 1948 Die sowjetische Verwaltung erzwingt die Verlegung des Stadtparlaments nach West-Berlin. Im November wird im Ostteil der Stadt ein eigener Magistrat unter Oberbürgermeister Friedrich Ebert, dem Sohn des ersten Reichspräsidenten, gebildet. In West-Berlin wird ein neuer Magistrat gewählt, Ernst Reuter (SPD) wird Oberbürgermeister. Damit ist die Teilung Berlins vollzogen. Ost-Berlin wird im Oktober 1949 Hauptstadt der DDR.
1. Sept 1948 Zusammentreten des Parlamentarischen Rates in Bonn: 65 Mitglieder, von den 11 westlichen Ländern delegiert, sowie fünf Vertreter Berlins mit beratendem Stimmrecht. Präsident wird der Vorsitzende der CDU, Konrad Adenauer.
April 1949 Ablösung der Militärregierung im Washingtoner Abkommen durch die Einsetzung Hoher Kommissare.
8. Mai 1949 Verabschiedung des Grundgesetzes durch den Parlamentarischen Rat gegen die

Stimmen von DP, KPD, Zentrum und sechs Vertretern der CSU, das am

23. Mai 1949 verkündet und, mit Ausnahme Bayerns, von allen Ländern ratifiziert wird. Damit ist die Bundesrepublik Deutschland gegründet, die allerdings noch durch das Besatzungsstatut unter Kontrolle gehalten wird. In der SBZ wird die vom Verfassungsausschuß des Deutschen Volksrates ausgearbeitete Verfassung der DDR am

30. Mai angenommen und am

7. Okt. vom 2. Deutschen Volksrat verabschiedet, womit die Gründung der Deutschen Demokratischen Republik verbunden ist.

Deutsche Demokratische Republik

Mit der Gründung der DDR am 7. Oktober 1949 ist die deutsche Zweistaatlichkeit zunächst festgeschrieben. Die Besetzung durch die sowjetische Armee wird, zumindest am Anfang, als Befreiung von der Nazidiktatur und dem Schreckensregime Hitlers empfunden. Die DDR entsteht aus dem Anspruch, das „andere Deutschland" des Widerstandes und der humanitären linken Tradition der Arbeiterbewegung zu sein.

Okt. 1945 Bodenreform: Enteignung des Großgrundbesitzes über 100 ha und Neuverteilung. Übergang von 25% der Industriekapazität in Form von Aktiengesellschaften (SAG) in sowjetischen Besitz.

Mai 1947 Verstaatlichung des Bergbaus und Einberufung der „Deutschen Wirtschaftskommission". Mit der Vereinigung von SPD und KPD zur Sozialistischen Einheitspartei Deutschlands (SED) im April 1946 ist das politische Herrschaftsinstrument zur Herstellung der späteren DDR geschaffen. Die Partei wird zur Kaderpartei unter Gleichschaltung von Parteien und Verbänden. Andere Parteien bestehen zwar weiterhin, jedoch die führende Rolle der SED in allen Bereichen ist deutlich. Kontrolle von Produktion und Arbeitsnormen durch den Freien Deutschen Gewerkschaftsbund (FDGB).

Mai 1949 Wahlen zum 3. Volkskongreß: Bestätigung des Verfassungsentwurfs des Volksrates vom März.

7. Okt. 1949 Proklamation der DDR. Wilhelm Pieck Staatspräsident, Otto Grotewohl Vorsitzender des Ministerrates, Stellvertreter Walter Ulbricht. Beendigung der „antifaschistischen-demokratischen Revolution" durch die Regierungsbildung und Beginn der Phase der „sozialistischen Revolution". Die sowjetische Militärregierung überträgt der neuen Regierung Verwaltungsaufgaben. Die erste Verfassung der DDR trägt noch bürgerlich-demokratischen Charakter. Aber Fehlen eines Verfassungsgerichts und eines unabhängigen Richterstandes sowie, nach Gleichschaltung der Parteien, einer Kontrolle der Regierung durch eine Opposition. Aufbau von Verwaltung und Staat nach dem Prinzip des „demokratischen Zentralismus". Umbildung des Volkskongresses zur Nationalen Front, die in Haus-, Wohn- und Betriebsgemeinschaften organisiert ist.

Okt. 1950 Aufstellung einer Einheitsliste zu den Volkskammerwahlen (Einheitsliste erhält 99,7% der Stimmen nach offiziellem Wahlergebnis).

Seit 1950 Ministerium für Staatssicherheit.

6. Juli 1950 Görlitzer Vertrag mit Polen: Anerkennung der Oder-Neiße-Grenze als Westgrenze Polens.

29. Sept. Aufnahme der DDR in den Rat für gegenseitige Wirtschaftshilfe (RGW) bedeutet wirtschaftliche Einbindung in den Ostblock.

1952 Beginn der Remilitarisierung der DDR.

Juli 1952 Die 2. Parteikonferenz der SED beschließt den „Aufbau des Sozialismus" im Sinne des sowjetischen Vorbildes. Die wirtschaftliche Entwicklung soll vor allem durch den Ausbau der Schwerindustrie und die Bildung von landwirtschaftlichen Produktionsgenossenschaften (LPG) vorangetrieben werden.

23. Juli Auflösung der bisherigen fünf Länder. Aufteilung des Staatsgebiets der DDR in 14 Bezirke. Anlegung von Sperren mit Drahtverhauen, Wachtürmen und Minenfeldern an der innerdeutschen Grenze.

9. Juni 1953 Nach Stalins Tod (5. 3. 1953) Proklamation des „Neuen Kurses" zur Verbesserung der Lebensbedingungen.

16. Juni 1953 Aufgrund der schlechten Versorgungslage Demonstration und Streik von Bauarbeitern in Berlin, die sich im Verlauf des 17. Juni zu gewalttätigen Auseinandersetzungen mit der Polizei auswächst und auf fast 250 Städte der DDR übergreift. Umschlagen der wirtschaftlichen in politische Forderungen nach Rücktritt der Regierung und freien Wahlen. Niederschlagung des Aufstands durch sowjetische Truppen.

1953 Umwandlung der SAG in Volkseigene Betriebe (VEB). Senkung der Arbeitsnormen.

1954 Anerkennung der Souveränität der DDR durch die Sowjetunion (zuvor Verzicht auf Reparationen).

1955 Nach dem Moskauer Vertrag Auflösung der sowjetischen Hohen Kommission.

Seit 1956 Beschleunigung der Sozialisierung des Mittelstands. Einführung von Produktionsgenossenschaften des Handwerks und von Kommanditgesellschaften des Handels. Trotz hoher Arbeitsnormen bleibt der 1. Fünfjahresplan (1951 – 55) weit hinter den gesteckten Zielen zurück.

1956 Einführung der Nationalen Volksarmee im Rahmen des Warschauer Paktes, in den die DDR nach ihrer Souveränitätserklärung am 20. Sept. 1955 aufgenommen worden ist (1962 Einführung der allgemeinen Wehrpflicht).

1957 2. Währungsreform mit Umtausch des Papiergelds.

1957 Einführung eines neuen Paßgesetzes zur Unterbindung der zahlreichen Abwanderungen: Strafen für Mithilfe bei „Republikflucht". Keine ausreichende Wirkung dieses Gesetzes.

1958 Der 5. Parteitag der SED verkündet den Übergang zur „Vollendung des Sozialismus".

1959 – 65 Siebenjahresplan. Mit ihm soll der Anschluß der wirtschaftlichen Leistungsfähigkeit an den Westen gelingen.

1960 Abschluß der Kollektivierung der Landwirtschaft zu Landwirtschaftlichen Produktionsgenossenschaften (LPG).
Umformung der Regierungsspitze mit der Einführung des Staatsrates und des Nationalen Verteidigungsrates. Walter Ulbricht Vorsitzender der beiden Gremien.

13. Aug. 1961 Sperrung der Sektorengrenze in Berlin und Beginn des Mauerbaus. Befestigung der gesamten Zonengrenze und Erlaß des „Schießbefehls".

15. – 21. Jan. 1963 6. Parteitag der SED: Proklamation des „Neuen Ökonomischen Systems der Planung und Leitung der Volkswirtschaft" (NÖSPL); Beginn einer Phase wirtschaftlicher Experimente. Durch Gewinnanreiz sollen Produktion und damit das Sozialprodukt gesteigert werden. Die DDR wird damit nach der Sowjetunion zur wirtschaftlich stärksten Industriemacht des Ostblocks und zu einer Art Modell für die sozialistischen Nachbarn.

1965 Nach dem Freundschaftsvertrag von 1964 Abschluß eines Handelsabkommens mit der Sowjetunion. Jugoslawien ist das erste Land, das nicht dem Ostblock angehört und zu dem 1957 diplomatische Beziehungen aufgenommen werden. 1966 folgen Italien und Österreich. 1967 werden Freundschaftsverträge mit Polen (13. März), der Tschechoslowakei (17. März), Ungarn und Bulgarien abgeschlossen, auf deren Grundlage Abkommen über Handel, wissenschaftliche und technische Zusammenarbeit, Verkehr und kulturellen Austausch entstehen.

1967 – 1971 Unter Ulbricht Erarbeitung der Konzeption des „Entwickelten gesellschaftlichen Systems des Sozialismus" mit dem Ziel einer harmonischen sozialistischen Menschengemeinschaft.

20. Febr. 1967 Entsprechend der seit 1964 offiziellen Drei-Staaten-Theorie, nach der DDR, BRD und West-Berlin selbständige politische Einheiten seien, Erlaß des Gesetzes zur DDR-Staatsbürgerschaft.

6. April 1968 Annahme der neuen Verfassung per Volksentscheid, in der die bis dahin noch vorherrschenden bürgerlich-demokratischen Elemente zugunsten der verfassungsrechtlichen Wirklichkeit in der DDR beseitigt werden.

11. Juni 1968 Einführung von Paß- und Visumzwang für Bürger der BRD bei Reisen in und durch die DDR .

Seit 20. Aug. 1968 Beteiligung von Einheiten der Nationalen Volksarmee am Einmarsch der Staaten des Warschauer Paktes in die Tschechoslowakei zur Niederschlagung der dortigen Reformbewegung.

19. März 1970 Treffen in Erfurt zwischen Bundeskanzler Willy Brandt und dem Vorsitzenden des Ministerrates der DDR, Willi Stoph, zu einem ersten Gespräch auf höchster Ebene, dem am 21. Mai in Kassel ein Gegenbesuch Stophs folgt.

3. Mai 1971 Rücktritt Ulbrichts „aus Altersgründen" als 1. Sekretär der SED und als Vorsitzender des Nationalen Verteidigungsrates. Nachfolger wird Erich Honecker, der bisherige Sekretär des ZK der SED, der verstärkt gegen innenpolitische Kritiker und „Abweichler" vorgehen läßt.

Es gelingt der DDR zunehmend, aus der außenpolitischen Isolation auszubrechen. Vor allem mit Staaten der Dritten Welt werden bilaterale Verträge und Handelsabkommen geschlossen.

1971 Zu Beginn des Jahres Öffnung der Grenzen zu Polen und zur Tschechoslowakei (paß- und visafreie Einreisen für die Bürger der DDR).

21. Dez. 1972 Abschluß des „Vertrages über die Grundlagen der Beziehungen zwischen der BRD und der DDR" (sog. Grundvertrag), Vereinbarung der „gutnachbarlichen Beziehungen auf der Grundlage der Gleichberechtigung". Dies bedeutet das Ende der außenpolitischen Isolation der DDR.

18. Sept. 1973 Aufnahme der DDR als 133. Staat in die UNO.

Die Politik Honeckers führt zwar einerseits zu noch perfekterem Ausbau der Macht der Partei in allen Bereichen, andererseits aber wird auch der Versuch unternommen, das Augenmerk der Tagespolitik wieder mehr auf die sozialen Interessen der Arbeiterschaft und der unteren Einkommensschichten zu richten. So werden 1971 Mindestlöhne und -renten angehoben, Industriewaren verbilligt, Arbeitszeitverkürzungen für Mütter eingeführt und ein Wohnungsbauprogramm beschlossen.

Das staatliche Selbstbewußtsein der DDR, die diplomatisch inzwischen auch von den meisten westlichen Staaten anerkannt ist, schlägt sich nieder in dem am

27. Sept. 1974 von der Volkskammer erlassenen „Gesetz zur

Ergänzung und Veränderung der Verfassung der DDR". Die Begriffe „Deutschland" und „deutsche Nation" werden in der neuen Verfassung, die im Oktober in Kraft tritt, gestrichen; an ihrer Stelle wird eine sich in der DDR herausbildende „sozialistische Nation" proklamiert. „Unwiderrufliche Bindung an die Sowjetunion" betont die Absage an eine einheitliche deutsche Nation.

19. Juni 1975 Einführung eines neuen Zivilgesetzbuches und einer neuen Zivilprozeßordnung.

26. Juli 1975 Ausbau der engen Bindung an die Sowjetunion mit Abmachungen über die Koordinierung der Volkswirtschaftspläne beider Staaten.

1. Aug. 1975 DDR unterzeichnet die Schlußakte der KSZE-Gipfelkonferenz in Helsinki.

Wirtschaftliche Erfolge der ersten Amtszeit Honeckers: Industrieller Ausbau, höherer Lebensstandard der Bevölkerung innerhalb des Ostblocks. Innerdeutscher Handel, jedoch Abhängigkeit von der Sowjetunion vor allem auf den Gebieten Rohstoffe und Energie. Einbindung in die starre Bürokratie des RGW. Mangelhafte Versorgung der Bevölkerung mit Konsumgütern höheren Standards.

18. – 22. Mai 1976 Auf dem 9. Parteitag der SED Beschluß eines neuen Programms. Honecker wird Generalsekretär der Partei.

17. Okt. Volkskammerwahlen. Danach Berufung Honeckers zum Vorsitzenden des Staatsrates. Die wichtigsten Partei- und Staatsfunktionen liegen in seiner Hand. Willi Stoph wird erneut Vorsitzender des Ministerrates.

Wachsender Unmut der Bevölkerung über die mangelhafte Versorgungslage; Anhebung der Mindestlöhne und der Renten. Dennoch steigende Zahl der Anträge auf Familienzusammenführung und Ausreise. Damit ist für die Staatsführung Anlaß gegeben, hart gegen Kritiker im eigenen Land vorzugehen.

16. Nov. Ausbürgerung des Liedermachers Wolf Biermann während einer Tournee in der BRD. Rainer Kunze und andere Schriftsteller werden aus dem Schriftstellerverband der DDR ausgeschlossen, Robert Havemann wird unter Hausarrest gestellt, Rudolf Bahro verhaftet und 1978 wegen Landesverrats verurteilt.

Seit 1977 Behinderung von DDR-Bürgern, die die Ständige Vertretung der BRD in Ost-Berlin aufsuchen wollen. Schwierigkeiten für Presse- und Fernsehjournalisten aus westlichen Ländern bei ihrer Arbeit.

14. April 1979 Die Schikanen gipfeln in der „Verordnung über die Tätigkeit von Publikationsorganen anderer Staaten und deren Korrespondenten in der DDR".

Juni 1979 Ausschluß kritischer Schriftsteller, unter ihnen Stefan Heym aus dem Schriftstellerverband der DDR.

28. Juni Verschärfung des politischen Strafrechts mit Bestimmungen über „staatsfeindliche Hetze“. Die Verbreitung von „Schriften, Manuskripten oder Materialien“ von DDR-Bürgern im Ausland wird mit Strafe bedroht.

Internationale Rohstoff- und Wirtschaftskrise der siebziger Jahre bedeutet eine starke Belastung der Wirtschaft. Effektivität und Produktivität der DDR-Wirtschaft bleibt weit hinter den Ansprüchen der Bevölkerung zurück. Wirtschaftliche Erfolge sind nur noch durch Kooperation mit westlichen Staaten und hier vor allem mit der Bundesrepublik möglich. Voraussetzung ist jedoch Öffnung nach Westen. Die achtziger Jahre führen zu einem außenpolitischen Zickzack-Kurs.

Dez. 1979 Abkühlung des Verhältnisses zur BRD mit der sowjetischen Invasion Afghanistans. Versuch beider deutscher Staaten, vor dem Hintergrund der Friedenssicherung in Europa eine Politik der Schadensbegrenzung zu betreiben. Belastung der innerdeutschen Beziehungen durch die Vorgänge in Polen im Sommer 1980, die zur Entstehung der unabhängigen Gewerkschaft „Solidarität“ (Solidarnosc) führen. Versuch der Verhinderung eines Übergriffs der polnischen Demokratiebewegung auf die DDR.

1. Jan. 1980 Ernennung der DDR auf zwei Jahre zum Mitglied des UNO-Sicherheitsrats.

9. Okt. 1980 Verdoppelung der Höhe des Devisen-Zwangsumtausches für westliche Besucher.

Okt. 1980 Forderung Honeckers entgegen bestehender Verträge auf Anerkennung der DDR-Staatsbürgerschaft.

11. – 16. April 1981 10. Parteitag mit dem Ziel der Wirtschaftsförderung.

11. – 13. Dez. 1981 Die stabilen Beziehungen zur Bundesrepublik finden ihren Ausdruck im Besuch von Bundeskanzler Schmidt, der Gespräche mit Honecker führt.

25. März 1982 Das Grenzgesetz tritt in Kraft, in dem der „Schießbefehl“ enthalten ist.

Die Funktionsschwäche des ökonomischen Systems hemmt auch nach dem 10. Parteitag das Bestreben der DDR-Führung, eine ausreichende Stabilisierung des Landes zu erreichen.

Die Regierung begegnet der hohen Auslandsverschuldung durch Drosselung der Importe und Erhöhung der Exporte.

1983 Bürgschaft der Bundesregierung für einen Milliardenkredit, den F. J. Strauß bei einem Besuch im Juli initiiert.

Zunehmende Verbesserung des Klimas nach dem Beginn des Abbaus der Selbstschußanlagen an der Grenze im Herbst 1983 und der großzügigen Handhabung der Ausreisemöglichkeiten ab Anfang 1984.

Seit 1984 Steigende Unzufriedenheit der Bevölkerung über die

Mißstände führt zu großer Ausreisewelle. Rigoroses Vorgehen gegen die zunächst von der Regierung unterstützte Friedensbewegung (Einspruch der Friedensbewegung gegen sowjetisches Vorgehen in Afghanistan). Schutz der Friedensbewegung durch die evangelische Kirche (Motto „Schwerter zu Pflugscharen").

11. März 1985 Aufgrund der Regierungsübernahme Gorbatschows in der Sowjetunion und dessen Politik der „Perestroika" und „Glasnost", der Initiative zu politischen und wirtschaftlichen Reformen, gerät die politische Linie der SED-Führung in Schwierigkeiten. Distanzierung und deutliche Zeichen der Reformunfähigkeit. Steigender innenpolitischer Druck.

17. Jan. 1988 Festnahme von Mitgliedern der Friedens-, Umwelt- und Menschenrechtsorganisationen bei der Demonstration zum 70. Jahrestag der Ermordung von Karl Liebknecht und Rosa Luxemburg. Forderungen nach freier Meinungsäußerung, Versammlungs- und Pressefreiheit.

Mai 1989 Nach den Kommunalwahlen (99% der Stimmen für die Kandidaten der Einheitsliste) erfolgen offene Äußerungen über Wahlbetrug. Kirchen werden Sprachrohr für den Unmut des Volkes.

Juli 1989 Beginn des Abbaus der Grenzbefestigungen in Ungarn an der Grenze zu Österreich. Fluchtwelle von DDR-Bürgern nach Ungarn. Besetzung der bundesdeutschen Botschaften in Budapest, Prag und Ost-Berlin durch Tausende von DDR-Bürgern.

10. Sept. DDR-Bürger reisen mit Erlaubnis der ungarischen Regierung gegen heftigen Protest der DDR-Führung in den Westen aus.

27. Sept. Beginn der großen Protestveranstaltungen in Leipzig. Neue Flüchtlinge in den bundesdeutschen Botschaften von Prag und Warschau. Ausreisegenehmigung nach längeren Verhandlungen durch die DDR-Regierung.

7. Okt. 1989 40. Jahrestag der Staatsgründung. Begründung des sowjetischen Generalsekretärs Gorbatschow über die Zurückhaltung der UdSSR („Die Fragen, die sich in der DDR stellen, werden nicht in Moskau entschieden, sondern in Berlin").

18. Okt. Honecker wird zum Rücktritt gezwungen, Nachfolger wird Egon Krenz.

4. Nov. Größte Massendemonstration in der Geschichte der DDR in Ost-Berlin (fast 1 Mio). Forderung nach Rücktritt der Regierung.

7. Nov. Rücktritt des Ministerrats der DDR und des Politbüros der SED.

9. Nov. Öffnung der Grenzen zur BRD und nach West-Berlin. Einen Tag später wird mit dem Mauerabriß begonnen.

13. Nov. Die Volkskammer wählt in ihrer ersten freien und

geheimen Wahl Günther Maleuda zum Vorsitzenden und Hans Modrow zum Vorsitzenden des Ministerrats.

1. Dez. Streichen des Führungsanspruchs der SED aus der Verfassung. Parteiausschluß Honeckers, Stophs, Mielkes und anderer.

5. Dez. Einigung Modrows mit der bundesdeutschen Regierung über die Schaffung konföderativer Strukturen mit dem Ziel einer bundesstaatlichen Ordnung in ganz Deutschland.

Bürger der BRD können ab 24. Dez. ohne Paß und Visum in die DDR einreisen. Am 22. Dez. wird nach 28 Jahren das Brandenburger Tor in Berlin wieder geöffnet.

1. Febr. 1990 Nach Gesprächen mit der sowjetischen Regierung in Moskau legt Modrow die „Erklärung über den Weg zur deutschen Einheit“ vor.

13. Febr. Bekanntgabe der Bildung einer Kommission zur Vorbereitung einer Währungsunion und einer Wirtschaftsgemeinschaft in Bonn.

8. März Verkündigung eines Wahlgesetzes für die Volkskammerwahlen am 18. März. Die ersten allgemeinen, gleichen, direkten und geheimen Wahlen führen überraschend zu einem Sieg der „Allianz für Deutschland“, dem Wahlbündnis der konservativen Kräfte. CDU 40,8% der Stimmen, SPD 21,9%, die PDS (Nachfolgerin der SED unter ihrem neuen Vorsitzenden Gregor Gysi) 16,4%. Das Bündnis 90 und die vielen kleinen Bürgerrechts- und Friedensgruppen, die den Umsturz in der DDR ursprünglich initiiert haben, werden vom Wähler kaum bedacht.

22. März Einigung der „Allianz“ und der Liberalen auf eine Koalition. Ministerpräsident wird am 12. April der Vorsitzende der DDR-CDU, Lothar de Maizière.

6. Mai Erste freie Kommunalwahlen. CDU mit 34,4% der Stimmen stärkste Partei vor der SPD mit 21,3% und der PDS mit 14,6%.

8. Mai Unterzeichnung eines Wirtschaftsabkommens mit der EG.

9. Mai Auflösung des DDR-Gewerkschaftsdachverbands FDGB.

21. Juni Zustimmung der Volkskammerabgeordenten zum Staatsvertrag zur Währungs-, Wirtschafts- und Sozialunion.

Seit 1. Juli In der DDR haben große Teile des bundesdeutschen Rechtes Gültigkeit.

22. Juli Festsetzung des Termins (14. Okt.) für die Landtagswahlen und Beschluß über die Einführung der Länder Mecklenburg-Vorpommern, Brandenburg, Sachsen-Anhalt, Thüringen und Sachsen.

Seit 10. Aug. Ermittlung der Staatsanwaltschaft gegen Erich Honecker wegen Tötungsverbrechen und vorsätzlicher Körperverletzung.

19. Aug. Austritt der SPD aus der Regierungskoalition nach

Auseinandersetzungen über den Weg zur Einheit.
23. Aug. Beschluß der Volkskammer in einer Sondersitzung über den Beitritt der DDR zur BRD nach Artikel 23 des Grundgesetzes am 3. Oktober 1990.
20. Sept. Billigung des Einigungsvertrags mit der BRD durch die Volkskammer gegen die Stimmen von PDS, Grünen und Bündnis 90.
3. Okt. 1990 Beitritt der DDR zur BRD.
2. Dez. Erste Wahlen zu einem gesamtdeutschen Parlament nach dem Zweiten Weltkrieg.

Bundesrepublik Deutschland

23. Mai 1949 Gründung der Bundesrepublik Deutschland.
14. Aug. 1949 Wahlen zum 1. Deutschen Bundestag. Die CDU und die CSU (gemeinsame Fraktion) mit 31,0% der Stimmen stärkste Fraktion vor der SPD mit 29,2%. Koalition aus CDU/CSU, FDP und DP. Wahl Konrad Adenauers (CDU) zum ersten Bundeskanzler. Theodor Heuss (FDP) (1954 wiedergewählt) wird erster Bundespräsident.
Die Außenpolitik Adenauers zielt auf eine feste Einbindung der Bundesrepublik in das politische System Westeuropa und das Zurückdrängen der sowjetischen Expansion.
Nov. 1949 Petersberger Abkommen: Festschreibung der Beteiligung der BRD an westlichen Organisationen.
1950 Vor dem Hintergrund der Koreakrise wird ein Verteidigungsbeitrag der BRD im Rahmen einer europäischen Armee erwogen, der Bundesgrenzschutz aufgebaut. Die BRD tritt dem Europarat bei. Aus Protest gegen die Remilitarisierungspolitik der Regierung Adenauer tritt am
10. Okt. 1950 der Innenminister Gustav Heinemann (CDU) von seinem Amt zurück.
März 1951 Revidierung des Besatzungsstatuts: Beendigung des Kriegszustands, Ende der Demontagen, Aufhebung der Industrieverbote.
Mai 1952 Der Abschluß des Deutschlandvertrags: Aufhebung des Besatzungsstatuts. Beitritt der Bundesrepublik zur Europäischen Verteidigungsgemeinschaft (EVG). Versuch der Sowjetunion diesen Schritt im
März 1952 mittels eines Friedensvorschlags (Wiedervereinigung Deutschlands in einem blockfreien und neutralen Staat) zu verhindern. Die Integration in das militärische Bündnissystem des Westens wird jedoch im
Okt. 1954 mit dem Beitritt zur Westeuropäischen Union und zur NATO vollendet. Der Osten reagiert hierauf am
14. Mai 1955 mit dem Abschluß des Warschauer Pakts.

Mai 1955 Inkrafttreten der Pariser Verträge. BRD als Mitglied der NATO und der WEU. Souveränität.
Seit 1956 Aufbau der Bundeswehr; Wiedereinführung der allgemeinen Wehrpflicht.
17. Aug. 1956 Verbot der KPD nach einem Urteil des Bundesverfassungsgerichts.
Außenpoltik Adenauers: Aufnahme diplomatischer Beziehungen zur Sowjetunion 1955, Rückführung deutscher Kriegsgefangener, Aussöhnung mit Frankreich (deutsch-französischer Freundschaftsvertrag 1963).
27. Okt. 1956 Deutsch-französischer Saarvertrag: Ab 1. Jan. 1957 politische und ab 1959 wirtschaftliche Angliederung des Saarlands an die BRD.
Innenpolitik: Wirtschaftlicher Aufschwung durch Marshallplan und Währungsreform, soziale Marktwirtschaft (Wirtschaftsminister Prof. Ludwig Erhard) führt zu Wohlstand breiter Schichten. Gleichzeitig große Wirkung wirtschaflicher Interessen auf politische Entscheidungen (seit 1951 Produktion von Rüstungsgütern).
6. Sept. 1953 Bundestagswahlen: CDU/CSU erhält 45,2% der Stimmen (SPD 28,8%, FDP 9,5%) und bei den Wahlen am 15. Sept. 1957 sogar mit 50,2% die absolute Mehrheit (SPD 31,8%, FDP 7,7%). Das Verbot der rechtsradikalen SRP im Jahr 1952 und das der KPD im Jahr 1956 sowie die Einführung der Fünfprozent-Klausel im Jahr 1953 führen zu einer Verringerung des Parteienspektrums im Bundestag und zur Bildung eines Drei-Parteien-Systems, in dem letztlich nur noch CDU/CSU, SPD und FDP politische Bedeutung besitzen.
Widerstand der SPD gegen die Außenpolitik Adenauers (gegen Remilitarisierung). Tod des SPD-Vorsitzenden Kurt Schumacher im August 1952. Nachfolger Erich Ollenhauer.
Nov. 1958 „Godesberger Programm“: SPD präsentiert sich als „entideologiesierte“ Volkspartei, für breite Schichten wählbar.
1959 Wahl Heinrich Lübkes (CDU) zum 2. Bundespräsidenten. Die Wiedervereinigung bleibt aber ebenso wie die westeuropäische Einigung, trotz Gründung der EWG 1957, unerreichbar. Adenauer beharrt jedoch auf dem Alleinvertretungsanspruch der BRD, verweigert die Anerkennung der DDR und versucht, sie mit Hilfe der Hallstein-Doktrin international zu isolieren. Die Hallstein-Doktrin untersagt die Unterhaltung diplomatischer Beziehungen zu Staaten, die solche Beziehungen zur DDR unterhalten (z.B. Jugoslawien).
Nov. 1958 Beginn der zweiten Berlin-Krise, ausgelöst durch das Ultimatum des sowjetischen Ministerpräsidenten Chruschtschow: Forderung nach Räumung Berlins von allen Truppen und die Errich-

tung einer „Freien Stadt West-Berlin“. Die feste Haltung des westlichen Bündnisses führt schließlich zu einem vorläufigen Einlenken der Sowjetunion.

13. Aug. 1961 Die Regierung der DDR sperrt die Sektorengrenze in Berlin und beginnt mit dem Bau der Mauer mit dem Ziel der Unterbindung weiterer Abwanderung („Republikflucht“) von DDR-Bürgern.

17. Sept. 1961 Bei den Bundestagswahlen Verlust der absoluten Mehrheit für CDU/CSU (45,3%), SPD 36,2%, FDP 12,8%. Das Koalitionskabinett mit der FDP hat noch Bestand bis 1963.

1962 Sog. „Spiegel-Affäre“: Im Oktober läßt Verteidigungsminister Strauß, der seit Mitte der fünfziger Jahre im Sinne Adenauers die atomare Aufrüstung der Bundeswehr betreibt, den Herausgeber des „Spiegel“, Rudolf Augstein, und andere Journalisten wegen „eines Abgrundes von Landesverrat“ verhaften und die Redaktionsräume durchsuchen. Der „Spiegel“ hatte Einzelheiten zur geplanten Bewaffnung der Bundeswehr und deren Mängel veröffentlicht. Die Affäre endet mit dem Rücktritt Strauß' und der FDP-Minister.

1962 Festigung der engen Bindung an Frankreich durch den „Elysée-Vertrag“.

Wirtschaftspolitik: Wirtschaftswachstum. Arbeitslosenquote mit 0,7% 1962 auf absolutem Tiefstand. Folge ist ein Arbeitskräftemangel, dem durch Anwerben ausländischer Arbeitnehmer (sog. „Gastarbeiter“) begegnet wird. Gleichzeitig Zustrom qualifizierter Arbeitskräfte aus der DDR. Stärkung der Stellung der Gewerkschaften mit der Folge von erheblichen Lohnzuwächsen.

1963 Wachsende Kritik an der Politk Adenauers führt am

15. Okt. 1963 zu seinem Rücktritt.

17. Okt. Neuer Bundeskanzler wird Ludwig Erhard (sog. „Vater des Wirtschaftswunders“). Versuch der CDU/FDP-Regierung das Verhältnis zur USA zu verbessern.

Sept. 1965 Wahl zum 5. Deutschen Bundestag. Sieg der CDU/CSU/FDP-Koalition bei der Bundestagswahl.

30. Nov. 1966 Rücktritt Erhards nach Auseinandersetzung mit FDP.

Außenpolitische Ziele: Rasche Integration der Bundesrepublik in die westlichen wirtschaftlichen, politischen und militärischen Bündnisse, die den wirtschaftlichen Aufschwung („Das Wirtschaftswunder“) zusätzlich begünstigen. Vertrag mit Israel über die Wiedergutmachung von NS-Verbrechen (1965 Aufnahme diplomatischer Beziehungen). Aufnahme diplomatischer Beziehungen zur Sowjetunion (1958 Handelsvertrag). Dennoch angespannte Beziehungen zum Ostblock.

Mangelnde Auseinandersetzung mit der nationalsozialistischen Vergangenheit. Wiedereinsetzung belasteter Personen.
Diskussion um die Aufrüstung, die Einführung der Bundeswehr und der Wehrpflicht und um atomare Bewaffnung in den fünfziger Jahren führen jetzt zur Entstehung eines Konfliktpotentials.
Mitte der 60er Jahre: Wirtschaftliche Rezession und hohe Arbeitslosigkeit.
1. Dez. 1966 Neuer Bundeskanzler Kurt-Georg Kiesinger (CDU). Er tritt an die Spitze einer Großen Koalition aus CDU/CSU und SPD mit Willy Brandt (SPD) als Vizekanzler und Außenminister. Ziel der Regierung: Sanierung von Finanzen und Haushalt. Franz Josef Strauß (CSU) wird Finanzminister, Karl Schiller (SPD) Wirtschaftsminister.
1967 Durchführung von zwei Sonderprogrammen für staatliche Investitionen. Folge: Überwindung der Rezession.
Weiterhin Ignorierung der DDR als eigenständiger Staat, doch Verbesserung der Kontakte zu den Staaten des Warschauer Pakts.
Seit 1967 Entstehung der sog. „Außerparlamentarischen Opposition" (APO). Die APO entsteht, getragen von Studenten und Teilen des Lehrkörpers, vor allem im Umfeld der Universitäten als Protestbewegung gegen die Verkrustung des politischen und sozialen Systems. Wortführer und Cheftheoretiker der Bewegung ist Rudi Dutschke. Im Zusammenhang mit dem Vietnamkrieg (vgl. S. 269) kommt es zu Demonstrationen und Aktionen, die einen ersten Höhepunkt bei Protesten gegen den Staatsbesuch des persischen Schahs Ende Mai – Anfang Juni 1967 erreichen, wobei der Student B. Ohnesorg von einem Polizisten getötet wird. In der Folge zunehmende Gewalttätigkeiten auf beiden Seiten. Dutschke wird 1968 bei einem Attentat schwer verletzt und stirbt 1979 an den Spätfolgen.
In den folgenden Jahren Spaltung der APO. Ein kleiner Teil der Bewegung geht zum offenen gewalttätigen Kampf gegen den Staat über, gipfelnd im Bombenterrorismus der Baader-Meinhof-Gruppe.
Mai 1968 Verabschiedung der Notstandsverfassung (diese ermöglicht im Verteidigungsfall eine erhebliche Einschränkung von Grundrechten) gegen Stimmen der SPD.
März 1969 Gustav Heinemann wird von SPD und FDP zum neuen Bundespräsidenten gewählt.
28. Sept. 1969 Bundestagswahl: CDU/CSU 46,1% der Stimmen, SPD 42,7% und FDP 5,8%. Die NPD erhält 4,3% der Stimmen.
SPD und FDP bilden eine Koalition („sozialliberale Koalition").
21. Okt. Wahl Willy Brandts zum Bundeskanzler. Vizekanzler und Außenminister Walter Scheel. Die Regierung setzt neue Akzente in der Außenpolitik mit den Staa-

ten des östlichen Bündnisses. Noch im gleichen Jahr erklärt die Regierung den Beitritt zum Atomwaffensperrvertrag.

März /Mai 1970 Treffen Brandts und des Vorsitzenden des Ministerrates der DDR, Willi Stoph, zu Gesprächen in Erfurt und Kassel.

Jan. – Mai 1970 Verhandlungen des Staatssekretärs im Bundeskanzleramt, Egon Bahr, in Moskau mit Gromyko, dem Außenminister der Sowjetunion.

12. Aug. Vertrag zwischen der BRD und der UdSSR: Verpflichtung zur Nichtanwendung von Gewalt; Erklärung über Unverletzbarkeit der in Europa bestehenden Grenzen (auch Oder-Neiße-Grenze).

7. Dez. 1970 Vertrag mit Polen mit dem Ziel der Normalisierung des Verhältnisses.

Sept. 1971 Treffen Brandts mit dem sowjetischen Generalsekretär Breschnew zu vertrauensbildenden Gesprächen auf der Krim.

Sept. 1971 Aufgrund der eingeleiteten Entspannungsmaßnahmen schließen die vier Besatzungsmächte USA, Großbritannien, Frankreich und die UdSSR ein Abkommen über Berlin: Die Bindungen zwischen den Westsektoren und der BRD werden anerkannt, es wird aber ausdrücklich festgehalten, daß West-Berlin kein konstitutiver Bestandteil der BRD ist und von dieser auch nicht regiert werden darf.

Nov. 1971 Auszeichnung Willy Brandts mit dem Friedensnobelpreis.

Die christdemokratische Opposition im Bundestag wehrt sich vehement gegen die „Ostverträge“. Schwierigkeiten für die Regierung.

1971 Neuorientierung der FDP, formuliert in den „Freiburger Thesen“. Annäherung an die SPD. Sozialreformen und verstärkte Sozialgesetzgebung.

1971 Währungskrise aufgrund des starken Zuflusses des US-Dollars auf den Kapitalmarkt. Daraufhin Freigabe der DM-Wechselkurse.

28. Jan. 1972 Sog. „Radikalenerlaß: Sog. „radikale“ Bewerber (Angehörige linksextremer Parteien oder Gruppierungen) werden von einer Arbeit im öffentlichen Dienst ausgeschlossen.

28. April 1972 Konstruktives Mißtrauensvotum der CDU/CSU im Bundestag scheitert knapp (Kandidat der CDU/CSU Rainer Barzel).

17. Mai Ratifizierung der Ostverträge durch den Bundestag.

3. Juni Nach Annäherung der Standpunkte der Parteien Inkrafttreten der Ostverträge und des Verkehrsabkommens mit der DDR.

19. Nov. 1972 Nach Auflösung des Bundestags Neuwahlen. SPD erstmals mit 45,8% der Stimmen stärkste Fraktion, die CDU/CSU erhält 44,9%, die FDP erreicht 8,4%. (Höchste Wahlbeteiligung – 91,1% – in der Geschichte der BRD.)

21. Dez. 1972 „Grundvertrag" mit der DDR leitet normale Beziehungen zwischen der Bundesrepublik und der DDR ein.
18. Sept. 1973 Gleichzeitige Aufnahme von BRD und DDR in die UNO.
1973 Abkommen mit der Tschechoslowakei.
1973 Die zuvor durchgeführten Sozialreformen (Aug. 1971 Bundesausbildungsförderungsgesetz – BAFÖG –, Hochschulreformen) werden durch finanzpolitische Vorgänge gebremst. Zinssteigerungen und Drosselung der Staatsausgaben.
1973/1974 Tarifkämpfe. 1973 Anwerbestopp für ausländische Arbeitnehmer. Beschleunigend auf die Inflation wirkt die starke Ölpreiserhöhung der OPEC-Staaten im Zusammenhang mit dem israelisch-arabischen Krieg (vgl. S. 299).
3. Juli 1973 Beginn der „Konferenz für Sicherheit und Zusammenarbeit in Europa" (KSZE) in Helsinki, an der auch die USA teilnehmen. Am 1. Aug. 1975 wird die Schlußakte unterzeichnet, in der sich die Teilnehmer zu Achtung ihrer Souveränität, Unverletzlichkeit ihrer Grenzen, Nichtanwendung von Gewalt und Einhaltung der Menschenrechte verpflichten. Zu den Unterzeichnern gehört auch die DDR. In den folgenden Jahren finden mehrere Nachfolgekonferenzen statt.
7. Mai 1974 Rücktritt Brandts als Bundeskanzler, nachdem er die persönliche Verantwortung für die sog. „Guillaume-Affäre" (Enttarnung eines hohen Beamten als DDR-Spion im Kanzleramt) übernommen hatte.
15. Mai Walter Scheel wird zum Bundespräsidenten gewählt.
16. Mai 1974 Helmut Schmidt, der bisherige Finanzminister, wird neuer Bundeskanzler. Vizekanzler und Außenminister Hans-Dietrich Genscher (FDP).
Jan. 1975 Abkommen über Zusammenarbeit mit der CSSR.
7. Aug. Abkommen mit Polen über Renten- und Unfallversicherung.
Nov. Reise Schmidts als erster Bundeskanzler in die Volksrepublik China.
Dez. Verhandlungen mit der DDR über den Berlin-Verkehr und den Bau einer neuen Autobahn.
Seit 1974 Weltweite Wirtschaftskrise. Sinken des Bruttosozialprodukts, Steigen der Arbeitslosigkeit. Die Reformpolitik gerät unter Druck. Sparmaßnahmen in der Entwicklungspolitk (Rücktritt des zuständigen SPD-Ministers Erhard Eppler).
1976 Verabschiedung des neuen Mitbestimmungsgesetzes für die gesamte Großindustrie (keine volle Parität der Arbeitnehmer).
3. Okt. 1976 Bundestagswahlen. Stimmenverluste für die Koalition, die CDU/CSU wieder stärkste Fraktion: CDU/CSU 48,6%, SPD 42,6%, FDP 7,9%. SPD/FDP – Koalition.

1977 Entführung und Ermordung des Arbeitgeberpräsidenten Hans-Martin Schleyer durch die RAF (Rote Armee Fraktion). Mißlungene Entführung einer Verkehrsmaschine der Lufthansa nach Somalia. Ermordung des Bundesanwalts Siegfried Buback und des Bankiers Erich Ponto. In der Folge Verschärfung der Maßnahmen zur „inneren Sicherheit" und Strafrechtsänderungen, Ausbau des Verfassungsschutzes, des BKA (Bundeskriminalamts) und des BGS (Bundesgrenzschutzes).

Seit 1977 Annäherung an außenpolitische Positionen der USA.

12. Dez. 1979 Sog. „NATO-Doppelbeschluß": Stationierung von Mittelstreckenwaffen in der BRD und in den Ländern Westeuropas („Nachrüstung"). Gleichzeitig sollen Verhandlungen mit der UdSSR über die Begrenzung dieser Waffen geführt werden. Proteste der Friedensbewegung. Zunehmende Bedeutung der ökologischen Bewegung, die sich gegen Umweltverschmutzung und -zerstörung sowie den verstärkten Bau von Kernkraftwerken wehrt. Bürgerinitiativen, Entstehung einer außerparlamentarischen Opposition. (1978 Parteigründung der „Grünen".)

1979 Karl Carstens (CDU) wird Bundespräsident.

5. Mai 1980 Bundestagswahlen. CDU/CSU 44,5%, SPD 42,9%, FDP 10,6%. (1,5% Grüne.) Mehrheit von 51 Mandaten für die sozialliberale Koalition.

Wirtschaftskrise. Anstieg der Arbeitslosigkeit (1982: 1,8 Mio.); Rationalisierung sowie Kürzung der Sozialausgaben bei der Arbeitslosenversicherung.

17. Sept. 1982 Nach schweren innerparteilichen Auseinandersetzungen Rücktritt der FDP-Minister. Schmidt bildet ein Minderheitskabinett.

1. Okt. Verabschiedung eines konstruktiven Mißtrauensvotums durch CDU/CSU und FDP gegen die Regierung. Helmut Kohl, der Vorsitzende der CDU (seit 12. Juni 1973), wird neuer Bundeskanzler.

6. März 1983 Vorgezogene Wahlen: 48,8% für die Union, 38,2% für die SPD mit ihrem Kanzlerkandidaten Hans-Jochen Vogel, 7,0% für die FDP und 5,6% für die Grünen (erstmals im Bundestag). Helmut Kohl bleibt Bundeskanzler, Vizekanzler und Außenminister wird H.-D. Genscher. Weiterhin Wirtschaftskrise und Ansteigen der Arbeitslosigkeit (1983: 2,5 Mio.), Firmenzusammenbrüche, vor allem in der Stahlindustrie. Ab 1983 steigt das Bruttosozialprodukt wieder, die Arbeitslosigkeit erreicht aber 1985 einen Stand von 9,3% im Bundesdurchschnitt. Obwohl die Inflation gestoppt wird, sinken die Realeinkommen.

1982 Beginn von Ermittlungsverfahren gegen Politiker aller Parteien (mit Ausnahme der Grünen) wegen des Verdachts illegaler Parteifinanzierungen aus der Industrie („Flick-Affäre"). Graf Lambsdorff wird, neben anderen, 1983 wegen Bestechlichkeit angeklagt. Der Versuch der Koalition, ein Amnestiegesetz für Steuerstraftaten in Zusammenhang mit Parteispenden zu erlassen, stößt in der Öffentlichkeit auf große Empörung und muß fallengelassen werden.

22. 11. 1983 Billigung der im NATO-Doppelbeschluß vorgesehenen Stationierung von Mittelstreckenwaffen in der BRD durch den Bundestag. Heftige Reaktion der Friedensbewegung (Verurteilung vieler Teilnehmer wegen Nötigung).

1984 Im Frühjahr Kampf der IG Metall und IG Druck und Papier für die Einführung der 35-Stunden-Woche.

1. Juli 1984 Richard von Weizsäcker (CDU) wird Bundespräsident.

April 1986 Ausbrennen eines Atomreaktors in der ukrainischen Stadt Tschernobyl. Zulauf für die Ökologiebewegung, während die Politik der Bundesregierung weiter auf Ausbau der Energiegewinnung durch Kernreaktoren angelegt ist. Heftige Diskussion und Widerstand gegen das Endlager für abgebrannte Nuklearbrennstäbe im niedersächsischen Gorleben sowie den Versuch des Baus einer Wiederaufbereitungsanlage im bayerischen Wackersdorf.

25. Jan. 1987 Bundestagswahlen: CDU/CSU 44,3%, SPD 37,0%, FDP 9,1%, Grüne 8,3%.

Nach Öffnung der DDR-Grenzen (9. Nov. 1989) Übersiedlung zahlreicher DDR-Bürger in den Westen (vgl. S. 243). Rasch werden mit der neuen Regierung der DDR, die zu großen Teilen aus Mitgliedern der „gewendeten" bisherigen Blockparteien besteht, Vereinbarungen getroffen, die auf einen Anschluß der DDR an die BRD nach Art. 23 GG hinauslaufen. Vorherige Überlegungen über föderative Strukturen zwischen beiden Staaten werden – schon aus wirtschaftlichen Erwägungen – rasch gegenstandslos. Alle Bundesparteien unterstützen in den folgenden Volkskammer-, Landtags- und Kommunalwahlen ihre Schwesterparteien massiv organisatorisch und finanziell, wobei die Union Vorteile durch die bereits vorhandene Logistik der seit Beginn der DDR bestehenden Ost-CDU hat; die Ost-SPD ist erst kurz zuvor gegründet worden, ihr fehlt es noch an jeglicher Organisation.

23. Aug. 1990 Beschluß der Volkskammer über den Beitritt der DDR zur BRD. Der Bundestag verabschiedet am gleichen Tag gegen die Stimmen der Grünen den Wahlvertrag und legt den 2. Dez. 1990 als Tag der ersten gesamtdeutschen Bundestagswahl fest.

Am **3. Okt. 1990** erfolgt die Vereinigung der beiden deutschen Staaten.

Bundesrepublik Deutschland
mit den neuen Bundesländern

Großbritannien

Nach dem Zweiten Weltkrieg muß Großbritannien seine Vormachtstellung innerhalb des Commonwealth nach und nach aufgeben. Mit amerikanischer Unterstützung gelingt es, die wirtschaftlichen Folgen des Zweiten Weltkrieges schrittweise (bis etwa 1950) zu überwinden.

Juli 1945 Churchill verliert die Wahlen, neuer Premierminister und Führer der Labour Party wird Clement R. Attlee. Verstaatlichung von Schlüsselindustrien wie Kohlebergbau, Transporte und Stahlindustrie, ebenso der Bank von England.

1949 Abwertung des englischen Pfunds (von 4 US $ auf 2,80 US $). Anlehnung der Wirtschaftspolitik an die USA. Umbau des Commonwealth zu einem lockeren Verband souveräner Partner. Regierung Attlee betreibt in liberalsozialistischer Tradition die Entlassung der ehemaligen Kolonien in die Unabhängigkeit.

15. Aug. 1947 Unabhängigkeit Indiens und Pakistans.

4. Jan. 1948 Unabhängigkeit Burmas. Die Unabhängigkeit der meisten afrikanischen Staaten folgt in den 50er Jahren.

1947 Niederlegung des Völkerbundmandats über Palästina und Abzug der Truppen (1948). Ausrufung des Staates Israel.

1949 Nach Ausscheiden Irlands (außer Nord-Irland) aus dem britischen Verband, Proklamation der der Republik Éire.

1951 Wahlsieg der Konservativen. Churchill wird wieder Premierminister. Verbesserung der wirtschaftlichen Lage, steigende Einkommen.

6. Febr. 1952 Tod von König Georg VI. Seine Tochter Elisabeth II. wird am 2. Juni Königin des Vereinigten Königreichs.

1956 Suezkrise (vgl. S. 297) Sturz des Premierministers R.A. Eden. Nachfolger Harold Macmillan.

1957 Abschaffung der allgemeinen Wehrpflicht. Verringerung der Streitkräfte, jedoch Ausbau der atomaren Bewaffnung. Heftige Diskussion innerhalb der Labour Party über die Politik der atomaren Bewaffnung führt 1960 zur Spaltung der Partei.

1959 Griechisch-türkisch-britischer Dreimächtevertrag: Festlegung der Unabhängigkeit Zyperns.

1959 Deutlicher Wahlsieg der Konservativen. Macmillan weiterhin Premierminister.

Seit 1960 Beteiligung Großbritanniens an der Gründung der Europäischen Freihandelszone (EFTA).

Seit 1963 Bemühungen um Zugang zur EWG (von de Gaulle zunächst verhindert, erst 1973 Aufnahme in die EG).

1963 Skandal um Heeresminister Profumo, der durch seine Beziehung zu einer Prostituierten als

Sicherheitsrisiko gilt, führt zur Umbildung der Regierung. Neuer Premierminister Alec Douglas-Home.

1964 Öffentlichkeitsbild der Konservativen ist angeschlagen; knapper Wahlsieg der Labour Party. Neuer Premierminister Harold Wilson. Versuch der Verbesserung der Zahlungsbilanz des Landes: Einführung eines Nationalen Rates für Preise und Einkommen, Besteuerung von Importen, Stützung des Pfundes durch ausländische Zahlungsanleihen. Wirkung der Maßnahmen, die jedoch durch Zunahme der Arbeitslosigkeit und durch weiteren Verfall der Währung teuer erkauft sind. Die Folge ist 1967 die weitere Abwertung des Pfundes.

1966 Wiederholter Wahlsieg der Labour Party.

1967 Erneute Verstaatlichung der zwischenzeitlich privatisierten Stahlindustrie. Angespannte Wirtschaftslage.

Jan. 1968 Verkündigung eines rigorosen Sparprogramms durch Wilson unter Einschluß der militärischen Bereiche. Bis 1971 sollen alle militärischen Stützpunkte östlich von Suez geräumt werden. Endgültige Aufgabe der Weltmachtrolle.

März 1968 Drastische Einschränkung des Einwanderungsrechts für die Bürger des Commonwealth unter zunehmendem Druck der hohen Arbeitslosigkeit.

1969 Der in Nordirland offen ausgebrochene Bürgerkrieg wird zur schweren Belastung für die Innenpolitik (1972 Übernahme der Regierungsgewalt in Irland durch die englische Regierung).

1970 Wahlen zum Unterhaus: Sieg der Konservativen, Edward Heath Premierminister. Forderung nach Anschluß an Europa und Beitritt zur EG angesichts steigender Arbeitslosigkeit und Massenstreiks. Versuch, die Streikmaßnahmen in den Griff zu bekommen durch das Gesetz „Industrial Relations Act", das die traditionellen Rechte der Gewerkschaften beschneidet. Boykott der Gewerkschaften.

1971 erfolgt Umstellung des Währungssystems auf ein Dezimalsystem.

1973/74 Tarifauseinandersetzungen mit Streiks im Kohlebergbau führen zu einer nationalen Energiekrise.

1. Jan. 1973 Beitritt zur EG.

Febr. 1974 Vorgezogene Neuwahlen mit knappem Wahlausgang: Harold Wilson, Führer der Labour Party, wird Premier einer Minderheitsregierung, die erst nach Neuwahlen zur Mehrheitsregierung wird. Revidierung des umstrittenen Gewerkschaftsgesetzes durch die Trade Union und Labour Bill, die die Rechte der Gewerkschaften erweitert. Bei einer Volksabstimmung über den Verbleib des Landes in der EG stimmen dem Verbleib in der EG 67,2 % der Bürger zu.

Nov. 1975 Eröffnung der ersten Erdöl-Pipeline aus der Nordsee; Verringerung der Abhängigkeit vom teuren Rohöl des Weltmarkts.
1976 Rücktritt Wilsons als Parteivorsitzender und Premier. Nachfolger James Callaghan.
1976 Abschluß eines Sozialvertrags mit den Gewerkschaften, in dem eine Lohnbeschränkung im Interesse der Gesamtwirtschaft vereinbart wird. Dennoch Ansteigen der Inflation sowie der Arbeitslosigkeit. Soziale Unterschiede zwischen dem relativ reichen Süden mit dem Großraum London und dem strukturschwachen Norden mit seinen krisengeschüttelten Industrieballungsräumen führen zu Spannungen.
Mai 1979 Bei den Unterhauswahlen Sieg der Konservativen Partei. Margaret Thatcher Premierministerin. Restriktive Wirtschafts- und Währungspoltik, Beschränkung der Monopolstellung der Gewerkschaften und Neudefinition des Streikrechts. Senkung der Inflation von 18% auf 5%, jedoch hohe Zahl von Firmenzusammenbrüchen als Folge und steigende Arbeitlosigkeit (im August über 3 Mio.). Kürzung der Sozialausgaben und Reprivatisierung fast aller Staatsunternehmen. Schwere soziale Auswirkungen vor allem auf die sozial Schwachen. In der Europapolitik harter Kurs gegen die EG.
1982 Kriegserklärung an Argentinien. Großbritannien betrachtet die von Argentinien besetzten Falklandinseln (in argentinischer Lesart „Las Malvinas") als Eigentum (mutmaßliches Erdölvorkommen).
Mai 1982 Besetzung der Inseln durch britische Truppen mit logistischer Unterstützung der USA.
Juni Kapitulation Argentiniens. Aufgrund des Sieges Wiedererstarken des nationalen Bewußtseins, das Britannien im eigenen Selbstverständnis zu neuer Weltgeltung verhilft. Aufgrund dessen
Juni 1983 Wahlsieg der Konservativen bei den Unterhauswahlen.
12. Okt. 1984 Während des Parteitags der Konservativen in Brighton Terroranschlag auf das Hotel Thatchers durch die IRA, die mit terroristischen Methoden für den völligen Abzug der Briten aus Nordirland kämpft.
6. Dez. 1984 Billigung des mit China abgeschlossenen Vertrags über die Zukunft der britischen Kronkolonie Hongkong. Bis 1997 soll Hongkong an China zurückfallen.
5. Febr. 1985 Gespräche mit Spanien über die Souveränität Gibraltars. Die seit 1669 geschlossene Landgrenze zu Spanien wird wieder geöffnet.
Außenpolitische Anlehnung der Regierung an die Politik der USA und der NATO. Nachdrückliche Verfolgung der Nachrüstung und harte Politik gegenüber dem Osten. Ablehnende Haltung gegenüber der europäischen Integra-

tion und Abwehr der Abgabe nationaler Kompetenzen an eine übernationale europäische Organisation. Keine Lösung der innenpolitischen Probleme Großbritanniens; hohe Arbeitslosigkeit, soziale Ungleichheit und stagnierendes Wirtschaftswachstum. Soziale Spannungen zwischen Weißen und ethnischen Minderheiten führen zunehmend zu Krawallen und Auseinandersetzungen. Aufschwung der Labour Party. Die innenpolitische Erfolglosigkeit der Regierung Thatcher und die durch die soziale Ungerechtigkeit ihrer Politik hervorgerufenen innenpolitischen Spannungen führen

Ende 1990 zu ihrem Sturz als Premier. Der frühere Außenminister John Major wird neuer Premierminister.

15. Jan. 1991 Beteiligung Großbritanniens mit großen Truppenverbänden an der Durchsetzung von UN-Sanktionen gegen den Irak.

Frankreich

25. Aug. 1944 Ende der Regierung des État Français. De Gaulle und die Résistance bilden eine „Regierung der Einmütigkeit".

Dez. Bündnis mit der Sowjetunion. Frankreich erhält 1945 einen Sitz im Sicherheitsrat der neugegründeten UNO.

Aug. 1944 Die provisorische Regierung nimmt ihre Arbeit auf. Laval, Ministerpräsident der Vichy-Regierung, und Marschall Pétain werden zum Tod verurteilt; Begnadigung Pétains.

Banknotenumtausch. Verstaatlichung der Bank von Frankreich und von Versicherungen, Kohlebergbau und Energielieferanten sowie der Handelsmarine.

21. Okt. 1945 Erste Wahlen zur verfassunggebenden Nationalversammlung: Kommunisten 25%, Sozialisten und Mouvement Républicain Populaire (MRP) je 23% der Stimmen. De Gaulle wird Premierminister.

16. Jan. 1946 Rücktritt de Gaulles, da er seine Vorstellungen zur Neuordnung des Staates und zur künftigen Verfassung nicht durchsetzen kann. Ablehnung des ersten Verfassungsentwurfs per Volksentscheid.

Juni Neuwahlen: MRP mit leichtem Vorsprung. Premierminister Georges Bidault.

13. Okt. Mit Annahme des zweiten Verfassungsentwurfes ist die 4. Republik konstituiert. Die Verfassung: Zweikammersystem mit einem Präsidenten, der politisch aber nicht verantwortlich ist. Verfassungskomitee als Normenkontrollinstanz. Erster Präsident der Republik bis 1957 wird der Sozialist Vincent Auriol.

Jan. 1947 Paul Ramadier Premierminister. Kontroverse mit den Kommunisten wegen eines verfügten Lohnstopps und der Finanzierung des Indochina-Krieges,

den Frankreich seit 1946 gegen die Ansprüche der Vietminh-Bewegung unter Ho-Tschi-Minh führt.
5. Mai 1947 Ausscheiden der Kommunisten aus der Regierung. In der Folge wechselnde Regierungsmehrheiten des Bündnisses „Dritte Kraft", das
1951 außenpolitisch an der Frage der Integration in die EVG und innenpolitisch an der kirchlichen Beteiligung am staatlichen Ausbildungssystem scheitert.
Außenpolitik: Nach Kriegsende Teilnahme Frankreichs gemeinsam mit den Alliierten an der Besetzung Deutschlands, Berlins und Österreichs.
Bedingt durch die Verschärfung des Kalten Krieges tritt Frankreich 1949 der NATO und 1954 der SEATO bei. Europapolitisch übernimmt Frankreich schon früh eine Führungsrolle auf dem Weg zur Einigung: 1949 wird unter Mitwirkung Frankreichs der Europarat gegründet, 1952 erfolgt der Beitritt zur Montanunion.
Der Indochina-Krieg wird zur totalen Niederlage. Mit der Eroberung von Laos durch die Vietminh 1953 wird die militärische Lage aussichtslos, 1954 fällt die Festung Dien-Bien-Phu.
1954 Auf der Genfer Außenministerkonferenz Vereinbarung der Auflösung Indochinas und Garantie der Souveränität für Laos, Kambodscha und Vietnam.
Die 4. Republik zerbricht schließlich am Auseinanderfallen des Kolonialreiches. Nachdem der Krieg um Indochina verloren geht, muß Frankreich Tunesien unter Habib Bourguiba 1954 einen Autonomievertrag gewähren. 1956 wird Tunesien unabhängig.
In Marokko erreicht Sultan Ben Jussuf mit amerikanischer Hilfe (Marokko verfügt über reiche Bodenschätze) 1956 die Unabhängigkeit und besteigt als Mohammed V. den Thron.
1956 Nach Verstaatlichung des Suezkanals durch Ägypten Verwicklung Frankreichs gemeinsam mit Großbritannien in die Suezkrise. Entsendung von Truppen, die nach Protesten der USA und der Sowjetunion zurückgezogen werden.
In Algerien beginnt die Front de Libération Nationale (FLN) unter ihrem Führer Ben Bella 1954 den offenen Freiheitskampf und bildet eine Exilregierung. In Algerien leben mehrere Millionen Franzosen („Pieds Noirs"). 1947 sabotieren sie das vom Mutterland gewährte Algerien-Statut, das parlamentarische Selbstverwaltung vorsieht, durch Wahlfälschungen. Organisation in der Nationalbewegung MNA und Propagierung einer „Algérie française". 1958 Einlenken der französischen Regierung; Autonomiegesetz.
29. Mai 1958 Staatspräsident Coty beruft General de Gaulle zum Premierminister mit besonderen Vollmachten und beauftragt

ihn mit der Bildung einer neuen Regierung.

1. Juni 1958 De Gaulle übernimmt die letzte Regierung der 4. Republik, die am 28. Sept. mit der Annahme der neuen Verfassung durch Volksabstimmung ihr Ende findet.

Nov. 1958 Wahlsieg der gaullistischen „Union pour la nouvelle République". Als Präsident ernennt de Gaulle die Regierung von Michel Debré mit dem Außenminister Couve de Murville.

Die algerische Exilregierung knüpft ab 1958 diplomatische Beziehungen zu Paris an und erreicht, daß de Gaulle ab 1959 das Selbstbestimmungsrecht Algeriens anerkennt. Er versucht, eine Assoziierung des autonomen Algerien an Frankreich zu erreichen. Die Anhänger der „Algérie française" verurteilen de Gaulle als Verräter und versuchen mit allen Mitteln, eine vertragliche Einigung zu verhindern. In Algier wird von den geschlagenen Putschisten und ihren Anhängern die „Organisation de l'Armée Secrète" (OAS) unter Leitung der Generäle Salan und Jouhaud gegründet, die in der Folgezeit mit terroristischen Aktivitäten in Algerien und im Mutterland und mehreren Attentatsversuchen auf de Gaulle die politische Entwicklung zu hintertreiben sucht. De Gaulle verschafft sich mittels eines Referendums im Mutterland am 8. Jan. 1961 politische Rückendeckung.

18. März 1962 Abkommen von Évian-les-Bains: Ende der Algerienkrise mit der Entlassung Algeriens in die Unabhängigkeit.

Praktisch das gesamte ehemalige Kolonialreich Frankreichs löst sich in den fünfziger Jahren im Zuge der Entkolonialisierung auf. Schon 1946 wird in der Französischen Union „Gleichheit der Rechte und Pflichten" im Mutterland wie in den ehemaligen Kolonien versprochen. 1958 wird die Communauté Française eingeführt. Bei innerer Autonomie der Mitgliedsstaaten ist die Communauté zuständig für Außen-, Verteidigungs- und Wirtschaftspolitik. 1960 wird die Communauté renovée gebildet, die vor allem wirtschaftliche Zusammenarbeit zwischen dem Mutterland und den nunmehr selbständigen Staaten vorsieht. Die Communauté besteht heute nur noch formell und ist von der Assoziierung der betreffenden Staaten an die EG abgelöst worden.

Bis zur Gegenwart greift Frankreich einige Male militärisch in Staaten des ehemaligen Kolonialreiches ein, z. B. im Tschad und in jüngster Zeit in Neu-Kaledonien.

Außenpolitisches Ziel de Gaulles ist die Wiederherstellung Frankreichs als Großmacht und die Schaffung eines eigenständigen Europa unter französischer Führung und Lösung von „amerikanischer Bevormundung". Zu diesem Zweck Entwicklung einer eigenen

atomaren Streitmacht („Force de frappe“).
1962 Rücktritt Premierministers Debrés. Nachfolger wird Georges Pompidou.
22. Jan. 1963 Unterzeichnung des deutsch-französischen Vertrages.
Bemühungen um französische Vormachtstellung: Austritt aus der NATO. Bemühung de Gaulles um Annäherung an die Sowjetunion (Staatsbesuch 1966), zur VR China werden 1964 diplomatische Beziehungen aufgenommen.
1965 Wiederwahl de Gaulles im zweiten Wahlgang (55%).
April 1967 Verluste für die Gaullisten bei den Parlamentswahlen, dennoch neues Kabinett Pompidou.
Mai 1968 Verdrossenheit großer Teile der Bevölkerung über wirtschaftliche und soziale Mißstände; Streiks und Demonstrationen, sozialer Arbeitskampf, Generalstreik. Auflösung der Nationalversammlung. Nachgeben der Regierung; Lohnerhöhungen.
Juni 1968 Parlamentswahlen mit absoluter Mehrheit für die Gaullisten. Rücktritt Pompidous, neuer Premierminister wird Couve de Murville.
28. April 1969 Rücktritt de Gaulles.
Juni Nachfolger Georges Pompidou, Jacques Chaban-Delmas wird Premierminister. Abrücken von Großmachtpolitik, Zuwendung zu innenpolitischen Problemen. Beendigung der wirtschaftspolitischen Blockade Großbritanniens, Befürwortung des Beitritts des Vereinigten Königreichs zur EG. Rüstungspolitik: Produktion eigener Atomwaffen, Kernwaffenversuche.
Juni 1972 Zusammenschluß der Linken (Beteiligung von Kommunisten, Sozialisten, Radikalsozialisten) zur „Union de la gauche“.
März 1973 Wahlen zur Nationalversammlung: Sieg der Gaullisten. Pierre Messmer neuer Premierminister. Politischer Verfall des Gaullismus.
April 1974 Tod Pompidous, Nachfolger wird Valéry Giscard d'Estaing.
Versuch der Stabilisierung der Wirtschaft durch Steigerung des Außenhandels; Distanz zur USA; enges Verhältnis zu Deutschland (Bundeskanzler Schmidt).
April 1981 Präsidentschaftswahlen: Sieg des Sozialisten François Mitterand gegen Giscard d'Estaing.
14. Juni Wahlen zur Nationalversammlung: Absolute Mehrheit der Sozialistischen Partei. Pierre Mauroy wird Premierminister.
1982 Beginn der Verstaatlichung von Banken und industriellen Großunternehmen. Erfolge im Abbau des Handelsdefizites, jedoch hohe Arbeitslosigkeit und Inflation. Außenpolitische Annäherung an die USA, Distanz zur UdSSR. Unterstützung der westeuropäischen Nachrüstungspoli-

tik. Innenpolitische Spannungen. Erfolge rechtsradikaler Gruppierungen wie der „Nationalen Front“ von Jean Marie Le Pen.

3. April 1985 Einführung des reinen Verhältniswahlrechts sowie der 5%-Klausel.

März 1986 Wahlen zur Nationalversammlung: knappe Mehrheit von RPR, MDF und rechter Gruppen; Führer der Gaullisten, J. Chirac, wird neuer Premierminister (Präsident und Premier gehören verschiedenen politischen Lagern an).

Mai 1988 Bei den Wahlen Gewinne für die politische Linke.

8. Mai 1988 Bestätigung Mitterrands, neuer Premierminister wird der Sozialist Michel Rocard (Minderheitsregierung).

30. Juni 1990 Gesetz gegen Rassismus und Antisemitismus.

Nach der Wiedervereinigung Deutschlands am 3. Okt. 1990 Beginn des Abzugs französischer Truppen aus Deutschland.

Im Rahmen der UN-Sanktionen gegen den Irak wegen der Besetzung Kuwaits werden französische Truppen am Persischen Golf stationiert (vgl. S. 300).

Italien

Seit 1945 Ministerpräsident Alcide de Gasperi von der Democrazia Cristiana (DC).

2. Juni 1946 In einer Volksabstimmung fällt die Entscheidung für die Staatsform der Republik. König Umberto II. geht ins Exil.

18. Juni Proklamation der Republik Italien. Die verfassunggebende Versammlung, in der die DC vor Sozialisten und Kommunisten ein Drittel der Sitze hat, schafft eine neue Verfassung im Geiste des Antifaschismus, die am 22. Dez. 1947 von fast allen politischen Parteien bestätigt wird.

10. Febr. 1947 Die Alliierten schließen im Rahmen der Pariser Verträge Frieden mit Italien. Italien muß Reparationen leisten, verliert seine Kolonien und tritt Istrien an Jugoslawien ab.

April 1948 Die DC erreicht bei den Parlamentswahlen die absolute Mehrheit. De Gasperi ist innenpolitisch um wirtschaftliche Stabilisierung, Eindämmung der Inflation und Wiederaufbau der Wirtschaft bemüht. Außenpolitisch betreibt er die Integration Italiens in die entstehenden europäischen Organisationen. Italien gehört zu den Gründungsmitgliedern von Europarat und NATO und später der Europäischen (Wirtschafts-) Gemeinschaft. Ein wirtschaftliches Hauptproblem des Landes ist bis heute das extreme Produktions- und Wohlstandsgefälle zwischen dem hochindustrialisierten Norden und dem agrarischen Süden. Die Armut führt zu erheblichen sozialen Spannungen, die die Herrschaft von Machtcliquen, wie etwa der Mafia, begünstigt und zu erheblicher Landflucht in den Norden führt.

1949 In Kalabrien bricht eine große Agrarkrise aus, die mit einer Teilenteignung des Großgrundbesitzes vorerst beigelegt werden kann.

Innenpolitisch hat sich ein bis heute weitgehend unverändertes Parteienspektrum herausgebildet, in dem die DC eine leichte Vormachtstellung hat und seit 1946 praktisch ununterbrochen die Regierungsführung stellt, wobei sie allerdings immer auf Koalitionen mit kleinen Partnern angewiesen ist. Dies führt zu für Italien typischen häufigen Regierungswechseln, die allerdings nie eine grundlegende Veränderung der allgemeinen politischen Vorgänge mit sich bringen.

In den 50er Jahren kann Italien seine Wirtschaft stabilisieren und ausbauen und auch rasch seine traditionelle Rolle als Urlaubs- und Reiseland wieder einnehmen (Tourismus).

1955 Giovanni Gronchi, der Führer des linken Flügels der DC, wird Staatspräsident. Durch Wahlerfolge der Linken, aber auch der Neofaschisten, finden häufige Kabinettsumbildungen statt.

1960 Eine Staatskrise wird durch einen geplanten Kongreß der Neofaschisten in Genua ausgelöst, es kommt zu Massendemonstrationen und Streiks. Ministerpräsident Amintore Fanfani (DC) beschließt 1962 die „Öffnung nach links“ und geht eine Koalition mit den Sozialdemokraten (PSDI) und ihrem Generalsekretär Giuseppe Saragat ein. Saragat wehrt sich gegen jegliche Regierungsbeteiligung der Kommunisten.

1963 Ministerpräsident Aldo Moro (DC) bildet eine Mitte-Links-Koalition mit Sozialdemokraten, Sozialisten und Republikanern. Die Regierung Moro führt Maßnahmen zur Stabilisierung der Währung durch und intensiviert das Werben um Tourismus. Der Aufschwung des Nordens führt zu weiterer Abwanderung aus dem Süden und der Verschärfung der dortigen Krise.

Außenpolitische Einbindung in die europäischen Systeme. Probleme bestehen mit Österreich über die Frage von Südtirol. Der Friedensvertrag mit den Alliierten hat das italienisch-österreichische Autonomiestatut für Südtirol bestätigt. Die deutschsprachige Bevölkerung Südtirols wehrt sich gegen die Italienisierung ihrer Region, und Österreich interveniert 1960 vor der UNO. Verhandlungen zwischen den beiden Ländern scheitern, es kommt zu Terroranschlägen von Extremisten beider Seiten.

1964 Die Außenminister Kreisky und Saragat einigen sich auf die Bildung eines gemeinsamen Ausschusses zur Beilegung des Konflikts.

Die Regierungen Aldo Moros von

1963 – 1968 zeichnen sich durch relative Stabilität aus.

1968 Nach der Wahlniederlage der Vereinigten Sozialisten spaltet sich die Partei, womit das Konzept der Mitte-Links-Koalitionen nicht funktioniert und vorerst in eine Krise gerät.

Den Regierungen Rumor, Leone und Andreotti gelingt es zwar in den folgenden Jahren, die Spannungen weitgehend zu überwinden, nicht jedoch die immer heftiger werdende Wirtschaftskrise. Inflation und Zahlungsdefizit.

1975 Die Kommunisten erzielen angesichts der Wirtschaftskrise bei den Regionalwahlen hohe Erfolge und bieten

1976 der Minderheitsregierung Andreotti den „Historischen Kompromiß", eine Koalition von DC und PCI an, der jedoch wegen Bedenken der DC nicht zustande kommt.

Innenpolitisch wird in den siebziger Jahren politischer Extremismus und Terrorismus zu einem großen Problem. Die „Roten Brigaden" (Brigate rosse) verüben Bombenattentate und begehen Entführungen.

1978 Der frühere Ministerpräsident Aldo Moro wird entführt und ermordet.

Die EG greift stützend in die Wirtschaftskrise ein.

Juni 1979 Neuwahlen werden ausgeschrieben, die der PCI starke Verluste bringen. Praktisch alle Koalitionsregierungen der nächsten Zeit scheitern an den Problemen der Wirtschaftslage.

Juni 1981 Mit dem Republikaner Giovanni Spadolini als Ministerpräsident wird zum erstenmal seit Kriegsende ein Kabinett gebildet, das nicht von der DC geführt wird.

Juni 1983 Nach den Wahlen bildet der Sozialist Bettino Craxi ein Kabinett, in dem DC und Republikaner die Schlüsselpositionen innehaben. Er scheitert im

März 1987 an den unpopulären Maßnahmen, die zur Überwindung der nach wie vor vorhandenen Wirtschaftskrise nötig wären.

23. Juni 1985 Francesco Cossiga (DC) wird als Nachfolger von Sandro Pertini zum Staatspräsidenten gewählt.

Okt. 1989 Von der Regierung Giulio Andreotti (DC) wird eine völlige Neufassung der Strafprozeßordnung verabschiedet.

Die politischen Veränderungen im Osten Europas führen dazu, daß sich die PCI vom Kommunismus abwendet und sich nun „Partei des Demokratischen Sozialismus" nennt.

Spanien

Politische Isolation Spaniens nach dem Zweiten Weltkrieg aufgrund der strukturellen Ähnlichkeit der Franco-Dikatatur mit den faschistischen Systemen in Deutschland und Italien. In der Folge jedoch wachsende Zusammenarbeit mit den USA. Lockerung in der Diktatur, jedoch kein grundsätzlicher Kurswechsel.

1945 Erlaß eines beschränkten Katalogs von Grundrechten.

1947 Durch Volksentscheid wird die Monarchie formal als Staatsform festgelegt. Juan Carlos, der Enkel Alfons XIII., erhält den Königstitel.

Innenpolitischer Widerstand gegen die Diktatur, besonders in Katalonien und im Baskenland. 1951 Streiks in beiden Regionen. In Katalonien entstehen in den fünfziger Jahren Arbeiterkommissionen, die die politischen Rechte der Arbeiterschaft zu erweitern suchen.

1959 Gründung der ETA (Euzkadi ta Azkatasuna – Baskenland und Freiheit), die im Untergrund gegen Unterdrückung der Basken kämpft.

In den fünfziger Jahren Verbesserung der wirtschaftlichen Lage; mit Hilfe des Internationalen Währungsfonds werden Entwicklungs- und Stabilisierungsprogramme durchgeführt. Jedoch keine Liberalisierung und Demokratisierung.

1969 Juan Carlos wird zum Nachfolger Francos proklamiert und

1971 zum Stellvertreter ernannt.

1. Nov. 1975 Tod Francos. Juan Carlos I. wird zum spanischen König proklamiert. In der Folge werden alte Strukturen des Landes aufgebrochen, das Land modernisiert. Katalanisch und Baskisch werden als Staatssprachen anerkannt.

1976 Ernennung von Adolfo Suárez González zum Ministerpräsidenten. Beginn des Prozesses der Demokratisierung.

Juni 1977 Erste demokratische Wahlen seit 1936 für beide Kammern des spanischen Parlaments. Stärkste Fraktion wird die konservative „Union des demokratischen Zentrums“ von Ministerpräsident Suárez.

Okt. 1977 Die größeren Parteien aller Richtungen schließen den Pakt von Moncloa. Sie beschließen ein politisches und wirtschaftliches Programm und verpflichten sich zur Sicherung des Demokratisierungsprozesses bis zur Fertigstellung der neuen Verfassung.

7. Dez. 1978 Annahme der neuen Verfassung durch Volksabstimmung mit 87,8 % der Stimmen. Rücktritt der Regierung nach Annahme der Verfassung.

März 1979 Neuwahlen: Gewinn der Partei von Suárez (UCD). Bei den ersten Kommunalwahlen im

April 1979 Mehrheit für die Sozialisten und Kommunisten in allen größeren Städten.

Wirtschaftlicher Aufschwung seit dem Machtwechsel, Annäherung an Europa und den Welthandel, steigende Löhne und Gehälter, Handelsabkommen mit anderen europäischen Staaten.

Okt. 1979 Annahme der Auto-

nomiestatute für das Baskenland und Katalonien durch Volksabstimmungen.
1980 Bildung der baskischen Regionalregierung. In Katalonien (Frühjahr 1980) Bildung der Regionalregierung für die katalanischen Provinzen Barcelona, Tarragona, Lleida und Gerona. Autonomie für Galicien und 1982 für Andalusien.
Umwandlung des bisher zentralistischen Spanien in einen föderalistischen Staat.
Jan. 1981 Rücktritt von Ministerpräsident Suárez. Zum Nachfolger nominiert wird sein Stellvertreter L. Calvo-Sotelo.
23./24. Febr. 1981 Putschversuch von rechts, der jedoch scheitert.
25. Febr. Calvo-Sotelo wird zum Ministerpräsidenten gewählt.
Mai 1982 Beitritt Spaniens zur NATO.
28. Okt. 1982 Die Sozialisten gewinnen die Parlamentswahlen, Felipe González wird Regierungschef. In der Folge Verbesserung der Situation der Arbeitnehmer.
5. Febr. 1985 Nach Verhandlungen mit Großbritannien wird die Landgrenze zu Gibraltar wieder geöffnet.
1. Jan. 1986 Beitritt Spaniens zur EG.
Innenpolitische Probleme: Unruhen durch den Kampf der Untergrundorganisation ETA, die für ein unabhängiges Baskenland kämpft. Bombenanschläge und Attentate beunruhigen das Land.
Juni 1986 Bei den Wahlen Erfolg für die Sozialisten.
30. Okt. 1989 Absolute Mehrheit für die Sozialisten, jedoch Stimmenverluste. Die Regierung González wird bestätigt.
21. Aug. 1990 Nach der irakischen Invasion in Kuwait beschließt die Regierung die Entsendung eines kleinen Flottenverbandes in die Region am Golf.

Portugal

Ähnlich wie Spanien ist Portugal unter dem diktatorischen Regime von António de Oliveira Salazar nach dem Zweiten Weltkrieg isoliert. Lediglich zu Spanien mit Diktator Franco bestehen freundschaftliche Beziehungen. Brutale Diktatur.
Die USA macht aus militärstrategischen Erwägungen heraus Portugal zu einem der Gründungsmitglieder der NATO und schließt 1951 ein Stützpunktabkommen ab.
1961 Die indische Besitzung Goa wird von Indien annektiert. Ab Anfang der sechziger Jahre brechen Unruhen in Angola und Moçambique aus.
1968 Rücktritt des Ministerpräsidenten Salazar. Nachfolger wird Marcelo Caetano.
Die schon seit längerem bestehende linksgerichtete Oppositionsgruppe „Bewegung der Streitkräfte“ putscht am

25. April 1974 und stürzt die Diktatur. Vorsitzender der Militärjunta und ab Mai neuer Staatspräsident wird der ehemalige stellvertretende Generalstabschef António Spínola. Die Regierung wird in den ersten Monaten nach der Revolution mehrfach umgebildet. Spínola tritt am

30. Sept. 1974 zurück und flieht nach einem angeblichen Putschversuch ins Ausland.

Die neue Regierung führt ab April massive Veränderungen in der sozialen und ökonomischen Struktur des Landes durch. Verstaatlichung von Banken, Versicherungen und Großbetrieben, Enteignung von Großgrundbesitz; Agrarreform.

Außenpolitisch werden die Beziehungen zum Osten normalisiert. Bis 1976 werden alle Kolonien in die Unabhängigkeit entlassen: 1974 Guinea-Bissau, 1975 Moçambique, die Kapverden, Sâo Tomé, Príncipe und Angola. Timor wird 1976 an Indonesien angegliedert, Macao wird autonomes Territorium.

April 1975 Die verfassunggebende Versammlung wird gewählt. Die Sozialisten gehen mit 37,9% der Stimmen als deutliche Sieger hervor, im September tritt der prokommunistische Ministerpräsident General dos Santos Gonçalves zurück. Nachfolger im Amt wird Admiral Pinheiro de Azevedo.

2. April 1976 Die neue Verfassung wird von der verfassunggebenden Versammlung erlassen, die den seit 1974 verfolgten sozialistischen Kurs festschreibt. Die Parlamentswahlen im gleichen Monat ergeben keine absolute Mehrheit. Stärkste Partei werden die Sozialisten mit ihrem Führer Mario Soares, der das Amt des Ministerpräsidenten in einer Minderheitsregierung übernimmt. António Ramalho Eanes wird durch direkte Wahl des Volkes zum Staatspräsidenten und damit auch Vorsitzenden des Revolutionsrates gewählt. Die Regierung Soares versucht, die wirtschaftliche Lage durch engere Einbindung Portugals in die europäischen Organisationen zu verbessern. Am

28. März 1977 wird das Beitrittsgesuch an die EG gestellt.

Jan. 1978 Die Regierung wird zu einer Koalition mit dem Demokratisch-Sozialen Zentrum umgebildet.

Juli 1978 Die Koalition zerbricht, die Regierung tritt zurück. In kurzer Folge ernennt Staatspräsident Eanes drei Regierungen, von denen die ersten beiden nur kurzen Bestand haben. Im

Aug. 1979 wird ein Übergangskabinett unter Mota Pinto gebildet, das vorgezogene Wahlen im Dezember 1979 ausschreibt.

Die Wahlen werden vom Wahlbündnis Demokratische Allianz gewonnen, so daß am

3. Jan. 1980 der Sozialdemokrat Sá Carneiro eine relativ stabile Regierung bilden kann. Die Regierung Sá Carneiros reduziert den sozialistischen Kurs der ersten Zeit nach der Revolution.

5. Okt. 1980 Neuwahlen: Die Regierungskoalition erringt 48,3% der Stimmen und die absolute Mehrheit der Parlamentssitze. Sá Carneiro wird im Amt bestätigt, er kommt jedoch ein Jahr später am 4. Dez. 1981 bei einem Flugzeugabsturz ums Leben.

6. Dez. 1981 Ramalho Eanes wird im Amt bestätigt.

Nach dem Tod Sá Carneiros wird Pinto Balsemâo zum neuen Ministerpräsidenten ernannt; er strebt größere Zusammenarbeit mit den Sozialisten an. Gemeinsam mit ihnen führt er 1982 eine Verfassungsreform durch, die u. a. den Revolutionsrat abschafft. An dessen Stelle übernimmt der neugeschaffene Staatsrat neben dem Staatspräsidenten dessen Aufgaben und Kompetenzen.

Schwierigkeiten innerhalb der Koalition lähmen die weitere Regierungsarbeit, am

21. Juni 1983 werden Neuwahlen ausgeschrieben. Wahlsieger sind die Sozialisten, und Mario Soares übernimmt wieder das Amt des Ministerpräsidenten in einer Koalition mit den Sozialdemokraten.

24. Febr. 1985 Staatspräsident Eanes gründet eine eigene Partei, die Demokratische Erneuerungspartei.

6. Okt. 1985 Die Sozialdemokraten werden mit 30,6% der Stimmen nunmehr stärkste Partei.

1. Jan. 1986 Aufnahme Portugals in die EG.

Febr. 1986 Wahl des neuen Staatspräsidenten: Mario Soares entscheidet die Wahl für sich. Die vorgezogenen Wahlen im Juli 1987 bringen den Sozialdemokraten die absolute Mehrheit mit 51,3%; Cavacao Silva wird im Amt bestätigt.

Vereinigte Staaten von Amerika

Die Ergebnisse des Zweiten Weltkriegs führen dazu, daß den USA in allen Bereichen der Weltpolitik eine Führungsrolle zugewachsen ist.

Nach 1945 ist amerikanische Innenpolitik praktisch immer mit Außenpolitik verbunden.

1945 Harry S. Truman wird als Präsident Nachfolger des verstorbenen Franklin D. Roosevelt. Das Verhältnis zum einstigen Bündnispartner Sowjetunion verschlechtert sich rapide und führt zum Kalten Krieg.

1947 Truman verkündet die „Truman-Doktrin“, die allen Ländern zur Erhaltung ihrer Unabhängigkeit militärische und wirtschaftliche Hilfe zusagt. Die Doktrin steht vor dem Hintergrund der Politik der Eindämmung („containment“) der expandierenden Sowjetmacht. In der Folge des Containment wird

1949 die NATO unter Beteiligung strategisch wichtiger europäischer Staaten gegründet, im asiatischen Raum werden die Philippinen 1946 in die Unabhängigkeit entlassen, und Japan erhält massive Aufbauhilfe.

1949 Im „Punkt-Vier-Programm" bekennt sich Truman zu weltweiter Verantwortung der USA, das in seiner Konsequenz dazu führt, daß die USA im Koreakrieg (1950–53) die militärischen Sanktionen der UN gegen Nordkorea ausführen.

1951 Der Friedensvertrag mit Japan festigt die Stellung der USA im Fernen Osten. Als

1951 die Regierung Nationalchinas zusammenbricht und der Sowjetunion die Entwicklung von Nuklearwaffen gelungen ist, bricht in den USA eine Kommunismus-Hysterie aus. Ermittlungsverfahren und Prozesse gegen KP-Führer, aber auch gegen Linksintellektuelle, Künstler und Liberale, die von Senator Joseph McCarthy inszeniert werden.

1953 Nachdem 1951 eine Verfassungsänderung die Wiederwahl des Präsidenten auf zwei Amtszeiten begrenzt hat, wird der Republikaner Dwight D. Eisenhower neuer Präsident der Vereinigten Staaten. Er betreibt eine Politik der Zurückdrängung des Kommunismus („Roll back").

1954 Die USA intervenieren in Guatemala gegen die dortige Linksregierung. Die Regierung von Arbenz Gúzman wird gestürzt und durch ein US-freundliches Militärregime ersetzt.

1956 Die USA unterstützen in der Suezkrise die UNO gegen Großbritannien und Frankreich. Die Eisenhower-Doktrin von 1957 sichert den arabischen Staaten auf Wunsch militärische Hilfe zu. Im gleichen Jahr setzt aber auch die Politik einer gewissen Öffnung und Entspannung gegenüber der UdSSR ein.

Die Frage um die Integration des schwarzen Teils der amerikanischen Bevölkerung ruft verstärkt nach einer Lösung. 1954 entscheidet das Oberste Bundesgericht gegen die Mißachtung des Gleichheitsgrundsatzes der Verfassung in Schulen und Verkehrsmitteln in einigen Südstaaten.

1957 Der Senat verabschiedet das Gesetz zum Schutz des Wahlrechts der Schwarzen (Civil Bill Of Rights). Keine Verbesserung der ökonomischen Situation der schwarzen Bevölkerung.

1959 Reise von Vizepräsident Nixon in die UdSSR und nach Polen; im September Besuch des sowjetischen Ministerpräsidenten Chruschtschow in den USA.

Jan. 1961 Die Regierung Eisenhower bricht die diplomatischen Beziehungen zu Kuba ab, was das Verhältnis zur Sowjetunion umgehend wieder belastet. Hinzu kommen die Vorgänge in Deutschland und um Berlin (vgl. S. 247).

1961 Der Demokrat John F.

Kennedy wird mit 50,1% der Stimmen Sieger bei den Präsidentschaftswahlen gegen den Republikaner Richard Nixon. Kennedy, der vor allem auch mit den Stimmen der Schwarzen als Hoffnungsträger für Veränderungen im sozialen Bereich gewählt wurde, setzt außenpolitisch die Politik der Entspannung fort. Diese gerät jedoch nach dem Bau der Berliner Mauer, der versuchten Invasion Kubas im April 1961 und der Kubakrise im Oktober 1961 ins Wanken. Nach Beilegung der Kubakrise allgemeine Entspannung. Verständigung über ein Atomteststopp-Abkommen mit der UdSSR.
Die Rassenunruhen in den Südstaaten führen
1963 zum sog. Bürgerrechtsprogramm des Präsidenten, das bei führenden Schwarzen, wie Martin Luther King, Unterstützung findet.
22. Nov. 1963 Kennedy wird in Dallas/Texas bei einem Attentat ermordet. Die Hintergründe des Attentates sind bis heute nicht geklärt.
Nachfolger im Amt des Präsidenten wird der bisherige Vize, Lyndon B. Johnson. Innenpolitisch führt Johnson die Politik Kennedys weiter, außenpolitisch setzt er mehr auf eine Politik der Stärke gegenüber dem Kommunismus und verstärkt konsequent die Militärhilfe für Südvietnam und dessen antikommunistischen Diktator Diêm.

1965 Ausbruch eines Bürgerkriegs in der Dominikanischen Republik nach einem Militärputsch gegen eine linksgerichtete Regierung. Die Johnson-Doktrin kommt zum Tragen, nach der die USA nur bei Gefahr kommunistischer Machtübernahme eingreifen. Diese Haltung ist bei der Organisation Amerikanischer Staaten (OAS) und der UNO sehr umstritten. Die USA beteiligen sich schließlich doch am Einsatz der OAS und UNO.
Vietnam wird außenpolitisch zum Desaster. Im November 1963 wird Diêm bei einem Militärputsch getötet, die Guerilla des Vietcong kann überall im Süden ihre Positionen ausbauen und zum Teil auch auf Unterstützung der Landbevölkerung rechnen.
Aug. 1964 Die USA greifen erstmals direkt in den Krieg ein. Die Amerikaner verstärken ihre Truppen und gehen im
Febr. 1965 zur systematischen Bombardierung von militärischen und wirtschaftlichen Zielen in Nordvietnam über. Ebenfalls angegriffen werden die Nachschublinien des Vietcong in Laos und Kambodscha. An den Kämpfen beteiligt sind auch Truppen von Verbündeten aus Thailand, Neuseeland, Australien, Süd-Korea und den Philippinen. Durch den Einsatz der überlegenen Luftwaffe, gezielte Guerillabekämpfung, ökologische Kriegsführung (chemische Entlaubung des Urwalds)

und Entvölkerung der ländlichen Gebiete kann ein Gesamtsieg der Nordvietnamesen verhindert werden. Der Druck der internationalen Öffentlichkeit gegen zunehmende Ausschreitungen, wie z.B. die Bombardierung der Zivilbevölkerung und das Massaker von My Lai, führen

1968 zur Aufnahme von geheimen Verhandlungen mit dem Norden und dem sukzessiven Abzug der amerikanischen Truppen.

1968 Der Republikaner Richard Nixon wird Nachfolger Johnsons. Nixon zieht die Truppen aus Vietnam nach und nach ab und läßt seinen Sonderberater Henry Kissinger Verhandlungen mit Nordvietnam führen.

Jan. 1973 Bilaterales Waffenstillstandsabkommen in Paris.

Nixon bemüht sich international um Entspannung und leitet eine Normalisierung der Beziehungen zur Volksrepublik China ein, das er 1972 als erster westlicher Spitzenpolitiker besucht.

1972 Nixon besucht als erster amerikanischer Präsident die Sowjetunion. In der Folge werden die Konferenzen KSZE und SALT initiiert. In Nixons Amtszeit fallen auch Aktivitäten zur Lösung der Nahostfrage nach dem vierten israelisch-arabischen Krieg von 1973. Innenpolitisch hat Nixon mit schweren politischen Krisen durch wirtschaftliche und damit soziale Schwierigkeiten und mit nach wie vor ungelösten Rassenproblemen zu kämpfen. Von Prestigewert ist die erste bemannte Mondlandung im Juli 1969.

Febr. 1972 Wiederwahl Nixons erfolgt mit 61% der Stimmen.

1973 „Watergate-Affäre". Es stellt sich heraus, daß enge Mitarbeiter Nixons in das Wahlkampfhauptquartier der Demokraten einbrechen ließen und Lauschangriffe gegen Vertreter der Opposition führten. Ein Untersuchungsausschuß wird gegen ihn gebildet, Nixon scheint persönlich in die Vorgänge verwickelt zu sein.

9. Aug. 1974 Nixon tritt als amerikanischer Präsident zurück, um einem Amtsenthebungsverfahren („impeachment") zuvorzukommen.

Aug. 1974 Nachfolger im Amt wird Gerald Ford. Restriktive Wirtschaftsmaßnahmen, die Zahl der Arbeitslosen steigt.

Außenpolitisch führt auch Ford die Entspannungspolitik fort. Er trifft sich im

Nov. 1974 mit dem sowjetischen Generalsekretär Breschnew in Wladiwostok, wo eine gemeinsame Erklärung zu den SALT-Verhandlungen abgegeben wird.

1977 Die Präsidentschaftswahlen werden von den Demokraten und ihrem Kandidaten James E. Carter gewonnen.

Juli 1979 Unterzeichnung des SALT-II-Abkommens mit der UdSSR, das bisher aber wegen der sowjetischen Invasion Afghanistans nicht ratifiziert ist. Die USA

reagieren auf die Invasion mit dem Boykott der Olympiade 1980 in Moskau.
Die islamische Revolution im Iran 1979 bringt die USA in erhebliche Schwierigkeiten. Die Besetzung der Teheraner US-Botschaft im November 1979 und die länger als ein Jahr dauernde Festnahme von US-Bürgern als Geiseln schwächen Carters Ansehen in der Öffentlichkeit derart, daß den Republikanern am
4. Nov. 1980 mit ihrem Kandidaten Ronald Reagan ein hoher Wahlsieg gelingt.
Reagan rückt Verteidigungs- und Rüstungspolitik in den Mittelpunkt seiner Planungen.
1983 Reagan präsentiert ein aufwendiges und kostenintensives Raketenabwehrsystem (SDI), das im Weltraum stationiert werden soll und auch bei den Verbündeten auf Widerstand stößt.
7. Nov. 1984 Erneuter deutlicher Wahlsieg Reagans. Seit dem Machtwechsel in der Sowjetunion und der Regierungsübernahme Gorbatschows kommen die Gespräche zwischen den beiden Supermächten voran.
Okt. 1986 Treffen zwischen Reagan und Gorbatschow in Reykjavik.
Nov. 1988 Der Republikaner George Bush, zuvor Vizepräsident, wird zum 41. Präsidenten gewählt.
Dez. 1989 Treffen zwischen Bush und Gorbatschow auf Malta.
20. Dez. Beginn einer militärischen Intervention in Panama.
Aug. 1990 Bush sendet nach nach dem Einmarsch des Irak in Kuwait Truppen und Material nach Saudi-Arabien zur Durchsetzung der UN-Resolutionen.
Jan. 1991 Nach Verstreichen des bis 15. Jan. befristeten Ultimatums an den Irak militärisches Vorgehen der USA zusammen mit ihren Verbündeten gegen den Irak.

Sowjetunion

Die Außenpolitik der Sowjetunion ist nach dem Ende des Zweiten Weltkriegs auf den Aufbau eines Systems von Satellitenstaaten zur Sicherung der eigenen Grenzen ausgerichtet. In den besetzten Ländern werden moskautreue Regierungen eingesetzt; ihre Wirtschaft wird nach sowjetischem Vorbild gestaltet.
Seit 1946 entstehen zunehmend Spannungen mit den westlichen Siegermächten wegen der Reparations- und Deutschlandpolitik und wegen des Eingreifens der UdSSR in Polen und Ungarn. Die Spannungen führen zum Kalten Krieg.
1946 Der vierte Fünfjahresplan erklärt die Beseitigung der Kriegsschäden zum dringlichsten Ziel.
1947 Nach der Pariser Marshallplankonferenz Aufgabe der Zusammenarbeit mit dem Westen.
1948/49 Die Blockade West-Berlins führt zur ersten Berlin-

krise; durch die von den Amerikanern und Briten geschaffene Luftbrücke wird die Sowjetunion zur Aufgabe der Blockade gezwungen.

1950 Beistandspakt mit der Volksrepublik China. Nordkorea wird

1950/51 in der Koreakrise mit Waffen und Beratern unterstützt.

Innenpolitisch wird durch „Säuberungen" in der Führung und Verfassungsänderung die absolute Alleinherrschaft Stalins weiter ausgebaut.

25. Jan. 1949 Gründung des Rates für gegenseitige Wirtschaftshilfe (RGW, auch COMECON), der die wirtschaftliche Zusammenarbeit der Satelliten mit der Sowjetunion regelt.

Seit 1950 Zur Steigerung der landwirtschaftlichen Produktion werden die Kolchosen zu Großbetrieben zusammengelegt.

Die Industrieproduktion wird erheblich gesteigert und erreicht

1952 das Doppelte der Vorkriegsproduktion.

5. März 1953 Tod Stalins. Nach seinem Tod wird das Prinzip der kollektiven Führung wiederhergestellt.

Juli 1953 Ministerpräsident Malenkow verkündet den „Neuen Kurs": Die Konsumgüterversorgung soll verbessert werden, Verbannung und Sippenhaft werden abgeschafft. Nikita Chruschtschow setzt auf weiteren Ausbau der Schwerindustrie.

Außenpolitisch beginnt eine Politik begrenzter Entspannung und Kooperation mit dem Westen.

1955 Mit einem Staatsvertrag wird das Verhältnis zu Österreich normalisiert. Die sowjetischen Besatzungstruppen ziehen ab.

1955 Als Antwort auf die Einbeziehung der BRD in die NATO wird der Warschauer Pakt geschlossen.

1956 Chruschtschow hält auf dem 20. Parteitag eine Rede, in der er mit dem Personenkult um Stalin abrechnet.

In der Folge der „Entstalinisierung" wird Stalin aus dem öffentlichen Leben verbannt.

Okt. 1956 Diese Rede wird zum Anlaß für einen Volksaufstand in Ungarn, der von der sowjetischen Armee blutig niedergeschlagen wird.

1956 Chruschtschow erklärt die These von der „friedlichen Koexistenz", die eine amerikanisch-sowjetische Annäherung einleitet, aber zur Entfremdung mit China führt. Gleichzeitig wird die Einflußnahme auf Länder der Dritten Welt verstärkt. Die verbesserten Beziehungen zu den USA führen

1963 zum Atomteststopp-Abkommen und werden auch durch die Krisen um Berlin und Kuba nicht grundlegend gestört. Das Verhältnis zu China allerdings verschlechtert sich immer weiter und führt

1964 zum Bruch mit China, das seinen eigenen Weg verfolgt.

Innenpolitisch betreibt Nikita

Chruschtschow die systematische Ausschaltung von Konkurrenz in der Staatsführung und übernimmt im März 1958 nach dem Rücktritt von Ministerpräsident Bulganin dessen Amt. Er vereinigt damit die Spitzenpositionen in Staat und Partei in seiner Person.

Schwere innenpolitische Auseinandersetzungen führen im

Okt. 1964 zum Sturz Chruschtschows, der seiner Ämter enthoben wird. Leonid Breschnew wird Generalsekretär, Alexei Kossygin Ministerpräsident.

Innerhalb des sozialistischen Lagers ist man um die Eindämmung von Liberalisierungstendenzen und die Wahrung der Einheit besorgt. Der Sonderweg Rumäniens wird toleriert, die Veränderungen in der Tschechoslowakei und der dortige Volksaufstand jedoch werden im

Aug. 1968 unter Teilnahme der anderen Staaten des Warschauer Paktes außer Rumänien mit Waffengewalt blutig niedergeschlagen.

Die Spannungen mit China verschärfen sich weiter, bis es im

März 1969 zu Auseinandersetzungen von Grenztruppen an der sowjetisch-chinesischen Grenze kommt.

Mit den USA werden Gespräche über Rüstungsbegrenzung geführt, und die Sowjetunion ist Teilnehmer der KSZE-Konferenz in Helsinki. Im

Mai 1972 wird der deutsch-sowjetische Vertrag ratifiziert, Breschnew besucht 1973 die Bundesrepublik.

Innenpolitisch kämpft die Regierung mit wirtschaftlichen Schwierigkeiten, die Fünfjahrespläne der siebziger Jahre können in wichtigen Teilbereichen nicht erfüllt werden, und das Land ist zunehmend auf Technologietransfer aus dem westlichen Ausland angewiesen. Nach der Veröffentlichung der KSZE-Schlußakte im Aug. 1975 macht sich eine stärker werdende Dissidentenbewegung bemerkbar, gegen die der Staat hart durchgreift.

Die Verbesserung der internationalen Beziehungen wird im

Dez. 1979 schwer erschüttert, als die Sowjetunion zur Stützung des dortigen Regimes in Afghanistan einmarschiert. Fast alle westlichen Staaten boykottieren daraufhin die 1980 in Moskau stattfindenden Olympischen Spiele, die USA verzichten auf die Ratifizierung des zweiten SALT-Abkommens zur Begrenzung strategischer Waffen.

Der Entwicklung in Polen mit Auseinandersetzungen zwischen der freien Gewerkschaft „Solidarität" steht Moskau zwar ablehnend gegenüber, verzichtet aber auf ein Eingreifen.

Seit Jan. 1981 werden nach dem Amtsantritt von R. Reagan als Präsidenten wieder Verhandlungen über Abrüstung und Rüstungskontrolle geführt.

Mai 1982 Tod Breschnews. Im

Amt folgen ihm Juri Andropow und nach dessen Tod im Februar 1984 Konstantin Tschernenko, der im März 1985 stirbt. Beide Politiker haben Ansätze zu einer gewissen Liberalisierung der Innenpolitik gezeigt, die im
März 1985 mit dem Amtsantritt von Michail Gorbatschow weiter fortgesetzt wird. Gorbatschow betreibt eine Verjüngung der Führungsspitze der UdSSR und beginnt damit, die Wirtschaft des Landes auf größere Eigenverantwortung und Leistungsprinzip umzuorganisieren. Seine Politik steht unter den Leitbegriffen „Perestroika“ (Umbau) und „Glasnost“ (Transparenz). Er muß sich allerdings gegen den Widerstand altgedienter etablierter Politiker und des Militärs durchsetzen und in letzter Zeit auch zunehmend gegen Unabhängigkeitsbestrebungen einzelner Teilrepubliken. Hinzu kommen Spannungen zwischen ethnischen Minderheiten in der Sowjetunion.
Außenpolitisch entspannt sich unter Gorbatschow das Verhältnis zum Westen. Die Genfer Abrüstungsverhandlungen werden wieder aufgenommen, die völlige Umstrukturierung der europäischen Satellitenstaaten wird hingenommen, und Gorbatschow selbst kommt auch eine Schlüsselrolle bei der Wiedervereinigung Deutschlands zu.

Osteuropa

Die Geschichte der Staaten des Ostblocks verläuft, mit Ausnahme Albaniens und eingeschränkt Rumäniens, bis zur Gegenwart weitgehend parallel. Die Sowjetunion installiert zur Grenzsicherung ein System von Satellitenstaaten, die politisch und wirtschaftlich gleichgeschaltet werden.
1949 Entstehung des Rates für gegenseitige Wirtschaftshilfe (RGW oder COMECON).
1955 Nach der Integration der BRD in die NATO Gründung des Warschauer Paktes unter sowjetischem Oberkommando.
1956 wird den Satelliten im Zuge der Entstalinisierung eine leichte Lockerung ermöglicht, diese aber nach den Aufständen in Polen und Ungarn wieder eingeschränkt.

Albanien

1945 Enver Hodscha bildet eine Volksfrontregierung, die sich streng an Stalin orientiert, auch nach dessen Tod. Albanien bleibt, wie die VR China auf stalinistischem Kurs und bricht
1961 die Beziehungen zu Moskau ab.
Bis in die jüngste Gegenwart ist Albanien hermetisch von der Außenwelt abgeschottet, es bestehen nur ganz wenige Beziehungen, und es ist fast unmöglich, sichere Informationen aus dem Land zu

erhalten. Erst im Zuge der neuesten Entwicklungen im Osten scheint sich auch in Albanien eine gewisse Liberalisierung durchzusetzen.

Bulgarien

1945 Bulgarien wird mit der Machtübernahme der Kommunisten zum engsten Verbündeten der Sowjetunion.
Die ersten Regierungen können einige wirtschaftliche Erfolge vorweisen. Im Zuge der Entstalinisierung wird
1962 Todor Schiwkow Parteisekretär und damit Regierungschef. Außenpolitisch folgt Bulgarien der sowjetischen Linie und vertritt keine eigenen Positionen.
Ende 1989 Im Zusammenhang mit den allgemeinen Veränderungen im Ostblock stürzt auch in Bulgarien die kommunistische Herrschaft. Rücktritt Schiwkows. Eine neue Regierung wird gebildet, doch haben sich die Verhältnisse noch nicht stabilisiert, und so sind die derzeitigen Machtverhältnisse noch nicht überschaubar.

Rumänien

Nach einer ersten Nachkriegsregierung der Nationaldemokratischen Front, die eine Landreform durchführt, wird am
30. Dez. 1947 König Michael zur Abdankung ins Exil gezwungen und die Volksrepublik ausgerufen.
1948 Neue Verfassung. Verstaatlichung aller Schlüsselindustrien. Die Regierung Gheorghiu-Dej betreibt den Umbau des Agrarstaates in eine Industrienation.
1949 tritt Rumänien dem RGW bei und 1955 dem Warschauer Pakt.
1955 Rückzug der Sowjetarmee aus Rumänien. Damit werden die Voraussetzungen für ein relativ unabhängiges Vorgehen der rumänischen KP gegeben.
1965 Nicolae Ceausescu wird Regierungschef. Unter seiner Regierung wird eine Politik der Öffnung nach allen Seiten betrieben, die zu regen Beziehungen auch zum Westen führen. Rumänien normalisiert seine Beziehungen zu China und tritt 1977 als Vermittler zwischen Israel und Ägypten auf.
Als einziges Land des Warschauer Paktes ist Rumänien nicht an der Invasion der Tschechoslowakei 1968 beteiligt, und die sowjetische Invasion Afghanistans im Jahr 1980 wird öffentlich mißbilligt.
Die außenpolitische Öffnung des Landes deckt sich nicht mit der harten stalinistischen Innenpolitik:
Ceausescu baut seine Machtposition zu einer allgegenwärtigen Diktatur aus und läßt die Opposition mit brutalen Methoden, wahlloser Verhaftung, Folterung und Mord, unterdrücken.

Ende 1989 entlädt sich die Anspannung in der Bevölkerung in einem Volksaufstand. Geheimpolizei und Miliz schießen in die Menschenmassen. Doch dann stellt sich die Armee auf die Seite des Volkes. Ceausescu wird gestürzt, verhaftet und mit seiner Frau nach einem Schauprozeß am **25. Dez. 1989** hingerichtet.
26. Dez. 1989 Der frühere ZK-Sekretär Ion Illiescu wird Präsident. Abschaffung des kommunistischen Machtsystems und Beginn von Koalitionsverhandlungen.
Die Lage hat sich bis heute noch nicht stabilisiert, es kommt immer wieder zu Protesten, da angeblich noch viele alte Machthaber in wichtigen Positionen sitzen und sich gegenseitig unterstützen.

Ungarn

1945 Wahl des Führers der Kleinlandwirtpartei, Z. Tildy, zum Ministerpräsidenten.
10. Febr. 1947 Der Pariser Friede stellt die Grenzen Ungarns von 1938 wieder her und verpflichtet das Land zu Reparationszahlungen. Die Regierung führt eine Bodenreform durch und verstaatlicht die Großbanken. Die Kommunisten, unterstützt von der UdSSR, betreiben die Umbildung des Landes nach sowjetischem Vorbild und erreichen am
20. Aug. 1949 mit der Proklamation der Volksrepublik Ungarn ihr Ziel. Ministerpräsident wird M. Rákosi.
Nach dem Tod Stalins wird im Zuge der Entstalinisierung Imre Nagy neuer Ministerpräsident. Er führt wirtschaftliche und politische Reformen durch und liberalisiert die innenpolitische Atmosphäre. Die starre Haltung des Stalinisten Gerö als Parteisekretär, der hart gegen Abweichler vorgeht, führt am
23. Okt. 1956 zum Volksaufstand unter Führung von Nagy. Die sowjetische Armee schreitet ein und schlägt den Aufstand mit Waffengewalt blutig nieder. Nagy wird verschleppt und 1958 hingerichtet. Rund 200 000 Ungarn fliehen ins Ausland.
Nov. 1956 János Kádár wird Parteisekretär und führt Ungarn wieder auf einen Kurs enger Anlehnung an die Sowjetunion. Dennoch bleibt die innenpolitische Entwicklung vergleichsweise liberal. Auch außenpolitisch bemüht sich die ungarische Regierung um Verbesserung der Beziehungen zum Westen.
In den achtziger Jahren werden wirtschaftliche Maßnahmen eingeführt, die Privatinitiative fördern; Ungarn erreicht innerhalb des Ostblocks ein recht hohes Niveau an Lebensqualität.
Nach dem Amtsantritt Gorbatschows in der UdSSR nimmt die innenpolitische Liberalisierung immer stärker zu, Parteien entstehen, das Machtmonopol der Kom-

munisten wird zunehmend in Frage gestellt.
1989 Zu Beginn des Jahres beginnt Ungarn mit dem Abbau der Grenzbefestigungen zu Österreich. Tausende von DDR-Bürgern fliehen über Ungarn in den Westen.
16. Sept. 1989 Imre Pozsgay wird Vorsitzender einer Kommission, die die Abschaffung des kommunistischen Systems erreichen will.
Okt. 1989 Die KP löst sich selbst auf, Verfassungsänderungen ermöglichen den Übergang zur parlamentarischen Demokratie.
23. Okt. 1989 Ausrufung der Republik Ungarn durch Staatspräsident Matyas Szörös.
25. März 1990 Erste freie Parlamentswahlen seit 1947; der Vorsitzende des Demokratischen Forums, Jozsef Antall, übernimmt die Regierungsbildung.

Polen

Noch während des Zweiten Weltkriegs gelingt es dem kommunistischen „Lubliner Komitee", gegenüber der polnischen Exilregierung an Einfluß zu gewinnen und in den von der Roten Armee befreiten Gebieten Polens die Macht zu übernehmen.
16. Aug. 1945 Mit der Sowjetunion wird die Frage der Ostgrenze Polens geregelt. Vertreibung der deutschen Bevölkerung aus den besetzten Gebieten; statt ihrer siedeln sich polnische Flüchtlinge an, die aus den ehemals polnischen Gebieten im Osten kommen.
Jan. 1947 Parlamentswahlen. Durch Manipulation setzt sich die Polnische Arbeiterpartei (PRR) mit ihrem Führer Gomulka durch.
19. Febr. 1947 Mit Annahme der sog. „Kleinen Verfassung" setzt der Umbau zur Volksrepublik ein. Die Regierung führt eine Bodenreform und Verstaatlichung von Banken und Schlüsselindustrien durch und leitet
1949 die Zwangskollektivierung und Enteignung ein. Die Staatssicherheit wird ausgebaut, die auch verstärkt gegen die Kirchen des traditionell katholischen Polen vorgeht.
Im Rahmen der Entstalinisierung artikuliert sich die Unzufriedenheit der Menschen
Juni 1956 im „Posener Aufstand", der auch unter antisowjetischen Parolen steht. Die Sowjetunion sieht sich gezwungen, der Rückkehr Gomulkas, der 1948 entmachtet worden ist, an die Spitze der Vereinigten Arbeiterpartei (PZPR) zuzustimmen.
Gomulka versucht, die Situation zu entschärfen, indem er bäuerliche Privatwirtschaft zuläßt und die Versorgung mit Konsumgütern steigert. Im Laufe der Jahre wird die Präsenz der sowjetischen Truppen reduziert, auch die Beziehungen des Staates zur Kirche normalisieren sich.

1968 Studentenunruhen. Gomulka erhält nach der Teilnahme an der Invasion der Tschechoslowakei Rückendeckung aus Moskau.
7. Dez. 1970 Unterzeichnung des deutsch-polnischen Vertrages. Im gleichen Monat kommt es in den Küstenstädten, vor allem in Danzig, zu Arbeiterunruhen, die am
19. Dez. 1970 zum Rücktritt Gomulkas und darauf zur Regierungsübernahme durch Edward Gierek führen.
Der neuen Regierung gelingt es überraschend schnell, die wirtschaftlichen und sozialen Probleme des Landes in den Griff zu bekommen. Dadurch gewinnt sie auch an Rückhalt in der Bevölkerung. Allerdings läßt die Regierung Gierek scharf gegen Oppositionelle vorgehen, so gegen das „Komitee zur Verteidigung der Arbeiter".
Drastische Verschlechterung der wirtschaftlichen Lage gegen Ende der siebziger Jahre; es kommt wieder zu Unruhen.
1980 Im Sommer Streiks an der ganzen Küste, in Danzig besetzen die Arbeiter die Werften. Neben Forderungen sozialer Art werden auch politische Forderungen erhoben, u. a. auch Forderungen auf Bildung freier Gewerkschaften.
Die Regierung muß nachgeben und eine Vereinbarung eingehen, nach der die Forderungen der Streikenden, die von dem Elektriker Lech Walesa angeführt werden, weitgehend erfüllt werden.
17. Sept. 1980 Gründung der freien Gewerkschaft „Solidarität" in Danzig, im Mai 1981 Gründung einer Bauerngewerkschaft.
Die ersten Erfolge der Gewerkschaftsbewegung bringen die Regierung auch in Schwierigkeiten mit der Sowjetunion.
13. Dez. 1981 General Jaruzelski verhängt das Kriegsrecht über Polen. Die gesamte Verwaltung des Landes wird vom Militär übernommen, die Tätigkeit der Gewerkschaften verboten. Die Gewerkschaften wirken, mit Unterstützung der Kirche, im Untergrund weiter.
Juni 1983 Aufhebung des Kriegsrechts; die Opposition formiert sich wieder, und vor dem Hintergrund der Liberalisierung in der Sowjetunion gelingen bis
1989 einschneidende Veränderungen in der politischen Struktur des Landes. Jaruzelski bleibt Staatspräsident, gibt die Macht aber nach und nach ab. „Solidarität" ist wieder zugelassen, das Machtmonopol der Kommunisten wird zunehmend bestritten.
Seit 12. Sept. 1989 Tadeusz Mazowiecki wird erster nicht-kommunistischer Regierungschef. In seinem Kabinett sitzen auch Vertreter der „Solidarität".
30. Dez. 1989 Umbenennung des Landes in „Republik Polen"; die neue Verfassung erklärt Polen zum demokratischen Rechtsstaat.

9. Dez. 1990 Lech Walesa wird im 2. Wahlgang zum Staatspräsidenten gewählt.

Tschechoslowakei

5. April 1945 Die sozialdemokratische Regierung Fierlinger konstituiert sich. Die Kommunistische Partei (KPC) wird bei Wahlen am

26. Mai 1946 stärkste Fraktion. Der wirtschaftliche Aufbau wird durch den von der UdSSR erzwungenen Verzicht auf Hilfe aus dem Marshallplan stark erschwert. Staatspräsident Beneš versucht, eine neutrale Stellung gegenüber der Sowjetunion zu erreichen. Unter Androhung eines Generalstreiks erzwingen die Kommunisten die Einsetzung eines Koalitionskabinetts unter Klement Gottwald.

7. Juni 1948 Gottwald wird Staatspräsident. Die Regierung übernimmt das sowjetische Modell für die Umbildung des Staates und begibt sich auch durch den Beitritt zum RGW in die wirtschaftliche Abhängigkeit von der UdSSR. Die wirtschaftliche Lage im Lande ist sehr schlecht.

Die Entstalinisierung geht an der Tschechoslowakei zunächst spurlos vorüber. Erst

1962 geht Staatspräsident Novotny zu einer gewissen inneren Liberalisierung über. Diskussionen und Spannungen in der Bevölkerung tragen zum Anwachsen eines Reformflügels der Partei bei, der am 5. Januar 1968 Alexander Dubcek zum Ersten Sekretär des ZK der KPC nominiert. Dubcek und seine Anhänger führen Reformen im gesellschaftlichen Bereich durch. Die Sowjetunion spricht Warnungen aus, doch die Reformen werden weitergeführt („Prager Frühling“).

20. Aug. 1968 Einmarsch von Truppen des Warschauer Paktes in die Tschechoslowakei, die die Reformbewegung blutig niederschlagen.

Die Reformen Dubceks werden unter dem neuen Parteisekretär Gustav Husák konsequent rückgängig gemacht, die Opposition brutal unterdrückt und Regimekritiker in Schauprozessen verurteilt. Es gelingt jedoch nie, den Widerstand aus der Bevölkerung ganz zu brechen. Aus Kreisen von Wissenschaftlern und Künstlern organisiert sich die Bewegung „Charta 77“, die die Einhaltung der Menschenrechte und der KSZE-Schlußakte fordert.

Die wirtschaftliche Lage verschlechtert sich in den siebziger und achtziger Jahren weiter.

Die Reformansätze Gorbatschows in der UdSSR führen zu erheblicher Unruhe in der Tschechoslowakei.

1989 Massendemonstrationen von Bürgern, die freie Wahlen verlangen. Die Regierung geht mit brutaler Gewalt gegen die Demonstranten vor. Die Blockparteien distanzieren sich von der KPC und die Oppositionsgruppen schließen sich zum „Bürgerforum" zusammen. Nach weiteren Massendemonstrationen und einer Rede Dubceks treten am

24. Nov. 1989 Sekretariat und Präsidium der KPC zurück. Weitere Massenaktionen der Bevölkerung erzwingen den Verzicht der KPC auf die Macht.

29. Dez. 1989 Der Schriftsteller Václav Havel wird zum ersten nichtkommunistischen Staatspräsidenten seit 1948 gewählt.

8./9. Juni 1990 Erste freie Parlamentswahlen, die Tschechoslowakei wird zum demokratischen Rechtsstaat.

Benelux-Länder

Bereits 1944 haben die Exilregierungen von Belgien, Luxemburg und der Niederlande ein Zollabkommen unterzeichnet, das am

1. Jan. 1948 zur Zollunion und seit 1960 auch zur Wirtschaftsunion der drei Staaten führt.

Belgien

1951 Nach einer Staatskrise um König Leopold III. wird sein Sohn Baudouin I. zum König ernannt. Die Regierung betreibt unter Aufgabe der Neutralität die rasche Integration in die europäischen Bündnissysteme und wird Gründungsmitglied der NATO und der EWG. Das Land erholt sich wirtschaftlich nach dem Krieg rasch.

1960 Rückschläge aufgrund der Kongokrise. Die Freiheitsbewegung Lumumbas erreicht in der Kolonie Belgisch-Kongo die Unabhängigkeit des Landes. Rückkehrende Kolonisten und der erzwungene Verzicht auf Rohstofflieferungen stürzen das Mutterland in eine Wirtschaftskrise. Durch ein scharfes Sparprogramm der Regierung kann die Krise schließlich überwunden werden.

Innenpolitisch liegt das größte Problem Belgiens im „Sprachenstreit" zwischen französisch sprechenden Wallonen im Süden und niederländisch sprechenden Flamen im Norden.

1970 Eine Verfassungsreform regelt die Aufteilung Belgiens in die drei Regionen Wallonien, Flandern und Brüssel. Der „Sprachenstreit" hat vor allem wirtschaftliche Hintergründe. Von internationaler Bedeutung ist Belgiens Rolle mit Brüssel als Sitz der Europäischen Gemeinschaft.

Niederlande

Sept. 1944 Befreiung der Niederlande durch die Alliierten von der deutschen Besatzung. Königin Wilhelmina kehrt auf den Thron zurück.

Das Land leidet unter schweren Kriegsschäden durch Bombardierung und Ausplünderung. Erschwerend für die wirtschaftliche

Lage ist die Rückwanderung holländischer Kolonisten aus dem selbständig gewordenen Indonesien.
Ebenso wie die Benelux-Nachbarn gibt Holland seine Neutralität zugunsten der europäischen Integration auf und kann sich wirtschaftlich rasch erholen. Alle Koalitionsregierungen der Nachkriegszeit zeichnen sich durch betont soziale Gesetzgebung aus, auffallend ist die ausgeprägte Toleranz und Freizügigkeit der niederländischen Gesellschaft.
Innenpolitische Probleme bestehen hauptsächlich durch die ungeklärte politische Situation der Süd-Molukker, die Unterstützung für die Errichtung einer souveränen Republik fordern, und durch die Rückwanderer aus dem 1975 unabhängig gewordenen Surinam. Ein weiteres Problem ist die extrem dichte Besiedlung des Landes und die Verstädterung mit ihren sozialen Folgen.

Österreich

1943 Beschluß der Alliierten, Österreich wieder zu einem eigenständigen Staat zu machen. Nach dem Sieg der Alliierten Aufteilung Österreichs in vier Besatzungszonen.
März 1945 Ausrufung der Zweiten Republik im sowjetisch besetzten Osten des Landes.
25. Nov. 1945 Antritt der ersten frei gewählten Regierung mit absoluter Mehrheit der ÖVP (Österr. Volkspartei) unter K. Renner als Bundespräsident.
Durch Hilfe aus dem Marshallplan erholt sich die österreichische Wirtschaft rasch, das politische System stabilisiert sich.
15. Mai 1955 Ende des Besatzungsstatuts mit der Auflage des Anschlußverbots an Deutschland und der Verpflichtung zu immerwährender Neutralität. Im gleichen Jahr wird Österreich in die UNO aufgenommen.
1960 Aufnahme in den Europarat.
Außenpolitisch bemüht sich Österreich um gute Beziehungen zu allen europäischen Ländern. Lediglich mit Italien gibt es eine Auseinandersetzung um Südtirol, die erst
1969 beigelegt werden kann.
1972 Handelsvertrag mit der EG.
1970 – 1983 Die Regierung wird von der SPÖ mit Bundeskanzler Bruno Kreisky gestellt.
1983 Die SPÖ verliert nach mehreren Skandalen die absolute Mehrheit, Kreisky tritt zurück, neuer Bundeskanzler wird F. Sinowatz an der Spitze einer Koalitionsregierung mit der FPÖ.
1986 Kandidatur des ehemaligen UN-Botschafters Waldheim um das Amt des Bundespräsidenten. Diese Bewerbung führt zu heftigen Diskussionen und zu einer Regierungskrise, als Wald-

heim beschuldigt wird, an Aktionen der Nazis in der deutschen Wehrmacht beteiligt gewesen zu sein. Waldheim gewinnt die Stichwahl im Juni. Bundeskanzler Sinowatz tritt zurück, und bei den Neuwahlen im
Nov. 1986 verliert die SPÖ stark an Stimmen.
In den letzten Jahren hat die rechtsgerichtete FPÖ einen starken Stimmenzuwachs verzeichnen können.

Schweiz

Als praktisch einziges Land Europas ist die Schweiz von den Verwüstungen des Zweiten Weltkrieges verschont geblieben. Zwar hat die Wirtschaft des Landes erheblich gelitten, da jedoch keine Produktionsmittel zerstört wurden, erholt sich die Wirtschaft in ihrer Leistungsfähigkeit rasch wieder.
Die Schweiz beteiligt sich am Wiederaufbau der europäischen Staaten, bleibt jedoch unter Wahrung strikter Neutralität allen Bündnissen, selbst der UNO, fern. Lediglich
1959 gehört sie zu den Gründungsmitgliedern der EFTA,
1972 wird ein Freihandelsabkommen mit der EG geschlossen.
Eine lange Phase der Hochkonjunktur macht die Schweiz zu einem der reichsten und wirtschaftlich wie politisch stabilsten Länder der Welt. Schon seit den vierziger Jahren wird die „Konsensdemokratie“ praktiziert, Bürgerliche und Sozialdemokraten sind im Bundesrat paritätisch vertreten, bei den Parlamentswahlen sind die Ergebnisse in der Regel ausgewogen und zeigen kaum Neigung zu Verschiebungen größeren Ausmaßes.
Eines der wenigen innenpolitischen Probleme beruht auf sprachlichen Gegensätzen zwischen dem französischsprachigen Süden und Westen und dem wirtschaftlich starken deutschsprachigen Norden.
Bis 1971 verweigert die Schweiz als einziges Land im deutschsprachigen Raum das Frauenstimmrecht. Erst in diesem Jahr erhalten Frauen auf Bundesebene das Wahlrecht, in einigen Kantonen erhalten sie sogar erst 1990 das volle Stimmrecht.
In letzter Zeit, bedingt durch die internationale Entspannung und den faktischen Zusammenbruch des Ostblocks, mehren sich Stimmen in der Schweiz, die für eine vorsichtige Lockerung der Neutralität plädieren. So wird auch ein möglicher Beitritt zur EG erwogen.

Die nordischen Staaten

Dänemark

Dänemark wird nach dem Krieg mit Mitteln aus dem Marshallplan wirtschaftlich wieder aufgebaut. Die europäische Integration wird mit dem Beitritt zur Gründung der NATO begonnen, wirtschaftlich schließt sich das Land
1960 mit den anderen nordischen Staaten der EFTA an.
1971 Abschluß der Beitrittsverhandlungen zur EG, der Dänemark nach einer Volksabstimmung 1973 beitritt. Die autonome Region Grönland verläßt die EG allerdings 1985 wieder.

Norwegen

Die Exilregierung Norwegens tritt
1945 nach ihrer Rückkehr zurück. Bei den ersten Wahlen im
Okt. 1945 erringt die Arbeiterpartei die absolute Mehrheit und führt die schon vor dem Krieg erfolgreich praktizierte, vom schwedischen Sozialismus beeinflußte, Politik weiter.
Außenpolitisch gibt Norwegen die Neutralität auf und wird
1949 Mitglied der NATO.
1960 Das Land schließt sich der EFTA an und bemüht sich ab 1963 um den Beitritt zur EWG. Die Beitrittsverhandlungen werden jedoch
1972 in einer Volksabstimmung negativ entschieden.
Außenpolitisch gibt es eine Auseinandersetzung mit der Sowjetunion um den Verlauf der gemeinsamen Grenze in der Barentssee. Wirtschaftliche Probleme, hohe Inflation, haben in den letzten Jahren durch unpopuläre Maßnahmen zu wechselnden Koalitionsregierungen geführt.

Schweden

Schweden ist während des Zweiten Weltkriegs neutral geblieben und entging so den Zerstörungen und dem wirtschaftlichen Niedergang der meisten anderen europäischen Länder. So kann die sozialdemokratische Regierung von Tage Erlander, der seit
1946 Ministerpräsident ist, die Infrastruktur des Landes in allen Bereichen weiter ausbauen. Hohe soziale Leistungen, Bildungsreform, Ausbau des Straßennetzes und moderne Siedlungspolitik bestimmen die Regierungsarbeit des schwedischen Sozialismus.
Schweden behält seine Neutralität und Blockfreiheit und nähert sich nur wirtschaftlich Europa an. Militärisch beteiligt sich Schweden lediglich an UNO-Missionen.
1969 Rücktritt Erlanders. Sein Nachfolger im Amt wird Olof Palme, der die Politik seines Vorgängers weiterführt.
Durch internationale Vorgänge bedingt, kommt es auch in Schweden zu Inflation und Absinken der Wirtschaftsleistung durch rückläufigen Export.

1976 Die Sozialdemokraten werden erstmals von der Regierung durch eine bürgerliche Koalition unter Thorbjörn Fälldin abgelöst.
Die Regierung Fälldin stürzt 1978 über die Frage nach dem Ausbau oder der Abschaffung der Kernenergie. Diese Frage belastet auch folgende Regierungen, so daß das Thema im
März 1980 einer Volksbefragung unterzogen wird. Eine Mehrheit spricht sich für die Kernenergie aus.
Nach Auseinandersetzungen zwischen Arbeitgebern und Gewerkschaften kommen die Sozialdemokraten mit Palme
1982 wieder an die Regierung und können sie auch 1985 behaupten.
Palme wird am 28. Februar 1986 ermordet, die Hintergründe des Anschlages sind bis heute völlig ungeklärt.
Nachfolger im Amt wird Ingvar Carlsson.

Finnland

Durch Finnlands Beteiligung am Zweiten Weltkrieg auf deutscher Seite ist das Land nach Kriegsende in starker Bedrängnis durch die benachbarte Sowjetunion, kann jedoch an seiner Unabhängigkeit festhalten. Finnland muß jedoch Gebietsabtretungen zustimmen und Reparationen leisten. Außenpolitisch wird eine Linie verfolgt, die auf ein gutes Verhältnis zur UdSSR zielt und jeden Konflikt mit sowjetischen Interessen vermeidet.
1948 Freundschafts- und Beistandspakt mit der Sowjetunion, der in den folgenden Jahren mehrfach verlängert wird. Staatspräsident Kekkonen, der von
1956 – 1982 im Amt ist, schließt das Land den anderen skandinavischen Ländern im Nordischen Rat an und sorgt
1961 für den Beitritt zur EFTA.
1974 Handelsvertrag mit der EG.
Innenpolitisch ist das Land über die Jahre sehr stabil, Veränderungen der allgemeinen politischen Linie finden nicht statt.

Island

Island, das zuvor zu Dänemark gehörte, erklärt sich
1944 zur unabhängigen Republik. Das Land ist wegen seiner strategischen Bedeutung 1941 von den USA besetzt und zum Militärstützpunkt ausgebaut worden. So wird Island
1949 Gründungsmitglied der NATO.
1951 Schutzabkommen mit den USA, das den USA die weitere militärische Präsenz auf der Insel sichert.
Da die Wirtschaft des Landes zu einem großem Teil von der Fischerei abhängig ist, kommt es immer wieder zu Auseinandersetzungen mit anderen Staaten, deren

Flotten in Gewässern fischen, die Island als Fanggebiet beansprucht („Kabeljaukrieg“).

Griechenland

1944 Nach dem Abzug der deutschen Besatzer kommt es im Dezember zum offenen Bürgerkrieg; es gelingt den Kommunisten aber nicht, die Macht zu erobern.
Die parlamentarische Demokratie wird wieder eingeführt, doch bleibt das Land Monarchie, in dem der König großes Mitspracherecht hat.
1949 Griechenland wird Mitglied der NATO.
Die innenpolitische Atmosphäre bleibt auch lange nach dem Bürgerkrieg mit seinen von beiden Seiten begangenen Grausamkeiten gespannt und führt zu zweifelhafter Rechts- und Verwaltungspraxis.
1955 – 1963 Die Regierung Karamanlis bemüht sich um wirtschaftliche Entwicklung des Landes und lehnt sich an die USA und Westeuropa an.
1962 Assoziierungsvertrag mit der EWG.
1963 Rücktritt von Karamanlis nach Auseinandersetzungen mit dem König.
1963 und 1964 Die Parteien der Mitte gewinnen die Wahlen und leiten eine innenpolitische Liberalisierung ein. Die Kabinette wechseln jedoch wegen unüberwundener Spannungen mit dem König rasch.
21. April 1967 Putsch der Armee unter Führung konservativer Offiziere. Das Regime führt eine Militärdiktatur ein, Tausende werden verhaftet, das Land gerät außenpolitisch in die Isolation.
Dez. 1968 Oberst Papadopoulos wird Diktator Griechenlands.
Juni 1973 Ausrufung der Republik.
Nov. Erneuter Putsch der Armee; Absetzung von Papadopoulos.
Der Versuch, auf Zypern ein Regime einzusetzen, das den Anschluß der Insel an Griechenland durchsetzen soll, endet mit der Invasion türkischer Truppen und der Teilung Zyperns.
1974 Das Militär verzichtet auf die Macht, Karamanlis wird aus dem Exil geholt und mit der Bildung einer neuen zivilen Regierung beauftragt.
1974 Die Mehrheit der Bevölkerung entscheidet sich in einer Abstimmung für die Republik als Staatsform. Im gleichen Jahr tritt Griechenland wegen des Konfliktes mit der Türkei um Zypern aus der militärischen Organisation der NATO aus.
Mai 1979 Unterzeichnung des Vertrags über den Beitritt zur EG, der am 1. Jan. 1981 wirksam wird.
Okt. 1981 Die Sozialisten erringen die absolute Mehrheit. Ministerpräsident wird Andreas Papandreou.
Innenpolitisch ist die Regierungs-

arbeit durch Inflation und Arbeitslosigkeit erschwert. Sparmaßnahmen führen zu erbitterten Auseinandersetzungen und Unruhen in der Bevölkerung. Eine Welle von Streiks führt
1986 zur Spaltung des Gewerkschaftsbundes.
In der Folgezeit kommen keine stabilen Regierungsmehrheiten mehr zustande, mehrere Kabinette wechseln sich ab.
1989 Allparteienkoalition, die jedoch 1990 wieder zerbricht.

Jugoslawien

Jugoslawien ist das einzige Land Europas, in dem die Kommunisten mit Tito, dem Führer des Widerstands gegen die Besatzung, nach dem Krieg ohne Eingreifen der Sowjetunion die Macht übernehmen. Die UdSSR versucht jedoch, auf die innenpolitischen Vorgänge im Land Einfluß zu nehmen, so daß es im
Frühjahr 1948 zum Konflikt und zur Entfremdung zwischen den beiden Staaten kommt. Tito entwickelt ein eigenes Modell des Sozialismus, und das Land beschreitet einen Sonderweg, bei dem auch mit dem Westen zusammengearbeitet wird. Das Land erhält amerikanische Wirtschaftshilfe; der Tourismus aus dem Westen wird zum wichtigen Wirtschaftsfaktor.
Tito initiiert die weltweite Bewegung der „blockfreien Staaten".
1955 Aussöhnung mit der Sowjetunion, die jedoch durch das Eingreifen der UdSSR in Ungarn (1956) und in der Tschechoslowakei (1968) belastet wird.
Innenpolitisch erhält Jugoslawien eine föderalistische Staatsstruktur, der Zusammenhalt zwischen den verschiedenen Völkern ist jedoch weitgehend an die allseits respektierte Integrationsfigur Titos gebunden.
Seit Mai 1980 Nach dem Tod Titos wird dieser Mangel in der innenpolitischen Lage deutlich sichtbar. Es kommt zunehmend zu Spannungen zwischen den Teilrepubliken und den Völkern, die vor allem wirtschaftliche Hintergründe haben: Der arme Süden fordert mehr Mittel, aber auch mehr politisches Mitspracherecht vom reicheren Norden. Die Albanier im Süden fordern eine eigene Republik. Zwischen Serbien und Kroatien bestehen seit 1990 erhebliche Spannungen wegen der Vormachtstellung im Staat. Slowenien beabsichtigt, die Föderation zu verlassen, so daß die Gefahr eines Bürgerkriegs sehr groß ist.

Türkei

Febr. 1945 Die Türkei erklärt Deutschland und Japan den Krieg, nachdem das Land während des Kriegs neutral geblieben war.
1952 Die Türkei wird Mitglied

der NATO und schließt außerdem
1955 mit dem Irak den Bagdadpakt.
1950 Die Demokratische Partei gewinnt die Wahlen, Adnan Menderes wird Ministerpräsident.
Es gelingt der Regierung nicht, die wirtschaftlichen Schwierigkeiten zu beseitigen, und Menderes verliert die Unterstützung des Parlamentes. Menderes geht zu diktatorischer Regierung über und unterdrückt die Opposition.
27. Mai 1960 Die Armee putscht und stürzt Menderes. Im September wird der Diktaktor wegen Verletzung der Verfassung hingerichtet.
1961 Wahl von General Gürsel zum Staatspräsidenten, Ismet Inönü wird Ministerpräsident.
1965 Die Gerechtigkeitspartei gewinnt die Wahlen, neuer Ministerpräsident wird Süleyman Demirel, der sich außenpolitisch stärker an den Westen anlehnt. Innenpolitische Spannungen, Studentenunruhen, zunehmende Terrorakte verschiedener Gruppierungen (u.a. von kurdischen Separatisten, deren Volk unterdrückt wird) und die Auseinandersetzung mit Griechenland um Zypern führen
1971 wieder zur Machtübernahme durch das Militär. Demirel muß zurücktreten, die folgenden rechtsgerichteten Regierungen werden vom Militär bevormundet. Mehrfach wird der Ausnahmezustand erklärt.
1974 Die Republikanische Volkspartei des Sozialdemokraten Bülent Ecevit kommt wieder an die Regierung. Steigerung der Spannungen mit Griechenland. Im Juli wird der Norden Zyperns nach einem dort von Griechenland inszenierten Staatsstreich von türkischen Truppen besetzt.
1975 Im Frühjahr wechselt die Regierungsmacht wieder zu Demirel, dann wieder zu Ecevit; es kommt zu keiner Stabilisierung der Regierung.
12. Sept. 1980 Putsch der Armee unter General Kenan Evren, (Ausnahmerecht). Neue Regierung unter Bülent Ülüsü.
Es gelingt der Militärregierung zwar, die inneren Unruhen zu ersticken, aber um den Preis der Unterdrückung der Opposition und ständiger schwerer Verletzungen der Menschenrechte. Die strategische Bedeutung der Türkei jedoch führt vor allem nach der islamischen Revolution im Iran zu massiver Wirtschaftshilfe durch die NATO-Partner.

China

Ab 1945 kommt es zwischen der Militärdiktatur Tschiang Kai-Scheks und den Kommunisten zu ersten bürgerkriegsartigen Zusammenstößen.
1949 Großoffensive der Rot-Chinesen auf Südchina und Eroberung Nankings.

Sept. 1949 Proklamation der Volksrepublik China; die Kuomintang-Regierung und ihre Armee fliehen nach Taiwan.
1950 China greift in den Koreakrieg ein und besetzt Tibet. Eine Handelssperre der USA und die Verhinderung der Aufnahme in die UNO führt
1950 zu einem Beistandspakt mit der UdSSR.
Innenpolitisch erzwingt die Regierung Mao Tse-Tungs die Verstaatlichung privater Industrie.
1950 – 1956 Bodenreform und Bildung von Kolchosen nach sowjetischem Vorbild.
1954 Neue Verfassung, die den Staatsaufbau nach „demokratischem Zentralismus" festgelegt.
Seit 1960 kommt es infolge der Entstalinisierung der Sowjetunion zu ideologischen Spannungen und schließlich nach der Kubakrise
1963 zum Bruch. China wirft der UdSSR „Verrat an der Weltrevolution" vor.
1962 Grenzstreitigkeiten in Kaschmir führen zu einem begrenzten Krieg mit Indien und damit zu einer Annäherung an Pakistan.
1964 China zündet seine erste Atombombe.
1965 Verkündigung der „Großen Proletarischen Kulturrevolution"; auf Betreiben von Lin Piao werden aus Schülern „Rote Garden" gebildet.
1967 Auflösung der Roten Garden, Anhänger Maos übernehmen die oberste Regierung. Im gleichen Jahr erfolgt die Zündung der ersten Wasserstoffbombe Chinas.
1969 Die Beziehung zur Sowjetunion ist so gespannt, daß es an der sibirischen Grenze am Ussuri zu bewaffneten Zusammenstößen zwischen Grenztruppen kommt.
1971 Besuch Henry Kissingers in China; im Oktober wird die VR China anstelle von Taiwan in die UNO aufgenommen.
1972 Besuch des US-Präsidenten Nixon in China.
Jan. 1979 Tod des Ministerpräsidenten Tschou En-Lai.
9. Sept. 1979 Tod Mao Tse-Tungs. Hua Kuo-Feng wird Nachfolger im Amt. Maos Witwe wird als Anführerin der extremistischen „Viererbande" verhaftet. Der mehrfach abgesetzte und wieder rehabilitierte Teng Hsiao-Ping setzt sich als „starker Mann" durch. Pragmatische Wirtschaftspolitik; Öffnung nach außen; liberalere Innenpolitik.
1980 Rücktritt Tengs aus Altersgründen.
1984 Hongkong-Abkommen mit Großbritannien, das die Rückgabe der Kronkolonie an China bis 1997 festschreibt. Mit der Sowjetunion wird ein Handelsabkommen unterzeichnet.
Die Öffnung dem Westen gegenüber führt zu erheblichen Veränderungen im sozialen Verhalten der Bevölkerung und letztlich auch zur Aufnahme westlichen Gedankengutes. Demokratiebewegungen.

1989 In Sommer besetzen Tausende von Menschen den Platz des Himmlischen Friedens in Peking und fordern Demokratie und freie Wahlen. Brutales Vorgehen der Regierung.
China ist eines der letzten kommunistischen Länder, in denen keine durchgreifenden Reformen stattfinden.

Japan

14. Aug. 1945 Japan kapituliert bedingungslos und wird einer Militärregierung unter General Mac Arthur unterstellt. Japan muß Reparationen zahlen, Kriegsverbrecher werden vor Gericht gestellt, Großgrundbesitz und Industriekonzerne werden entflochten.
Mai 1947 Eine neue Verfassung nach amerikanischem Vorbild tritt in Kraft – parlamentarische Regierungsform.
Seit 1948 führen der sich verstärkende Kalte Krieg und dann die Koreakrise dazu, daß die USA beginnen, Japan zum Bundesgenossen zu machen.
1951 Die meisten Kriegsgegner außer der UdSSR, das erst 1956 nachfolgt, schließen mit Japan Frieden, wonach Japan wieder souverän wird.
Die Wirtschaft des Landes erholt sich rasch, es gelingt eine gewaltige Steigerung des Exportes. Unter der Regierung von Ministerpräsident Eisaku Sato wird Japan
1968 zur drittstärksten Industrienation der Welt.
1972 Japan und China nehmen Friedensgespräche auf, die
1978 zum Friedensvertrag führen.
In den siebziger Jahren kommt es weltweit und so auch in Japan zu erheblichen Wirtschaftsschwankungen, die von den Regierungen der ununterbrochen regierenden Liberaldemokraten (LDP) nicht beherrscht werden können. Innere Konflikte in der Partei, viele Kabinettsumbildungen und einige Skandale ermöglichen es der Opposition jedoch nicht, die Mehrheitsverhältnisse entscheidend zu ändern. Lediglich für eine kurze Zeit verliert die LDP die absolute Mehrheit, die sie nach den Wahlen
1980 wieder gewinnt. Ministerpräsident wird Suzuki, der
1982 von Nakasone abgelöst wird.
1984 Nakasone wird im Amt bestätigt.
Außenpolitisch ist Japan durch seine Wirtschaftsmacht ein gewichtiger politischer Faktor der Weltpolitik. Das Verhältnis zur Sowjetunion bleibt wegen der sowjetischen Besatzung der Kurilen, die vor dem Krieg zu Japan gehörten, gespannt. Weiter verschlechtert hat sich das Verhältnis nach der sowjetischen Invasion Afghanistans. In neuester Zeit zeichnet sich eine Entspannung durch Verhandlungsbereitschaft der UdSSR ab.

1989 Toshiki Kaifu wird Ministerpräsident.

1990 erringt die LDP trotz vieler Skandale bei den Unterhauswahlen eine absolute Mehrheit.

Indien

Die Muslimliga unter ihrem Führer Jinnah fordert nach dem Krieg von Großbritannien einen eigenen islamischen Staat. Der sich verschärfende Bürgerkrieg zwischen Moslems und Hindus, veranlaßt den letzten Vizekönig Lord Mountbatten, am

15. Aug. 1947 die beiden Staaten Indien und Pakistan völlig überstürzt in die Unabhängigkeit zu entlassen. Die Umsiedlung der verfeindeten Bevölkerungsteile führt zu grauenhaften Massakern auf beiden Seiten.

26. Jan. 1950 Die Verfassung tritt in Kraft.

1951 Die Kongreßpartei erringt die Macht (bis 1977).

1952 Jawaharlal Nehru wird erster Ministerpräsident. Nehrus Innenpolitik ist vor allem auf den wirtschaftlichen Ausbau des Landes und die Verbesserung der Ernährungslage gerichtet. Dabei entwickelt er eine Art von landesspezifischem Sozialismus. In der Außenpolitik ist Nehru ein bedeutender Führer der Blockfreien.

1962 kommt es mit China wegen Grenzstreitigkeiten zum Krieg,

1965 mit Pakistan.

1964 Nach dem Tod Nehrus Wahl L. B. Shastris zum Premierminister.

1966 Nehrus Tochter Indira Gandhi folgt ihm im Amt.

1971 Erneuter Krieg mit Pakistan, der mit der Abtrennung von Bangladesch endet.

Gandhi verstärkt die fortschrittlichen Tendenzen in der Politik und setzt weitreichende Reformen durch. Ihr Versuch, die Überbevölkerung durch Geburtenkontrolle zu kontrollieren, wird jedoch zum Fehlschlag und zum Ansatzpunkt für Kritiker. Eine angebliche Verschwörung gegen ihre Politik beantwortet sie

1975 mit der Verhängung des Ausnahmezustandes und der Verhaftung von Oppositionspolitikern.

März 1977 Wahlen: zum erstenmal verliert die Kongreßpartei; der Führer der Janata, M. Desai, wird neuer Premier. Anhaltende wirtschaftliche und soziale Probleme bringen

1980 der Kongreßpartei und damit Indira Gandhi wieder die Mehrheit.

In den achtziger Jahren kommt es im Innern zu gewalttätigen Auseinandersetzungen mit Sikhs, die einen eigenen Staat fordern. Als die Regierung das Heiligtum der Sikhs, den Tempel in Amritsar, stürmen läßt, wird am

31. Okt. 1984 Indira Gandhi von zweien ihrer Sikh-Leibwächter ermordet. Ihr Sohn Rajiv Gandhi wird neuer Premier.

Dez. 1984 Rajiv Gandhi erhält bei den Parlamentswahlen eine klare Mehrheit.

1989 Die Kongreßpartei verliert bei den Wahlen die Mehrheit, Singh wird Premier. Singh versucht, die Unabhängigkeitsbestrebungen einiger Gliedstaaten der Union durch Autonomiegesetze einzudämmen.

Pakistan

15. Aug. 1947 Pakistan wird nach Auflösung von Britisch-Indien als neuer moslemischer Staat gegründet. Die Umsiedlung der verfeindeten Moslems und Hindus führt zu entsetzlichen Massakern auf beiden Seiten. Bereits

1948 stirbt Mohammed Jinnah, der Führer der Moslems, wodurch das Land in eine tiefe politische Krise gestürzt wird. Großgrundbesitzer bestimmen teilweise die Politik, Ost-Pakistan wehrt sich gegen das politische Übergewicht des Westteiles des Landes und die Übernahme von Urdu als Nationalsprache.

1951 Ghulam Mohammed wird Generalgouverneur, der Anschluß an die westlichen Bündnissysteme und Partnerschaft mit den USA sucht.

1954 Die Moslem-Liga verliert die Wahlen, Mohammed wird von der Armee gestürzt.

1956 Proklamation der Islamischen Republik Pakistan.

1958 Präsident Mirza ruft das Kriegsrecht aus, die Verfassung wird außer Kraft gesetzt und General Ayub Khan zum Premier berufen, der eine Landreform durchführt.

1965 Streit um die Grenze in Kaschmir führt zum Krieg mit Indien, der auf sowjetische Vermittlung

1966 beendet wird.

Der Druck der Opposition führt zum Rücktritt Ayub Khans, bei den ersten freien Wahlen

1970 erleidet die Moslem-Liga einen Verlust. Sieger wird die Pakistan People's Party (PPP) von Ali Bhutto, im Ostteil des Landes siegt die Awami-Liga von Mujibur Rahman. Die Forderungen des Ostens nach Autonomie führen zum Einschreiten der Armee und am

26. März 1971 zur Unabhängigkeit des Ostens als Bangladesch.

Juni 1977 Die Armee putscht unter General Zia Ul-Haq und verhängt das Kriegsrecht. Bhutto wird verhaftet und 1979 hingerichtet. Zia betreibt eine zunehmende Islamisierung des Landes, das bürgerliche Recht wird der islamischen Rechtsprechung (Scharia) unterworfen. Er baut die politische Vormacht des Militärs weiter aus.

1985 Aufhebung des Kriegsrechts; Parteien werden wieder zugelassen. Die Opposition formiert sich in der Demokratiebewegung (MRD), wird aber weiter unterdrückt.

1988 Politischer Richtungswechsel, Benazir Bhutto, die Tochter des früheren Premiers, kommt an die Macht.

1990 Präsident Ghulam Ishaq Khan löst nach inneren Unruhen das Parlament auf und beruft Bhutto mit dem Vorwurf von Machtmißbrauch und Korruption von der Regierung ab.

Bangladesch

1971 führt der indisch-pakistanische Krieg zur Abspaltung des Ostteiles von Pakistan. Die Bevölkerung hatte sich schon lange gegen die Bevormundung des Westens gewehrt, der dem ganzen Land Urdu als Staatssprache aufzwingen wollte, während im Osten Bengali gesprochen wird.

26. März 1971 Scheich Mujibur Rahman, der Führer der Awami-Liga, der nach den ersten Parlamentswahlen zum Premier gewählt wird, proklamiert die unabhängige Volksrepublik Bangladesch („Land der Bengalen“) und bildet 1972 ein Kabinett.

1974 Verhängung des Ausnahmezustandes wegen anhaltender Unruhen.

15. Aug. 1975 Putsch der Armee, Ermordung von Rahman, Kriegsrecht. Nach einem weiteren Putsch herrscht ab

Nov. 1975 eine Junta unter Führung von Stabschef Ziaur Rahman. Auflösung des Parlamentes.

Juni 1978 Ziaur Rahman wird zum Präsidenten gewählt, Bildung eines zivilen Kabinetts.

1979 Die Parlamentswahlen bringen seiner Partei die absolute Mehrheit, das Kriegsrecht wird aufgehoben.

Mai 1981 Ziaur Rahman wird bei einem fehlgeschlagenen Putsch ermordet. Nachfolger im Amt wird Abdus Sattar.

März 1982 Erneuter Putsch der Armee unter Hussain Mohammad Ershad, Kriegsrecht.

1983 Ershad läßt sich zum Präsidenten wählen und hält die Macht.

Keiner der Regierungen gelingt es, die wirtschaftliche Lage des Landes, das zu den ärmsten der Welt zählt, entscheidend zu verbessern. Häufige Hochwasserkatastrophen sorgen zusätzlich immer wieder für riesige Verluste an Menschen und Kulturland.

Südost-Asien

Vietnam

Am 2. Sept. 1945 ruft der Führer der vietnamesischen Befreiungsbewegung „Vietminh“, Ho Tschi-Minh, die Demokratische Republik Vietnam (DRV) aus.

Frankreich ist nicht gewillt, die Kolonie Indochina aufzugeben,

es kommt zum Krieg, der am **7. Mai 1954** mit der Niederlage der Franzosen bei Dien Bien Phu endet. In einem Abkommen Vereinbarung einer Teilung Vietnams in zwei Hälften nördlich und südlich des 17. Breitengrades.
Der Norden führt eine Landreform durch und schließt
1955 ein Hilfsabkommen mit China und der UdSSR ab.
1960 Eine neue Verfassung tritt in Kraft, und die ersten Wahlen seit 1946 werden durchgeführt.
Guerillatätigkeit der Befreiungsbewegung Vietcong im Süden wird vom Norden mit Waffenlieferungen und logistisch unterstützt, die Kosten bewirken eine stärkere Anlehnung an die Sowjetunion.
1954 Im Süden wird der antikommunistische Ngo Dinh Diêm zum Regierungschef berufen.
Okt. 1955 Ausrufung der Republik Süd-Vietnam, Diêm erster Präsident. Diêm baut seine Position zu einer brutaler werdenden Diktatur aus, die zunehmend auch die bürgerliche Opposition zur Unterstützung der Vietcong treibt.
Eingreifen der Amerikaner in den Bürgerkrieg bleibt ohne militärischen Erfolg (vgl. USA).
1965 General Nguyen Van Thieu wird Regierungschef, der keines seiner sozialen und wirtschaftlichen Versprechen erfüllt.
Nach dem Rückzug der US-Truppen bricht im
April 1975 Süd-Vietnam militärisch und politisch zusammen.
1976 Die offizielle Wiedervereinigung Vietnams wird vollzogen.
Nach Wahlen zur Nationalversammlung wird am
2. Juli 1976 die Sozialistische Republik Vietnam proklamiert.
Vietnam ist außenpolitisch stark auf die Sowjetunion bezogen.
1977 Einmarsch der vietnamesischen Armee in Kambodscha; Sturz des Schreckensregimes von Pol Pot, der mit China verbündet ist.
1979 Kambodscha ist unterworfen, China greift Vietnam an, muß sich aber nach einigen Wochen wieder zurückziehen.
Wirtschaftlich ist das Land instabil, hohe Inflation und vor allem die großen Ausgaben für das Militär bremsen den wirtschaftlichen Aufschwung.
Die Veränderungen in der UdSSR führen zur Entfremdung beider Länder; die vietnamesische Führung erklärt ihr unbedingtes Festhalten an den bestehenden Strukturen.

Kambodscha

erklärt sich am
12. März 1945 unabhängig, erhält jedoch erst zusammen mit Laos
1954 auf der Genfer Indochina-Konferenz Souveränität. König Sihanouk läßt sich nach seiner Abdankung

1955 zum Ministerpräsidenten wählen. In den sechziger Jahren versucht er die Neutralität des Landes zu bewahren, was ihn in Konflikt mit den USA bringt.
1970 Putsch proamerikanischer Offiziere unter General Lon Nol. Sihanouk geht ins Exil nach China.
Im Land bricht ein blutiger Bürgerkrieg zwischen seinen Anhängern und den Roten Khmer gegen die Regierung Lon Nol aus.
17. April 1975 Die Roten Khmer nehmen die Hauptstadt ein. Nach anfänglichen Reformen errichten die Roten Khmer unter Pol Pot eine blutige Schreckensherrschaft, unter der rund eine Million Menschen sterben.
1977 Der Einmarsch vietnamesischer Truppen beendet die Herrschaft Pol Pots, der sich mit seinen Truppen unter Unterstützung Sihanouks in den Guerillakrieg zurückzieht und die vietnamfreundliche Regierung von Heng Samrin bekämpft.
1989 Vietnam zieht seine Truppen ab, der Bürgerkrieg flackert immer wieder auf, durch Guerillaaktionen, aber auch durch Ströme von Flüchtlingen wird Thailand immer wieder in Grenzkonflikte verwickelt.
1990 Die UNO verkündet einen Friedensplan für das Land, der von fast allen Bürgerkriegsparteien begrüßt wird.

Korea

Mit der Kapitulation Japans im Aug. 1945 endet die Besatzung Koreas nicht. Sowjetische Truppen besetzen den Norden bis zum 38. Breitengrad, Amerikaner den Süden. Die im Moskauer Abkommen beschlossenen freien Wahlen für ganz Korea kommen wegen des Widerstandes der UdSSR nicht zustande, nur im Süden wird gewählt.

Süd-Korea

15. Aug. 1948 Proklamation der Republik Korea in Seoul, Syngman Rhee wird erster Präsident.
1950 Ein Überfall nordkoreanischer Truppen führt zum Krieg zwischen den beiden Landesteilen, deren Verbündete ebenfalls eingreifen: China auf der Seite des Nordens, die USA im Süden. Die UNO greift ein, der Norden wird zurückgedrängt, und
1953 wird die endgültige Grenzziehung zwischen Nord und Süd festgelegt. Friedensverhandlungen scheitern.
Die autoritäre Regierung Rhees, führt zu innenpolitische Unruhen, die vor allem von Studenten getragen werden.
1960 Rücktritt von Rhee. Bei den Neuwahlen siegt die Opposition, ihre Regierung wird jedoch schon
1961 durch einen Putsch der Armee unter Park Chung Hee ge-

stürzt. Park läßt sich zum Staatspräsidenten machen und hält die Macht, bis er

1979 ermordet wird. Sein Nachfolger Choi Kyu Hah leitet zu einem liberaleren System über, nach großen Studentenunruhen läßt er

1980 den Protest blutig niederschlagen, die Opposition ausschalten und das Parlament auflösen.

Febr. 1985 Wahlen: die neuformierte Opposition (Neue Demokratische Partei) verzeichnet große Erfolge. Präsident ist Chun Doo Hwan (Demokratische Partei).

Dez. 1987 Roh Tae Woo Präsident.

Innenpolitisch kommt es immer wieder zu Unruhen. Vorgehen gegen die Opposition.

Nord-Korea

Am 9. Sept. 1948 wird in Pyöngyang die Volksrepublik Korea unter Präsident Kim Il Sung proklamiert. Er ist bis heute Regierungschef.

Kim Il Sung baut seine Position zur absoluten diktatorischen Herrschaft mit aufwendigem Personenkult aus.

Das Land ist dem Westen gegenüber völlig abgeriegelt.

Afrika

Die Geschichte Afrikas nach dem Zweiten Weltkrieg ist vor allem in den fünfziger Jahren von der Entkolonialisierung geprägt. Fast alle afrikanischen Staaten, außer Liberia, Äthiopien und Südafrika sind Kolonien europäischer Staaten.

Nationale Befreiungsbewegungen, die oft von europäisch ausgebildeten Führern geleitet werden, erreichen bis in die sechziger Jahre die Unabhängigkeit der meisten Staaten, denen fast allen eines gemeinsam ist: es handelt sich um Vielvölkerstaaten mit verschiedenen Kulturen und Sprachen, da die Grenzen der Kolonialherren einst ohne Rücksicht auf historische und kulturelle Grenzen gezogen wurden.

Hierin liegt das größte Konfliktpotential für die Zukunft der unabhängigen Staaten, in denen fast überall sehr schnell alte Stammesrivaltäten ausbrechen, die oft zu blutigen Bürgerkriegen führen (z.B. Nigeria, Zaire, Uganda).

In fast allen Staaten brechen parlamentarisch-demokratische Formen europäischen Musters schnell zusammen; entweder entstehen Diktaturen von Einzelherrschern oder Armeeputsche führen zu anderen autokratischen Regierungsformen.

Die genannten Probleme führen auch in aller Regel zu sehr schlechter Wirtschafts- und Versorgungslage, in vielen Ländern

kommt es durch Mißwirtschaft, Bürgerkrieg und Naturkatastrophen zu Hungersnöten.
Relativ stabil sind nur ganz wenige Länder, wie etwa Kenia, Tansania, Zimbabwe und Sambia, die dafür aber auch nicht als demokratisch bezeichnet werden können.
Durch die Versuche der UdSSR, ihren Einfluß auf die Dritte Welt auszudehnen, haben einige Staaten sozialistische Regierungsformen, die aber in der Regel an landestypische Gegebenheiten angepaßt sind.
Die große Ausnahme in Afrika ist die Republik Süd-Afrika, die von Weißen regiert wird und von der Politik der Rassentrennung erst Ende 1990 Abschied nimmt. In Teilen des Landes herrschen bürgerkriegsartige Zustände, und der weißen Minderheitsregierung fällt es schwer, die Macht abzugeben oder auch nur zu teilen.
Insgesamt sind die Verhältnisse der meisten Staaten Afrikas schwer durchschaubar und häufige Veränderungen sind an der Tagesordnung.

Nordafrika

Ägypten

Im Zweiten Weltkrieg bleibt Ägypten unter König Faruk neutral.
Nach dem ersten Krieg mit Israel (vgl. S. 298) putscht im
Juli 1952 die Armee unter General Nagib, Faruk muß abdanken.
1953 Ägypten wird Republik, Nagib wird Staatspräsident.
April 1954 Nagib von Ministerpräsident Gamal Abd El Nasser gestürzt. Er festigt seine Stellung durch Ausschaltung der Parteien und verkündet einen arabischen Sozialismus.
1956 Die Ankündigung der Verstaatlichung des Suezkanals führt zur Suezkrise.
Bis 1961 schließen sich Ägypten, Syrien und der Jemen zur Vereinigten Arabischen Republik (VAR) zusammen.
1961 Syrien scheidet nach einem Putsch wieder aus.
1970 Tod Nassers, sein Nachfolger Anwar As Sadat wird Staatspräsident, der außenpolitisch stärker mit dem Westen zusammenarbeitet und
1976 die Kooperation mit der UdSSR endgültig aufgibt, die ihre Stützpunkte im Land räumen muß.
Innenpolitisch läßt Sadat Reformen zu, Zulassung von Parteien.
1979 Frieden mit Israel führt zu Isolation im arabischen Lager.
6. Okt. 1981 Ermordung von Sadat. Sein Nachfolger wird Husni Mubarak, der sich noch enger an den Westen anlehnt, aber auch versucht, die Beziehungen zu den anderen arabischen Staaten wieder zu verbessern.
1984 Wiederaufnahme der Beziehungen zu Jordanien. Innenpo-

litische Spannungen durch islamische Fundamentalisten.

Libyen

1951 Libyen wird als konstitutionelle Monarchie unter König Idris I. unabhängig.
1. Sept.1969 Putsch der Armee unter Oberst Ghadafi, der eine Politik der Islamisierung und des Panarabismus einführt. Er verstaatlicht die Schlüsselindustrien und führt ein straffes zentralistisches Regime ein, in dem er die absolute Macht hat.
Außenpolitisch führt Ghadafi einen völlig unberechenbaren Kurs, der zwischen Ausgleich und militärischem und terroristischem Eingreifen schwankt und keiner weltpolitischen Linie zuzuordnen ist.

Tunesien

Nach langem Unabhängigkeitskrieg anerkennt Frankreich am **20. März 1956** die Unabhängigkeit Tunesiens.
25. Juli 1957 Der Führer der Befreiungsbewegung, Habib Bourguiba, wird Ministerpräsident der Republik Tunesien. Er wird nach mehreren Wiederwahlen später zum Präsidenten auf Lebenszeit ernannt.
Ab 1964 wird die Wirtschaft des Landes in eine kollektivistische Planwirtschaft umgewandelt, dieser Kurs muß aber
1969 nach Revolten der Bauern revidiert werden.
Außenpolitisch hält Tunesien Distanz zur Politik Nassers und lehnt sich an den Westen an.
Die Regierung Bourguibas wird
1978 durch schwere Gewerkschaftsproteste und Streiks wegen hoher Arbeitslosigkeit und Inflation ins Schwanken gebracht.
1980 Bourguiba beruft ein neues Kabinett, das vorsichtige innenpolitische Reformen durchführt.

Algerien

1962 Algerien wird nach langem Freiheitskrieg (vgl. S. 259) unabhängig. Erster Staatspräsident wird Ben Bella, der Führer der Befreiungsbewegung. Er wandelt die FLN zur Einheitspartei um.
1965 Ben Bella wird gestürzt, Houari Boumedienne wird Führer eines Revolutionsrates. Innenpolitisch setzt er die sozialistische Industrialisierungspolitik von Ben Bella fort, außenpolitisch bestehen gute Beziehungen zur UdSSR und zu China.
1975 Aussöhnung mit Frankreich.
Seit 1975 Das Verhältnis zu Marokko ist sehr gespannt, da Algerien die westsaharische Befreiungsbewegung unterstützt, die im Konflikt mit Marokko steht.
Dez. 1978 Tod von Boumdienne, sein Nachfolger wird Oberst Chadli, der im
Febr. 1979 durch Volksabstimmung bestätigt wird.

1983 Das Verhältnis zu Marokko wird normalisiert.
Unter der Regierung Chadlis kommt es zu einer gewissen innenpolitischen Liberalisierung, Parteien werden zugelassen.
In letzter Zeit treten Probleme durch Stärkung islamischer Gruppen auf, die Regierung hat darauf mit einer zunehmenden Arabisierung des öffentlichen Lebens gegenüber dem noch immer weit verbreiteten Französisch reagiert.

Marokko

Im März 1956 wird Marokko unabhängig (vgl. S. 258) und Königreich unter Mohammad V.
1961 Hassan II. wird König, der energischer als sein Vorgänger an die Aufarbeitung der sozialen und wirtschaftlichen Schwierigkeiten des Landes geht.
1975 Konflikt mit den Nachbarländern, als Marokko die ehemalige spanische Kolonie Westsahara besetzt.
Bis heute regiert Hassan als autokratischer Herrscher, der die Opposition mit harten Methoden unterdrückt.

Naher Osten

Israel

Nach 1945 setzt verstärkte Einwanderung jüdischer Kolonisten nach Palästina ein, was zu Auseinandersetzungen mit Briten und Arabern führt. Nach dem Ende des britischen Palästina-Mandates ruft am
15. Mai 1948 der Nationalrat der Juden den Staat Israel aus, der umgehend von den USA und der UdSSR anerkannt wird. Am gleichen Tag beginnt der 1. israelisch-arabische Krieg, der
1949 mit dem Bestand Israels endet. Nach den ersten Wahlen wird
1949 David Ben Gurion erster Premierminister. Bis 1977 ist die sozialdemokratische Mapai-Partei an der Regierung.
Das ungelöste Verhältnis zu den arabischen Nachbarn, die ägyptische Revolution und arabische Guerillatätigkeit führt
1956 vor dem Hintergrund der Suezkrise zum 2. israelisch-arabischen Krieg, der die Öffnung von Eilat am Roten Meer erzwingt.
1957 Übergabe der besetzten Gebiete im Sinai und in Gaza an die UNO.
1960 Adolf Eichmann, einer der größten Verbrecher der Nazis, wird in Argentinien entführt und nach einem Prozeß
1961 in Jerusalem hingerichtet.
1963 Levi Eschkol wird Ministerpräsident.
1964 Abkommen mit der EWG, das neben der massiven amerikanischen Wirtschaftshilfe die wirtschaftliche Entwicklung weiter beschleunigt.
1967 Ausbruch des 3. israelisch-arabischen Krieges (Sechstage-

krieg), der mit der Niederlage Ägyptens, Syriens und Jordaniens endet. Israel besetzt den Sinai, das Jordanland und die Golanhöhen.
1969 Golda Meïr wird Ministerpräsidentin.
Die Ergebnisse des letzten Krieges verstärken die Aktionen der Palästinensischen Befreiungsorganisation (PLO), die mit Anschlägen und Flugzeugentführungen gegen die israelische Besatzung aufbegehren.
1973 Der 4. Krieg (Jom-Kippur-Krieg) bricht aus, der keine Entscheidung bringt. Vermittlung von USA und Sowjetunion führen
1974 zur Truppenentflechtung.
1977 Unter der neuen Regierung des Likudblockes mit Menachem Begin als Premier beginnen auf Initiative Ägyptens direkte Friedensverhandlungen zwischen Israel und Ägypten, die
1979 zum Friedensvertrag führen.
1982 Israel schreitet im Bürgerkrieg im Libanon ein und besetzt den Süden des Landes.
Bis heute ist das Problem der besetzten und teilweise inzwischen besiedelten Gebiete und das der Palästinenser völlig ungelöst, da Israel sich strikt weigert, mit der PLO zu verhandeln, obwohl es dadurch international in die Isolation gerät. Innenpolitisch hat sich die Richtung der Regierung immer weiter nach rechts entwickelt, radikal religiöse Kreise gewinnen zunehmend an politischem Einfluß.
Seit 1991 Der Golfkrieg und die irakischen Raketenangriffe auf Israel haben die Solidarität des Westens bei aller Kritik an der israelischen Politik wieder gefestigt.

Irak

1945 Königreich Irak ist Gründungsmitglied der Arabischen Liga.
1948 Der Irak beteiligt sich am Krieg gegen Israel, zieht sich jedoch wieder zurück.
14. Juli 1958 Durch eine Revolution wird die Monarchie gestürzt, General Kasim wird Vorsitzender des Revolutionsrates.
1959 Die Briten räumen ihre Basen.
17. Juli 1968 Ein Staatsstreich bringt die nationalistische Baath-Partei mit Al Bakr an die Macht, der sich politisch eng an die Sowjetunion anlehnt. Das Regime setzt sich innenpolitisch mit brutalen Methoden, Massenverhaftungen und öffentlichen Exekutionen durch.
Die enormen Erlöse aus der Erdölindustrie finanzieren den 4. israelisch-arabischen Krieg.
Nach dem ägyptisch-israelischen Frieden wird der Irak Wortführer des arabischen Widerstandes.
Juli 1979 Rücktritt von Al Bakr, sein Nachfolger wird Saddam Hussein, der die Führung der Baath-Partei verhaften und hinrichten läßt und die Gewalt gegen jede Opposition noch verschärft.

1980 Wegen Streitigkeiten mit dem Iran kommt es zum Krieg, der nach hohen Verlusten beider Seiten keine Entscheidung bringt.
1989 wird der Krieg beendet.
2. Aug. 1990 Irakische Truppen besetzen das Emirat Kuwait und gliedern das Land als irakische Provinz ein. Der UNO-Sicherheitsrat beschließt die Blockade Iraks und später weitergehende Maßnahmen, um den Rückzug aus Kuwait durchzusetzen. Hussein gibt nicht nach.
16. Jan. 1991 Alliierte Truppen der USA, europäischer Länder und Saudi-Arabiens beginnen nach Ablauf des UN-Ultimatums am 15. Jan., militärisch gegen den Irak vorzugehen.

Iran

Während des 2. Weltkriegs ist der Iran von britischen und sowjetischen Truppen besetzt.
1946 Die Zentralregierung von Schah Reza Pahlewi schlägt sowjetfreundliche Bewegungen nieder und lehnt sich eng an die USA an.
1950 Entstehung einer starken antibritischen Unabhängigkeitsbewegung, die sich an der Frage der Verstaatlichung der ausländischen Erdölindustrie entzündet. Der Schah muß das Land verlassen, die Regierung Mossadegh führt die Nationalisierungen durch.
1953 Die Armee stürzt Mossadegh, der Schah kehrt zurück.
Seit 1956 Umfangreiche Reformen sozialer und wirtschaftlicher Art („Weiße Revolution"). Neben den guten Beziehungen zum Westen wird auch das Verhältnis zur Sowjetunion verbessert.
Dennoch kommt es immer wieder zu Unruhen, die von der Regierung mit Waffengewalt niedergeschlagen wird.
In den siebziger Jahren wird die Unterdrückung der Opposition durch Geheimpolizei, wahllose Verhaftungen und Folterungen immer schlimmer. Der Widerstand von Opposition und der in den letzten Jahren immer einflußreicheren Geistlichkeit führt
1979 zum Volksaufstand und zur Revolution. Der Schah muß das Land verlassen.
Febr. 1979 Der lange exilierte geistige Führer der Schiiten, Ayatollah Khomeini, kehrt zurück. Die Armee verhält sich neutral.
30. März 1979 Khomeini läßt die Islamische Republik Iran ausrufen. Im Verlauf der Herrschaft der Geistlichen werden alle Bereiche des öffentlichen Lebens nach der Scharia, der islamischen Rechtsprechung, ausgerichtet; die Opposition wird genauso brutal unterdrückt, wie unter dem Schah. Tausende werden hingerichtet.
1980 Beginn des Krieges mit dem Irak, der unter größter Menschenverachtung mit hohen Verlusten geführt wird, aber kein Ergebnis bringt.

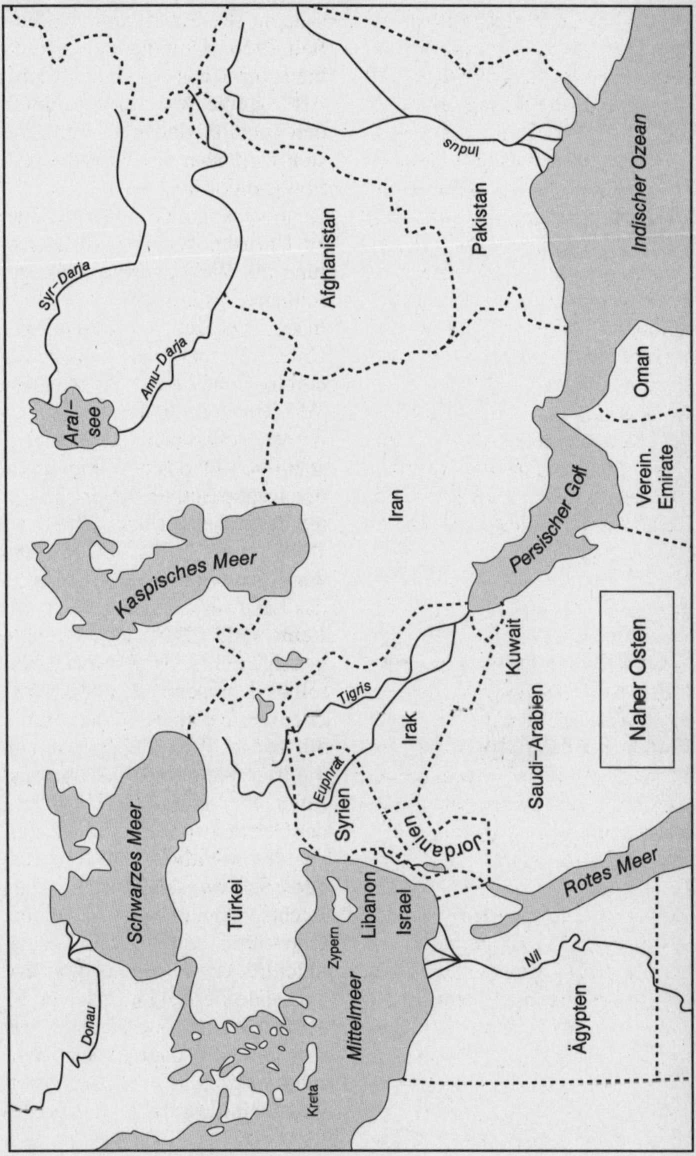
Naher Osten
Schwarzes Meer
Kaspisches Meer
Aral-
see
Syr-Darja
Amu-Darja
Afghanistan
Pakistan
Indus
Indischer Ozean
Oman
Verein.
Emirate
Persischer Golf
Iran
Kuwait
Saudi-Arabien
Irak
Tigris
Euphrat
Syrien
Jordanien
Rotes Meer
Türkei
Libanon
Israel
Zypern
Mittelmeer
Kreta
Nil
Ägypten
Donau

Politisch gemäßigte Politiker werden aus dem Amt entfernt, Staatspräsident Banisadr flieht ins Exil. Die wirtschaftliche Lage hat sich durch den Krieg mit dem Irak verschlechtert, auch der Handel mit dem Westen stagniert.

1987 Tod Khomeinis, das System bleibt stabil. Staatsoberhaupt wird Ayatollah Khamenei.

1989 Ali Rafsanjani wird Regierungschef.

Seit dem Ende des Krieges mit dem Irak verhält sich der Iran in der Golfregion neutral, auch bei Beginn des alliierten Eingreifens gegen den Irak.

Saudi-Arabien

1953 Saud Ibn Abd Al Asis wird König von Saudi-Arabien. Er betreibt eine Politik zur modernen wirtschaftlichen Entwicklung des Landes mit Hilfe der Erlöse aus der Erdölindustrie. Saudi-Arabien wird zu einem der reichsten Länder der Erde. Außenpolitisch hält das Land gute Kontakte zum Westen und verhält sich während der israelisch-arabischen Kriege weitgehend neutral.

1959 Spannungen mit Ägypten und der Regierung Nasser, die

1962 während des Bürgerkrieges im Jemen noch erhöht werden.

1964 Saud wird von seinem Bruder Faisal gestürzt, der das Land weiter dem Westen öffnet und sich enger an die USA anlehnt.

Mehrere Umsturzversuche der Opposition, die vor allem von Nassers Ägypten unterstützt wird, kann er niederschlagen.

1975 wird er ermordet.

Sein Nachfolger Chalid setzt die inzwischen freundschaftlichen Beziehungen zu Ägypten und den USA fort und bemüht sich um Vermittlung im nahöstlichen Krisengebiet.

1979 reiht sich Saudi-Arabien in die neue Widerstandsfront gegen Ägypten nach dessen Frieden mit Israel ein.

1982 Tod Chalids, Kronprinz Fahd wird sein Nachfolger, innen- wie außenpolitisch bleibt die Situation in dem autokratisch regierten Königreich stabil.

Seit 1990 Das Land ist Aufmarschgebiet der alliierten Truppen gegen den Irak.

Namen- und Sachregister